조선시대 생활사

한국고문서학회 엮음

책을 내면서

　우리의 고문서학과 고문서에 관련되는 학문 분야의 연구를 통하여 한국학 발전에 기여하기 위한 목적으로 1991년 4월 26일 '한국고문서학회'가 처음으로 창립된 이래 금년이 5주년이 됩니다. 그동안 우리 학회는 매월 거르지 않고 연구발표회와 고문서 강독을 해오면서 8권의 학회연구지를 발행하여 내적으로는 많은 학문적 업적을 쌓아왔고, 외적으로는 고문서의 중요성을 인식·고취시키는 데 공헌해 왔다고 자부하고 있습니다.
　고문서의 사료적 가치의 중요성은 새삼 강조할 필요가 없으며, 고문서를 통해서 우리 역사를 조명하는 일은 매우 중요하다고 믿습니다. 사람들이 사유하고 행동하고 판단하는 모든 일상적인 현재는 과거와 부단히 연결되어 있으며, 현재의 삶의 기준은 과거에 형성되어 있던 그리고 형성되어 오고 있던 전통기준이 지속적으로 연계되면서 새로이 형성되고 있다고 하겠습니다. 그리하여 우리 한국인은 각 시대에 어떤 인간유형이 형성되었으며 거기에 일반적인 것은 무엇이며 특징적인 것은 무엇인가, 또 그것이 오늘날 고도성장하고 국제화함에 있어서 형성되어야 할 인간유형과는 어떤 역사적 연속성을 맺고 있는가를 인식하기 위한 기준을 탐구할 필요를 느끼게 됩니다. 바꾸어 말하자면 우리의 생존능력과 생존가치 탐구의 일환이 되겠습니다.

이에 우리 학회에서는 정확하고 객관적인 역사인식을 위한 근본적 일차사료인 고문서를 통해서 우리 선인들의 생활사를 생생하게 그려보자는 계획을 세웠습니다. 그것은 지금까지 발굴된 모든 고문서를 되도록이면 총동원하여 조선시대 우리 선인들의 생활사를 총론과 아울러 가정 생활, 공동체 생활, 신분별 생활상, 제도와 생활, 경제 생활로 크게 나누어 거기에 등장하는 고문서를 통하여 생생한 생활을 그려보는 것입니다.

이러한 시도는 처음이어서 서툰 점이 있겠고 여러 제약조건도 있어 의도대로 성취되었는지 염려되지만, 고문서의 중요성과 가치를 재인식하는 데 이바지하고 삶의 기준, 즉 선인들의 정신적 기질, 풍류, 풍격, 사유 등이 조금이라도 밝혀졌으면 다행이라 여기며 부족한 부분은 추후 수정·증보할 것입니다.
　끝으로 많은 분들의 질정이 있기를 바라며, 집필자 여러분과 원고 검토에 수고해준 서울대 대학원 심재우 군, 역사비평사의 장두환 사장님과 김윤경 편집부장에게도 감사를 드립니다.

1996년 5월
한국고문서학회장 박병호

차례

◆ **책을 내면서** · 3

총론
　문서와 생활 · 11
　언어와 문자 · 19

제1부　가정 생활
　친족과 혼인 · 35
　상례와 제례 · 46
　재산 상속 · 83
　여성 생활 · 105

제2부　공동체 생활
　촌락 생활 · 127
　어촌 생활 · 147
　신앙과 놀이 · 160

제3부　신분별 생활상
　관료 생활 · 183

차례

중인 생활・208
향리 생활・236
평민 생활・281
노비 생활・315

제4부 제도와 생활

교육 제도・343
과거 제도・358
법률 생활・386
호적 제도・408

제5부 경제 생활

농업 경제・425
서울 상업・451
지방 상업・470

◆ **참고문헌**・481

총론

문서와 생활
언어와 문자

문서와 생활

선인들의 문서생활

사람은 출생하면서부터 사망할 때까지 그리고 사망 후에도 무수한 문서를 통해서 자기를 확인하고 형성해간다. 따라서 사람의 생활은 어느 시대에서나 문자·문서에 의해 형성되고 모양이 만들어지고 정형화되어간다고 해도 과언이 아니다. 이러한 과정과 내용을 조선시대에 살던 선인들에게서 찾아본다면 실로 문서에 의해서만이 그 참모습이 드러난다고 하지 않을 수 없다.

한 사람의 일생에 관계되는 문서를 대충 알아보자. 아이가 태어나면 이름(名)을 지어주고 사주와 함께 그 이름을 종이에 적는다. 만약 그가 오래도록 기다렸던 아들이거나 종손으로 태어난 경우에는 조부모나 외조부모가 그의 출생을 기뻐하여 토지나 노비를 증여해주기도 하므로 갓난아기라도 재산을 소유하고 증여의 증거인 별급문기(別給文記)를 갖게 된다. 식년(式年)이 되면 그는 호구단자(戶口單子)에 이름과 생년이 등재되어 관청에 제출되고, 관청에 비치되는 호구장적(戶口帳籍)에도 등재된다. 어릴적에는 흔히 마마를 앓게 되는데 예전에는 이를 무사히 넘기지 못하고 죽는 경우가 많았다. 그래서 마마를 무사히 넘기면 마치 새로 태어난 것과 같으므로 부모, 조부모, 외조부모가 기쁨의 표시로 토지나 노비를 별급해주기도 하여 이때도 역시 별급문기가 작성된다. 남자는 15세가 넘으면 성인식인 관례(冠

禮)를 행하게 되는데, 관례 절차에도 여러가지 문서가 등장한다. 사당에 고하는 고사(告辭), 초가례(初加禮), 재가례(再加禮), 삼가례(三加禮), 초례(醮禮)와 같은 축사가 작성되고, 다음에 손님이 자(字)를 지어주는데 이때도 자사(字辭)와 그에 대한 답사가 작성되고 마지막으로 사당에 관례가 끝났음을 알리는 고사가 작성된다. 여자인 경우에는 계례(笄禮)가 행해지는데 역시 정해진 문서가 작성된다.

혼인에도 여러 문서가 따른다. 청혼장(請婚狀), 허혼장(許婚狀), 사주단자, 사주송서장(四柱送書狀), 연길단자(涓吉單子), 연길송서장, 의제장(衣製狀), 혼서지인 납폐예장(納幣禮狀), 혼수물목을 적은 예장(禮狀), 상수송수장(床需送需狀)과 물목기(物目記) 그리고 안사돈끼리 내왕하는 편지인 사돈서(査頓書)가 그것이다.

과거에 응시한 경우에는 시권(試券)과 합격증서인 백패교지(白牌敎旨)나 홍패교지(紅牌敎旨)가 있고, 합격의 경하로 역시 토지나 노비를 증여하는 별급문기가 작성된다. 벼슬하게 되면 또 그에 관계되는 수많은 문서가 만들어지고 직무와 관계되는 각종 공문서가 작성된다.

향촌생활에서는 통문, 계와 관련되는 단체문서, 기록이 작성되고 사회적 교유(交遊)에 따른 간찰을 주고받는다. 토지, 가사, 노비 등을 매매하거나 전당할 경우에도 배지, 문권이나 입안(立案)이, 빚을 지면 채용수표(債用手標)가 작성된다. 권리분쟁이 일어나면 소송을 위한 소지(所志)나 다짐〔侤音〕, 결송입안(決訟立案)이 등장한다.

늙거나 임종이 가까우면 유서(遺書)나 별급문기, 분재기(分財記)를 만들어 자손들에게 유산을 나누어주는데, 미처 분재하지 못하고 사망한 경우 자녀들끼리 분재하는 화회문기(和會文記)가 작성된다.

마지막으로 사람이 사망하면 부고를 비롯하여 상례를 마칠 때까지 각종 축문(祝文)과 부의단자(賻儀單子) 등이 사용되며, 제례에도 축문과 제수단자(祭需單子)가 사용된다.

사람의 일생에 등장하는 주요한 문서를 대충 소개하였는데, 이외에도 헤아릴 수 없을 정도의 문서와 기록이 등장한다. 그러므로 사람의 일생에 등장하는 모든 문서를 통해서 한 개인 또는 가문의 가통, 가세(家勢), 가법(家法), 가품(家品), 범절(凡節) 등을 인식할 수 있고, 또 그 문서를 통해서 그 시대, 지방, 가문에 따른 개인의 특징적인 사고, 행동양식, 생활가치관을 파악할 수 있다. 결국 문서를 통하여 선인들의 인간유형의 일반적 공통성과 특징을 비롯하여 크게는 역사를 움직이는 원동력을 파악할 수 있게 되는 것이다.

문서 작성의 길잡이 『유서필지』

동서고금을 막론하고 일상생활을 하는 데는 언어문자가 있으면 그것으로 훗날 증빙으로 남길 수 있는 수단을 강구하게 마련이다. 두 사람이 약조를 하면 그 약조의 진실성을 담보하기 위해서 문서를 작성하고 또 소송을 하면 관청에서도 정해진 형식으로 문서화하게 된다. 그 문서를 쇠붙이로 만드느냐, 돌로 만드느냐, 나무에 새기느냐, 종이에 쓰느냐는 각기 민족에 따라 또 시대에 따라 다르지만 종이가 발명되어 사용된 뒤로는 주로 종이에 썼다.

우리나라에도 여러가지 문서가 전해져 내려오는데 고려시대까지의 문서는 남아 있는 것이 희귀하고 오늘날과 연이은 조선시대의 문서가 가장 많이 전해진다. 그런데 이 문서들을 보면 참으로 감탄할 정도로 당시 사람들이 문서생활에 충실하였고 한 조각의 문서도 아끼며 소중하게 간직했음을 알 수 있다.

누가 언제 만들었는지는 알 수 없으나 18세기의 것으로 추정되는 『유서필지(儒胥必知)』라는 책이 전해져 오는데, 이것은 관청의 장과 서리(胥吏)나 사족(士族)들이 일상적으로 혹은 소관 업무상 반드시 알아두어야 할 문서작성 방법을 수록한 것이다. 여기에 실린 문서 형식만 보아도 당시의 문서생활의 실상을 짐작할 수 있다.

『유서필지』에 실린 문서 형식을 크게 나누면 국왕에게 직접 청원하는 상언(上言), 국왕이 거둥할 때 직접 면전에서 징을 치며 올리는 격쟁원정(擊錚原情), 일반적으로 지방수령에게 올리는 소장(訴狀)인 소지(所志), 제수(祭需)를 올리거나 부의(賻儀)를 올리는 단자(單子), 서리(胥吏)와 같은 아전이 수령 등에게 올리는 고목(告目), 거래계약서인 문권(文券), 어떤 사실을 알리는 통문(通文) 등 일곱 가지가 있고, 이것들은 다시 여러가지 형식으로 구분된다.

상언에는 효자를 현양하기 위한 효자정려상언(孝子旌閭上言), 충신으로 현양하기 위한 충신정려상언(忠臣旌閭上言), 열녀로 현양하기 위한 열녀정려상언(烈女旌閭上言), 효자에게 증직을 내리게 하기 위한 효자증직상언(孝子贈職上言), 충신으로 된 자에게 증직을 내리게 하기 위한 충신증직상언(忠臣贈職上言), 학문과 행실이 돈독한 자에게 증직을 내리게 하기 위한 학행증직상언(學行贈職上言) 등 하나의 단체로서의 사림(士林)이 상언하는 여섯 가지의 상언문서 형식이 있고, 다시 당해 자손이 올리는 위선조효행정려상언(爲先祖孝行旌閭上言), 위선조충신정려상언(爲先祖忠臣旌閭上言), 위선세열녀정려상언(爲先世烈女旌閭上言), 위효행증직상언(爲孝行贈職上言), 위충절증직상언(爲忠節贈職上言), 위학행증직상언(爲學行贈職上言) 등 여섯 가지 형식의 상언이 있다.

격쟁원정의 문서 형식은 조상의 원통한 사정을 풀어줄 것을 청원하는 위선세설원격쟁원정(爲先世雪冤擊錚原情), 설원된 후 관직의 회복을 청원하는 위신설후복관작사원정(爲伸雪後復官爵事原情), 지친(至親)인 조카가 없기 때문에 먼 촌수인 조카를 양자로 들이기를 청원하는 이족인지자입후사원정(以族人之子立后事原情), 선영에 타인이 함부로 침범하여 묘를 쓰므로 이를 금해줄 것을 청원하는 위선영산송사원정(爲先塋山訟事原情)이 있다. 이상의 상언이나 원정은 사족들이 가문을 현창하여 그 사회적 지위를 유지하거나 혹은 높이는 데 사용되는 문서들이다.

소지는 오늘날의 소송제기 문서인 소장(訴狀) 또는 어떤 사실을 하소연하는 청원서인데, 사족이 직접 자기 명의로 관청에 제출하는 것을 소지단자(所志單子) 혹은 줄여서 단자라 하고, 상전이 자기 종으로 하여금 종의 명의로 제출하는 것을 소지 또는 발괄[白活]이라고 했는데 일반적으로 소지라고 통칭했다.

  소지의 종류로는 사족이 분묘분쟁에 관하여 제기하는 사부이산송사친정단자(士夫以山訟事親呈單子)와 그 재판과정에서 재판관이 내리는 결정문인 도형후갱제(圖形後更題), 친심후갱제(親審後更題), 판결을 내린 수령이 전근하였으므로 신관이 부임하기 전에 관찰사에게 직접 올리는 경우의 의송(議送)인 대본관체귀친정영문단자(待本官遞歸親呈營門單子), 종의 명의로 제기하는 이노명위산송사소지(以奴名爲山訟事所志)와 다짐[侤音], 상민끼리 산송하는 상인여제류산송소지(常人與儕類山訟所志)와 원정(原情), 빚을 추심하기 위해 제기하는 채송소지(債訟所志)와 원정, 타관에 사는 양반이 부당하게 지게 된 군역(軍役)을 면하기를 청원하는 외읍인탈역소지(外邑人頉役所志), 사족의 묘지기의 군역을 면하기 위하여 제기하는 사부가단묘직탈역소지(士夫家單墓直頉役所志), 가난하므로 환곡상환을 면해줄 것을 청원하는 탈면환호소지(頉免還戶所志), 아전들이 부득이한 사정으로 휴가를 청원하는 수유소지(受由所志), 소의 다리가 부러졌으므로 소를 죽여서 소가죽을 벗기기 위한 절각소지(折脚所志), 부모의 병을 고치는데 전우고(全牛膏)가 특효약이므로 소를 죽여서 약을 만들 수 있도록 하기 위한 위친환용전우고소지(爲親患用全牛膏所志), 아전이 늙었으므로 자식으로 하여금 대신 근무하게 해줄 것을 청원하는 원역연로자대소지(員役年老子代所志), 가옥의 권리문서가 도난당한 사실을 입증하는 확인서의 발급을 청원하는 가권봉적후입지소지(家券逢賊後立旨所志), 토지에 관한 권리문서가 화재로 소실되었으므로 그 사실을 확인해줄 것을 청원하는 전답문권실화후입지소지(田畓文券失火後立旨所志), 기한부로 매매한 토지를 물릴 수 있도록 청원하는 권매전답불허환퇴소지(權賣田畓不許還退所志), 빚을 추심하기 위하여 채무자에게 갔다가 구타당했으므로 구타죄의 처벌과 빚의 추심을 청원하는 구타소지(毆打所志)가 있고, 아울러 이들 소지에 대해서 수령이 내릴 결정문인 제사(題辭) 혹은 데김[題音]의 모형 문투가 함께 실려 있다.

청원서가 아닌 것으로 물목을 적은 문서 형식인 단자(單子)로서는 지손이 종가의 제사에 제수를 올리는 문서인 지손봉종가제수단자(支孫封宗家祭需單子), 조문하는 데 사용되는 부의단자(賻儀單子), 아전이나 문하인이 조문하는 데 사용되는 이배급문하인부의단자(吏輩及門下人賻儀單子)가 있다.

고목은 아전이 공무에 관하여 상사에게 보고하는 문서인데, 각사서리공고시고목(各司書吏公故時告目)으로 다섯 가지 종류의 서식을 예로 들고 있고, 아전이 수령에게 문안올리는 문안고목(問安告目)과 그에 대한 수령의 답장인 답패(答牌)와 이배세시문안고목(吏輩歲時問安告目)과 답패, 육방(六房)의 아전들이 방임(房任)을 바꾸어줄 것을 청원하는 외읍리유방임간청사고목(外邑吏有房任干請事告目)과 답패가 있다.

거래계약서로는 문권규식(文券規式)을 들고 있는데, 사족이 종에게 집을 팔아오도록 위임하는 문서인 사부가가사배지(士夫家家舍牌旨), 가옥 매매계약서인 상인가사문권(常人家舍文券), 전답 매매계약서인 답권(畓券), 종이 자기자신과 아내를 매도하는 자매문서(自賣文書), 빚을 채용하는 수기(手記)인 채용문권(債用文券), 선산(先山)을 매매하는 산지문권(山地文券)이 있다.

통문으로는 가장 자주 이용되던 것으로서 특정인의 증직과 서원 건립을 위하여 인근 사림에게 동의를 구하는 통문투(通文套)가 예시되어 있다.

하급 관청이 상급 관청에 대해서 공무에 관한 사항을 올리는 문서를 첩정(牒呈)이라 하고, 그 행위를 첩보(牒報)라 하며, 급한 용무를 올리는 것을 치보(馳報), 특정 사항을 올리면서 지시를 내려줄 것을 청하는 것을 청보(請報)라 하는데, 이들을 통틀어 일반적으로 보장(報狀)이라 했다. 그리하여 보장식(報狀式)으로 첩정을 예시하고 있다. 첩정에는 첩정의 내용을 요약한 서면이 첨부되는데, 이를 서목(書目)이라 하며 그 서식인 서목식(書目式)도 첨가되어 있다.

중죄인을 심문할 경우에는 관찰사가 범죄 발생지를 관장하는 수령과 그 이웃 수령으로 하여금 공동으로 심문하도록 명령하는데, 이를 동추(同推)라 한다. 동추관은 심문한 결과를 관찰사에게 첩보하는데, 그 문서 형식인 중수동추식(重囚同推式)이 첨가되어 있다. 그밖에 민사재판인 사송(詞訟) 판결서의 기본 형식은 예전 입안식조(立案式條)에 규정되어 있는데, 그 구체적인 예문(例文)인 결송입안식(決訟立案式), 전지・가사・노비를 매매할 때는 매매일로부터 100일 이내에 관에 신고하여 사급입안(斜給立案)을 받도록 되어 있는데 그 구체적 문안인 매득사출식(買得斜出式), 동등 관청간 혹은 하급 관청에 내리는 문서인 관(關)과 상급 관청이 7품 이하의 관원에게, 관청의 장이 내리는 문서로서 직위의 임명, 물침(勿侵), 훈령에 사용하는 문서로서의 체[帖]의 형식인 이관하체식(移關下帖式)이 추가되어 있다.

이상의 모든 문서를 작성하는 데는 조사(助詞), 동사, 부사(副詞)로서 이두를 사용하였는데, 『유서필지』에는 정확한 이두를 이해하고 사용할 수 있도록 하기 위해서 한 자로부터 일곱 자로 이루어진 이두를 싣고 있으며, 그 중에는 제도용어로서의 이두도 포함되어 있다.

이상과 같이 『유서필지』에는 당시 관리에게 또 민간인에게 기본적으로 필요한 여러가지 문서 형식이 실려 있는데, 그것만으로도 당시의 생활상의 일단과, 문서의 투식을 얼마나 중요하게 여기고 관행하게 했는가를 짐작할 수 있다.

역사연구 자료로서의 고문서의 가치

고문서는 고기록과 함께 과거의 사실을 제시해주며 다른 자료에 비하여 정확한 점에 그 가치가 있다. 첫째, 고문서는 문서의 작성과 발송자와 수령자간에 문서를 주고받은 사실 그 자체를 제시해주며, 둘째, 기재 내용이 정확한 특정 사실을 나타내주며, 셋째, 문서가 후세에 전해진 소이를 나타내준다.

문서는 국가적으로는 사서 편찬의 일차자료로 활용되는데 왕조실록, 승정원일기, 비변사등록 등 연대기 편찬이 그러하다. 각 관청에 비치되어 있는 각종 등록(謄錄)이나 치부책(置簿冊)도 개별 문서가 집적된 결과물인데, 이들도 일등 사료임은 말할 것도 없다. 모든 정치,행정 과정, 경제행위 과정이 문서화되고 등록되어 영구보존되도록 하였으므로 오늘날 역사연구에 적극 활용됨으로써 역사적 사실의 과학적 탐구가 가능하며 고증의 정확성과 정치성을 기할 수 있는 것이다. 더욱이 고문서는 민간의 생활사 자료로서 또한 지방사 연구자료로서 절대적인 사료적 가치가 있음은 물론, 실록이나 관찬사료에서는 나타나지 않은 또는 밝혀지지 않는 사실을 여실히 입증해주기도 한다.

(박병호, 서울대 법대 교수)

언어와 문자

우리 선인들은 매우 이른 시기부터 한자와 한문을 사용해왔다. 그러면서 한자를 이용하여 우리말 표기법을 발달시켰다. 이것을 우리는 차자표기법(借字表記法)이라 부른다. 차자표기법은 그 용도에 따라 이두(吏讀), 향찰(鄕札), 구결(口訣), 고유명사 표기로 나뉜다. 한문은 사서삼경(四書三經)을 비롯한 중국의 고전을 습득하여 교양을 높이고 시문(詩文)을 감상하고 스스로 창작하여 즐기는 데 사용되어왔다. 고문서와 같은 실용문에도 사용되었으나, 이 영역은 우리말의 표기수단인 차자표기법과 공존해왔다.

우리말을 기록하는 데는 차자표기법이 사용되었다. 이두는 주로 문서의 기록에, 향찰은 시가(詩歌)나 경서(經書)의 석의(釋義)에 사용되었다. 구결은 한문에 토를 달아 그 내용을 쉽게 이해하는 데 사용된 것으로, 두 종류가 있었다. 하나는 한문을 우리말로 풀어서 읽는 석독구결(釋讀口訣)이고, 다른 하나는 한문의 어순(語順)대로 읽으면서 우리말의 조사나 어미를 첨가하여서 읽는 순독구결(順讀口訣)이다. 고유명사 표기는 어휘표기(語彙表記)라고도 하는데 한문으로는 쓸 수 없는 우리의 고유한 인명, 지명, 관명 등을 차자로 표기하는 것이다. 이것은 이두, 향찰에도 쓰일 뿐만 아니라 한문에도 섞여 쓰였다.

조선시대에도 신라와 고려를 거쳐서 발달한 이 차자표기법이 그대로 계승되었다. 고문서에서도 이것이 사용되었음은 물론이다. 그러다가 세종대왕이 한글을 창제하면서 한글도 고문서의 기록에 사용되었다. 이제 이들이 고문서에 사용된 구체적인 예들을 살피면서 당시인들의 언어생활의 일단을 생각해 보기로 하자.

한문으로 된 문서

　조선시대의 사대부(士大夫)들, 즉 양반들은 구어(口語)로는 우리말을 사용했지만 문어(文語)로는 한문을 사용하는 이중적인 언어생활을 하였다. 그들은 어려서부터 한문을 학습하여 사서삼경에 통달하고 시문(詩文)에 능하게 됨으로써 과거(科擧)에 급제하여 관로(官路)에 나아가는 것을 정통적인 과정으로 생각하였다. 이에 따라 그들의 한문 구사 능력은 중국인에 못지 않을 만큼 높았다.
　이에 따라 고문서도 한문으로 기록되는 것이 많았다. 현재 우리에게 남겨져 있는 고문서 가운데 가장 많은 것이 과거 합격증인 백패(白牌)와 홍패(紅牌)와 사령장인 고신(告身)인데, 이들은 모두 한문으로 씌어졌다. 왕이 내리는 옥책(玉冊), 시책(諡冊), 교명(教命), 교서(敎書), 유서(諭書), 유지(有旨), 녹패(祿牌), 비답(批答)뿐만 아니라, 임금을 대신하여 왕세자가 내리는 각종 행정문서들도 한문으로 씌어졌다. 신하가 왕에게 올리는 상소(上疏)와 차자(箚子), 임금의 존호(尊號)를 올리는 옥책, 국가의 길흉사에 국왕에게 올리는 각종 전문(箋文) 등도 한문으로 씌어졌다. 신하가 왕에게 개인의 청원을 올리는 상언(上言類)류는 이두문으로 씌어진 경우도 있었지만, 대개는 한문으로 씌어졌다. 백성들이 관에 올리는 소지(所志)류는 이두문으로 쓰는 것이 원칙이었지만, 한문으로 씌어진 경우도 있다. 이것은 조선 후기로 내려올수록 한문화의 정도가 심해지면서 현저하게 나타났다. 사대부들이 서로 주고받은 간찰류(簡札類)나 사대부들 사이에 의론한 내용을 기록한 완문(完文)과 어떤 발의(發議)한 내용을 기록하여 돌리는 통문(通文)도 한문으로 씌어졌다. 이렇듯 사대부들끼리 주고받는 문서나 국가와 사대부들 사이에 오가는 문서로서 격식과 위엄을 갖추어야 할 내용들은 한문으로 쓰는 것이 원칙이었다.

한문은 중국인들이 사용하는 말에서 나온 것이지만 그들에게도 고전어에 속하는 것이어서 속어(俗語)에 기초를 둔 백화문(白話文)과는 구별된다. 따라서 중국인들도 이를 문언(文言)이라 하여 따로 학습하지 않으면 사용할 수가 없었다. 이러한 한문은 중국뿐만 아니라 한국과 일본, 중국 주변의 여러 민족들이 사용하여 상호간 의사소통을 하는 동양의 국제어였다. 그리하여 이 시대의 외교문서는 모두 한문으로 기록되었다.

이두문은 우리말에 기초를 둔 문어이다. 그러나 후대로 내려올수록 그 표현이 한문화되어갔다. 그리하여 본문은 한문으로 표현하고 토만 이두로 달아 한문에 토를 단 구결문과 비슷한 문체로 발전해가다가, 결국 조선 후기로 올수록 한문이 문자생활의 기축(基軸)을 이루고 이두와 한글은 그 보조적인 위치에 있었으므로 고문서의 경우도 이 한계를 크게 벗어나지 않았다.

이두로 된 문서

이두(吏讀)는 이두(吏頭), 이도(吏道), 이도(吏刀), 이토(吏吐), 이투(吏套), 이서(吏書), 이찰(吏札) 등으로 불리는 것으로, 이는 서리들이 쓰는 토(吐)나 글이란 뜻이니 이두는 곧 문서를 위한 표기수단이라고 할 수 있다. 이 용어 가운데 이서(吏書)는 이승휴의 『제왕운기(帝王韻記)』에 쓰여 가장 오래된 것으로 알려졌다. 따라서 이 용어가 고려 중기에는 사용되고 있었음이 분명하나 신라시대에까지 소급될 수 있을지는 알 수 없다. 그러나 용어의 존재 여부와 관계없이 이두문은 삼국시대부터 존재해왔다. 따라서 그 기원은 이 땅에 한문이 들어온 지 얼마 되지 않은 오랜 옛날로까지 소급될 수 있을 것이다.

신라시대의 이두문을 보면 비록 그 용어는 한문성구(漢文成句)가 많이 쓰였어도 거의 자연스러운 우리말로 표현되었다. 이 시대에는 비록 한문이 보급되어 지식인들 사이에 사용되긴 했으나 우리말을 반영하는 이두문이나 향찰도 한문에 못지 않게 널리 사용되었다. 이것이 후대로 내려오면서 투식화(套式化)되고 한문화(漢文化)되었다. 조선 초기만 하더라도 이두문의 한문화 경향이 그다지 심하지는 않았으나 조선 후기로 오면 투식적인 용어를 제외하면 한문화의 경향이 더욱 현저해졌다.

조선 초기에는 이두문이 쓰인 영역이 고려시대의 것을 그대로 계승하였으나, 후대로 오면서 한문에 밀리어 점차 그 영역이 좁아지게 된다. 최만리(崔萬理)는 훈민정음 반대상소에서 이두가 쓰인 지 수천 년 동안 부서기회(簿書期會)의 문서 사용에 어려움이 없었다고 하였다. 그만큼 이두가 행정문서의 대명사와 같이 사용되어왔음을 말해준다. 조선 전기에는 이두문이 쓰인 영역이 매우 넓었다. 국왕이 공로를 세운 신하에게 주는 공신교서(功臣敎書)나 녹권(錄卷), 관리의 임명장인 조사첩(朝謝牒)이나 교첩(敎牒), 신하가 군(軍)의 상황을 알리는 첩정(牒呈), 장계(狀啓) 등과 관에서 관으로 보내는 공문인 관문(關文), 첩문(帖文), 감결(甘結), 전령(傳令)뿐만 아니라, 서리들이 관장(官長) 등에게 올리는 간단한 보고서인 고목(告目)도 이두로 씌어졌고, 관에서 백성에게 내리는 완문(完文), 입안(立案), 뎨김(題音), 입지(立旨) 등과 백성이 왕에게 올리는 상언(上言), 원정(原情) 등도 이두문으로 씌어졌다. 또 백성이 관에 올리는 소지(所志), 등장(等狀), 상서(上書), 다짐(侤音) 등과 분재문서인 화회문기(和會文記), 분깃문기(分衿文記), 유서(遺書), 노비나 토지 등의 매매명문(賣買明文)도 이두로 씌어졌다. 이밖에도 이두가 쓰이는 문서는 더 찾을 수 있을 것이다. 요컨대 이두는 우리말을 기록하는 데서 출발한 것이므로 엄격한 의식에 매이지 않는 거의 모든 실용문은 이두로 씌어졌던 것이다.

이두도 향찰이나 구결과 마찬가지로 한자의 음(音)과 훈(訓)을 이용하여 우리말을 표기하였다. '有去乃'는 '有'의 훈 '잇-'과 '去'의 음 '거', '乃'의 음 '나'를 이용하여 '잇거나'를 표기한 것이다. '爲白乎弥'는

'爲'의 훈 'ᄒ-', '白'의 훈 'ᄉᆞᆲ-', '乎'의 훈 '오', '弥'의 음 '며'를 이용하여 'ᄒᆞᄉᆞᆲ오며'를 표기한 것이다. 여기서 '有'나 '爲', '白' 등은 한자의 훈을 이용하되 그 원뜻을 살려서 사용하므로 훈독자(訓讀字)라 하고, '乎'는 그 뜻은 버리고 훈만을 이용하므로 '훈가자(訓假字)'라 하며, '去', '乃', '弥'는 한자의 음을 이용하되 그 뜻은 버리고 음만을 이용하므로 '음가자(音假字)'라 한다. 이두문에는 '他人矣 犯罪良中'의 타인, 범죄와 같이 한자음으로 읽히는 한자어가 많이 쓰이고 있다. 이들은 현대국어에서 한자어를 한자로 표기하는 것과 같은 것인데, 한자를 음으로 읽고 그 뜻도 살려서 이용하므로 음독자(音讀字)라 한다. 이에 따라 이두의 용자법(用字法)은 음독자와 음가자, 훈독자와 훈가자로 나뉜다.

이두의 음가자 가운데는 고대의 한자음으로 쓰여 후대와는 그 음에 차이가 나는 것이 있다. '弥'가 '며'로 읽히는 것이 그 한 예인데, 이는 고대에 중국의 한자음을 빌린 것이다. 또 이두에는 그 독법의 기원을 알 수 없는 차자들이 쓰이기도 하는데, '爲乎喩(ᄒᆞ온디)'의 '喩(디)', '捧上(받자)'의 '上(자)', '不冬(안둘)'의 '冬(둘)'은 왜 그렇게 읽히는지 알 수 없는 것들이다. 옛날부터의 오랜 관습이 조선시대에까지도 그대로 계승된 것이다.

이두는 우리말을 기록한 것으로, 이는 서민들이 쉽게 사용할 수 있는 데서 발달하여 처음에는 쉽게 알 수 있는 글이었을 것이다. 그러나 시대가 흘러감에 따라 옛말이 투식으로 굳어져 일반인들이 이해하기 어려운 고어가 관습적으로 사용되었다. 조선 초기만 하더라도 이미 구어(口語)에서 사라진 고어들이 그대로 쓰이고 있다. '안둘(不冬)', '모질(不得)', 'ᄒᆞ트러(爲等如)', 'ᄒᆞ제(爲齊)', 'ᄒᆞ기삼(爲只爲)', '앗들어(向入)' 등이 그것으로, 이 말은 15세기의 한글문헌에도 나타나지 않는 고려시대 이전의 말들이다.

이두 가운데는 본래 훈으로 읽히던 글자가 후대로 오면서 음으로 읽히는 경우도 흔히 있다. 이두 학습서인 이문대사(吏文大師)에는 '爲白乎事'를 'ᄒᆞᄉᆞᆲ온ᄉᆞ'로 읽어서 '事'를 'ᄉᆞ'로 음독하였다. 이는 본래 '일'

로 훈독하던 것이다. '上白是'는 '샹술이'로 읽히는 것인데 후대에는 '샹백시'로 음독하였다. 고려시대에는 '爭望爲行隅(쟁망ᄒᆞ닌 몽)'에서 '모ᄒ'으로 읽힌 것으로 보이는 '隅'자가 조선시대에는 '爭望隅'와 같이 한자어로 바뀌어 이 글자를 음독하였음도 그러한 예이다.

다음에 16세기에 씌어진 토지매매 명문(明文)을 가지고 이두문의 모습을 살펴보기로 하자. 이두에는 밑줄을 긋고 아래에 그 독음과 뜻을 쓰고 그 뒤에 가능한 한 직역한 해석을 붙이기로 한다.

嘉靖 元年 參月 拾陸日 朴榮基 上典前 明文
右明文<u>爲臥乎事叱段</u> <u>奴矣身亦</u> 貧寒所致<u>以</u> <u>還上</u>積納<u>不得</u> 奴矣母邊傳來未ᄉ 員路上下兩畓 荒租 參<u>斗落只</u> <u>庫乙</u> 折木綿柒疋半 <u>捧上爲遣</u> 永〃放賣<u>爲白去乎</u> 鎮長耕作<u>教矣</u> 後次 奴矣同生族類<u>等亦</u> 爭望隅<u>有去等</u> 此明文內<u>用良</u> 告官辨正<u>爲乎</u> <u>事是亦在</u>

畓主 私奴 朴今孫(手決)
證保 儀父 司直 韓玉同(手決)
證保 班中奴 金同
筆執 私奴 尹(手決)

이두 주해
爲臥乎 / ᄒᆞ누온 ; 하는　　　　事叱段 / 읻단 ; 일은, 일의 경우는
奴矣 / 이 身亦/몸이 ; 남자 종인 제　以 / (으)로; 조격조사
　　　　스스로가
還上 / 환자 ; 관청에서 꾸어 주는 곡식　不得 / 모질 ; 못, 할 수 없어
斗落只 / 말디기 ; 마지기의 원말　　庫乙 / 곳올 ; 곳을, 매도할 대상이
　　　　　　　　　　　　　　　　　　　　　　되는 땅을
捧上爲遣 / 받자ᄒᆞ고 ; 받고　　　爲白去乎 / ᄒᆞᆸ거온 ; 하옵거니와
敎矣 / 이샤디 ; 하시되　　　　　　等亦 / 둘히 ; 들이
有去等 / 잇거든 ; 있으면　　　　　用良 / ᄡᅡ ; 써서, 가지고
爲乎 / ᄒᆞ올 ; 할　　　　　　　　事是亦在 / 일이여견 ; 일이니라.
　　　　　　　　　　　　　　　　　　　　　것이니라

위의 글을 해석하면 다음과 같다.

가경(嘉靖) 원년(元年) 3월 16일 박영기 상전(上典) 앞 명문.
위의 명문을 하는 것은 노(奴)인 제 자신이 빈한한 소치로 환자를 적체하여 납부하지 못하여 노의 어머니 쪽으로 전해내려오는 미라원(未羅員) 길 위와 길 아래의 두 논, 거친벼 2마지기의 곳을 무명 7필 반으로 절충하여(환산하여) 받고 영영 방매하옵거니와 진정(鎭定)하여 장구히 경작하시되 후에 노의 형제들이나 일가친척들이 (이로 인하여) 다투고 원망하는 등 상도(常道)에서 벗어난 행위가 있으면 이 명문의 내용을 가지고 관(官)에 고하여 정당함을 밝힐 것.
답주 사노(私奴) 박금손(수결) (이하 생략)

이는 16세기에 쓰인 토지매매 명문의 한 표본이다. 한자어가 많이 쓰였으나 거의 우리말의 어순으로 되어 있다. 이 어순은 후대로 갈수록 한문식으로 바뀐다. '이시더(敎矣)', '일이여견(事是亦在)'과 같은 이두는 15세기에도 쓰이지 않는 고려시대의 말이다.

한글로 된 문서

한글이 창제되면서 조선시대의 문자생활에는 큰 변화가 일어난다. 한글의 원이름은 훈민정음이니 이를 글자 그대로 해석하면 '백성을 가르치는 바른 소리'라는 뜻이다. 이는 그 창제 목적을 나타내는 명칭인데 세종은 그 창제의 목적을 '어리석은 백성이 일상적으로 사용하기에 편하도록 하고자 하는 것'이라고 밝혔다. 이것을 좀더 구체적으로 설명한 것이 정인지(鄭麟趾)의 서문에 나타난다. 정인지는 훈민정음의 4가지 용도를 다음과 같이 말하고 있다.
① 이 글자(훈민정음)로 한문 서적을 해석하면 그 뜻을 쉽게 알 수 있고,
② 이 글자로 백성들의 송사(訟事)를 들으면 그 사정을 쉽게 알 수 있으며,
③ 이를 이용하면 한자의 바른 음을 능히 구별할 수 있고,
④ 이를 이용하면 음악의 높낮이와 가사를 잘 조화시킬 수 있다고

하였다.

①은 훈민정음 창제 후 경서언해(經書諺解)나 구결의 제정 또는 두시언해(杜詩諺解)와 같은 언해사업을 말한 것이니 한문을 정확하고 쉽게 배우기 위한 수단으로 이용할 수 있음을 말한 것이고, ②는 이두 대신 훈민정음을 사용하고자 하였음을 말한 것이다. ③은 동국정운(東國正韻), 홍무정운역훈(洪武正韻譯訓)과 같은 한자음 정리사업에, ④는 용비어천가(龍飛御天歌)나 악학궤범(樂學軌範)과 같은 음악의 정리사업에 훈민정음이 유용함을 든 것이다. 이는 훈민정음이 당시의 문물제도를 정비하고자 하는 국가적인 정책을 효과적으로 수행하기 위하여 창제된 것임을 말하는 것이기도 하다.

여기서 고문서와 관계가 깊은 ②항이 어떻게 전개되었는가를 살핌으로써 한글이 고문서에 어떻게 이용되었는가를 보기로 하자. 세종은 형살옥사(刑殺獄辭)와 같은 것을 이두나 한문으로 쓰면 어리석은 백성이 원한을 품게 되지만 언문으로 써서 들려주면 어리석은 백성이라도 쉽게 깨달아서 억울하게 굴복하는 일이 없을 것이라고 하였다.

세종은 이두를 한글로 대체하기 위하여 서리 10여 명을 모아 훈민정음을 익히도록 하기도 하였으며, 훈민정음에 대한 최만리의 반대상소에 대해서는 "이두를 만든 본래의 뜻은 백성을 편하게 하기 위한 것이 아닌가? 그렇다면 언문도 백성을 편하게 하기 위한 것인데 그대들이 설총(薛聰)만을 옳다 하고 임금인 내가 하는 일은 그르다고 하는 것은 어찌된 일인가"라고 하였다. 이는 세종이 이두를 한글로 바꾸려는 의도가 강력하였음을 말해준다. 한글이 반포된 다음달에는 세종이 대간(臺諫)들의 죄를 한글로 써서 의금부(義禁府)와 승정원(承政院)에 보낸 것이 여러 장이나 되었다는 기록과, 같은해 12월에는 이과(吏科)와 이전(吏典)의 인재를 뽑을 때 한글로 시험을 보이도록 하였다는 기록이 있다. 이로 보면 세종은 이두를 한글로 대체하려는 시책이 매우 적극적이었음을 알 수 있지만, 이두를 한글로 대체하기에는 한글 반포 이후 세종의 재위기간이 너무도 짧았다. 또 이두문에 사용되는 용어들은 한자어들이므로 한글로 표기한다고 하여도 백성들이 쉽게 이해할 성질의 것은 아니었다. 적어도 십수 세기 이상 사용되어 널리 보급된 이두를 한글로 대체하기에는 그 기초적인 준비가 턱없이 부족하였던 것이다. 세종 이후 이두를 적극적으로 대체하려는 시책이 없었으니, 그 결과 이두와 한글은 공존하게 되었다.

한글은 이두와는 별도로 새로운 영역에서 사용되기도 하였다. 문종 원년 11월에는 양녕대군(讓寧大君)이 그 딸을 출가시키기 위하여 김경재란 사람을 상경토록 하여 달라는 청을 언문 편지로 청하였고, 단종 원년에는 혜빈(惠嬪)이 언문으로 영풍군(永豊君)의 집으로 옮겨가게 해달라는 청을 하였다고 한다. 성종 16년 7월에는 홍문관의 논박을 받은 신하들이 왕에게 사퇴코자 청하였을 때 성종은 정부를 소집하여 자기의 견해를 언문으로 써서 보였다고 한다. 이는 왕실에서도 자기 마음을 남에게 간곡하게 표현하고자 할 때는 언문으로 하는 관습이 생겼음을 말해준다.

일반적으로 부녀자들을 상대로 하는 실용문에는 한글이 사용되었다. 성종 8년 3월 왕은 폐비론(廢妃論)을 제기할 때 신하들에게 정음으로 그 뜻을 편 일이 있고, 13년 8월에는 성종이 폐비론에 신중론을 편 대사헌 채수(蔡壽) 등을 문책하는 내용을 한문과 언문을 섞어서 재상에게 보인 일이 있다. 이는 왕실 내에서 여인들과 관련된 문제를 다룰 때는 한글을 사용하고 있음을 보여주는 것이다. 한편 왕실의 내전에서 정부에 의견을 펼 때도 한글이 사용되었다. 성종 13년 8월 폐비론에 대하여 정부에서 신중론이 대두되자 대비전(大妃殿)에서 윤비(尹妃)의 죄상을 알리는 글을 한글로 써서 보낸 일이 있고, 명종 20년 4월에도 대왕대비가 유교(遺敎)를 한글로 써서 대신들에게 내렸다는 기록이 있다. 이러한 기록은 선조 때도 나타나는데 내전에서 정부에 의견을 펼 때는 한글을 사용하는 것이 하나의 관례가 되었음을 보여주는 것이다.

한글의 효용성은 새로운 영역에서도 발휘되었다. 성종 때 공조판서

양성지(梁誠之)는 우리나라의 총통술(銃筒術)이 왜인들에게 알려지면 국가에 크게 불리하니 병기도설(兵器圖說)에 실려 있는 기록을 삭제하고 이를 언문으로 적어서 보관하자는 상소를 올린 일이 있다. 중종 34년 11월에는 중국을 왕래하던 사람이 국사를 누설하는 폐단이 있어 왔는데, 주양우(朱良佑)가 정음을 중국인에게 가르쳤으므로 치죄(治罪)하였다는 기록도 있다. 이것은 한글이 대외적으로 국가적 기밀을 유지하는 데 사용되었음을 말해주는 예이다.

이와 같이 한글은 개인의 곡진한 마음을 사사로이 펴는 데 사용되거나 부녀자들을 중심으로 사용되어왔다. 그리하여 현재 전해지는 한글 고문서로는 언간(諺簡)이 가장 많은 분량을 차지한다. 이는 부녀자들끼리 주고받은 것, 부녀자가 남성에게 보낸 것, 남성이 부녀자에게 보낸 것 등 부녀자를 중심으로 사용된 것이다. 언문으로 씌어진 여성들의 일기도 있는데, 『병자일기(丙子日記)』 같은 것은 병자호란 때 재상의 부인이 쓴 언문일기로 중요한 가치를 지닌다. 내방가사(內房歌辭)도 부녀자들이 언문으로 쓴 노래로, 우리 문학 연구에 중요한 자료가 된다. 궁중에서 사용하는 물품의 목록을 기록한 장서각(藏書閣) 발기(件記)에는 언문으로 씌어진 것이 많은데, 이것도 역시 부녀자들을 중심으로 하여 이루어진 것이다. 간혹 재산을 매매하는 명문 가운데도 언문으로 씌어진 것이 있는데, 이는 이두문을 한글로 옮겨 적은 것으로 역시 부녀자들이 쓴 것이다. 또한 부녀자들이 관청에 올린 언문 소지(所志)도 있다.

궁중에서 신하들에게 보낸 사송장(賜送狀)에도 한글로 씌어진 것이 있다. 고산 윤선도(尹善道)의 종손가에는 궁중에서 보낸 사송장들이 보존되어 있는데, 내수사(內需司)나 대전(大殿)에서 보낸 것은 한자로 씌어진 데 대하여 내전(內殿)에서 보낸 것은 한글을 쓰고 있다. 역시 한글이 부녀자들을 중심으로 쓰이고 있었음을 보여주는 예이다. 그 한 예를 보이면 다음과 같다.

스부댁
싱티 一
싱복 열다솟
홍당쳥 三단
이샹등물 즈계끠셔 보내ᄋ오시ᄂ이다 젼츠로 알외ᄋ오며
쇼인은 니스ᄒᄋ오신듸 츄스ᄒᄋ와ᄉ옵다가
편티아녀 ᄒ옵시논 줄 모ᄅᄋ와ᄉ옵다가 듯즙고
즉시 낫ᄌ와 문안도 아옵디 못ᄒ와 지극 저스와이다
　　　　쟝무니튱신이 (乙巳 十月 初二日 善道病時)

이 글은 윤선도의 종손가에 내려오는 한글 기록으로, 대군(大君)이 사부(師傅)인 윤선도가 병이 났을 때 사송(賜送)하면서 그 품목을 한글로 적은 것이다. 대군의 명을 받고 쟝무(掌務)인 이충신이 쓴 것인데, 사사로운 문안을 겸한 것으로 보아 그는 남자였을 것이다. 이는 하층민을 중심으로 하여 한글이 사용되고 있음을 보여주는 것이니, 윤선도 종손가의 문서 가운데는 상전이 외노비(外奴婢)에게 전답의 경작권을 주는 패지(牌旨)와 하층인이 양반에게 준 수표(手票)나 수기(手記) 등 한글로 씌어진 문서들이 있다. 노비계층의 사람들이 쓴 매매명문 가운데도 이두문을 한글로 쓴 것이 있는 것을 보면 하층민을 중심으로 하여서도 한글이 씌어졌음을 확인할 수 있다.

　이상의 사실들로 볼 때 조선시대의 한글은 사대부들 사이에서 자기의 곡진한 의사를 사사로이 표시할 때 간혹 사용하기도 하였으나 대개는 부녀자들을 중심으로 사용되었고 하층민간에는 남자를 중심으로 간혹 사용되기도 하였음을 알 수 있다.

이두와 한글의 관계

　세종은 이두를 한글로 대체하여 백성들의 문자생활을 편하게 하고자 하였다. 그러나 한글이 창제된 뒤에도 이두는 계속 사용되어 양자가 서로 공존하는 결과가 되었다. 한글이 이두보다 편리한 문자인데도 이두가 계속 사용되어 양자가 공존하게 된 이유는 무엇일까?

그 이유의 하나는 조선시대에는 중심이 되는 글이 우리말을 기록하는 언문이 아니라 한문이었다는 점을 들 수 있다. 중국의 문물과 사상이 우리의 중요한 생활규범이었던 시대에는 이두와 한글은 한문을 보조하는 위치에 있었을 뿐, 그 독자적인 위치를 확보하지 못하였다. 여기에다 삼국시대부터 내려온 이두 사용의 관습을 쉽게 버릴 수 없었던 것이 두번째 요인이라 할 수 있다. 이두에 사용되는 용어는 한자어가 많아 한글로만 기록했다고 하여 서민들이 쉽게 이해할 수 있었던 것은 아니었다. 당시 사람들은 한문을 떠나서는 문자생활을 할 수 없는 것으로 생각하였기 때문에 한자를 이용하여 사용하는 이두가 한글보다 더 훌륭한 것으로 생각하였다. 세번째 요인은 이두와 한글이 사회적 계층과 밀접한 관계를 맺게 된 것을 들 수가 있다. 한문은 사대부계층을 중심으로, 이두는 중인 서리 계층을 중심으로, 한글은 부녀자와 천민 계층을 중심으로 사용되는 사회적인 관습이 생겨났던 것이다.

이러한 사실을 알려주는 기록들을 정리해보자. 성종 때는 절약하고 검소하게 살아야 한다는 왕의 유지(諭旨)를 전국에 알리기 위하여 다음과 같은 조치를 내리고 있다. '서울과 여러 도와 읍의 관문(官門)과 촌락 등에 이를 써붙여 조정의 신하와 궁벽한 시골에 사는 백성들까지도 모두 다 알 수 있도록 하고, 언문으로 간행하여 부인과 어린아이들까지도 두루 볼 수 있도록 할 것이다.' 여기서 부인과 어린아이들이 볼 수 있도록 조정에서 언문으로 번역하였다는 사실은 한글이 이들의 중요한 문자생활의 수단이 되고 있었음을 말해준다.

선조 25년 임진란 때는 백성들에게 왕의 교서(敎書)를 내려보내면서 '선비들은 스스로 이해할 수 있으니 원문대로 보내어 일깨우도록 하되, 그밖의 사람들은 이해하기 어려우니 이두를 넣어 방문을 만들어 붙이고 의병장과 감사들은 한글로 번역하여 촌민(村民)들도 쉽게 이해할 수 있도록 하라'고 하였다. 이것은 이 당시 한문, 이두, 한글 사용 계층이 일정하게 나누어져서 문자생활이 이루어지고 있었음을 말해주는 것이다.

　우리는 한글이 이두의 영역을 대체하여 이두가 쇠퇴하였을 것으로 생각하기 쉽다. 그러나 소지(所志)나 명문(明文), 수표 등의 문서가 한글로 씌어진 예가 있었던 것을 보더라도, 이로 인하여 이두의 영역이 완전 쇠퇴한 것은 아니었다. 한글을 쓰는 부녀자나 천민 계층이 한자나 이두를 사용하는 것이 주제넘다고 생각하여 한글을 사용하였을 뿐, 사실은 이두에서 쓰는 용어를 그대로 사용하였다. 따라서 이두를 모르면 이 문서들도 사용할 수 없는 것이니 한글 문서는 이두문서의 보조적인 구실을 하는 데 불과했다.

　이두의 영역은 한글보다 오히려 한문에 의해 잠식당해갔다. 세조 3년 7월에는 이과(吏科)와 승음 출신자(承蔭 出身者)의 직위를 높이는 문서는 이문(吏文), 즉 한문으로 쓰면서 동·서반(東西班) 5품 이하의 임명장에 이두를 사용하는 관습은 비속하다 하여 한문으로 바꾸어 쓰도록 하였다. 이두의 영역이 한문으로 대체된 중요한 실례이다. 다른 한편으로는 이두문 자체가 한문화해감으로써 조선 말기에 오면 이두문과 한문은 그 차이가 크지 않게 되었다.

　이처럼 조선시대의 문자 생활은 한문, 이두, 한글이 사회계층과 묶여져 공존해왔고, 이것이 문서의 세계에서는 더욱 현저하게 나타났다. 갑오경장 이후에 국한문 혼용의 법령이 나오면서 비로소 언문일치의 문자 생활을 이루게 되었고, 문서도 이두 대신 국한문 혼용체로 통일되었다.

(남풍현, 단국대 국문과 교수)

제1부 가정 생활

친족과 혼인
상례와 제례
재산 상속
여성 생활

친족과 혼인

친족

　가계의 계승은 우리나라 전통적 가족윤리의 중심을 이룬다. 선조들은 가계 계승을 가장 중요한 가업으로 여겨왔는데, 이것이 제대로 되어야 위로 조상숭배와 아래로 자손번영이 이어질 수 있다고 믿었기 때문이다. 이러한 가족의식은 같은 조상의 자손으로 구성된 동족단위로 확대되어 이들간에 강력한 결합의식을 형성시키고 이에 기초한 친족조직을 형성시키는 밑거름이 되었다. 이들 집단의 일부 또는 전부를 지칭하는 용어는 본종, 일족, 일문, 친족, 친척, 일가, 대소가, 종친, 집안, 성족, 동종, 종중, 문중, 씨족 등 다양하다. 이러한 용어들은 다소간 의미의 차이가 있기는 하지만 이와 관련된 제반 자료는 대부분 중첩되어 있다.
　이러한 조직 또는 집단들은 개별적 현상으로 보아서는 안되며 각자의 혈연관계나 혼인관계에 따라 일정한 기능을 수행하기 위해 다양하게 결합된 친족집단이라는 관점에서 고찰되어야 한다. 그래야만 이를 통해 사회·경제·문화적인 시대상을 파악해낼 수 있다. 조직차원이 아닌 개인의 친족 범위는 보통 일정한 범위의 일족(一族:宗族) 이당(二黨:母黨, 妻黨)의 친속(親屬)들이 포함된다.
　동족촌락은 한 촌락의 구성이 주로 한두 동족으로 이루어지는 경우로서, 이들의 선대들이 종법(宗法)에 기초한 가계의 계승을 일정한

〈도판 1〉 가승(家乘)

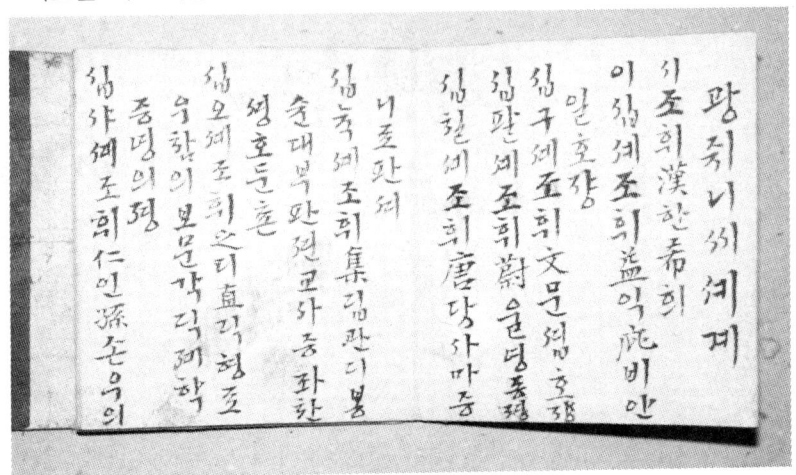

* 광주 이씨의 시조 이하 직계 선조들의 이름과 관직을 적은 가승첩. 19세기 중반경 광주이씨 가문의 여자가 쓴 것으로 추측된다.

지역 내에서만 누대에 걸쳐 행한 결과로 나타난 것이다. 시기적으로는 사족의 재지화(在地化) 경향이 나타나는 15세기 중엽을 기점으로 하여 이들로부터 대개 7~8대를 내려오는 17세기 중엽에 이르면 사회현상화하고 다시 1세기가 지나면 양반촌의 한 전형으로 등장한다. 지연(地緣)에 기초한 이와 같은 혈연집단의 형성은 가족제도, 특히 재산상속이나 제사상속과 밀접히 관련되어 있는바, 이를 나타내주는 다양한 자료들이 있다.

친족 구성의 형식과 내용을 알 수 있는 자료로는 다양한 족보류를 비롯하여 족계·종계·문회·파계·서당·재실 등의 임원 명단[門任錄 등]이 있고, 그 운영에 관한 세부사항에 대해서는 규약, 재산문서, 출입기, 상벌록, 통문, 천장, 전답문기, 묘위답문기, 수행안, 노비문서 등이 참조된다.

족보란 동일 씨족의 관향을 중심으로 시조 이하 세계(世系)의 계통을 수록하여 씨족의 발원에 대한 사적과 선조로부터 작성 당시의 씨족원들에 이르기까지 선대들의 이름과 호(號)·행적 등을 상세히 수록하여 종족의 근원을 밝히고 그들의 행적과 소목(昭穆)을 알릴 목적으로 편수한 것이다.

이와 같이 족보는 어느 한 개인 또는 그 가족만을 중심으로 하는 계보가 아니라 그 개인이 속해 있는 씨족집단 전체 또는 그 씨족 내의 파(派)에 대한 합동 계보이다. 우리나라에서는 처음부터 이와 같은 합동계보 방식이 있었던 것은 아니며, 그 이전 단계로서 계별적으로 각자의 가계를 기억하기 위해 계보를 기록한 문서들이 있는데, 그 종류로는 가승(家乘), 내외보(內外譜), 팔고조도(八高祖圖), 십육조도(十六祖圖), 십세보(十世譜) 등이 있다. 특히 팔고조도는 '나'를 기점으로 하여 나의 부모와 그 부모 각자의 부모를 찾는 식으로 고조(高祖), 즉 4대 조상까지 거슬러올라감으로써 이를 통해 '나'라는 한 개인이 형성되기까지의 유전적인 혈통을 확인하고 그 과정에서 그동안 어떠한 명문 성씨들이 통혼했는가를 밝히는 사회적 의미를 지닌 문서이다.

가승(家乘, 家乘譜)

시조 이하 중조(中祖)·파조(派祖)를 거쳐 본인에 이르기까지 직계 존속만을 수록한 가첩(家牒)을 말한다. 수록 내용은 고조부 이상은 직계 선조만을, 고조부 이하는 전부 수록하여 재종, 삼종까지 알아볼 수 있도록 했다. 가승에는 친족성원들의 생일과 제사일을 적어넣어 가족행사를 기억하는 데 참고했으며, 자녀의 교육용으로도 사용했다.

팔고조도(八高祖圖)

조상을 고조대까지 밝힌 가계도로 그 가계도상에 나타나는 고조가 8명이기 때문에 팔고조도라 하는데, 나를 기점으로 하여 위로 올라가는 것이 특징이다. 즉 나의 조상을 부, 조부, 증조부 등으로 부계 쪽만을 찾는 것이 아니라 모(母)와 그 모의 선계, 조모와 그 조모의 선계 등으로 모든 방향으로 찾아 올라간다.

〈도판 2〉 안동 권씨 세보

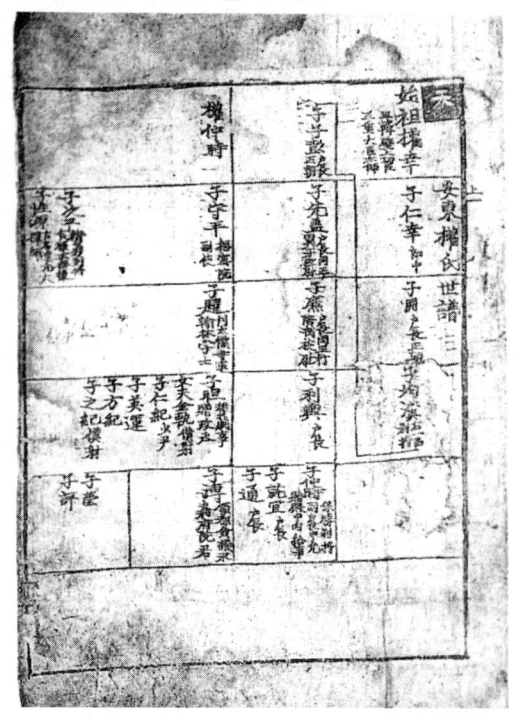

* 1467년에 간행된 현전하는 가장 오래된 족보 (규장각 소장)

족보수단(族譜收單)

조선조의 족보는 형식적으로 크게 둘로 나눌 수 있다. 조선 전기형의 족보와 조선 후기형의 족보이다. 전자는 고려적인 혈족의식이 크게 반영된 것으로 아들 딸을 출생순으로 기록하고, 족보가 편찬될 때까지의 딸들의 자손을 기록하며 서얼 등도 서얼임을 밝혀 수록하는 형식이다. 후자는 아들 딸 순으로 기재하고 딸에게는 사위 이름만을 기재하고 이들의 자녀, 즉 외손은 기록하지 않으며, 서얼은 족보에서 제외된다. 이런 족보는 17세기 말 이후 오늘날까지 이어지고 있다.

족보에는 이름, 자(字), 호(號), 생년(生年), 졸년월일(卒年月日), 묘소의 위치와 좌향(坐向), 배우자의 아버지, 본관, 생년, 졸년월일, 묘소의 위치와 좌향 등이 기록된다.

〈도판 3〉 문계안(門契案)

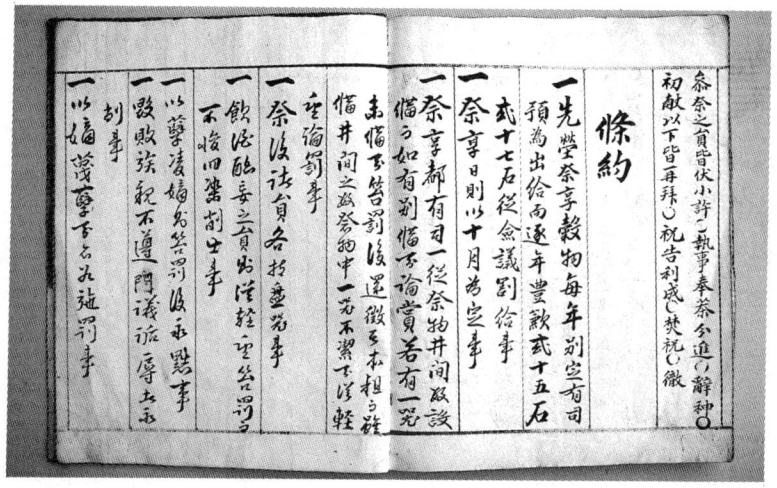

* 18세기 말 19세기 초에 작성된 원주 이씨 문계안. 제향 일시와 비용 마련 등에 관한 조약을 적어놓았다.

족보 작성을 위해 각 지파별로 지정된 지방유사(地方有司)들이 족보 간행 때 등재될 이름이나 행적 등의 내용을 파악하여 기록한 문서를 말한다. 이러한 단자를 모으는 일을 수단(收單)이라고 하는데, 수단할 때는 등재인물 수에 따라 명하전(名下錢)이라는 수단금(收單金)이 부과되며 관(冠 : 세대주)과 동(童 : 미혼남)에 따라 액수가 다르다.

문중계안(門中契案)

문중계에 참여하는 사람들의 명단으로 이 자료를 통하여 해당 문중의 정착·발전이나 향촌에서의 동향 등을 알 수 있다. 문임록(門任錄, 有司錄)은 각 문중의 일을 맡아보는 대표들의 명단이다. 종계일기(宗契日記)는 종중 또는 문중행사 때 집행을 담당한 집사자(執事者), 참석자 또는 불참자의 명단, 계에 낸 예전(禮錢)이나 벌전(罰錢) 및 미수금의 내용과 액수 또는 이러한 사항이 오고갈 때 작성한 문서류 등 종계 운영의 제반사항을 기록한 일기이다.

문중통문(門中通文)·회문(回文)

문중에서 그 구성원이나 다른 문중 또는 서원·향교 등의 관계기관 인사들에게 상호 관계되는 사항을 통지하는 문서이다.

선영도(先塋圖)

선조들의 묘의 위치를 표시한 그림이다. 보통 족보류에 첨부된 것이 많은데 덧붙여진 기문을 통해 선조의 행장, 묘의 위치, 규모 등을 알 수 있다.

혼인

근친금혼(近親禁婚)·동성불혼(同姓不婚)·동성동본불혼(同姓同本不婚) 등은 고려 이후 조선에 이르기까지 단계적으로 강화되어온 혼인 규제의 내용들이다. 조선 초기에는 대명률(大明律)에 따라 동성끼리 혼인한 자는 각각 장 60대의 형에 처하고 이혼케 했다. 조선 중기까지 이러한 동성불혼 주장이 이어지다가 후기로 오면 동성동본불혼으로 변한다.

혼인연령은 『경국대전』의 규정에 의하면 남자는 15세, 여자는 14세가 되어야 혼인을 할 수 있으며, 양가 부모 중 숙질(宿疾)이 있는 등의 형편 여하에 따라 예외를 인정하고 있다. 한말 직후인 1912년에 측정한 평균 혼인연령은 남자 18.2세, 여자 19.5세이다. 그러나 사위나 며느리를 미리 정해 같이 살게 하는 예서제(豫壻制)나 민며느리제도가 있었으므로 실제의 혼인연령은 더 낮았다고 할 수 있다. 이러한 제도들은 노동력 부족과 가난 등 경제적 여건이 그 배경이었다.

우리나라는 혼례에 관한 한 오랫동안 유지해온 관행과 풍속이 있었다. 그것은 남귀여가(男歸女家)의 혼인풍속으로 신랑이 신부집에서 혼례를 올린 후 바로 자기 집으로 돌아오지 않고 1년 혹은 그 이상을 처가에서 머무는 혼인 방식을 말한다. 이를 솔서혼속(率壻婚俗)이라고도 하며, 고구려에 있었다는 서옥제(壻屋制)도 이에 해당한다. 이것은 신랑이 신부집 근처에 가서 신부를 자기 집에 데리고 와 혼례를 갖는『주자가례』의 친영(親迎) 방식과 대조적이다. 친영은 신부가 신랑집에 와서 혼례를 올리는 중국의 혼인풍속에서 비롯된 것이기 때문이다. 단지 친영은 그들의 고유 풍속을 유지하면서 신랑이 신부가 집에 도착하기 전에 미리 나아가 맞이하여 옴으로써 음(陰)에 대한 양(陽)의 적극성을 강조한 것이다. 반면 우리의 오랜 관행은 신랑이 신부집에 가서 혼례를 갖고 일정 기간을 그곳에 머무는 것이었다. 이러한 남귀여가의 혼속은 부계친족의 자녀들이 각자의 외가에서 성장하는 기회를 주게 됨으로써 부계를 중심으로 하는 결집력있는 족결합을 방해하는 결정적인 요인이 되어왔기 때문에 조선 초부터 종법을 준수하려는 사족들에 의해 시비거리가 되었다.

기록상으로 보면 세종 17년(1435) 3월에 파원군(坡原君) 윤평(尹泙)이 태종의 13녀인 숙신옹주(淑愼翁主)를 친영한 것이 사상 최초이었으나 당시는 이와 같이 왕족의 혼인에나 솔선하는 일이 있었을 뿐, 논의가 본격화된 것은 16세기 초인 중종대에 이르러서이다. 그 결과 명종대에 와서 '반친영(半親迎)'이라 하여 고유의 민속과『가례(家禮)』의 절충이 이루어졌다. 반친영은 신부집에서 혼례를 치러온 오랜 관행을 인정한 것이지만 다음날 바로(또는 3일 후) 신랑집으로 와서 신부가 시부모에게 예를 올리는 현구고례(見舅姑禮 : 시부모를 알현하는 의식)를 갖는 방식이다. 이로써 처가 또는 외가와의 단절을 이루었기 때문에 반친영의 실시는 결국 족결합을 장애하는 한 요인을 제거한 셈이 된다.

혼인과 관련된 문서들은 도암(陶庵) 이재(李縡)의『사례편람(四禮便覽)』등 가례서(家禮書)에 입각한 혼례 순서인 의혼(議婚), 납채(納采), 납폐(納幣), 친영(親迎) 등을 실행하면서 생산된 것들이다. 의혼은 중매를 통해 혼인 상대의 의중과 조건 등을 알아보는 과정이고,

〈도판 4〉 청혼서

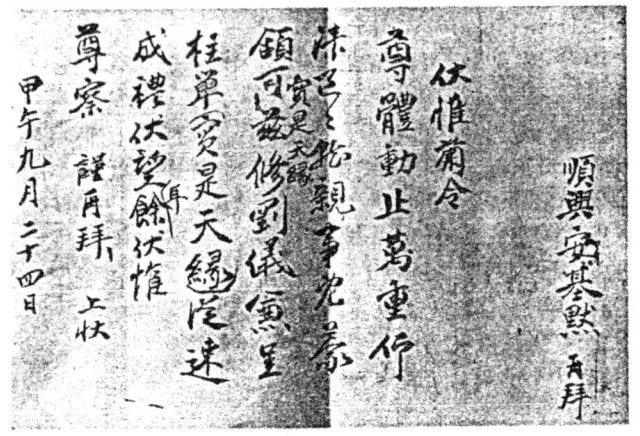

납채는 서로 뜻이 맞아 청혼서와 사주단자, 허혼서와 연길단자 등을 주고받는 과정이다. 택일이 되면 정해진 날에 신랑 측에서 신부 측으로 혼수와 혼서지가 가는 것이 납폐이고, 신부를 데리고 오기 위해 신부집으로 전안례를 올리러 가는 것이 친영이다. 그러나 이 절차는 지역과 가문에 따라 조금씩 차이를 갖기 때문에 그에 관한 문서 또한 동일하지 않다.

청혼서

서신에 실린 대강의 뜻은 다음과 같다. "존체(尊體) 편안하십니까. 제가아(弟家兒 : 저희 자식, 손자면 孫兒, 조카면 姪兒, 아우면 弟)가 결혼할 나이가 되었으나 마땅한 자리가 없습니다. 근자에 들으니 모동 모씨 댁 규수가 인품이 훌륭하다고 하니 권유하셔서 혼인이 이루어질 수 있도록 하여 주십시오."

〈도판 5〉 허혼서

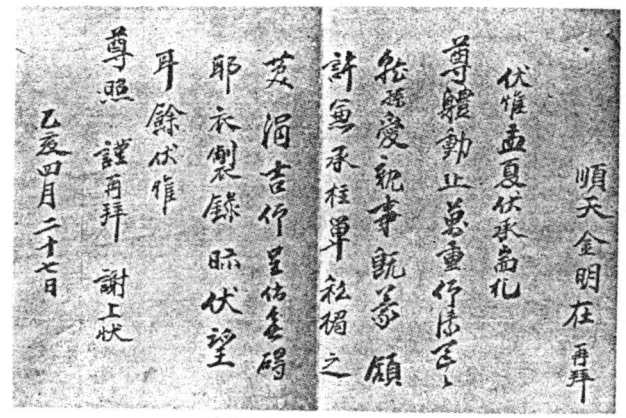

허혼서

신부 측에서 청혼을 받아들이면 이를 허락하는 서신을 보낸다. 내용은 "한루(寒陋)한 저희 집안을 불비(不鄙)하시고 이와 같이 근권(謹勸)하시니 감히 청종(聽從)하지 않을 수 있겠습니까"라고 한다.

사주단자

신랑 측이 신부 측에 청혼 형식으로 보내는 단자로, 왼쪽에서 오른쪽으로 다섯 칸을 접은 종이에 신랑의 사주를 쓴 후 흰 봉투에 넣고 뒤로 뚜껑을 접은 다음 '근봉(謹封)'이라 쓰고, 싸리대를 양쪽 끝을 남기고 반으로 쪼개어 그 사이에 세로로 서신을 끼우고 청실, 홍실의 둥근 타래실을 매듭지지 않게 묶는다. 이것을 겉은 다홍색, 안은 남색의 네모난 사주보에 싼다. 사주를 보낼 때 서신도 함께 보내는데, "채단(采單)을 녹정(錄呈)하니 연길(涓吉)을 회시(回示)해 주시라"는 내용을 담는다.

<도판 6> 의제송서

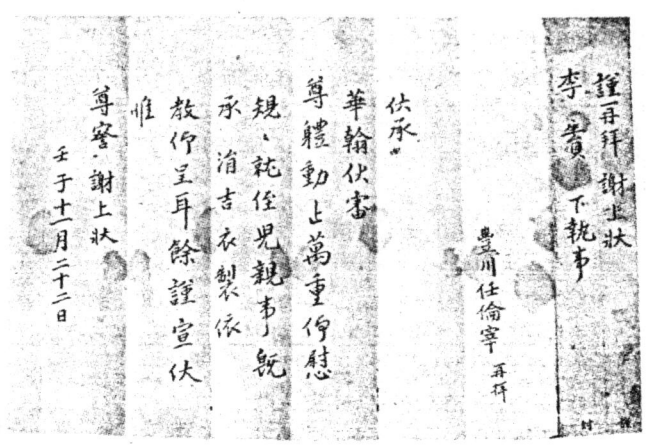

연길단자(涓吉單子)

신랑 측에서 사주단자를 보낼 때 택일을 요청해 오므로 이에 따라 신부 측에서는 납폐일(納幣日)과 전안일(奠雁日)을 적고 이를 다섯번 또는 일곱번 접은 연길단자를 '근봉(謹封)'하여 보낸다. 서신도 함께 보내는데 "이미 사주단자를 받으니 한문(寒門)의 경사(慶事)라. 연길(涓吉)을 적어올리니 장제(章製 : 衣製)를 회시(回示)해 주시라"는 내용을 적는다.

의제송서(衣製送書)

연길단자와 서신을 받은 신랑 측에서는 신부 측에 신랑의 의복 길이, 품(앞품, 뒷품), 화장 길이 등을 적은 의제장(衣製狀)과 서신(衣製送書)을 보낸다. 의제송서에는 "이미 연길단자를 받고 이에 장제(章製)를 올리니 한문(寒門)의 경사입니다"라고 적는다.

예장지(禮狀紙)

혼서지(婚書紙)라고도 한다. 혼인이 이루어졌으니 폐백을 받아달라는 내용을 담은 납폐문서로, 신랑 측에서 신부 측으로 대례 전에 예단을 갖춘 함 속에 넣어 함진애비를 통해 보낸다. 내용은 "선인지례(先人之禮)로 납폐지의(納幣之儀)를 근행(謹行)하니 살펴주십시오"라는 것이다.

혼수물목(婚需物目)

혼례일 며칠 전에 예장지와 함께 보내는 문서이다. 원래는 현(玄)과 훈(纁) 각 1단(段)만 적어보냈다. 봉투 겉에는 '물목(物目)'이라고 쓰고 그 밑에 '근봉(謹封)'이라고 적는다.

혼례홀기(婚禮笏記)

혼례의 원활한 진행을 위해 마련한 문서로서, 그 내용만 보아도 혼례식의 구체적인 절차를 알 수 있으며, 친영했는지의 여부도 확인할 수 있다.

동상례안(東床禮案)

동상례안은 지역에 따라 관례를 행한 사람들의 명단인 경우도 있고, 새신랑을 맞이하여 신부 측 마을사람들이 동상례를 행하면서 작성한 명단인 경우도 있다. 단순히 명단만 있는 것이 아니라 자체 규약, 조직운영에 관한 사항 등이 적혀 있고, 수입과 지출을 적은 치부책인 경우도 있다.

(정승모, 서울시 문화재과 전문위원)

상례와 제례

　예(禮)는 문명의 상징이다. 인간의 사회생활에서 예속은 곧 야만적인 삶을 청산하고 일정한 질서와 절도를 확립하는 것이다. 미개 사회에도 사람들의 일생에는 여러 단계의 통과의례가 있고, 이러한 것들이 규범화되어 습속과 전통을 형성하기도 했다. 그러나 모든 습속이 곧 예속(禮俗)은 아니다. 예속은 문명세계 일반의 보편적 가치와 도덕성을 가지고 있어야 하고, 또 일정한 인식체계를 갖춘 하나의 철학적 기초를 가지고 있어야 한다.
　여기에서는 우리 전통예속 중에서 상례(喪禮)와 제례(祭禮) 부분을 살펴보기로 한다. 관혼상제의 4례 중에서 관례(冠禮)와 혼례(婚禮)는 산 사람을 대상으로 하는 것이지만, 상례와 제례는 죽은 사람을 대상으로 하는 예속으로서 특별한 의미를 지닌 것이다. 중국을 중심으로 한 전근대의 동아시아 사회에서는 죽은 사람에 대한 예법이 특히 엄격하고 신중했는데, 여기에는 종교적 성격이 내포되어 있었기 때문이다. 이 글에서 살펴보는 전통 상제례는 『가례(家禮)』(보통 『朱子家禮』 혹은 『文公家禮』로 불린다)에 기초한 유교 예속이다. 동아시아의 예속은 대부분 유교 예법에 기원을 두고 있고, 우리나라도 예외는 아니었다. 특히 조선시대의 예법은 어떤 면에서 중국보다 더 유교적인 성격을 띠고 있었다. 당시 일반인들의 가정생활과 사회생활에서 통용되고 있었던 예법은 대체로 고려말에 도입된 신유학 예서인 『가례』를 토대로 한 것이었다. 조선왕조가 개창되고 15세기에 조정의 적극적인 시책에 의하여 보급된 『가례』는 원래 사대부 계층의 가정의례를 위한 책이었으나, 조선후기에는 이것이 일반 서민사회에도 광범위하게 행해지게 되었고, 마침내 우리 전통예속을 대표하게 되었다. 따라서 조선중기 이후에는 『가례』의 연구와 주석도 활발하게 일어나 많은 예서가 편찬되기도 했다. 그리고 그 예속이 사회에 행해지면서 많은 흔적을 남기게 되었는데, 상제례의 의례과정에서 작성되는 문서들을 중심으로 전통시대의 예속생활을 살펴보기로 한다.

『가례』는 통례(通禮)·관례(冠禮)·혼례(婚禮)·상례(喪禮)·제례(祭禮)의 다섯 편으로 구성되어 있지만, 그 중 상례 편이 전체 내용의 절반 이상을 차지하고 있다. 그만큼 상례는 예법 절차가 복잡하고 또 많은 시일이 소요되었다. 관·혼·제례가 일시적이고 단편적인 의례라고 한다면 상장례는 여러 단계의 의식이 연결되어 진행되는 복합적인 의례라고 할 수 있다. 상례에는 죽은 자의 시신을 염습하고 보존하는 절차, 상주와 가족들이 거상(居喪)하는 절차, 타인들이 문상(問喪)하는 절차, 매장하는 절차, 장례 후 탈상 때까지 여러 단계의 예식, 그리고 이 과정에서 진행되는 많은 종류의 전(奠)과 제사(祭祀) 등으로 이루어지고 있다. 이러한 의례의 전체 과정에는 모두 26개월의 세월이 소요된다. 따라서 그 절차와 의식이 많을 수밖에 없다. 또한 이는 산 사람들이 죽은 이를 영구히 작별하고 매장하는 일이기 때문에 특별히 세심하고 주의깊게 진행되어야 하며, 그 예법도 복잡하고 까다롭게 또 엄격하게 규정될 수밖에 없었다.

상례와 관련된 고문서

부고(訃告)

부고는 어떤 사람이 사망한 직후에 그 사실을 여러 친척이나 지우(知友)들에게 알리는 서신 혹은 통지서이다. 이는 대체로 사망 당일 상주(喪主)·주부(主婦)가 상복으로 갈아입고 호상(護喪)·사서(司書)

현대에 통용되는 부고의 예

族姪先濟宇大人處士公海巖聲鎭氏以宿患今月二十八日(陽二月二十日)巳時別世茲以訃告

發 靷　　二月五日(陽二月二十六日) 定行于洞前
葬 地　　華藏山 下棺隨時
　　　　乙未 正月 二十八日

嗣子　濟　宇
　　　濟　和
　　　濟　睦
　　　濟　垠
　　　濟　雲
　　　濟　元
　　　濟　亨
孫　　達　柱
　　　柄　柱
　　　哲　柱
　　　東　柱
護喪　金　慶　鎭

・사화(司貨) 등 상례를 주관할 집사자들이 정해진 후에 발송하게 된다. 옛날 사대부들의 장례는 1개월여의 기간이 있었고, 발인일이나 산소를 정하는 기간이 길었기 때문에 부고에는 이러한 사항을 다 기록하지 않았으나, 근래에는 보통 3일장 내지 5일장으로 하는 일이 많기 때문에 장례 일시와 장소 등을 함께 수록하고 있다. 부고는 상주의 이름으로 발송되기도 하고 호상(護喪)의 이름으로 발송되기도 한다. 여러 예서에 수록된 부고의 서식은 근래에 통용되고 있는 서식과 매우 다르다. 상주의 이름으로 발송되는 서식은 구준(丘濬)의 『가례의절(家禮儀節)』에 수록된 것인데, 조선시대에 편찬된 많은 예서에서도 이를 답습하고 있다.

이에 비해 호상의 이름으로 발송하는 것이 옳다는 견해도 있다. 조선후기에 이의조(李宜朝)가 편찬한 『가례증해(家禮增解)』에서는 부고의 서식을 일부 수정했는데, 그 이유는 『가례』 본문에서 "호상과 사서(司書)가 상주를 위하여 발송한다" 했기 때문이었다. 이유태(李惟泰)와 같은 학자는 두 가지 양식을 다 인정하고 있다(『四禮笏記』).

집사분정기(執事分定記)

상장례의 일을 담당할 사람들을 정하여 임무를 분장하는 명단이라고 할 수 있다. 오늘날의 각급 장의위원회 명단과도 같은 것이다. 이를 분정기(分定記), 집사기(執事記) 또는 파록(爬錄)이라고도 한다. 왕실의 상장례에서 국장도감(國葬都監)이나 예장도감(禮葬都監)을 설치할 때 직임을 분장하여 기록한 좌목(座目)과 같은 것이다. 이렇게 분정기를 작성하여 일을 분담할 만큼 규모있는 상례는 역시 양반 명문가이거나 상당한 명망을 가진 유학자들의 경우이다. 분정기에 기록하는 직임은 일정하게 정해진 것은 아니다. 단촐한 상가의 경우에는 최소한의 인원만을 수록한 것도 있고, 사회적 교분이 많은 대학자나 명문 대가의 경우에는 많은 인원을 동원하여 일을 세분했기 때문에 집사의 분정도 많았다.

『주자가례』에서 명시한 상례의 최소한의 집사는 호상, 사서, 사화 3명이다. 호상은 상례와 장례의 전과정을 총지휘하는 사람으로 왕실의 국장도감에서는 총호사라고 칭한다. 호상은 『가례』에서는 자제들 중에서 예를 잘 아는 사람으로 능히 일을 주간할 만한 사람으로 정한다고 했지만, 우리나라에서는 보통 친척이나 친구들 중에서 명망있는 사람에게 위임하는 것이 관례화되었다. 사서(司書)는 상례의 전과정에서 소요되는 문서를 작성하고 필사하는 일을 맡는데, 친족 중에서 글씨를 잘 쓰는 사람을 시킨다. 사화(司貨)는 상장례에 소요되는 경비의 출납과 물자 조달 등을 담당한다. 사화는 보통 두 종류의 장부를 비치하여 기록하는데, 하나는 재화와 물품의 출입을 기록하는 것

남의 부모가 죽었을 때의 위문장

某頓首再拜言不意凶變(亡者가 高官일 경우 邦國不幸)
先某位府君奄棄榮養(亡者가 高官이면 奄捐館舍, 喪主가 벼슬이 없으면 色養)承
訃驚怛不能已已伏惟
孝心純至思慕號絶何可敢居日月流邁遽踰旬朔哀痛奈何罔極奈何不審自隺茶
毒
氣力何如伏乞强加餰粥俯從禮制某役事所迫(官職者는 職業有守)未有奔慰
其於憂戀無任下誠謹奉疏(平交에는 謹狀)伏惟
鑑察不備謹疏(平交에는 謹狀)
　　　　　　　月　　日具位姓某疏上(平交에는 狀上)

某官 大孝(夫人일 경우는 至孝)笘前(平交에는 苫次)

『가례』에 따른 사례장 양식

某稽顙再拜言(降等에는 言을 쓰지 않음)某罪逆深重不自死滅禍延先考攀號擗
踊五內分崩叩地叫天無所逮及日月不居奄踰旬朔(때에 따라 적당히)
酷罰罪苦無望生全卽日蒙
恩(平交에는 위 4자를 쓰지 않음)祗奉几筵苟存視息伏蒙
尊慈俯賜慰問哀感之至無任下誠(平交에는　承仰仁恩)未有號訴不勝隕絶謹奉
疏(降等에는　狀)荒迷不次謹疏
　　　　　　　月　　日孤子姓名疏上

某位

이고, 다른 하나는 친척이나 지우들이 보내온 부의와 제전(祭奠) 등을 기록하는 것이다. 사서나 사화는 중국에서는 평소 집안일을 보는 집사나 하인들 중에서 유능한 사람에게 맡기기도 했다.

『가례의절』에는 이밖에도 주빈(主賓)과 상례(尙禮)의 두 집사를 더 두도록 했다. 주빈은 존속의 친척 중에서 명망있는 사람으로 정하는데 빈객을 접대하는 예를 맡는다. 상례는 예에 능통한 친척이나 친구 중에서 맡도록 하는데 의례에 관한 일을 전담하여 호상을 돕는 일을 맡는다. 『사례홀기』에는 이밖에 제사와 전을 전담하는 축(祝) 1인과 비서격인 찬(贊) 1명을 더 두도록 했다. 그러나 조선시대의 분정기를 보면 진설(陳設), 돈장(敦匠), 조빈(造殯), 치산(治山), 제주(題主 : 神主에 글씨를 쓰는 직임), 제명정(題銘旌), 독제문(讀祭文), 시도(時到), 직일(直日) 등의 여러 직임을 두기도 했다.

조객록(弔客錄)

위문록(慰問錄) 혹은 조문록(弔問錄)이라고도 한다. 조문온 빈객들의 이름을 적은 대장이다. 보통은 날짜별로 조문 온 사람들의 명단을 등록한다. 이름 아래 간단히 주소를 적은 것도 있다. 오늘날의 방명록(芳名錄)과 같은 형태이다. 여기에 많은 사항이 기록되는 것은 아니지만 이를 통해 망자나 상주의 사회적 교분이나 가문의 성쇠 등을 엿볼 수 있다. 지금은 부조기와 통용하는 경향도 있지만 옛날에는 반드시 두 가지를 분리하여 치부했다.

부조기(扶助記)

친척이나 친구들로부터 답지한 부의와 부조 물품 등을 기록하는 대장이다. 여기에는 부조한 사람의 이름과 주소, 부조 물품 등을 수록한다. 오늘날에는 부의로 대부분 금일봉을 보내는 것이 관례화되었지만, 옛날에는 포목, 종이, 건어물, 과일, 주류, 기타 식료품 등이 많이 사용되었다. 부조기 역시 그 가문의 경제형편이나 사회적 교제의 범위 등을 알 수 있는 자료가 된다. 또한 이 부조기의 분석을 통하여 그 당시의 생활 모습을 엿볼 수도 있을 것이다.

위문장

이는 간찰의 일종으로 부고를 받은 사람이 바쁜 직무나 거리상의 장애 기타 여러가지 사정으로 직접 조문하러 가지 못할 경우에 보내는 위문의 편지이다. 그 대강의 양식은 『가례』에 수록되어 있다. 현전하는 고문서의 위문 간찰들은 대부분 이 형식을 따르고 있기는 하지만 내용은 퍽 다양한 편이다. 그것은 위문장이 개인과 개인 사이의 사적인 편지와 같은 것이기 때문에 주고받는 사람간의 인간관계와 곡절에 따라 그리고 문장력에 따라 그 내용이 달라질 수 있기 때문이다. 『가례』에 수록된 위문장의 형식은 상(喪)의 종류와 상하·친소관계에 따라 약간씩 다르지만 대표적인 것을 보면 위의 양식과 같고, 위문장을 받은 상주는 반대로 사례의 답장을 보내게 된다.

상례의 절차에 따른 여러 서식

상례는 초종에서 장례를 거쳐 탈상에 이르기까지 26개월(윤달 제외)의 오랜 기간이 소요되는 단계별 의식을 총칭하는 말이다. 이는 편의상 크게 몇 단계로 구분해볼 수 있다.

초종(初終)

운명으로부터 부고까지의 단계. 질병이 악화되면 정침(正寢)으로 옮기고, 호흡이 끊어지면 복(復 : 招魂)하고 이어 주상자(主喪者 : 喪主)와 주부(主婦)를 정하고, 호상 이하 상례를 분담할 여러 집사들을 정한다. 호상이 목수에게 관을 준비하게 하고 상주들은 역복(易服)하고 음식을 끊는다. 그 후 친척과 친구들에게 부고를 낸다.

습렴(襲斂)

시신을 목욕시키고 옷을 입혀 입관하기까지의 습(襲), 반함(飯含), 소렴(小斂), 대렴(大斂)하는 절차이다. 목욕은 수건에 물을 적셔 시신을 청결히 하는 일이며, 습은 수족 등을 정돈하고 병중에 입었던 옷 대신 심의와 복건으로 갈아입히는 일이다. 반함은 시신의 입에 쌀·돈·구슬 등을 물리는 일이다. 소렴은 수의를 모두 입히고 금(衾)으로 싸서 묶는 것이며, 대렴은 풀어놓았던 끈을 모두 묶고 시신을 입관시키는 일이다. 습·소렴·대렴의 각 단계마다 약식 제사인 전(奠)

이 있다. 입관한 시신은 빈소에 안치한다. 빈소는 원래 땅을 파고 관을 장례 때까지 임시로 묻어둔 장소였으나 근래에는 장일(葬日)이 짧기 때문에 실내에 그냥 안치한다. 전에는 술과 포해(脯醢), 과일 등을 간단히 차려 곡만 하고 축(祝)은 없다. 반함을 한 후에 영좌(靈座)를 설치하여 혼백(魂魄)을 안치하고 명정(銘旌)을 세운다.

성복(成服)과 조문

대렴한 다음날은 성복을 한다. 망자와의 혈연 및 친소관계에 따라 참최(斬衰 : 3년)·재최(齋衰 : 3년, 杖朞, 不杖朞, 5월, 3월의 5종이 있음)·대공(大功 : 9월)·소공(小功 : 5월)·시마(緦麻 : 3월)의 상복을 입는다. 상주와 각급 친척들이 입을 상복의 종류와 기간을 적은 명단을 복차(服次)라고 한다. 이때부터 상주와 형제들은 죽을 먹을 수 있다.

이후 장례 때까지는 매일 아침저녁으로 영좌에 전을 올리고 끼니 때는 상식(上食)을 올린다. 또 이때부터 조문과 부의를 받는다. 친지들이 전을 올릴 때는 제문이 있다. 근래에는 부의(賻儀)를 단순히 부조의 개념으로 알고 금품을 사화(司貨)에게 넘겨주고 있으나, 이는 원래 죽은 자에게 올리는 예물로써 부(賻)를 올리는 일정한 형식의 예장(禮狀)이 있었다.

치장(治葬)

전통시대에는 장례일이 신분에 따라 달랐다. 천자는 7개월, 제후는 5개월, 대부는 3개월 만에 장사지냈고, 벼슬하지 않는 선비는 한 달을 넘겨 장사했으나 오늘날은 3일장, 5일장이 보편화되어 있다. 장례일이 가까워지면 택일하여 무덤자리를 파게 된다[開塋域]. 이때는 토지신[后土]에게 먼저 간단한 제사를 지낸다.

장일에는 천구(遷柩), 조조(朝祖), 전부(奠賻), 조전(祖奠), 견전(遣奠), 발인(發靷), 하관(下棺), 사후토(祠后土), 제목주(題木主), 성분(成墳)의 차례로 장례를 진행한다. 천구는 장례 전일 영구를 빈소에서 청사로 옮기는 일이다. 영구를 옮기기 하루 전날 조전시(朝奠時)에 그 사실을 영전에 고한다. 축(祝 : 掌禮人)이 무릎을 꿇고 "금이길신 천구 감고(今以吉辰 遷柩 敢告 : 이제 길일을 받아 영구를 옮기게 되어 삼가 고합니다)"라고 고한다.

영구를 청사로 옮기기 전에 먼저 사당의 조상들에게 하직인사를 하게 되는데, 이것을 조조라고 한다. 영구를 사당의 뜰에 모시는데 이 때 혼백과 명정도 함께 간다. 전(奠)을 설치하고 상주와 남녀 친족들이 열을 지어 곡하는 의식이다. 이는 생전에 출입필고(出入必告)하던 도리를 마지막으로 하는 뜻이다. 이때의 전에는 축문이 없다. 사당에 인사한 후에는 다시 영구를 정침의 뜰에 모시고 친지들이 전과 부의를 드린다〔奠賻〕. 그리고 오후 4시쯤 조전을 지내는데, 이는 길 떠나는 사람에게 마지막으로 드리는 전별 의식이다. 이때의 고사 역시 축이 무릎 꿇고 "영천지례 영신불류 금봉구거 식준조도(永遷之禮 靈辰不留 今奉柩車 式遵祖道 : 영결하는 예의 날짜가 다가와 이제 상여에 받들게 되었기에 전별의 예를 행합니다)"라고 고한다.

그 다음날 영구를 옮겨 상여에 싣는다. 영구를 옮기기 전에 이를 고하는 간단한 고사가 있는데, 그 문안은 "금천구취여(今遷柩就轝 : 이제 영구를 옮겨 상여로 갑니다)"라고 한다.

영구를 상여에 실은 후에 드리는 제사를 견전이라고 한다. 근래에는 흔히 발인제라고 부른다. 그 의식은 조전과 같고, 고사는 "영이기가 왕즉유택 재진견례 영결종천(靈輀旣駕 往卽幽宅 載陳遣禮 永訣終天 : 영여에 모셔 발인 차비를 다했으니 가시는 곳은 유택입니다. 遣禮를 행하여 영원히 작별하고자 합니다)"이라고 한다. 견전이 끝나면 곧바로 발인하여 운구한다. 방상씨(方相氏)와 명정(銘旌) 등 여러 의물(儀物)를 앞세우고 혼백을 안치한 영여(靈轝 : 靈車)와 상여가 따라나간다. 상주와 친지들은 존비의 차례로 열을 지어 도보로 상여를 뒤따른다. 동구 밖에 이르면 친지들이 길 옆에서 장막을 치고 기다리다 노제(路祭)를 지낸다. 노제에는 제문이 있다. 길이 멀고 노제 지낼 사람이 많으면 여러 차례 지내기도 한다.

묘소에서는 미리 장막을 치고 영악(靈幄)을 준비했다가 상여가 도착하면 혼백을 영악에 모시고 전을 올리고 영구 앞에 상주와 친지들이 열을 지어 곡한다. 빈객들은 영전에 절하고 돌아간다. 정해진 하관 때가 되면 절차대로 매장하고 봉분을 축조한다. 광(壙)에 흙을 반쯤 채웠을 때 명기(明器)와 지석(誌石)을 함께 묻는다. 봉분이 이루어지면 묘의 왼쪽에서 토지신[后土]에 제사한다.

봉분이 이루어진 후에는 신주의 제(題)를 쓴다. 신주는 밤나무를 사용하여 미리 제작해두었다가 이때 영악의 동남에 탁자를 설치하고 상주와 친지들이 둘러선 가운데 글씨 잘 쓰는 사람을 시켜 표제를 쓰게 한다. 신주는 두 쪽의 목판을 앞뒤로 합쳐서 만든다.

신주가 완성되면 영좌에 봉안하고 혼백은 상자 속에 넣어 신주 뒤편에 안치한다. 신주를 봉안하면 그 앞에서 간단한 전을 올린다. 신주에 대한 전이 끝나면 축이 신주와 혼백 상자를 영여에 옮겨 싣고 영좌를 철거하여 집으로 돌아온다.

반우(反虞)

반곡(反哭)과 세 차례의 우제(虞祭) 그리고 졸곡(卒哭)까지의 단계이다. 신주와 혼백을 영여에 안치하여 집으로 돌아온 후 상청(喪廳)의 영악(靈幄 : 几筵 혹은 靈座라고도 한다. 지방에 따라 이를 殯所라고 하는 경우도 있으나 이는 정확한 용어가 아니다. 殯所는 장례를 하기 전에 靈柩를 모신 처소를 말하기 때문이다)에 봉안한 후 반곡(反哭)한다. 주인 이하 친족들이 열을 지어 곡한다. 조문객이 있으면 역시 곡하고 절한다.

우제는 방황하는 영혼을 안정시키기 위한 제사이다. 우제는 초우(初虞), 재우(再虞), 삼우(三虞) 세 차례에 걸쳐 행한다. 우제를 상제(喪祭)라고도 하는데 상중의 제사임을 뜻한다. 초우는 장례 당일 귀가하여 반곡(反哭) 후에 행하는데 길이 멀어 중도에서 유숙할 경우 유숙하는 곳에서 행할 수도 있다. 재우는 그다음 유일(柔日：干支에 乙·丁·巳·辛·癸가 들어가는 날)에 행하고, 삼우는 그다음 강일(剛日 : 干支에 甲·丙·戊·庚·壬이 들어가는 날)에 지낸다. 우제부터는 제사 형식이 일반 제사와 같다. 즉 강신(降神), 진찬(進饌), 초헌(初獻, 讀祝 포함), 아헌(亞獻), 종헌(終獻), 유식(侑食), 합문(闔門), 개문(開門), 사신(辭神)의 순서로 진행되는 것이다. 다만 참신(參神)은 모두 반곡했기 때문에 생략한 것이다. 초우를 드리기 전에 상주(喪主)는 비로소 목욕할 수 있다.

　삼우를 지낸 후 강일(剛日)을 만나면 졸곡제(卒哭祭)를 드린다. 졸곡제부터 길제(吉祭)에 해당된다. 졸곡 후에는 슬픔이 일더라도 곡할 수 없다. 제사 절차나 형식은 우제와 같다. 부묘(祔廟)는 신주를 사당에 봉안하는 것인데, 은대(殷代)에는 기년에 지내는 연제(練祭)를 마치고 부묘했으나, 주대(周代)에는 졸곡 후에 했다. 공자는 은대의 제도가 좋다고 했으나 주자는『가례』의 예가 대부분 주대의 예법을 따른 만큼 부묘만을 은대의 예법대로 할 수 없다 하여 졸곡 후에 하도록 했다. 그러나 조선시대에는 3년상을 마치고 담제(禫祭) 후 부묘하는 것이 보통이었다.『개원례(開元禮)』와『국조오례의(國朝五禮儀)』에 그렇게 규정되어 있었기 때문이다. 여기서는『가례』의 순서대로 졸곡(卒哭) 아래에 붙여둔다.

　사당에는 4조(祖)의 신주만을 봉안하는 것이기 때문에, 부묘를 하게 되면 고조고비(高祖考妣)의 신주를 감실에서 들어내고 그 자리에 증조고비(曾祖考妣)의 신주를 옮겨 봉안하고, 조고비(祖考妣)와 고비(考妣)의 신주를 차례로 옮겨 봉안한다. 사당에서 들어낸 고조고비의 신주는 아직 4대의 대수가 다하지 않은 장방손의 집으로 봉안하거나 묘소에 매안(埋安)한다. 부묘는 망자의 신주를 사당에 봉안하고 제사지내는 의식이다. 고대에는 부묘를 할 때 소목(昭穆)의 차례에 따라 망자(亡者)의 신주를 조고(祖考)의 사당에 봉안했는데, 이 때문에 사당에 고유할 때는 축문에 증조를 쓴다. 그다음에는 새로 부묘하는 죽은 자의 신주에 고유한다.

상제(祥祭)·담제(禫祭)·길제(吉祭)

　소상(小祥), 대상(大祥), 담제 그리고 탈상 후의 정규 제사인 길제까지의 단계이다. 담제를 마치면 복을 벗고 상례를 완전히 끝내게 된다. 상(祥)은 상서로움을 말한다. 세월이 지나면서 슬픔이 조금씩 가시고 상서로움을 회복한다는 의미에서 상제를 올린다. 소상은 상서로움을 조금 회복한다는 뜻이고, 대상은 상서로움을 크게 회복한다는 뜻이다. 소상은 초상 후 기년(12개월째)의 기일에 지내고, 대상은 그 다음해(24개월째) 기일에 지낸다. 물론 윤달은 계산하지 않는다. 제사의식은 우제(虞祭)와 같다. 소상은 연제(練祭)라고도 하는데 상복을 연복(練服)으로 갈아입기 때문에 온 말이다. 이에 비해 대상은 그냥 상제(祥祭)라고도 한다. 상제 후에는 담복(禫服)으로 갈아 입는다.
　대상의 축문은 소상과 같고 다만 '소상'을 '대상'으로 고치기만 하면 된다. 담제는 복을 완전히 벗는다는 뜻으로 올리는 제사이다. 담제는 대상을 지낸 다음다음달(제26개월째)에 행한다.
　이상으로 오랜 기간에 걸쳐 복잡하게 진행된 상례와 장례 의식은 끝나게 된다. 그러나 상례에 덧붙여 하나 더 이해해야 할 것이 길제이다. 길제는 제례의 범주에 들어가는 것이며 상례의 일부라고는 할 수 없지만 담제와 결부되어 이루어지는 것이기 때문에 전통 예서(禮書)에서는 보통 상례 아래에 붙여두고 있다. 길제는 그 성격이 제례에서 가장 중요한 정규 제사인 사시제(四時祭, 보통 時祭라고 함)와 같은 것이다. 사시제는 전통시대 양반 사대부의 가문에서 춘하추동의 가운데 달(2, 5, 8, 11월)에 택일하여 사당에 모신 조상들에게 합동으로 올리는 제사이다. 그런데 상중에는 사당에 올리는 이 정규 제사가 중지되어 행하지 않는다. 때문에 담제를 마치면 곧 이 제사를 부활시켜야 한다는 것이다. 3년 동안 제사를 폐지했으므로 정규 제사의 설행이 시급하다는 뜻에서 담제를 지낸 다음달에 바로 길제를 행한다.

만약 담제가 시제를 지내는 달인 2, 5, 8, 11월인 경우에는 바로 그 달에 길제를 지낸다.

우리나라에서는 사실상 이 길제 때 신주를 사당에 부묘하고 5대조의 신주를 조천(祧遷)했다. 『가례』에는 부묘를 졸곡 후에 하도록 했기 때문에 길제에 대해서는 언급이 없다. 길제가 예서에 수록된 것은 구준의 『가례의절』에서부터였고, 김장생(金長生)의 『상례비요(喪禮備要)』등 조선시대의 여러 예서에서도 이를 답습했다. 길제는 보통의 시제(時祭)와 똑같은 절차로 진행된다. 그러나 제사를 올리기 전에 먼저 사당에서 5대조의 신주를 조천하고 지금까지 상청(喪廳)의 궤연(几筵)에 봉안하고 있었던 새 신주를 사당에 부묘한다. 이에 따라 모든 신주의 감실(龕室)이 왼쪽으로 한 칸씩 이동하게 된다. 이렇게 사당에서 신주를 차례차례 옮길 뿐만 아니라 이제 제사를 받드는 사람이 교체되었으므로 여러 신주들의 표제(題,, 전판에 쓴 글씨)와 방제(旁題, 전판 좌측 하단에 쓰는 봉사자의 이름)도 모두 고쳐 써야 한다. 신주의 표제를 고쳐 쓸 때는 먼저 사당에 간단한 주과를 차리고 고사를 올린다.

표제를 고칠 때는 사당의 향탁 동편에 별도로 탁자를 설치하여 물그릇·벼루·붓·먹·걸레 등을 차려놓고 신주를 차례로 내어 탁자에 눕혀놓고 글씨를 씻어 닦아내고 분칠하여 마른 후에 새로 제를 쓴다. 개제(改題)가 끝나면 신주를 감실로 안치한다. 제사를 지낼 때는 시제 때와 마찬가지로 신주들을 정침으로 옮겨 의자에 안치한다. 신주를 정침으로 옮길 때도 고사가 있다. 정침(正寢)에서 제사를 드릴 때는 5대 조고비 이하 조고비까지 각 위의 조상들에게 올리는 축문이 있다. 신주를 조천하는 5대 조고비에 대한 축문과 기타 조상들에게 올리는 축문은 조금 다르다.

이와 같이 하여 길제를 마치면 조천하는 5대조의 신주는 아직 4대가 지나지 않은 장방손의 집으로 옮겨 봉안하거나 묘소에 매안한다. 왕실에서는 조천된 신주를 따로 봉안하는 사당[祧廟]이 있었으나, 사서인들은 조묘를 세울 수 없었기 때문에, 그 신주를 사당의 두 계단 사이에 묻거나 시조의 묘소 혹은 망자 자신의 묘소에 묻는다.

개장(改葬)

묘지를 옮겨 봉안하는 일이다. 상·장(葬)의 예는 초종(初終)에서 시작하여 담제로 끝나지만, 장례에는 또 하나의 형태가 있는데 그것이 바로 개장이다. 개장은 이미 장례한 묘지에서 시신을 발굴하여 다른 묘지로 옮겨 안장하는 일이다. 옛날에는 주로 풍수지리의 이해득실 때문에 이장하는 일이 많았지만, 현대에는 신도시 건설이나 다목적 댐의 축조와 같은 대형 토목공사 때문에 부득이 이장하게 되는 경우가 많다. 이러한 대규모 이장은 보통 전문 용역업체에서 토목공사의 일부와 같은 관점으로 일괄 처리하는 일이 많지만, 전통시대에는 이장이 처음의 장례와 거의 같은 비중으로 행해졌고, 그에 따른 의식도 신중하게 이루어졌다. 개장도 역시『가례』에 수록되어 있지 않았으나, 구준의『가례의절』에 첨가된 후 여러 예서에서도 이를 수록했다.

개장 절차는 대체로 처음 장례 때와 유사하다. 매장한 지 오래되어 관이 부식 손상되었을 것으로 추정될 경우에는 관을 준비하고, 염습할 교포(絞布)와 의금(衣衿) 및 염상(斂牀)과 상여도 준비한다. 개장 때도 상복을 입는데, 부모인 경우와 같이 3년복에 해당하는 사람들은 모두 시마복(緦麻服)을 입고 나머지의 경우는 모두 소복(素服)과 삼베 두건 차림으로 입는다. 날을 잡아 후토(后土:山神)에 제사하고 사당에도 고사를 올린다. 후토의 제사는 신묘(新墓)와 구묘(舊墓)의 후토에게 모두 올려야 한다. 축문은 생략한다. 개장 때는 당사자의 신주를 사당에서 반출하여 영여에 안치하여 묘소로 가서 임시 영악을 설치하고 봉안한다. 개장을 위해 묘를 파기 전에 묘소에 간단한 주과(酒果)와 포해(脯醢)를 차리고 전(奠)을 올린다. 고사를 읽은 후에는 모두 곡을 한다. 합장한 묘에서 영구를 들어내거나 옮길 때는 부인의 영구를 먼저 한다. 이후 새 묘에 매장할 때까지는 아침저녁으로 곡하고 전과 상식을 올리는 것이 초상 때와 같다. 영구를 상여로 옮길 때는 "금일천구취여(今日遷柩就轝)"라 고하고, 견전(遣奠, 發靷祭)을 올릴 때는 축이 무릎 꿇고 "영이기가 왕즉신택(靈輀旣駕 往卽新宅 : 영여에 모셔 발인 차비를 다하였으니 가시는 곳은 새 유택입니다)"이라 고한다. 상여를 옮길 때는 신주도 영여에 안치하여 함께 옮긴다. 새 묘에 매장한 후 또 후토에 제사드린다. 제사가 끝나면 영여에 신주를 안치하여 집으로 반혼(反魂)하고 우제를 지내는데 모든 절차는 초상 때와 같다. 다만 우제는 한 번만 올리고 축문이 조금 다르다. 우제를 마치면 사당에 개장의 예가 끝났음을 고한다. 이상이 개장례의 대략이다.

제례

사시제(四時祭)

사시제는 보통 시제(時祭)라고 부르는 것으로서 사계절의 가운데 달(음력 2, 5, 8, 11월)에 고조 이하의 조상을 함께 제사하던 합동제사의 하나이다. 이는 예로부터 중국을 비롯한 동아시아의 상류사회에서는 가장 중요하게 생각된 제사였다. 고대 중국에서는 제사라고 하면 곧 시제를 말한다. 마치 국가의 종묘에서 춘하추동 사계절마다 대향을 올리는 것과 같다. 그러나 일년에 네 번씩 제사를 거행하는 일은 보통 어려운 일이 아니어서 실제로 그렇게 할 수 있는 집은 흔치 않았다. 이 때문에 성호 이익이나 다산 정약용 같은 학자들은 일년에 봄 가을 두 번만 시행토록 권고했다. 실제로는 일년에 한 번만 행하는 집이 많았다. 시제는 조상을 모신 사당에서 거행하는 것이 원칙이나 사당이 협소할 경우에는 정침의 대청에서도 할 수 있었다. 일부 지방에서는 음력 10월에 묘지에서 행하는 묘제를 시제라고도 부르고 있으나, 묘제는 그 예법이 다른 것으로 사당에서 행하는 시제와는 전혀 성격이 다르다. 조선시대에는 묘제를 춘하추동 4절기마다 행하는 것이 유행하여 사당에서의 시제가 잘 행해지지 않기도 했다.

선조 제사

『가례』의 선조에 대한 제사는 초조(初祖 : 시조)와 그 이후 고조 이전의 여러 선조에 대한 제사로 나뉜다. 전자는 시조의 직계종손만이 행하는 것으로 매년 동지에 거행하고 후자에 대한 제사는 역시 그 선조의 직계종손만이 제사하는 것으로 매년 입춘에 거행한다. 시조는 가문과 종족을 있게 한 시초이며 동지는 음기 가운데 양기가 처음으로 생겨나는 때이므로 이때 초조를 제사한다. 입춘은 만물이 소생하는 시작이므로 그 형상이 선조와 같다 하여 이날 제사를 드리는 것이다. 그 절차는 대체로 사시제와 흡사하게 진행되고, 다만 축문만 모시는 분에 따라 다를 뿐이다. 그러나 시조의 직계종손 외에는 이러한 제사를 드릴 의무가 없고 또한 현대에 이러한 계절 제사를 모두 시행하기는 어렵다.

부모 제사

부모를 위한 정기 계절 제사는 매년 9월에 거행된다. 이는 부모 이상의 대를 이은 집에서 장자가 주제한다. 다른 형제나 자손들은 제사에 참여하기는 하나 제사를 주관하지는 못한다. 이제(禰祭 : 녜제라고도 함, 부모 계절제사)를 9월에 행하는 것은 이때가 만물이 이루어지는 계절이기 때문이다. 대부분의 진행 절차는 역시 시제와 같고 축문의 문귀만 조금 다르다. 부모의 제사를 특별히 따로 둔 것은 친분이 다른 조상에 비할 바가 아니기 때문이다. 그러나 이 역시 오늘날 따로 날을 잡아 행하기가 용이하지 않고 부모의 기일을 그냥 넘기기도 어렵기 때문에 이를 기일에 행하는 것이 편할 것 같다.

기일 제사(忌日祭祀)

기일 제사는 조상이 돌아가신 날에 올리는 제사이다. 그러나 기일은 슬픈 날이기 때문에 제사와 같은 길례를 행하기에 적당한 날이 아닙니다. 때문에 공자시대에는 기일 제사란 것이 없었다. 공자시대로부터 약 2천여 년이 지난 송나라시대에 이르러 성리학자들에 의하여 처음으로 기일날 제사를 행하는 관행이 시작되었다. 그러나 이때도 기일 제사는 매우 신중하게 거행되었다. 다른 제사와 달리 극진한 슬픔으로 충만하여 언행에 각별히 근신해야 되었고 제사 절차도 다른 제사와는 차이가 있었다. 즉 초헌 후에 곡하는 절차가 있었고, 축복을 내리거나 제사 음식을 나누어 먹는 잔치는 없었다. 그러나 우리나라에서는 전통적으로 기제사가 중시되어 모든 제사에 우선되었고 제수도 가장 풍성하게 차렸다가 친지와 이웃과 나누어 먹는 떠들썩한 행사가 있었다. 기일 제사에는 다른 제사와 달리 돌아가신 당사자만을 제사하는 것이었으므로 신주나 지방도 당사자의 것만 모시고 제수도 단설로 하여 행하게 되어 있다. 그러나 우리나라에서는 대부분의 가문에서 제사 당사자와 배우자를 합설하여 행하는 것이 관행이었다. 이는 인정으로 보아 당사자 한 분만을 향사하기가 미안하다는 뜻에서 비롯된 것으로 알려지고 있다.

묘제(墓祭)

묘제는 『가례』에서는 매년 3월 상순에 행하는 것으로 되어 있으나 우리나라에서는 주로 10월에 많이 행했다. 그러나 이 역시 고전 예서에는 없었던 것인데 주자가 그 당시의 세속 풍습을 『가례』에 수록하면서 중시된 것이었다. 조선시대에는 매년 4절일(청명, 한식, 단오, 추석)에 묘소를 찾아가 제사하는 것이 관행이 되어 시제보다 더 중요한 제사가 되기도 했다.

『사례편람』에서는 사절일의 묘제를 사당에서의 시제로 바꾸고 묘제는 일년에 한 차례만 행하도록 권고하고 있다. 우리나라에서는 흔히 묘제를 시제라고 칭하며, 음력 10월에 기제사를 지내지 않는 그 웃대의 조상, 즉 5대조 이상의 조상에 대한 제사를 일년에 한 차례 지내는 것이 관행이 되었다. 이 시제는 예서에는 없는 제사이나 우리나라의 경우 전통적으로 엄격히 지낸 것으로 보아 관습적인 제사로 정착된 것으로 보인다.

묘제는 그 조상의 묘소에서 지내는 것이 원칙이다. 산소를 잃어버리거나 갈 수 없을 때는 연고지에 제단을 설치하여 제사를 지내기도 한다. 시제에 참여하는 범위는 직계자손, 방계자손을 포함하여 누구라도 참사할 수 있다. 묘제는 제사 장소가 산소이므로 진행 차례도 집안에서 지내는 제사와 다르고 또 산신에 대한 제사가 따로 있었다.

명절날의 차례(茶禮 : 名節祭, 俗祭)

설, 추석 등에 지내는 차례는 오늘날 제사의 상징처럼 인식되고 있지만, 예전에는 속절제(俗節祭)라 불리던 것으로, 예법에 있는 제사가 아니다. 따라서 어떠한 예서에도 이 명절의 차례에 대한 전례가 수록되어 있지 않다. 이는 아마도 『가례』의 사당편에서 초하루와 보름의 참배 중에서 보름에는 차를 올리는 의식에서 그 이름이 유래되었을 것으로 생각된다. 그러나 우리의 차례 절차에는 술을 쓰고 차는 쓰지 않는다. 차례가 중시된 데는 우리나라에서 시제가 쇠퇴하면서 이것이 일면 시제의 기능을 갖게 된 사정과 관련이 있는 것으로 보인다. 『사례편람』등에서는 시제를 속절[명절]에 올려도 무방하다고 되어 있기 때문이다. 차례는 예전에는 설날은 집에서, 한식과 추석에는 묘소에서 지내는 것이 보통이었으나 요사이는 모두 집에서 지내는 것으로 관례화되었다.

제사 준비와 시행 절차

시제는 모든 제사 의식의 원형이며 표준이 된다. 기일제나 묘제 그리고 명절의 차례 등도 그 원리나 진행방법은 시제와 대동소이하다. 『가례』에서 시제는 일년에 네 차례 각 계절의 가운데 달에 행하도록 되어 있지만, 다산 정약용 같은 학자는 사서인의 시제를 일년에 두 번, 즉 봄 가을에 행하는 것이 옳다고 했다. 우리나라에서는 전통적으로 많은 가정에서 시제를 가을철에 한 번씩 올리고 있다.

시제를 실행하는 순서는 대체로 기제사와 같다. 다만 기제에서 행하지 않는 택일(擇日 : 날잡기), 수조(受胙 : 복받기) 그리고 준(餕 : 제사 음식나누기)이 첨가된다. 전체적인 순서는 대체로 ① 택일과 재계(齋戒), ② 진기(陳器 : 제구와 제기의 설비), ③ 구찬(具饌 : 제수의 마련)과 진설(陳設 : 제상 차리기), ④ 변복(變服 : 제복으로 갈아 입음)과 취위(就位 : 정렬하기), ⑤ 출주(出主 : 신주나 지방의 봉안), ⑥ 강신(降神 : 신내리기), ⑦ 참신(參神 : 합동 참배), ⑧ 진찬(進饌 : 음식 올리기), ⑨ 초헌(初獻 : 첫 잔 드리기)과 독축(讀祝 : 축문 읽기), ⑩ 아헌(亞獻 : 버금 잔 드리기), ⑪ 종헌(終獻 : 끝 잔 드리기), ⑫ 유식(侑食 : 식사 권유), ⑬ 합문(闔門 : 문닫고 기다리기), ⑭ 개문(開門 : 문열기)과 진다(進茶 : 차 올리기), ⑮ 수조(受胙 : 飮福), ⑯ 사신(辭神 : 신에 대한 작별 인사, 합동 배례), ⑰ 납주(納主 : 신주 들여모시기. 지방과 축문의 소각), ⑱ 철(徹 : 제상 정리), ⑲ 준(餕) 등의 차례로 진행된다.

시제를 비롯한 모든 제사는 거의 이러한 표준의식의 순서로 진행된다. 다만 시제는 합동 제사이므로 모시는 조상의 수가 많고, 그에 따라 유의할 점이 있다.

제사 절차

제사의 주재자는 제사 하루 전 입제일에 제소 주변을 청소하고 제구와 제기를 꺼내어 깨끗이 닦고 정비하며 제사에 올릴 제주(祭酒 : 제사에 쓰는 술)와 제수(祭需 : 제사 음식)를 준비한다. 또한 제사에 필요한 모사와 양초, 향 등도 미리 준비하고 지방과 축문도 미리 써 둔다. 준비가 되면 초저녁에 제사 장소에 병풍, 의자, 제상, 향안, 주가, 소탁자 등을 설치한다.

제사를 봉행하는 절차는 매우 복잡하지만 크게 3단계로 구분할 수 있다. 준비 단계라고 할 수 있는 식전 의식(式前儀式), 본 행사라고 할 수 있는 제사의 집전(執典), 그리고 정리 단계라고 할 수 있는 식후 의식(式後儀式)이 그것이다. 식전 의식에 해당하는 것은 재계, 진기, 구찬, 진설, 변복 및 취위, 출주 등이다. 제사 집전에 해당하는 의식은 강신, 참신, 진찬, 초헌과 독축, 아헌, 종헌, 유식, 합문, 개문과 진다, 수조〔飮福〕, 사신, 납주 등의 절차가 그것이다. 식후 의식이라고 할 수 있는 것은 제상을 치우는 정리와 제사 음식을 친지나 이웃과 나누어먹는 행사, 즉 일종의 잔치가 그것이다.

재계(齋戒)

재계는 제사의 도입 단계에서 가장 중요한 의식이다. 고대에는 산재 4일, 치재 3일 도합 7일간이나 여기에 몰두했지만 중세에는 치재 3일로 단축되었다. 재계는 몸과 마음과 주변을 청결히 하고 부정한 일에 관계하지 않으며, 단정히 앉아 세상 잡사에 대한 생각을 끊고 정신을 집중하여 돌아가신 이를 추념하는 일이다. 그리하여 돌아가신 이가 눈앞에 보일 만큼 간절한 경지에 도달해야 한다. 이러한 정신상태에 이르렀을 때 제사를 봉행해야 신이 제대로 강림하게 된다는 것이다.

진기(陳器)

옛날에는 각종 제구와 제기가 매우 다양하고 그것을 설치하는 법도 복잡했지만, 오늘날은 형편에 맞게 그 수를 줄이고 간편하게 설치하고 있다. 제사는 원래 사당이나 정침의 대청에서 지내던 것이지만 대청이 없는 집은 거실이나 안방을 사용한다. 우선 대청의 북쪽 벽에 병풍을 둘러치고 그 앞에 신위를 설치한다. 신위에는 예전에는 신주를 모셨으나 오늘날은 보통 지방으로 대체한다.

지방은 신주 모양의 목패(木牌)나 위판(位板)에 부착하여 병풍 앞 의자에 모시거나 제상의 북쪽 한 가운데 봉안한다. 그것도 여의치 않으면 그냥 병풍 한 가운데 지방을 붙여놓기도 한다.

 신위 앞에는 제상을 놓는다. 제상이 없는 집에서는 보통의 큰 상을 사용하기도 한다. 제상 양쪽 가장자리에는 촛대를 하나씩 둔다. 제상 앞에는 작은 향안을 설치하고 그 위에 향로와 향합 그리고 모사(茅沙) 그릇을 놓는다. 향안은 형편에 따라 작은 상으로 대체할 수 있다. 그 오른편에 술병, 주전자, 퇴주 그릇 및 작은 행주 등을 올려놓은 주가(酒架)를 둔다.

 축문을 끼운 축판은 작은 상에 올리거나 함에 담아 향안의 왼편에 둔다. 향안 앞에는 화문석과 같은 자리를 깐다.

구찬(具饌)

 제수를 준비하여 조리하는 일이다. 제수를 준비할 때는 특히 정성과 정결이 강조되었다. 음식 만드는 사람은 미리 목욕하고 옷차림을 단정하게 한다.

진설(陳設)

 제기들을 설치한 후에 제수를 제상에 진설하는 일이다. 진설하는 법은 지방과 가문에 따라 매우 다르고 또 여러 예서에서 제시한 방법도 일정하지 않으나 『가례』의 제수 진설도만 소개하면 다음과 같다.

『가례』의 제수진설도

		신위		
밥	잔	시접	초첩	국
국수	육류	적	어류	떡
포(건어)	나물(채소)	혜(조기젓)	나물	포혜	나물
과일	과일	과일	과일	과일

변복(變服)과 취위(就位)

제사 지낼 사람들이 제복을 입고 제사 장소에 정렬하는 일이다. 고대에는 제사를 위해 특별히 입는 옷〔제복〕이 보통 예복과 구별되었고, 제복을 마련하지 않으면 다른 예복이나 평상복을 만들지 않았다. 제복으로는 심의(深衣)나 도포(道袍)라고 불리는 직령(直領)을 입었다. 심의는 『가례』의 표준 예복이라고 할 수 있는 것으로 제복으로 입기도 하지만 출입시의 예복으로 입을 수도 있었다. 직령에는 갓〔黑笠〕과 실띠〔도아〕를 갖추어 착용하고, 갓 대신에 유건을 착용하기도 한다. 이것은 심의와 마찬가지로 제사를 비롯한 모든 예식과 사교적 출입에서 입는 우리나라 양반 계층의 대표적인 의관이었다.

여성들의 표준 예복은 큰 옷〔大衣〕과 긴 치마〔長裙〕에 넓은 띠를 착용하는 것이다. 큰 옷은 속칭 장삼 혹은 원삼이라고 부르는 것으로, 품이 넓고 크며 길이는 무릎까지 내려오고 소매가 넓다. 제복으로 입는 큰 옷은 혼례의 원삼처럼 화려하지 않다. 긴 치마는 6폭의 천을 12폭으로 제단하여 붙여 만들며 길이가 땅에 닿을 만큼 길다. 그러나 조선시대 이후 여성들의 보통 예복으로는 배자(背子)와 긴 치마를 입었다. 배자는 보통 몽두리라고 부르는 것으로 소매가 있거나 없는 두루마기이다.

제사 참여자들이 정렬하는 위치는 『가례』에 규정되어 있으나 가옥의 형편에 따라 적절하게 했다. 주인, 주부, 헌작자, 독축자, 집사 등 직접 제수를 받들어 올리는 참사자는 정위치에 서기 전에 손을 깨끗이 씻어야 한다.

출주(出主)

모든 제사에는 향사 대상자를 상징하는 신위를 설치한다. 신위는 돌아가신 조상을 표상한 것으로 신주, 위패, 지방 등이 사용되고 있다. 신주는 두 쪽의 나무를 맞대어 제작하는데 그 형식이 매우 까다롭다. 신주는 장례식 때 묘지에서 제작되어 사당에 모셔진다.

위패는 단순히 한 토막의 직육면체 나무를 다듬어 그 위에 죽은이의 신위를 쓴 것으로 주로 불교 사찰에서 사용되고 있다. 지방은 중국의 송나라시대부터 신주 대신에 일회용으로 사용되기 시작한 것으로 우리나라에서는 조선 초기부터 사용되었다.

사당의 건설이나 유지는 쉬운 일이 아니었기 때문에 조선시대에도 웬만한 집이 아니면 신주를 모시지 못했다. 따라서 대부분의 보통 가정에서는 신주 대신 지방을 사용했다.

지방은 제사 직전에 만들었다가 제사를 마치면 소각하는 것이기 때문에 그 제작이나 관리가 매우 간편하다. 지방은 입제일 저녁 무렵에 미리 써놓았다가 제사 직전에 신주 형태의 목패나 목판에 붙여 의자나 제상의 북쪽 한 가운데 봉안한다. 그런데 기제사에서는 신주나 지방을 봉안할 때 돌아가신 조상의 신위만을 설치할 것인지 그 배우자의 신위도 설치할 것인지 하는 문제는 예로부터 논란이 많았다. 대체로 이론적으로는 한 분만을 봉안하는 것이 옳다는 사람들이 많았으나, 우리나라에서는 인정상 한 분만 올리기 미안하다 하여 배우자를 합설하는 것이 통례로 되어 있다.

단설과 합설은 가문이나 학파에 따라서 행하는 전통이 다르나 현대에는 일반적으로 두 분을 같이 모시는 합설이 많다.

제사 집전

지금까지가 제사의 도입 단계라면 이후부터는 제사의 본론에 해당한다. 『가례』 등에 제시된 제사 집전의 주요 절차를 정리해보면 아래와 같다.

강신(降神)

제사드릴 신을 제소(祭所 : 제상 앞)로 강림시키는 절차이다. 주인이 대청으로 올라가 무릎 꿇고 향로에 분향하면, 집사 1명이 술병을 열어 주전자에 따르고 나서 잔반을 가지고 주인의 왼편에 서고, 1명은 주전자를 가지고 주인의 오른편에 선다. 주인이 무릎 꿇고 앉으면 잔반을 든 집사도 무릎을 꿇어 그것을 주인에게 올리고, 주전자를 가진 집사는 역시 무릎을 꿇어 잔에 술을 따른다. 주인은 왼손으로 잔대를 잡고 오른손으로 잔을 잡아 술을 세 번에 나누어 모사 위에 씻어내린 후 잔과 잔대를 집사에게 준다. 이어 고개를 숙이고 엎드렸다가 일어나 두 번 절하고 정해진 자리로 돌아간다.

예서에 따라서는 강신 절차를 참신과 순서를 바꾸어 기록한 것도 있고, 실제로 그렇게 하는 집안도 많다. 그러나 일단 신이 강림해야 참배할 수 있기 때문에 강신을 먼저하는 것이 옳다. 『가례』 등의 예서에서 참신을 먼저 하게 한 것은 그때의 제사가 신주를 모시고 하는 것이었기 때문이다.

참신(參神)

이는 제사에 참여한 사람들이 합동으로 신에게 참배하는 절차로 첫 문안 인사와 같은 것이다. 주인 이하 제사에 참여한 모든 사람들이 지정된 자리에서 일제히 두 번씩 절한다. 참여한 사람들의 위치나 순서는 사당을 참배할 때의 위치와 같다.

진찬(進饌)

이는 더운 음식을 올리는 절차이다. 주인과 주부가 대청에 올라가면 집사 1명이 쟁반에 어육을 받들고, 1명은 쟁반에 국과 밥을 받들어 대청에 오른다. 주인은 고위(考位)의 잔대 남쪽에 어육과 생선을 올리고, 주부는 밥을 받들어 잔대의 서쪽에 올린 후 제자리로 돌아간다.

초헌(初獻)과 독축(讀祝)

신위에 술을 올리는 절차를 헌작(獻酌)이라 하며, 초헌·아헌·종헌 세 차례가 있다. 초헌은 반드시 제사 주인이 행하며, 이 첫 잔을 올린 후에 축문을 읽는다. 이 절차는 제사의 핵심이며 정점이라고 할 수 있다. 주인이 대청에 오르면 집사 1명이 주전자를 가지고 따라가 그 오른편에 선다. 주인이 고조부의 신위부터 차례로 첫 잔 드리기를 행한다. 먼저 고위의 잔반을 받들어 동향하고 서면 집사가 서향하여 잔에 술을 따른다. 주인이 그것을 받들어 원래의 자리에 올리고 비위의 잔반에도 역시 이와 같이 한다. 옛날에는 초헌 때 육적을 즉석에서 화로에 굽고 소금을 발라 올렸으나 지금은 진찬 때 육적을 이미 올렸으므로 이 절차는 생략한다.

초헌이 끝나면 주인은 북향하여 부복한다. 이때 축(祝 : 執事)이 축판을 가지고 주인의 왼편에 꿇어앉아 축문을 읽는다. 축문 읽을 사람이 따로 없으면 주인이 직접 읽는다. 읽기가 끝나면 축판은 다시 소탁 위에 올려놓고, 제자리로 돌아가 꿇어앉는다. 축문을 읽는 동안 제사에 참석한 사람들은 모두 엎드려 고인을 추모한다. 축문 읽기가 끝나면 옛날에는 곡이 있었다. 곡은 직계자손들만 하는데, 이날이 조상의 기일이기 때문이다. 부모의 기제사에는 반드시 곡을 했고, 조부 이상의 조상 제사에는 하지 않아도 되었다.

곡이 끝나면 주인은 일어나 두 번 절하고 물러나 제자리로 돌아간다. 집사는 잔에 담긴 술을 퇴주 그릇에 붓고 비워놓는다.

아헌(亞獻)

이는 신위에 올리는 두번째 헌작이다. 잔을 올리는 의식은 초헌 때와 같다. 다만 주부가 잔을 올리고 절할 때는 4배를 한다. 옛날에는 아헌 때 육적 대신 어적을 즉석에서 구워 올렸다. 아헌과 종헌에는 축문이 없다. 아헌은 『가례』류의 예서에서 모두 주부가 행하는 것으로 규정했다. 이는 '제사는 부부가 함께 한다〔夫婦共祭〕'는 정신에서 나온 예법이다. 그러나 사마광의 『서의』에는 주부나 형제 중에 아무나 하도록 했으므로 반드시 주부가 행해야 하는 것은 아니다. 우리나라에서는 전통적으로 여자가 헌작하는 풍습이 드물었으므로 이는 주로 형제들이 행했다.

종헌(終獻)

이는 제향에서 마지막으로 올리는 잔이다. 주인의 형제 중에서 연장자가 행하거나 혹은 장남 혹은 다른 친지들 중에서도 할 수 있다. 종헌 후에는 술을 퇴주 그릇에 붓지 않고 그대로 둔다.

유식(侑食)

유식은 신에게 식사를 권유하는 절차이다. 신이 술을 다 드셨으므로 이제는 밥을 드실 차례인 것이다. 먼저 주인이 대청에 올라 술 주전자를 들고 고위와 비위의 술잔에 가득히 차도록 따른다. 이를 속어로 첨작(添酌)이라고도 한다. 마치면 향안의 동남에 선다.

이어 주부가 대청에 올라 숟가락을 밥그릇 한 가운데 꽂고 손잡이는 서쪽으로 향하게 하며 젓가락을 바르게 놓는다. 마치면 향안의 서남에 선다. 주인과 주부가 함께 재배하고 내려와 제자리로 돌아간다. 이 절차는 우리의 전통적인 의식과 조금 차이가 있다. 첨잔하는 의식은 같지만, 전통의식에는 이때 숭늉 올리기(進茶)가 더해진다.

밥에 숫가락을 꽂는 의식은 처음 진찬(進饌) 때 함께 행하고, 이때는 국을 내보내고 대신 그 자리에 숭늉을 올린 후 꽂힌 숫가락을 뽑아 밥을 조금씩 세 번 떠서 물에 말아놓고 숫가락은 손잡이가 서쪽으로 가게 걸쳐놓는 것이다. 이를 낙식(落食)이라고도 한다.

합문(閤門)

이는 귀신이 안심하고 밥을 드시도록 사람들이 잠시 피하는 의식이다. 주인 이하가 모두 문 밖으로 나가면 집사가 문을 닫는다. 문이 없는 곳에는 발을 내리면 좋을 것이다. 주인 이하 남자들은 문의 동편에 서서 서쪽으로 향하고, 주부 이하 여자들은 문의 서편에 서서 동으로 향한다. 음식을 드시는 조상을 정면으로 향하기가 미안해서이다. 존장의 어른이 있으면 다른 곳에서 쉬도록 한다. 이른바 렴(廉)이라고 하는 것이다. 이렇게 서서 귀신의 식사가 끝날 때까지 기다린다. 보통 9식경(밥 9술 먹는 시간) 정도를 기다린다. 합문과 개문 절차에 대해서는 가부간 설이 분분하고 이를 행하지 않는 집도 있다. 또 여기서 말하는 문이 어떤 문이냐 하는 것도 논란이 있었다. 보통은 이를 대청이나 사당의 창호로 생각하고 있으나, 정약용 같은 학자는 사당의 대문이라고 주장했다. 문은 문이지 창호가 아니라는 것이다.

개문(開門) 및 진다(進茶)

닫았던 문을 다시 열고 차를 올리는 절차이다. 축이 헛기침을 세번 하고 나서 문을 열면 주인 이하가 모두 들어간다. 다른 곳에서 쉬고 있던 존장들도 또한 들어가서 자리에 선다. 이어 주인과 주부가 차를 받들어 각기 고위와 비위 앞에 올린다. 우리나라에서는 일반적으로 차 대신 숭늉을 쓴다.

수조(受胙)

이는 제사를 지낸 사람이 귀신으로부터 반대급부로 복을 내려받는 의식이다. 그러나 이 복받기 절차는 기제사에는 행하지 않는다. 기일에 복받는 예를 행할 수 없기 때문이다.

『가례』에 수록된 수조(受胙) 의식은 대단히 복잡하다. 그 대략은 집사가 주인에게 제상의 술과 음식을 내려주고 축복의 말을 하는 것이다. 그 뜻은 "고위께서 축에게 명하여 너희 효손에게 많은 복이 내리고, 너로 하여금 하늘에서 녹을 받으며 밭에는 농사가 잘 되고 길이 늙는 날까지 변치 않으리라 하셨다"는 것이다. 보통 음복(飮福)이라고 부른다. 이를 마치면 집사가 서쪽 계단에 서서 동쪽으로 향하여 주인에게 "잘 마쳤습니다〔利成〕"고 보고한다.

사신(辭神)

신을 보내는 마지막 작별 인사이다. 제사에 참여한 모든 사람들이 각자의 위치에서 일제히 두 번 절한다.

납주(納主 : 지방과 축문의 소각)

이는 예전에 신주를 사당으로 들여 모시던 절차이다. 주인과 주부가 올라가 각기 신주를 함[主櫝]에 담고 주인이 그것을 광주리에 담아 사당으로 모셔 들였다. 그 의식은 사당에서 신주를 내어올 때와 같다. 지금은 지방을 사용하고 있으므로 이 순서에 지방과 축문을 함께 소각한다. 이를 화송(火送)이라고도 하고 분축(焚祝)이라고도 하는데, 향안 앞에서 행하고 재는 향로에 담는다. 이상으로 제사의 집전은 일단 끝난 것이다.

제상 정리〔徹〕

제사가 끝난 후 주부가 돌아와 음식을 치우고 제상을 정리하는 일을 감독한다. 제사에 사용한 술로서 잔, 주전자, 퇴주그릇 등에 있는 것은 모두 병에다 부어 보관하는데, 이것을 이른바 복주(福酒)라 한다. 과일, 채소나물, 고기, 기타 음식들은 모두 일반 그릇에 옮겨담고 제기는 잘 세척하여 보관한다. 제사에 사용된 병풍, 제상, 촛대 등 다른 제구들도 잘 정비하여 둔다.

제사 음식 나누기〔餕〕

이는 제사에 쓴 음식을 여러 친지와 이웃들에게 나누어주는 절차이다. 일종의 잔치라고 할 수 있는데, 원래 기제사에는 행하지 않는 예이다. 조상이 돌아가신 기일에 잔치를 벌이는 것이 도리가 아니기 때문이다. 그러나 다른 모든 제사에는 이 잔치가 행하여졌다. 제사에 올린 음식은 이웃과 친지들에게 싸서 보내기도 하고 집으로 초대하여 대접하기도 한다. 그것은 노소장유의 차례가 있기는 하지만 두루 모든 사람들에게 나누어줌으로써 신의 은택을 함께 하도록 한다는 뜻이다. 특히 미천한 사람들에게도 빠짐없이 나누어주어야 한다. 제사 음식은 또한 그날 중으로 모두 소비해야 한다. 이는 신의 은택을 묵혀서는 아니된다는 관념에서 나온 것이지만, 또한 음식이 상하기 전에 처분하려는 배려에서 나온 것이기도 하다.

명절의 차례

차례(茶禮)는 간소한 약식 제사이다. 『가례』를 비롯한 예서에는 차례가 없으나, 우리나라에서는 관습적으로 민속명절에 조상에게 올리는 제사를 차례라고 한다. 또 우리의 차례 절차에는 술은 올리지만 차는 쓰지 않는다. 차례라는 이름은 중국에서 유래한 것으로 보인다.
차례는 기제사를 지내는 조상에게 지낸다. 예를 들어 고조부모까지 4대를 봉사하는 가정에서는 고조부모, 증조부모, 조부모 그리고 돌아가신 부모 등 여덟 분이 될 것이다. 차례는 명절날 아침에 각 가정에서 조상의 신주나 지방 또는 사진을 모시고 지낸다. 차례도 물론 기제사를 지내는 장자손의 집에서 지내는 것이 원칙이다. 그러나 지방이나 가문의 전통에 따라 한식이나 추석에는 산소에서 지내기도 한다. 차례를 가정에서 지낼 때는 제구 설치나 제수 준비가 기제사나 시제의 경우와 대동소이하다. 다만 차례는 기제사의 대상인 많은 조상을 모두 지내야 하기 때문에 종류는 같아도 숫자가 많다.
고조부모까지 4대 봉사를 하는 경우는 신위를 모시는 교의, 제수를 차릴 제상, 제수를 담을 각종 그릇은 모두 네 벌 있어야 하고, 기타 병풍, 향안, 향합, 소탁, 자리 등은 한 벌만 있으면 된다. 그 배설은 시제와 같이 한다. 차례는 봉제사 대상을 한꺼번에 지내므로 신위를 동시에 모시고 제수를 동시에 따로 차려야 하므로 교의와 제상은 네 벌이 필요하다. 그러나 교의와 제상을 따로 준비하기가 어려우면 웃대 조상부터 차례로 여러 번 지내면 된다.
 차례의 상차림은 몇 가지 빼고는 기제사와 거의 같다.

> ① 적(炙)은 고기와 생선 및 닭을 따로 담지 않고, 한 접시에 담아 미리 올린다. 차례에서는 잔 드리기를 한 번만 하기 때문이다.
> ② 밥과 국의 위치에 설에는 떡국을 놓고, 한식과 추석에는 비워 둔다.
> ③ 젓(조기젓)을 올리는 자리에 식혜 건더기를 접시에 담아 올린다.
> ④ 떡의 위치에 한식에는 화전이나 쑥떡, 추석에는 송편을 올린다.
> ⑤ 날이 밝은 아침에 지내므로 촛불을 켜지 않는다.

 명절 차례가 다른 제사와 다른 점은 잔 드리기를 한 번에 그치고 축문을 읽지 않는 점이다. 예서에 따라서는 명절 제사의 축문 서식이 수록되어 있기도 하지만, 현대에는 사문화되어 사용하지 않는다.
 차례 순서는 대체로 재계, 진기, 구찬, 진설, 변복 및 취위, 출주 등이다. 제사의 집전에 해당하는 의식은 강신, 참신, 진찬, 헌작, 유식, 합문, 개문과 진다, 수조(飮福), 사신, 납주 등으로 진행된다.

묘제 준비와 절차

 묘제는 제사 장소가 산소이므로 그 진행 차례도 집안에서 지내는 제사와 다르고, 또 산신에 대한 제사가 따로 있었다. 묘제가 끝난 후에도 예문에는 명시되어 있지 않지만 우리의 전통 풍습에는 제사음식 나누기가 있었다. 묘제에 필요한 제구는 일반적으로 기제사의 경우와 같다. 단지 실내에서 지내는 기제사에는 앙장[천정에 치는 포장]을 치지 않으나, 묘제는 노천에서 지내므로 차일을 쳐야 한다. 대개 석물이 있으므로 병풍은 따로 준비하지 않아도 된다. 묘소에서 지내므로 신주를 모실 교의는 필요없다. 보통 묘제를 지내는 산소는 대개 산소에 따른 제답[위토] 등 재산이 있음로 제기 등은 준비된 경우가 많다. 준비된 제기가 없으면 기제사와 같은 제기를 준비한다.

제수는 기제사의 경우에 준하여 준비한다. 다만 기제사에서는 대부분의 제찬을 합설하고, 밥·국·술잔·시저만 고위와 비위를 각각 달리 차리는 데 비해, 묘제에서는 떡과 면[국수]도 따로 쓰는 경우가 많으며, 탕은 3탕이 아니고 5탕을 쓰고, 어육을 간남이라 하여 기제사 때보다 더 많은 종류를 쓰기도 한다. 상차림은 기제사와 거의 같으나 기제사가 5열로 차리는 데 반해 묘제는 제수의 종류가 많아 6열로 차리기도 한다.

묘제를 지내는 데는 준비할 일이 많으므로 소임에 따라 많은 인원이 필요하다. 참여하는 자손이 적을 경우에라도 소임이 중복되지 않도록 미리 조치를 해둔다. 소임은 대체로 초헌자 1명[장자손 또는 그 문중의 문장(門長)이나 사무 책임자인 도유사(都有司)가 맡는다], 아헌자 1명(장자손이 초헌을 했으면 문장이나 도유사가 아헌을 하고, 문장이나 도유사가 초헌을 했으면 다음 차례의 어른이 맡는다), 종헌자(초·아헌자가 아닌 문중 어른이 맡는다. 경우에 따라서는 문중을 빛낸 특별한 자손을 지명해서 맡기기도 한다) 1명, 독축자 1명, 집례[행사 절차를 적은 식순인 홀기(笏記)를 읽는 사람으로 일종의 사회자이다] 1명, 진설(제수를 제상이나 상석 위에 차리는 사람) 4명, 집사(執事 : 잔 드리는 사람을 도우는 소임, 만일 조상이 재취를 해서 향사자가 3위일 때는 집사도 3인으로 한다) 2명, 찬인(贊引 : 집사의 소임을 맡은 사람을 인도하는 사람, 대개는 젊은 사람이 맡는다) 2명 등이다.

묘제 진행에서 가장 큰 특징은 지신인 후토씨(后土氏)에 대한 제사가 함께 이루어진다는 점이다. 그리고 묘제는 조상의 무덤에 대한 직접 제사이기 때문에 신주나 지방을 쓰지 않으며, 따라서 참신을 강신보다 앞서 행한다. 그리고 유식(侑食), 첨잔, 합문, 계문이 없고 삽시정저를 초헌 때 한다. 야외 제사이기 때문이다. 나머지 절차는 기제사와 대동소이하다. 묘제는 야외에서 진행하고 참석자가 많아, 질서 유지와 예식 지휘가 쉽지 않으므로 목청이 좋은 사람을 집례[사회자]로 지명하여 제사 식순을 적은 홀기를 큰 소리로 창도하면서 제사를 진행하도록 한다.

그 대강의 순서를 보면 우선 묘소에 대한 제사로서, 식전 의식으로 ① 날잡기〔擇日〕, ② 재계, ③ 제수 마련〔具饌〕과 제상 차리기〔陳設〕, ④청소〔灑掃〕와 자리 깔기〔布席〕, ⑤ 음식 차리기〔陳饌〕의 다섯 가지 과정이 있으며, 제사의 집전 절차로는 ⑥ 합동 참배〔參神〕, ⑦ 귀신내리기〔降神〕, ⑧ 초헌과 독축, ⑨ 아헌, ⑩ 종헌, ⑪ 사신〔辭神〕, ⑫ 제상 정리〔徹〕, ⑬ 음복〔飮福〕 등으로 진행되었다.

다음 지신(地神)에 대한 제사〔后土祭〕는 ① 자리 정돈〔布席〕과 음식 차리기〔陳饌〕, ② 강신, ③ 참신, ④ 초헌과 독축, ⑤ 아헌, ⑥ 종헌, ⑦ 사신, ⑧ 제상 정리의 순서로 진행된다.

지방과 축문의 서식

지방 쓰는 법

지방에는 원래 정해진 규격이 없다. 다만 그것은 신주를 약식화 한 것이므로 신주의 체제에 유사하게 제작하는 것이 좋을 것이다. 전통적으로 지방은 깨끗한 한지를 폭 8cm, 길이 24cm 정도의 직사각형으로 절단하여 위쪽을 둥글게 오려서 만들었다. 위를 둥글게 하고 아래쪽을 평평하게 하는 까닭은 천원지방(天圓地方 : 둥근 하늘과 평평한 땅)을 상징한 것이다.

한 장의 지방에 한 분의 신위만을 쓸 때는 중앙에 적당한 간격으로 종서한다. 한 장의 지방에 고비(考妣) 두 분의 신위를 쓸 때는 중앙을 기준으로 왼쪽에 남자 조상인 고위(考位)를 쓰고, 오른쪽에 여자 조상인 비위(妣位)를 쓴다. 만일 비위가 여러 분이면 고위의 바로 오른쪽에서부터 차례로 쓴다.

문안은 일반적으로 고위인 경우에는 "현○고(관작)부군신위(顯○考(官爵)府君神位)"로, 비위인 경우에는 "현○비(봉작)(관향)성씨신위(顯○妣(封爵)(貫鄕)姓氏神位)"로 쓴다. '현(顯)'자는 '황(皇)'자로 쓰기도 한다. 모두 크고 높다는 뜻이다. 예를 들면 "현증조고동래부사부군신위(顯曾祖考東萊府使府君神位)" "현조고이조판서부군신위(顯祖考吏曹判書府君神位)" "현고학생부군신위(顯考學生府君神位)" 혹은 "현증조비정경부인동래정씨신위(顯曾祖妣貞敬夫人東萊鄭氏神位)" "현조비숙부인남양홍씨신위(顯祖妣淑夫人南陽洪氏神位)" "현비유인김해김씨신위(顯妣孺人金海金氏神位)" 등으로 쓸 수 있다. 벼슬이 없었던 분의 경우에는 관작 대신에 '학생(學生)'이라고 쓴다. 조선시대에 '학생'은 과거시험을 준비중이던 예비 관원의 신분을 가진 사람들을 지칭하던 용어이다. 그리고 '학생'의 부인은 '유인(孺人)'이라고 적는다.

축문 서식

종이에 축문을 쓰는 것을 수축(修祝)이라고 한다. 축문은 전통적인 방법에 따라 한지에 붓으로 내려쓴다. 제사를 받드는 봉사손보다 제사를 받는 조상을 표시하는 첫 글자는 다른 줄의 첫 글자보다 한 자 정도 높게 쓴다. 즉 신위를 표시하는 첫자, 신위의 가상적인 행동 등을 표시할 때는 한 자를 올려 시작한다. 축문의 일반적인 양식은 아래와 같다.

```
  惟
   歲次 甲戌 五月朔丁未 初七日癸丑 孝子某官某敢昭告于
顯考某官府君
顯妣某封某氏
歲序遷易 顯考諱日復臨 追遠感時 昊天罔極 謹以淸酌庶羞 恭伸
   奠獻 尙
饗
```

이 축문의 뜻은 대체로 "아, 갑술년 5월 초하루는 정미일인데, 초칠일 계축일에 봉사자인 아무관직 아무개는 높으신 아버님 아무 관직 어른과 높으신 어머님 모봉모씨(某封某氏)께 감히 고합니다. 해가 가고 세월이 바뀌어 아버님의 기일이 다시 돌아오니, 옛 일을 생각하고 은혜에 감동됨이 높은 하늘과 같이 끝이 없습니다. 삼가 맑은 술과 여러 제수를 차려 제향하는 뜻을 펴오니 흠향하시기 바랍니다"는 의미이다. '효(孝)'자를 쓰는 것은 자신이 제사의 직계 봉사자손(제사를 받드는 자)임을 표하는 것이며, 친속의 칭호 앞에 '현(顯)'자나 '황(皇)'자를 붙이는 것은 '크다' '높다' '훌륭하다'는 뜻의 존경을 표하는 것이며, 동시에 직계조상임을 표하는 것이다.

할아버지, 할머니 이상의 선조 기일제 축문도 부모의 기일 축문과 대동소이하다. 다만 '효자'를 '효손' '효증손' 등으로, '현고(顯考)'를 '현조고' '현증조고' 등으로 고쳐 쓰고 '호천망극(昊天罔極)'이란 문귀를 '불승영모(不勝永慕)'로 바꾸어 쓴다. 또 숙부나 종조부 같은 방계 조상인 경우에는 그에 맞게 친속의 명칭을 바꾸고 '불승영모(不勝永慕)'를 '불승감창(不勝感愴)'이라고 고쳐 쓴다. '효'자도 쓰지 않는다. '효'자는 직계조상의 경우에만 쓰는 것이다.

시제에서는 고조부모 이하의 여러 조상을 제사하는 것이므로 신위마다 각기 축문을 작성하여 첫잔 올리기〔初獻〕 때 읽는 것이 원칙이다. 고조부모의 시제 축문 형식을 보면 아래와 같다.

```
  惟
   歲次 甲戌二月朔丁未初七日癸丑 孝玄孫某官某 敢昭告于
顯高祖考某官府君
顯高祖妣某封某氏
氣序流易 時維仲春(中秋 등) 追感歲時 不勝永慕 敢以淸酌庶羞
祗薦
歲事 尙
饗
```

이 축문의 뜻은 대개 "아 갑술년 2월의 초하루는 정미일인바, 초칠일 계축일에 현손인 아무 관직 아무개는 감히 높으신 고조고 아무 관직 어른과 고조비 모봉모씨(某封某氏)씨께 고합니다. 세월이 흐르고 바뀌어 중춘의 때가 되니 계절과 함께 추념하고 감동되어 길이 사모하는 마음을 금할 수 없습니다. 이에 감히 맑은 술과 여러 음식을 갖추어 공손히 정기의 제향을 올리오니 흠향하시기 바랍니다"는 의미이다. 증조부모, 조부모, 부모의 축문일 경우에는 친속의 명칭만 바꾸면 된다. 묘제는 조상에 대한 제사와 산신에 대한 제사를 함께 해야 하기 때문에 축문도 두 가지가 필요하게 된다.

이상으로 전통시대 우리 민족의 상·제례 예속을 살펴보았다. 예서나 단편적인 고문서를 통해 전해지는 전통 예속은 대부분 『가례』를 중심으로 한 유교 예법이다. 그만큼 유교 문화가 우리 민족의 생활에 중요한 위치를 차지하고 있었음을 알 수 있다.

유교적 예속은 기본적으로 중국에서 전래된 것이고 우리 민족 고유의 것이라고 할 수 없지만 이미 전래된 지 2천여 년에 이르고 있으므로 거의 우리 것으로 체질화되었다고 할 수 있다. 그리고 이들 유교 예법의 세밀한 분야에는 조선시대 학자들이 발전시킨 요소와 새로히 계발한 이론도 없지 않았다. 실재 사회에서 행해진 예속생활 중에는 유교적인 것뿐만 아니라 우리의 전통적인 습속도 적지 않게 남아 있었다. 특히 혼례 예속 중에는 우리 고유의 습속이 많이 전하여 행해져 왔다.

상·제례의 전과정에서 관통하는 하나의 원리는 『중용(中庸)』에서 명시한 한마디로 요약할 수 있다. 그것은 곧 '사사여사생 사망여사존(事死如事生 事亡如事存 : 죽은 이를 섬기기를 산 사람 섬기듯이 하며 없는 이를 섬기기를 있는 사람 섬기듯이 하라)'는 것이다. 이러한 정신이야말로 우리 전통시대 조상들이 가졌던 의식이었다. 그러므로 죽은 자에 대한 태도가 얼마나 경건했는지, 그 섬기는 예법이 얼마나 중요하게 생각되었는지 알 수 있다. 이러한 정신은 오늘날과 같이 인명이 경시되고 메마른 사회에서 한번쯤 깊이 음미해보아야 할 것으로 생각된다. 모든 것을 과학적이고 합리적인 방향으로만 추구하려는 현대인들에게는 죽은 이를 산 사람과 똑같이 여기고 대접하려는 사고방식이 얼른 납득되지 않을지 모르고, 또 그러한 의식의 바탕 위에서 행해지는 수많은 복잡한 의례와 예식들이 허례허식으로 보일 수도 있을 것이다. 그러나 이러한 의식의 하나하나에는 모두 깊은 의미들이 담겨 있음을 간과해서는 안될 것이다.

여기에서 우리는 유교적 상·장례의 한 특징으로 지나치게 복잡하고 세세한 면을 볼 수 있을 것이다. 공맹시대 당시의 유교 예법은 이처럼 복잡하지 않았을 것이다. 이는 아마도 유구한 역사의 과정을 지나면서 사회가 발전하고 또 학문적 연구도 심화되면서 더욱 치밀하게 추구된 결과인 것으로 보아야 할 것이다. 이렇게 예를 어렵고 복잡하게 만든 데는 조선시대 우리 예학자들의 역할도 많았다. 예가 지나치게 번쇄하게 되면 형식에 흐르기 쉽고 본래의 정신이 망각되는 일도 없지 않으며 무엇보다도 실제의 사회생활에서 행하기 어려운 폐단도 있게 마련이다.

그것이 민중의 생활에서 모두 시행된 것은 아니라고 하더라도 조선시대 우리 민족의 문화적 수준과 학문적 깊이를 보여주는 척도는 된다고 할 수 있다. 그리고 이것은 조선시대 양반 사대부 계층이 중심이 되었던 유교적 사회의 성격과 유교 문화의 경향을 보여주는 것이기도 하다. 또 이것은 단순히 그들 상류 지배층의 예속에만 머물지 않고 민중의 생활 속으로 광범하게 확산되어 나갔다. 이리하여 조선후기에 이르면 마침내 지배계층이 의도했던 유교적 교화를 이루게 되었다는 점에서 큰 의미가 있는 것이라 하겠다. 조선후기 유교의 사회화 양상은 오히려 지나치게 편향되고 골수화된 양상을 보이는데, 이는 어떤 측면에서 유교의 본고장이라고 할 수 있는 중국보다도 훨씬 더 유교화된 성격을 나타내고 있었다.

우리의 예속문화가 이러한 특성과 한계를 갖는다고 하더라도, 오늘날 현대의 예속 문제를 반성하고 새로운 방향을 모색하려면 우리는 결국 전통을 토대로 하지 않을 수 없을 것이다. 우리의 사회적 문화적 토대 위에서 기초를 확립한 후에라야 외래의 예속이나 문화를 수용하여 우리 것으로 소화할 수 있을 것이기 때문이다. 이러한 뜻에서 우리는 지속적으로 우리의 전통을 깊이 이해하려는 노력이 필요할 것이다.

(이영춘, 국사편찬위원회 편사연구사)

재산 상속

상속의 원리와 정신

　인간이 죽음에 임박했을 때는 무엇을 생각할까? 정신적이든 물질적이든 이 세상에 무언가를 남기고 싶어하는 것은 인간의 본능이 아닐까. 자식에게 재산을 물려준다든지 제사를 계속 지내게 함으로써 나의 존재를 계속해서 남기고 싶은 것이 인간의 솔직한 심정일 것이다. 상속 대상자, 즉 자식들에게 상속은 생존의 문제이고, 나아가 부귀영화라는 인간의 욕구를 충족시켜주는 가장 확실한 방편이었기 때문에 촉각을 곤두세우지 않을 수 없는 것이다.
　이와 같이 재산상속은 인간의 본능문제, 삶의 현실문제와 직접적으로 결부되어 있었고, 이것은 또한 사회변화에 매우 민감하게 반영되었다. 불교사회에서 유교사회로의 변화, 가족제·친족제의 변화, 종법제의 정착을 통한 상속제의 변화가 분재기에 반영된 것은 이 때문이었다.
　상속비율 면에서 우리의 독특한 관습은 이른바 '균분(均分)'이었다. 즉 재산을 장자, 차자, 남녀에 상관없이 자식들에게 골고루 나누어준다는 점이다. 이것은 단순히 관습을 넘어 노비의 수, 토지의 비옥도까지도 하나하나 따져서 정확히 균분한다는 현실적으로 적용된 상속 관행이자 법이었다. 분재기 서문에 '집주(執籌)'라는 말이 예외없이 언급되는 것은 '정확히 따져서 계산한다'는 의미였다. 균분 관행은 자식은 남녀, 장자, 차자를 막론하고 똑같다는 의식에서 출발한다. 열 손가락 깨물어 아프지 않은 손가락이 없듯이 동복(同腹 : 어머니가 같은 형제자매)들 사이에는 자식간에 권리 의무만 같다면 차별을 두어야 할 아무런 이유가 없는 것이다. 우리 선조들은 17세기 중엽까지 적어도 상속제에 관한 한 평등사회에서 살아왔다고 해도 과언이 아니다. 그러나 유교사회의 제반 문물과 제도가 지방 곳곳의 개인에게 침투하는 17세기를 전후한 시기부터 우리의 의식과 사회관습은 많은 변동을 겪게 된다. 남녀차별, 장·차자 구별이 생기게 된 것도 바로 이때부터였다. 이 시기는 14세기에 본격적으로 도입되기 시작한 주자학이 큰 파도를 치면서 정착단계에 들어서면서 조선적 사회 성격을 띠게 되는 시기였던 것이다.

　제사는 망자(亡者)에 대한 의례였지만 그 의례를 치르는 과정이 재산과 직접 관계가 있었기 때문에 재산상속과 무관할 수 없었다. 뿐만 아니라 제사 또한 상속 대상이 되었기 때문에 재산상속과 제사상속은 매우 밀접한 관련을 맺고 있었다. 제사는 시기적, 지역적 차별성은 있지만 윤회(輪廻)와 분할(分割)이라는 대원칙에 입각하고 있었다. 윤회봉사는 딸을 포함한 자식들간에 제사를 돌려가며 모시는 것이고, 분할봉사는 특정 제사를 특정인이 아예 고정해 봉사토록 하는 것이다. 이러한 제사 방식은 오늘날에도 채용할 점이 많다고 본다.

　최근에 갔던 전라도 구례의 한 종가에서 나이 드신 노인이 일년에 보름 간격으로 제사를 지내면서 혼자 술을 따르지 못해 손녀딸을 불러다 잔을 채웠다는 얘기를 듣고 애처로워했던 기억이 난다. 이는 조선후기 이래 종손만이 제사를 전담하게 된 사회적 변화에서 연유한 것이다.

　제사와 관련하여 반드시 거론되는 것은 분묘(墳墓)의 수호(守護) 문제였다. 분묘는 아무 데나 쓰는 것이 아니었다. 풍수지리상 위치가 맞아 후손들에게 뒤탈이 없어야 할 뿐 아니라 더욱 번성할 수 있는 곳을 골라 써야 했다. 그래서 옛부터 길지를 찾아 묘를 쓰는 것이 후손된 도리를 다하는 길이자 자신들을 위하는 길이기도 했다. 그런데 산은 전답과 달리 특별한 경우를 제외하고는 조선 말기까지도 배타적인 소유권이 형성되지 않았다. 다만 고려조에 관리들에게 주어지는 '시전(柴田)'의 경우 해당 관리가 재직하는 동안에만 소유가 인정되는 정도였고, 조선후기에는 시전도 아예 없어지고 말았다.

불안전한 소유권 때문에 생기는 것이 이른바 '산송(山訟)'이었다. 산송은 전체 송사(訟事) 가운데 과반수를 차지할 정도로 비중이 높았다. 이렇게 산송이 빈발했던 까닭은 산지(山地)에 대한 소유권 규정이 명확하지 않았기 때문이었다. 다만 분묘가 있을 경우 그 분묘를 수호하기 위해 분묘 주위에 대한 소유권을 일부 인정해주는 정도였다. 그러나 산림은 '여민공지(與民共之)'해야 한다는 관념, 즉 산은 모든 백성들이 공유할 수 있다는 인식이 일반화되어 있었다. 이 때문에 법적 소유권은 극히 제한적으로 인정되었다. 관인(官人)들의 경우 분묘 소유권이 일부 규정되어 있지만[1] 관직을 갖지 않은 양반이나 향리, 서민들에 대한 묘지 규정은 아예 없었다. 이 때문에 산에 대한 소유권은 묘를 씀으로써 양반들이 점거하는 방향으로 진전되었다.

상속은 그 집안의 계통인 가계를 잇는 사람, 즉 승중과 밀접한 관련을 지니고 있다. 가계계승에서도 사회관습상 혹은 제도상으로 커다란 변혁기가 있었으니 16~17세기가 바로 이때였다. 이 시기를 기준으로 하여 그 이전은 가계계승을 위해, 쉽게 말해 대를 잇기 위해서 양자를 세우지 않는 것이 사회관행이었다. 아들 딸 모두 없으면 형제나 조카 혹은 사촌들에게 재산과 제사를 물려주었고, 딸이 있을 경우에는 딸에게 재산을 물려주고 제사를 지내게 하는 것이 보통이었다. 외손봉사의 관행은 여기서 비롯된 것이었다.

---

1) 타인의 금장(禁葬) 구역은 종친(宗親)의 경우 1품은 사방 100보, 2품은 90보, 3품은 80보, 4품은 70보, 5품은 60보, 6품은 50보였다. 문무관원(文武官員)은 종친보다 각각 10보씩 낮추되 7품 이하와 생원진사 및 유음자손(有蔭子孫)은 6품에 준하며, 여자는 남자의 품계에 따르도록 하였다(『경국대전』, 예전, 「喪葬」).

조선전기 상속제의 특징

분재에 적용되는 여러 관행이나 법들은 사실 고려조(혹은 그 이전) 이래의 관습이었다. 이 시기에 나타난 상속제의 특징을 열거하면 다음과 같이 정리될 수 있다.

첫째, 자녀들에 대한 이른바 '평균 분급〔또는 분깃(分衿)〕'의 원칙이 철저하게 적용되고 있다는 점이다. '평균'이란 재산을 고르게 나누어 가진다는 의미이며, 이 중 분깃은 자식들간에 자기 몫을 나누어 가진다는 의미, 분급은 부모가 자식들에게 나누어준다는 의미이다. 이른바 '평분(平分)'은 『경국대전』에 명확하게 규정된 이후 조선시대 상속법의 근간이 되었다. 분재기에는 '의법집주(依法執籌) 평균 분깃(平均分衿)'이나 '노장약분류(老壯弱分類) 평균 분급(平均分給)'과 같이 '평균 분급'이란 말이 공통적으로 사용되고 있으며, 이것은 앞에서 언급한 것처럼 자식간에 실질적으로 균분한다는 의미가 포함되어 있다. 이때 실질적이란 노비는 구수(口數) 및 나이, 토지는 결부(結負)와 두락(斗落), 비옥도 등을 엄밀히 계산해 평균 분급한다는 의미이다. 평균의 의미는 계산상의 문제를 뛰어넘는 실질적인 면에서 '동등'의 의미로 해석되었다

> 이번에 유루(遺漏)노비들을 집주(執籌)할 때 채댁(蔡宅) 몫은 근처노비를 1구(口)도 의례집주(依例執籌)하지 못하였기 때문에 뒷날 분집(分執)할 때 우선 가려서 줄 것[2]

등과 같은 예는 같은 노비라 하더라도 거주지의 원근에 따라 차별이 있었으며, 이런 차이까지 고려한 적극적 평분의 예에 속한다고 할 수 있다. 이같은 평분의식은 2, 3차 분재(유루분 분재) 때 특히 잘 나타

---

2) 「李殷輔娚妹 和會文記」(1580년), 『慶北地方古文書集成』, 321쪽

나고 있다. 이것은 1차 분재(원분재)에서의 균분 착오를 시정하는 여러 조치에서 분명히 나타난다. 도망노비, 미파악 전답, 노비 등이 이 때 거론되는 것은 이런 이유에서였다.

둘째, 재산 관리 및 상속에서 남녀(부모) 양쪽의 재산이 철저하게 자기 '몫별〔衿別〕'로 관리되고 분재된다는 점이다. 결혼을 통해 부부가 탄생하면 요즈음과 같이 재산을 공동으로 관리하는 것이 아니었다. 여자가 친정으로부터 가져온 재산은 장부상 그 몫을 달리했으며, 그 처분권도 전적으로 여자측에 있었다. 여자의 재산을 함께 상속할 경우 반드시 부부의 '동의(同議)'가 있어야 된다든가 재주(財主)로서 부부가 나란히 서명하고 있던 것도 각자의 몫에 대한 권리가 엄존하고 있음을 나타내주고 있다. 매매 등 처분권에서도 이 점은 철저히 관철된다. 예컨대 사위가 과거에 합격하거나 득남하여 경사가 있을 경우 처모, 즉 장모는 자기 친정으로부터 받은 재산 중에서 일부를 사위에게 특별히 하사하고 있다.

셋째, '손외여타(孫外與他)'에 대한 금지조치가 엄격했다는 점이다. 손외여타란 혈손 이외의 타인에게는 재산을 주지 않게 한다는 뜻으로서, 분재할 때뿐만 아니라 땅을 매매할 때도 언급되는 내용이다. 조상으로부터 받은 이른바 조업전민(祖業田民)은 함부로 남에게 증여할 수 없다는 것이 손외여타의 원래 취지였다. 다음에 소개하는 1451년(문종 2) 안동 진성 이씨 가문의 이우양(李遇陽) 분재기에는 손외여타에 대한 당시 사람들의 심정이 잘 나타나 있다.

(중략) 이로써 자자손손 유서를 남기는 것은 내가 이웃 자손들을 보니 그 조상들이 어렵게 일구어놓은 가업은 염두에 두지 않고 전택(田宅)을 모두 팔아치우고는 다른 곳으로 이사를 가고, 조상들이 살던 집에 남들이 드나들고 그 전답의 김을 메니 이것은 종통을 엎어버리고 제사를 끊는 것과 다름이 없으니 그 상서롭지 못함이 이보다 큰 것이 있는가. 너희들이 그러한 일들을 보았으니 가슴에 처참한 생각이 없겠는가.

원컨대 너희들은 내가 전해 준 적지 않은 조상의 전민(田民)과 가재(家財)

등을 자자손손 영원히 후손에게 전하고 잃어버리지 말 것이며, 만일 빈궁하여 팔아먹을지라도 너희들 동종(同宗)의 족속에게 방매(放賣)하고 남들이 내 집에 들어오거나 내 땅을 갈아먹거나, 내 가재물을 사용하는 일이 없게 한다면 다행함이 이보다 크겠는가. 이와 같이 한다면 너희들은 아름다운 명예를 잃지 않을 뿐 아니라 내가 죽어서도 여한이 없을 것이다.

그러나 만약 불초자식이 있어 나의 뜻을 돌보지 않고 혹은 손외에 방매하거나 혹은 무자식하여 인아(姻婭)의 족류를 데려다가 수양(收養)이라 칭하면서 전계(傳係)하거나 혹은 천첩자(賤妾子)를 데려와서 그 상전에게 재산을 빼앗기거든 이 문기 내의 사연으로서 관에 고해 재산을 본손(本孫)에게 되돌릴 일.

    父 承議郎前仁同縣監 李(手決)
    母 前聞慶縣監李義山女 安人李氏(圖署)[3]

몫별 재산 관리와 상속, 그리고 손외여타에 대한 관념은 비단 양반 계층에만 국한된 것은 아니었다. 다음은 매매 명문에 나타난 천인의 경우를 살펴보자.

가정(嘉靖) 31년(1552년, 明宗 7) 정월 17일 임하댁에게 성문하는 일은, 나의 아버지께서 나의 아버지 대전 및 와가 15칸을 타처에 방매하셨거늘, 손외로 방매하는 것을 참지 못하였기 때문에 동 대전과 와가를 매입하고자 하였으나 살 돈을 준비하기 어렵기 때문에 처변(妻邊) 전래 북동(北洞)들 논 5마지기, 밭 1마지기를 아울러 나의 처의 동의(同議)를 받아 값으로 목면 5동을 쳐서 정조(正租) 12석 8두를 숫자대로 받고 영영 방매하되 뒷날 다른 일이 있거든 이 문자에 따라 관에 고해 가릴 일이다.
    畓主 私奴 權石守 (手決)
    私婢 □伊(手決)
    筆執 學生 權應祚(手決)[4]

---

3) 「李遇陽許與文記」, 『慶北地方古文書集成』, 128쪽
4) 安東 臥龍面 周村 眞城 李氏 所藏 古文書 「明文」, 한국정신문화연구원

조선후기 상속의 변화

철저한 균분의 표방과 남녀 재산의 개별적 관리는 조선후기에 오면 많은 변화양상을 보인다. 표면적으로는 균분을 표방하면서도 실질적으로는 봉사자, 즉 장자·장손을 우대하는 과도기적 단계를 거쳐 노골적으로 딸에 대한 차별의식이 생겨난다. 그러나 딸을 차별하면서도 "딸자식은 다른 고장에 살아 선대 제사를 돌려짓기가 어려울 것 같아 재산을 감해주니, 너희들이 각별히 내 뜻에 영원히 따르도록 하라"는 식의 피상적인 이유를 대고 있지만, 결정적으로는 사위를 제사에서 제외시키고, 가계계승과 상속을 아들 특히 장자 중심으로 하려는 의식의 변화가 나타나고 있는 것으로 보아야 할 것이다.

조선후기가 되면 재산 관리에서도 재산의 유래를 밝히는 경우가 눈에 띄게 감소하고 있다. 과거에는 처변(妻邊)·모변(母邊)·부변(父邊) 전래 등 각각의 노비나 토지가 어떻게 나에게 오게 되었는지를 밝혔다. 이런 의미에서 부부간에도 각각 재산을 별도로 관리할 수 있었고, 여자는 자식없이 죽으면 자기의 재산을 친정에서 다시 찾아갈 수도 있었던 것이다. 그러나 후기로 올수록 명확한 재산의 출처를 밝히는 경우는 드물다. 이 역시 가부장적 의식이 정착하면서 남녀가 하나의 가계를 이루면 여자는 남편 가계의 구성원의 일원이 될 수밖에 없었던 의식의 변화를 반영하는 것이 아닌가 한다.

분재의 유형

재산상속의 기본 항목은 노비와 토지였으며, 이외에도 조선시대에는 가사(家舍), 우마(牛馬), 생활용품(솥이나 농기구 등) 등이 상속 대상이었다. 조선시대 양반사회에서 상속이 어떻게 이루어졌는지는 재산상속 문서인 분재기 자료를 통해 알 수 있다. 당시인들은 부모가 재산을 미리 상속하거나 부모가 죽은 이후에 자식들이 모여서 부모의 재산을 나누는 경우 상속 내용과 그 취지를 명확하게 규정한 문서를 작성하여 나누어 가졌다. 이것을 분재기라 하는데, 이는 재산상속 문서로 재주(財主)가 토지·가옥·노비 등의 재산을 자녀들에게 상속한 내용을 상세히 기록한 문서이다.

조선조의 재산상속은 분재의 시기 및 분재량, 그리고 수급(受給) 대상자의 범위 등에 따라 그 성격이 달라진다. 다시 말해 분재 시기가 재주 생전인지 사후인지의 여부, 분재 대상물이 전체인지 일부만 해당하는지의 여부, 그리고 수급 대상자가 특정한 인물인지, 자식 모두를 대상으로 하는지의 여부에 따라 성격상의 차이가 나타난다는 것이다. 그 중 분재의 주체 및 시기를 중심으로 분류하면 재주 생전의 분재(許與)와 사후의 분재(和會)로 나눌 수 있다.

재주 생전 분재

별급(別給)

별급은 재주 생전에 봉사(奉祀)나 승중(承重), 등과(登科), 혼인, 자식탄생, 효도 등으로 인해 이루어지는 분재이다. 과거에 합격하여 문중의 명예가 되는 경우나 좋은 관직을 받는 경우에 친부모, 조부, 외가, 처가로부터 많은 재산이 별급된다. 또한 자식들이 결혼할 때 양가에서는 노비(몸종)를 주는데, 이를 신노비(新奴婢)라고 칭하였다. 신노비는 주로 아들 딸이 결혼할 때 주어지는 것이므로 분재 시기는 각기 다르나 그 양은 일정하다. 이들 신노비는 대개 문기를 작성하지 않았다가 나중에 분재시에 기록하였다. 신노비의 소생은 많고 적고간에 이미 받은 사람의 몫으로 하였다.

별급에서 '별(別)'이 의미하듯이, 이는 특별한 사유로 인해 특정인에게 재산의 일부분을 상속하는 것이므로 균분상속의 범주에서 제외되는 항목이다. 이는 일부의 재산에 한해 이루어지는 것이기는 하나,

최종 재상상속시 이들 별급 재산이 포함되지 않으므로, 당시 평균 분급의 원칙하에 재주의 의사대로 재산을 집행할 수 있는 유일한 통로였다. 따라서 후기로 갈수록 장자·장손에게 별급이 집중되고, 그 별급하는 재산의 양도 증가하는 경향이 나타나기도 한다.

깃급〔衿給, 分給·分衿〕

깃급은 재주가 각각의 '몫'에 따라 재산을 나누어주는 것을 말한다. 즉 여기에서 '깃(衿)'의 의미는 '법전 규정이나 재주의 의도' 등을 고려해 누구누구의 '몫'으로 준다는 뜻으로서, 분재의 범위와 대상 그리고 그 원칙이 내포되어 있는 말이다. 이 경우 수급자는 자식이나 손자 그리고 재주와 특정한 관계에 있는 제3자 등이 모두 포함되지만 대부분의 경우 재주의 자식이 주된 수급자이다.

재주 생전의 분재이면서도 별급과 깃급은 몇 가지 차이점을 지니고 있다. 첫째, 별급의 경우 그 효력을 발생하기 위해서는 구비조건으로서 재주나 증인의 동의〔着書〕로 충분하지만 깃급의 경우에는 분재주체나 증인 이외에 재산을 분급받는 대상자, 곧 수급자가 분재에 직접 참여하여 착명(着名)한다는 사실이다. 즉 별급에 있어 재주의 의사가 거의 절대적인 점을 감안한다면 깃급은 수급자의 의사나 이들의 동의가 어느 정도 반영되고 있다고 할 수 있다. 이같은 사실은 구체적으로 분재기상에서는 문기의 맨 끝에 수급자들이 서명한 것에서 단적으로 찾아지고 있다. 물론 모든 문기에 수급자가 착명하는 것은 아니고, 가문이나 지역의 관행에 따라 다르겠지만 서명한 예가 많이 발견되고 있다.

둘째, 분재의 주체인 재주에서도 차이가 나타난다. 별급은 부나 모, 조부, 조모, 숙부 등이 재주가 되어 자기 앞으로 전래되었거나 사들인 재산을 자기의사에 따라 임의로 분재하는 것이 특징이지만, 깃급에서는 거의 예외없이 부나 모가 분재의 주체가 되는 것이 특징이다. 특히 어머니에 의해 분재되는 경우가 과반수를 차지한다. 이는 분재

시기와 밀접한 관련이 있다. 즉 깃급 분재는 재주가 젊었을 때 하는 것이 아니라 임종이 가까울 무렵에 행하고, 또한 양친이 모두 살아있을 때는 분재하지 않는 것이 통상적인 관례로 여겨졌다. 따라서 어머니에 의한 분재가 많았다는 것은 여자가 남자보다 오래 살았다는 것을 의미한다. 물론 이 경우에도 분재 행위가 어머니에 의해 임의적으로 이루어진다기보다 법 규정이나 관행 또는 남편이 생전에 남긴 유언이나 유서에 의해 이루어지고 있는 경우가 많다. 한편 부부가 모두 살아있을 경우 부부의 동의로서 분재가 이루어지는 경우가 많은 점이 주목되며, 문기에 부부가 동시에 재주로서 서명하는 경우도 있다. 이는 부부에게는 각자 자기 쪽의 전래 재산이 엄존해 있고, 또한 처가 자식없이 일찍 죽을 경우 재산 분재에 처가 쪽의 동의가 필요했던 사실과도 무관하지 않다.

유서(遺書)

유언을 글로 적은 것이 유서이지만 분재기로서의 유서는 단순히 자손에게 한 당부의 말을 뜻하지는 않는다. 여기서의 유서는 분재와 관계된 재주의 의사를 적은 분재기로서의 유서를 말한다. 유언이나 유서를 통한 분재는 분재 행위 자체는 사후에 이루어지지만, 재주의 분재 의도를 생전에 작성해놓은 것이기 때문에 생전의 분재로 볼 수 있다. 유서로써 행해지는 분재는 주로 가문의 운영이나 가내의 특수한 상황 등이 있을 때이다. 승중이나 봉사, 서얼자녀나 서모(庶母), 무자녀 망녀 등에 대한 사항 등이 그러한 예의 하나이다. 어떠한 것이나 법 규정보다는 가문의 관행이나 재주의 의사 등의 요소가 작용할 소지가 크다. 이 유언을 위반했을 경우 종종 '불효지죄(不孝之罪)'로 논할 것을 강조하는 것은 바로 이 때문인 것으로 보인다.

재주 사후 동생간의 분재

 재주 사후의 분재, 즉 부모가 죽고 난 후 자식들이 모여 재산을 나누는 것을 화회(和會)라고 한다. 화회는 해당 재산을 남긴 부모의 3년상을 마친 후에 실시한다. 화회의 '화(和)'자는 원래 법률적 의미로 쓰일 때는 '화간(和奸)', '화이(和離)', '화매(和買)' 등에서와 같이 '쌍방 동의'의 의미로 쓰이고 있다.[5] 즉 행위의 주체가 어떠한 일방이 아니라 양자간 혹은 다자간의 합의에 의해 행위가 이루어지고 있음을 뜻한다. 또한 이 경우 '화'자가 모두 법률적 행위와 결부되어 있다는 점에 유의할 필요가 있다.
 화회 분재에서 화회 자체가 곧 법적 행위이자 법적 효력을 지니는 행위였다. 화회할 때는 분재 대상자가 한 곳에 모여야 하고, 화회 문기상에 반드시 이들의 서명이 필요했던 것은 이러한 법률적 요건을 갖추기 위한 것이다.[6] 이러한 절차와 요건을 갖추었을 때 화회를 통한 상속행위는 관(官)의 확인이나 인정 절차가 없어도 법적 효력을 발생하게 되는 것이다.
 한편 '회(會)'자는 어원을 따져보면 '알다', '이해하다'의 뜻이지만 여기서는 '모임'의 뜻으로 해석해도 타당할 듯하다. 결국 화회분깃(和會分衿)이란 '자식들이 함께 모여 쌍방 동의에 의해 자기 몫의 재산을 나누어 갖는 분재 행위'를 말한다. 따라서 이는 별급이나 깃급과 같은 재주가 있는 분재 행위와는 구별된다고 하겠다.
 화회 문기를 작성할 때는 수급 당사자나 그 가족 가운데 어느 한 사람이 필집(筆執)이 되기도 하며, 대체로 수급자 1명이 문서 한 부씩

---

 5) 『中國古代法學辭典』, 南井大學出版社, 1989, 127~128쪽
 6) 載寧 李氏 가문의 화회문기 말미에 "此亦中 李玖段 年少乙仍于 執籌分衿叱分是遣 文記成置時 着名不得爲齊"라고 한 바와 같이 나이가 어려 手決을 하지 못한 경우라도 그 사유를 분명히 밝히고 있다(李樹健 編, 『慶北地方古文書集成』, 280, 282쪽 면).

을 갖게 된다. 그러나 보통 한 사람이 모두 집필하기 어렵기 때문에 여러 사람이 필집이 되어 쓰기도 하는데, 이 경우에는 자기가 쓴 문기를 가지는 것이 아니라 다른 수급자 내지 그 가족이 쓴 것을 갖게 된다. 이는 공정성과 정확성을 기하기 위한 절차인 듯하다.

상속에 얽힌 이야기

조선시대 상속에는 여러가지 원칙과 형태가 존재했지만 실제로는 각 가문 나름대로의 사정과 개인적 특수성 때문에 많은 특징과 예외적인 사실들이 나타났다. 이들을 사례 중심으로 고문서 자료와 함께 소개해본다.

양자한 뒤 뒤늦게 본 친자에게 상속한 사례

〈도판 1〉은 부안 김씨의 사례이다. 부안 김씨 김번(金璠)은 장자이면서 나이 사십이 되도록 아들이 없자 조상의 제사가 걱정이 되어 동생인 만(瑞)의 아들 수종(守宗)을 4세 되던 해에 입양시켰다. 그런데 부인이 죽고 후처를 얻은 지 얼마 되지 않아 그 후처에게서 연거푸 두 아들(수창, 수경)을 낳았다. 한편 동생 만도 일찍 죽어 그에게도 제사를 지내줄 아들이 없었다. 즉 자신에게도 아들이 없으면서도 종가의 제사를 위해 아들을 형님 댁에 양자로 보냈던 것이다. 그렇다고 김번으로서는 이미 예조에서 입안까지 받은 양자를 다시 동생 집에 되돌려줄 수도 없는 입장이었다. 그래서 자신의 후처에게서 낳은 아들인 수창을 동생의 제사를 받들게 하기 위해 동생 집에 다시 양자로 보냈다.

그러나 양자보다는 후처 소생이지만 자신의 친자에게 마음이 끌리는 것이 인지상정일 것이다. 그래서 그는 양자인 수종에게는 승중조와 동생의 분재 재산을, 친자식인 수창에게는 자기 대에 마련한 재산과 동생의 봉사조를 받게 했다. 또 "우리집은 다른 집과 다르니 출가

〈도판 1〉 부안 김씨 분재기(1669년, 현종 10)

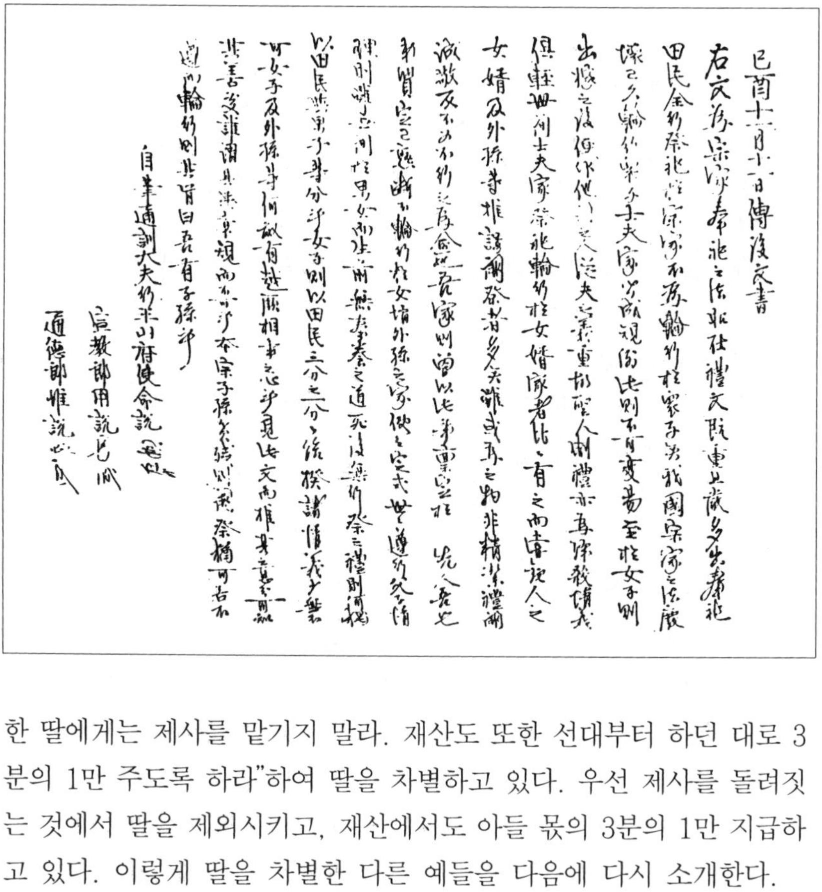

한 딸에게는 제사를 맡기지 말라. 재산도 또한 선대부터 하던 대로 3분의 1만 주도록 하라"하여 딸을 차별하고 있다. 우선 제사를 돌려짓는 것에서 딸을 제외시키고, 재산에서도 아들 몫의 3분의 1만 지급하고 있다. 이렇게 딸을 차별한 다른 예들을 다음에 다시 소개한다.

여자에 대한 상속재산의 차별

딸에 대한 재산상속상의 차별은 제사상속과 불가분의 관계가 있다. 제사가 조상에 대한 자식들의 의무라 한다면, 재산상속은 그에 대한 권리로 볼 수 있다. 따라서 재산에 대한 차별상속은 제사의 윤행에서 딸이 빠지는 것을 전제로 이루어진다.

위의 예는 부안 김씨의 사례이다. 요즈음도 시집간 딸을 일컬어 흔히 '출가외인'이라는 말을 많이 한다. 즉 딸은 출가하면 다른 집안의 사람이 되며, 이때부터는 남편의 뜻을 따르는 것이 더 중요하다는 말이다. 또 부안 김씨 가문에서는 "사위나 외손자는 제사에 빠지는 자가 많고, 비록 제사를 지내더라도 준비가 정결하지 못하고 정성과 공경이 부족하니, 이는 제사를 지내지 않은 것만 못하다"고 하면서 사위나 외손에게 제사를 맡기지 않는 것을 전통으로 삼았다. 따라서 재산을 상속하면서 "정리상으로 보면 아들 딸이 차이가 없으나 생전에 부모를 봉양하는 도리도 못하고, 사후에는 제사를 지내는 예도 갖추지 못하니 어찌 재산을 아들 딸에게 동등하게 나눠줄 수 있겠는가"하면서 딸은 재산을 아들의 3분의 1만 주는 것을 가법으로 삼고 있다.

생전에 일찍 시집가 다른 집 사람이 된 딸의 봉양을 못 받았고, 사후에 딸의 제사를 못받을 것이니 재산도 그만큼 감해서 준다는 어떻게 보면 합리적인 의식의 발로라 볼 수 있을 것이다.

효성이 지극한 막내아들에게 별급한 예

별급은 재주 생전에 과거급제나 득남 등 경사가 있을 때 이를 기념하여 재산의 일부를 상속해주는 것이라 하였다. 그외에는 보통 큰아들이나 큰며느리가 제사 등 종가 살림을 떠맡는 것을 우대하여 특별히 재산을 조금 나누어주는 것이 보통이었다. 그러나 아버지가 막내아들에게 노비와 토지를 별급했다는 점에서 특이한 사례이다. 아버지가 막내아들에게 별급하는 이유는 "내가 올 봄에 병으로 고생할 때 다른 자식들은 모두 먼 곳에 가 있어 구완하지 못하였는데, 네가 11세 어린 나이로 주야로 울면서 옆에서 떠나지 않으면서 손수 약을 다리는 등 정성을 다하여 자식된 도리를 다했으니 그 정성이 가상하여 재산을 특별히 너에게 준다"는 것이었다.

조선조 재산상속은 동복(同腹)끼리는 평등하게 나누어 갖는 것이 원칙이었으나, 부모의 입장에서 자기에게 특별히 효도한 자식에게 조금이라도 더 주고 싶은 것은 당연한 이치였을지도 모른다. 더구나 이미 장성한 자식들은 먼 곳에 산다는 이유로 한 번 와보지도 않을 때

병석을 지켜 간호한 어린 아들에게 재산을 미리 떼어주는 부모의 마음을 읽을 수 있다.

이러한 별급은 소위 평균 분급 안에 포함되지 않기 때문에 재주의 의도에 따라서는 차등분재가 될 수도 있었다. '별(別)'자의 의미가 여기에서 드러난다고 하겠다. 한편 딸이 시집가서 일찍 죽는 경우도 사위가 처가에 발을 끊거나 개취하면 그 사위에게 주었던 재산을 다시 찾아오는 등 부모 자식간의 정리에 따라 재산상속상의 가감은 항상 존재했던 것이다.

아버지를 일찍 여읜 조카에게 별급한 예

중종 28년(1533)에 이훈(李薰)이 그의 조카인 이제에게 전답을 별급한 사례이다. 이 경우는 삼촌과 조카 사이의 특수한 관계로 말미암아 별급이 이루어지고 있다. 별급 사유를 들어보면, "너의 아비가 일찍 죽거늘 너를 데려다가 길러 아끼기를 내 아들과 같이 하였으나, 얼마 안되는 재산을 자식과 마찬가지로 줄 수가 없어 약간만을 이렇게 너에게 준다"는 것으로서 답 13두락지만을 상속하고 있다. 즉 어릴 때부터 데려다 길렀으나 자신에게도 자식이 있으므로 자식들에게 분재할 때 평균 분급할 형편은 못되니 미리 별급을 통해 조카에게 재산의 일부를 나누어주고 있는 것이다. 비슷한 경우로 어릴 때부터 수양자로 삼은 자식들에게도 친자가 있을 경우에도 친자와 차별되게 재산을 상속해준 경우를 종종 볼 수 있다. 상속에 미치는 혈족 관념을 느낄 수 있는 대목이다.

딸에게 제사조를 지급한 예

이 사례는 안동 광산 김씨 가문에서 어머니가 자신과 남편의 제사를 둘째딸에게 부탁하면서 봉사조 재산을 상속케 하는 내용이다. 이 집안에는 신주를 맡기고 분묘를 수호해줄 사람이 없었다. 상식적으로는 장녀, 즉 맏사위가 처가의 제사를 담당해야 하겠지만, 맏사위는 자기집에서는 또 장자이므로 친가의 제사 모시기에도 여념이 없을 터이었다. 따라서 중녀에게 재산을 물려주면서 제사를 당부하고, 보통 4대까지 제사를 지내는바 대수가 다하면 그 자손들에게 재산을 주어 사용케 하라는 내용이다.

16세기라는 시기적 상황에서는 아들이 없다고 해서 양자를 들여야 할 필요성을 별로 느끼지 않았다. 이처럼 외손봉사가 가능했기 때문이다. 17세기 이후에 종자를 중시여기는 관념, 가부장적 질서가 정착하면서 제사를 지내줄 계후자를 들이게 되는 것이다. 그러나 인정상으로 보면 양자보다는 딸이, 양자를 통해 태어난 손자보다는 피가 섞인 외손자가 더 가까울 수밖에 없다. 따라서 조선전기에는 혈손을 통해 제사를 지내고자 했으며, 4대가 지난 다음에는 봉사조 재산을 일반재산으로 환원하여 사용할 수 있게 하였다.

장남을 우대한 사례

조선시대 자식들에게 동등한 의무로 여겨졌던 윤회 봉사는 17세기 이후 변질되었다. 먼저 딸이 제사에서 제외되는 현상이 나타나고 그 후에는 아들 중에서도 장자만이 제사를 전담하게 된다. 제사의 의무를 장자만이 떠맡게 되자 부모의 입장에서는 그에 대한 반대급부로 장자와 그 처에게 재산상의 우대를 할 수밖에 없었다. 위의 사례에서 조상 대대로 내려오는 유산을 평균 분급에서 제외하거나 자신의 집안이 세거해온 지역의 토지는 종손으로만 전달될 수 있게 하는 예들이 가문마다 나타나고 있는 것이다.

부안 김씨의 경우 집안 대대로 내려오는 유훈 중에 "조상 대대로 전래된 승중 재산과 선대에서 별득한 재산, 우반[세거지]에 있는 토지는 그 양이 많고적음을 불문하고 종손에게 상속케 하여 재산을 분금할 때 거론하지 말라"는 말이 있다. 따라서 부모가 돌아가신 후 자식들이 모여 재산을 나누어 가질 때 그 대상이 될 수 있는 것은 아버지가 당대에 사들인 재산뿐인 것이다. 특히 위의 사례에서는 아버지 당대에

증식한 재산 중에서도 그 집안이 대대로 세거해온 지역인 우반에 있는 재산들은 아버지 유언에 따라 아들에게만 상속할 권리를 주고 있다. 따라서 위 문서에서도 '평균 분집'이라는 용어가 나오지만, 이는 이미 평균 분집이 아니며 '장자·장손→아들→딸'로 갈수록 재산에 대한 소유 및 상속권이 작아짐을 알 수 있다.

이와 같이 장자·장손에게로 재산이 집중되는 경향은 거의 모든 가문에서 17세기 이후에 나타나지만, 이렇게 집중된 재산은 거의 봉사조 명목으로 주어진 것이었다. 즉 조상 제사를 혼자 떠맡게 됨에 따라 제사에 필요한 금전적 요소들을 충당할 목적으로 주어진 것이 많았다.

봉사조 재산은 종손 소유였지만 처분권이 보장된 것은 아니었다. 지손 또한 관리에 참여할 수는 있지만 재산을 차지할 수는 없었다.[7] 이렇듯 평균분급의 예외조항이 늘어나면서 사실상 평균 분급의 원칙은 깨어지고 있었다. 그러나 자녀에게 골고루 나누어준다는 평분의식은 후기까지 지속되는, 다시 말해 의식과 실제가 괴리되는 현상이 상당기간 지속되었다고 볼 수 있다.

노비인 조카를 사환하기 거북하다 하여 형에게 허상한 예

이것은 광산 김씨 김경의 처가 남편의 사촌형인 김연에게 노비를 허상(許上)하는 내용이다. '허상'이란 허여에 대비되는 용어로 '준다'는 동사로서의 의미를 가진다. 그러나 허여와 다른 점은 '허여'의 경우 받는 사람이 주는 사람보다 '아래'라는 전제가 깔려 있다. 이는 연장자가 연소자에게, 즉 나이에서의 상하 관계일 수도 있고, 가족 내에서는 항렬이 높은 사람으로부터 낮은 사람에게 혹은 신분이 높은 사람이 낮은 사람에게 줄 때도 사용하는 용어이다. 반면에 '허상'은 낮은 사람이 높은 사람에게 줄 때 사용한다. 친족관계나 관위(官位)에

---

7) 연대 : 1627년(인조 5), '(전략) 宗子雖主 而不以爲主 支孫雖檢 而不敢窺占 以爲永世傳家之業(후략)' (『광산김씨고문서』, 193쪽)

서 낮은 자가 높은 사람에게 줄 때는 물론, 서자가 적자에게 재산을 바칠 때도 허상이란 용어를 사용한 것이 특이하다. 보통 고문서에서는 노비가 상전에게 재산을 바칠 때 이 용어를 사용한다. 지금 소개하는 사례에서는 동생의 처가 남편의 사촌형에게 노비를 드리는 것이기 때문에 '허상'이라 한 것 같다.

재주의 시아버지인 김효원은 자기의 비(婢)를 첩으로 삼아 아들 북간(北間)을 낳았다. 그러나 양반의 아들이지만 노비인 어머니의 신분을 따라야 하는 당시의 신분법에 따라 북간은 천민으로 살 수밖에 없었다. 북간이 장성하여 양인 처를 얻어 다시 자식을 낳았으니 이는 김효원에게는 손자이나 노비 신분을 벗어날 수는 없었다. 김효원은 얼손(孼孫)을 자기 자식인 김경(金經)에게 의지토록 했다. '의지'한다는 것은 생계를 주인가에 의탁하고 주인집에 노동력을 제공한다는 의미이다. 결국 김경은 조카를 노비로 부리게 된 셈이었다.

위에 예시한 대로 '골육지친'을 노비로 부리기가 마음 편할 리 없었다. 그래서 김경은 자신의 사촌형이면서 어렸을 때 아버지의 수양자가 된 김연에게 이 노비를 허상하였다. 노비를 전해주고 문서를 작성하지 않고 있었는데, 김경 자신은 죽고 그 처가 이번에 문서를 작성해주고 있는 것이다. 이는 당대가 지나면 후손들간에 노비소유권을 놓고 분쟁이 벌어질 소지가 있기 때문에 이를 확실히 해두려는 의도로 생각된다. 많은 가문에서 재산을 미리 별급하고 나서 나중에 문서를 작성하는 경우가 이외에도 나타난다.

조선시대 사대부들은 재산의 경영과 증식에 많은 관심을 기울였다. 물론 엄격한 신분제 사회라는 한계가 있었고, 동복은 아니었다 하더라도 조카를 노비로서 부리고 이를 다른 사람과 주고받는 것을 결코 비윤리적인 행위로 생각지 않았다. 여기서도 골육지친을 부리기가 불편해서 사촌형에게 넘겨주었다고 하지만 그도 친족간임에는 틀림없었다. 그런 면에서 보면 이런 관계들 중에서 신분관계가 우선이었고, 사대부가의 가계운영 대상에 이들 천첩자손들도 포함되고 있었음을 알 수 있다.

자식없이 죽은 사람의 재산상속과 손외여타

조선전기 분재의 특징 가운데 하나는 시기가 빠를수록 '손외여타(孫外與他)'에 대한 금지가 엄격했다는 점이다. 손외여타는 한마디로 '피'가 섞이지 않은 사람에게는 재산을 나누어주지 말라는 것이었다. 특히 여자가 자식없이 죽으면 그 재산의 처리가 문제되곤 했다. 이 경우 의자녀(義子女 : 전모에 대해서는 계모 소생의 자식, 계모에 대해서는 전모 소생의 자식) 혹은 양자에게 분재하는 것도 엄격한 의미에서는 손외여타에 해당하기 때문에 여말선초에는 거의 모든 재산을 본족[친정]에게 되돌려주었다. 그러나 죽은 다음에 제사를 지내줄 사람, 즉 봉사손이 강조, 중시되면서부터는 기존의 '손외여타 금지'라는 혈연을 중심으로 한 의식에서 탈피한 사고의 전환을 보여주게 된다.

이 실례는 경상도 안동 광산 김씨 가문의 분재기에서 볼 수 있다. 재주 오씨는 남편도 죽고 자신이 죽기 전에 재산을 나누어줄 자식이 없자 수양자에게 그의 모든 재산을 상속케 하고 있다. 친자식은 아니지만 재주는 "내가 자식이 없어 네가 태어난 지 한 달 만에 데려다 길러, 유모가 있는 데도 직접 보살피고 자나깨나 품어 아낀 정이 친자와 다를 게 없으니 내 재산을 모두 주려고 한다"고 하여 피는 섞이지 않았으나 태어나자마자 데려다 기른 돈독한 정 때문에 재산을 상속케 되었음을 표현하였다.

그러나 조선전기까지는 자식이 없는 여자의 재산은 친정으로 되돌려보내는 것이 법례상, 관습상 당연한 것으로 인식되었다. 그런데 재주 오씨는 자신의 숙모인 권씨가 친정에 재산을 돌려보냈다가 죽은 후 상례를 제대로 치러주는 사람도 없고, 분묘를 수호할 노비 하나 배정해놓지 않는 것을 보고, 재산을 친정에 보내지 않기로 생각을 굳혔다. 그 후 오씨는 수양자를 자신의 사촌손녀와 혼인시키고 우선 일부 재산을 수양자에게 나누어주었다. 이는 친정측 친족들이 "왜 국법을 어기면서 함부로 조상으로부터 물려받은 재산을 손외여타하느냐"
고 반발할 것에 대비한 오씨의 행동이었다. 이렇게 용의주도하게 재
산을 수양자에게 모두 상속하면서 오씨는 "숙모가 당한 것 같은 일을
징치하고자 내 재산을 족친에게 평균 분급하지 않은 것이니, 너는 내
뜻을 잘 알아서 내가 죽은 후에 상례 뿐 아니라 제사도 게을리하지
말고 가벼이 여기지 말라"는 당부를 잊지 않았다.

 자식이 없는 여자의 재산이 친정으로 귀속된다는 의미는 친정에서
그 제사를 맡아 행해준다는 뜻이다. 조선전기까지는 피를 나눈 친족
이라는 의미에서 여자의 제사를 그 본족이 지내는 경우가 있었던 것
으로 여겨진다. 그러나 후기로 갈수록 이들이 제사를 소홀히 하고 가
계계승 자체도 남편의 가계를 중심으로, 자식이 없더라도 계후자를
통해 이루어지면서 재산을 되돌리는 경우는 줄어들었다. 여자가 시집
을 가면 출가외인으로 인식되고, 완전히 다른 가문의 사람이 되는 조
선후기에 와서야 자식없는 여자의 제사 및 재산상속이 시가(媤家)에
서 행해지게 되었다. 그 이전에는 친정과 시가에서 사돈지간에 재산
다툼이 벌어지는 경우도 종종 있었다.

봉사(奉祀)와 재산상속

 오늘날 제사는 으례 장자가 지내는 것으로 되어 있지만 지금으로부
터 200~300년 전만 하더라도 제사는 장자의 전유물이 아니었다. 앞
에서 언급한 것처럼 재산을 균분하는 입장에서는 장자 혹은 남자들만
이 제사를 담당할 이유가 없었다. 봉사자에 대한 재산은 법에 따라
중자녀(衆子女) 몫의 5분의 1이 책정되어, 봉사자에 한해 지급되었
다. 이때 봉사자가 꼭 장자 혹은 남자일 필요는 없었다.

 제사의 종류는 기제(忌祭)와 묘제(墓祭) 그리고 이른바 사명일(四名
日) 제사로 나누어진다. 여기서 사명일은 정조(正朝 : 정월 초하루), 한
식(寒食), 단오(端午), 추석(秋夕)이다. 기제는 통상 4대 봉사를 원칙

〈도판 2〉 17세기 중엽 해남 윤씨 가문의 윤회봉사의 예

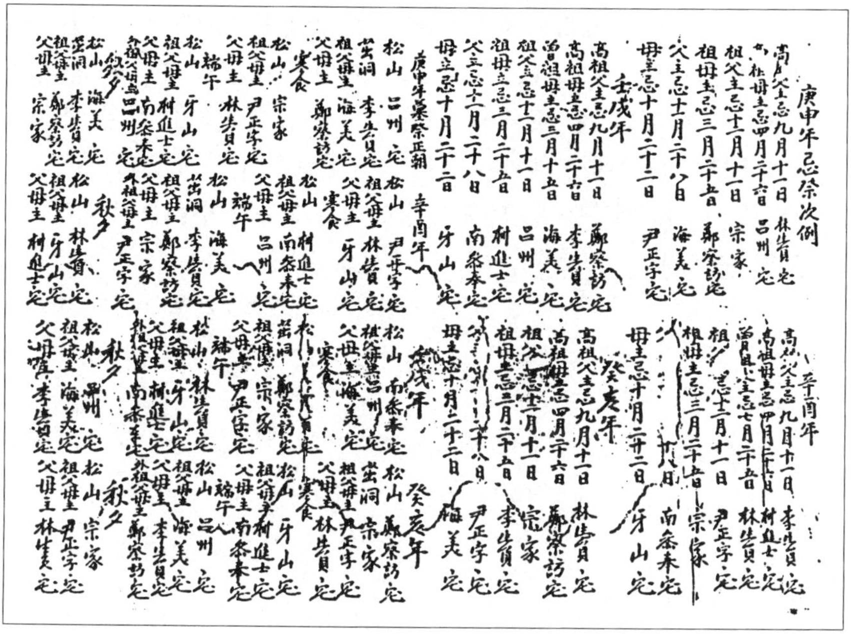

으로 하나 외손봉사, 불천위 제사 등 각 가문의 사정에 따라 각각 다르다. 균분상속제하에서 봉사는 나름대로의 원칙과 오랜 관행이 있었다. 분할 및 윤회봉사가 그것이다.

 아들, 딸, 손자 등 자손들이 그들 선조 제사 가운데 특정 제사를 맡아 제사의 준비 및 기타 제반 사항을 전담하는 것이다. 특정인이 제사를 전담하면 그 사람은 평생 그 제사를 지내는 경우가 보통이다. 이때 해당 묘위(墓位)에 대한 제사조 재산을 관리·운영하게 되는 것이 보통이다.

 특정 제사를 자손들간에 해마다 돌아가며 지내는 방법을 말한다. 예를 들면 부주(父主:아버님)의 제사를 자녀들 순서대로 해마다 각자 돌아가며 지내는 것을 말한다. 제사방법 중에서 가장 공평한 방법이라 할 수 있다. 윤회봉사를 1676년 해남 윤씨의 예를 들어 설명하면 다음과 같다.

〈도판 2〉는 해남 윤씨가에서 1676년부터 1679년까지 4년간의 제사를 맡은 사람을 정하고 이를 기록해둔 것이다. 이 가문의 경우 3대에 걸쳐 봉사를 행하고 있는 것으로 보이며, 4년간 각 자녀들이 대체로 6~8회에 걸친 제사를 맡아 관장하게 된다. 종가라고 하여 제사가 많거나 딸이 제사에서 제외되거나 하는 것을 찾아볼 수 없다. 3~4년 단위로 이렇게 제사를 분장(分掌)하고 이를 기록하여 나누어 가진 것을 알 수 있다.

(문숙자, 한국정신문화연구원 박사과정 수료)

여성 생활

　흔히 조선조 여성이라고 하면 권리를 가진 주체로서보다는 억압받고 통제된 존재로 인식하는 경우가 많다. 그것은 조선이 유교사회이며, 유교적인 사회윤리가 여성에 대해서 엄격한 규범과 절제를 요구하는 이념이었다는 것을 감안할 때 자연스럽게 받아들여질 수 있는 생각이다.
　그러나 조선조 여성들은 억압과 통제 속에서 비주체적인 존재로만 생활했고 아울러 전혀 국가적인 기여를 하지 못한 것은 아니다. 즉 조선의 전시기를 통하여 유교적인 사회윤리가 사회와 여성을 통제한 것은 아니었다. 물론 조선은 건국과 함께 이상적인 유교사회의 건설을 목표했고, 따라서 유교적인 이념뿐만 아니라 그 사회윤리의 보급을 위해 노력했던 것이 사실이다. 그러나 조선에서 성리학이 도입·소개 시기를 지나 실제로 사회 전반에 큰 영향을 미치게 된 것은 조선 중기 이후의 일로 보아야 할 것이다. 정치적 지도이념이나 제도의 측면에서는 유교적인 의식이 조선 초기부터 두드러지게 나타난다고 할 수 있지만, 민중의 일상생활에 뿌리를 두고 있는 풍속·관습의 변화는 정치·제도의 경우처럼 단시일 내에 이루어질 수 있는 것이 아니었기 때문이다.
　그러므로 조선조 여성들의 생활상을 살펴보고자 한다면, 이를 통시대적으로 고찰할 것이 아니라 유교적인 사회윤리가 일반에게 영향을 미치기 전인 조선 전기와 유교윤리가 지배하는 조선후기로 나누어보아야 할 것이다. 여성들에게 엄격한 규범과 절제를 요구하는 유교적인 사회윤리가 일반화되기 이전에는 아무래도 여성들의 삶이 비교적 자유로우며 그에 따르는 권리와 지위를 누릴 수 있었을 것으로 짐작된다.

혼인과 여성생활

조선 초기 정도전은 당시 여성들의 생활태도, 특히 남편에 대해 교만한 자세를 갖는 것에 대해 비난한 적이 있다. 그의 평가에 의하면 당시 여성들이 여가(女家) 중심의 혼인제도에 힘입어 교만한 태도를 가지고 있다는 것이다. 이는 바로 조선 초기에 유행하던 남귀여가혼(男歸女家婚)의 영향 때문이다. 남귀여가혼이란 글자그대로 혼인 후 남자가 여자집에 머물러 생활하는 것을 말하는데, 이는 고려 이래 조선 초기까지 일반적인 혼인형태였던 것으로 보인다. 이러한 혼인형태가 어떤 사회적인 배경하에서 형성되었는지는 알 수 없으나 조선 초기까지 광범위하게 행해지던 혼인 거주형태라고 하는 것만은 틀림없는 사실이다. 조선 초기 유교적인 사회윤리의 실천을 모색하는 위정자들에게 이러한 혼인제도는 "양(陽)이 음(陰)을 따르는" 불합리한 제도로 인식될 수밖에 없었다.

따라서 조선 초기에는 혼인제도에 대한 논란이 적지 않으며, 이를 친영제도(親迎制度)로 바꾸어야 한다는 주장이 강하게 제기되었다. 태종은 "우리의 혼인제도가 결혼하면 남편이 부인집에 거주하여 웃음거리가 되니 고금의 제도를 참작하여 제도를 정하라"라고 할 만큼 혼인제도의 개혁에 대해 적극적이었다.

국가에서는 우선 왕실에서 친영의 모범을 보여 일반인이 이를 따르도록 하고자 했다. 세종 17년(1435) 3월에 파원군(坡原君) 윤평(尹坪)과 숙신옹주(淑愼翁主)와의 혼인을 친영의식으로 거행했다. 실록에서는 이때의 혼례가 우리나라에서 친영의 시작이라고 밝히고 있다. 그러나 이러한 모범적인 친영례가 있었음에도 불구하고, 사대부들 사이에서조차 친영례를 행하고자 하는 사람은 거의 찾아볼 수 없었다.

친영례가 조선사회의 혼인제도에 비로소 영향을 미치기 시작하는 것은 조선 건국 후 150년이 경과한 명종조에 이르러서이다. 그것도 '반친영(半親迎)'이라는 이름으로 이전의 혼인제도와 절충하고 있는 것을 볼 수 있는데, 반친영의 혼례는 여전히 여자집에서 하며 다만 혼례 후 여자집에 머무는 기간을 대폭 줄여 2~3일로 하는 것이다. 그나마 이러한 형태의 반친영조차도 당시 사회에서는 잘 받아들여지지 않은 것으로 보인다. 친영제도가 조선사회에 완전하게 뿌리내리게 되는 것은 조선후기가 되어서야 가능했다. 이러한 혼인제도의 변화와 관련하여 여성의 생활상을 살펴본다면, 남귀여가혼 아래에서 여성의 권한이 강하게 나타날 수밖에 없었다고 할 것이다.

혼인제도의 변천을 통해 주목되는 것은 그 변천이 단지 제도의 변화에만 그치는 것이 아니라 그와 관련한 여타의 제도, 즉 상례, 제례, 재산상속 등에 커다란 영향을 주었다는 점이다. 그리고 그러한 여러 제도의 변화에 따라 여성들의 생활에도 변화가 오는 것은 물론이다.

상복제의 변화와 여성

혼례의 변화에 따라 혼인을 매개로 하여 발생하는 상복제에도 커다란 변화가 나타났다. 외조부모·처부모와 사위에 대한 상복제는 남귀여가혼이 아닌 친영이 이상적인 것으로 받아들여지면서 현저하게 변화되기 시작한 것이다.

고려말 조선 초기까지도 외조부모에 대한 상복은 친조부모에 대한 상복과 같았다. 그것은 남귀여가혼에 의해 어려서 외조부모집에서 자라게 되는 경우가 많으므로 자연 외조부모에 대한 정이 오히려 친조부모보다 더한 면이 있었던 데서 기인하는 것이다.

고려의 오복제(五服制)에서는 외조부모에 대한 상복이 자최주년(齊衰周年)으로 되어 있다. 이것은 당시 친조부모에 대한 상복과 같다. 즉 친조부모와 외조부모에 대한 애상(哀喪)의 정도가 같은 것이다. 또 처부모에 대한 복상은 처부에 대해 대공(大功), 처모에 대해 소공(小功)으로 했으며, 그 상대인 사위에 대해서는 소공이었다. 이는 『가례』나 『경국대전』에 비하여 한두 등급 이상 높은 것이다.

그 후 고려 공양왕 5년에 다시 상복제의 개정이 있었는데, 이때의 개정은 이미 고려조에서 행한 것이라기보다 조선왕조 건립의 준비단계로 행해진 것이었다고 보아야 할 것이다. 그런데 이때의 개정안에서도 외조부모·처부모에 대해서만은 예외 규정을 두었던 것이다. 당시의 복제 개정은 조선왕조 건립의 주역들이 행한 것이었고, 그들이 명나라의 제도를 모범으로 삼았으므로 상복제도 당연히 『대명률』의 규정을 그대로 따르고자 했을 것이다. 그럼에도 불구하고 외조부모·처부모에 대한 상제를 줄이지 못한 것은 그것이 당시의 시속에 어긋나는 일이기 때문이었을 것이다. 조선 초기의 법전인 『경제육전』에서도 처부모의 상제를 줄이지 못한 채 단지 사위에 대한 상례만 한 등급 낮추었음을 알 수 있다.

그러나 그로부터 얼마 후 정확한 시기는 알 수 없지만 외조부모·처부모에 대한 복상제가 『가례』와 『경국대전』의 규정과 같은 소공·시마로 바뀌게 된다. 시속의 요구와 조정에서의 논란에도 불구하고 유교적인 예제에 집착한 위정자들의 의지가 그 실현을 보게 된 것이다.

그렇지만 그 후에도 외조부모에 대한 소공복제가 불편하다는 논의가 있었고, 외조부모·처부모의 상에 휴가기간을 늘리고 원하는 시기에 그 휴가를 얻게 해달라는 건의가 자주 있었음을 통하여 조정에서 정한 새로운 상제가 아직까지 보편화되지 못했음을 짐작할 수 있다.

유교적인 상제는 관계의 친소(親疎)에 따라 예의 후박(厚薄)을 달리하는 것이다. 조선 초기까지의 상제에서 외조부모·처부모에 대한 상례를 후히 한 것은 외조부모와 외손, 처가와 사위의 관계가 그만큼 밀접했다는 것을 의미한다. 물론 이것은 사위가 처가에 거처하는 남귀여가 혼인풍속의 영향이라고 할 수 있다. 그렇지만 외조부모·처부모에 대한 후상이 당대 사회에서 갖는 의미는 단지 '혼속의 영향'에 그치는 것만은 아니다. 상례에 나타난 처부모·외조부모에 대한 예우는 당대 사람들의 유대관계가 단지 남계 중심의 종법사상에 지배된 것만은 아니었음을 보여주는 것이다. 유교적인 예제와 윤리규범이 심화되기 전에 보여졌던 이같은 양상은, 조선전기 여성들이 제사상속 및 재산상속에서 상당한 정도의 권리를 갖고 또 비교적 자유로운 분위기에서 생활할 수 있었던 배경이었다.

여성들의 제사 참여

 16세기 중엽 당대의 거유 이이에 의해 그 외가인 신씨의 제사가 받들어졌던 것은 비교적 널리 알려진 사실이다. 조선후기의 통념으로 하자면 신씨 집안에서는 당연히 양자를 세워 제사를 받들고 아울러 집안의 가계를 잇게 했어야 할 것이다. 이이의 외손봉사 사례는 당시까지만 해도 양자제가 그 사회의 보편적인 습속이 아니었음을 보여주는 일례가 된다. 즉 양자제는 후대에 일반화된 것으로 조선 초기에는 극히 드물었다.

 실제로 조선 초기 실록 기사에는 무자(無子)의 기록이 상당히 많다. 즉 죽은 사람에게 아들이 없다는 것이다. 그러나 태조가 왕위에 있던 7년간 실록의 어느 기록에도 양자가 거론된 적이 없으며, 단지 수양자(收養子)나 시양자(侍養子)에 대한 재산 분배를 언급한 예가 있을 뿐이다. 그런데 이 수양자나 시양자들은 성이 달랐으므로 가계 계승의 의미는 없으며 단지 노후의 적적함을 메우기 위한 입양이었을 것이다. 태종조에 와서도 상황은 크게 달라지지 않는다. 아들이 없어 가계계승이 안되는 것을 염려하거나 양자를 들여야 함을 강조한 기사는 거의 찾아볼 수 없다. 양자를 해서라도 가계를 이어야 하고 또 제사를 받들어야 한다는 의식이 아직 정착하지 않은 것이다. 따라서 여자쪽 집안의 사람을 양자로 들이는 경우도 있으며, 또 여자 집안은 아니라고 해도 양자 문제에 여성들이 적극적으로 참여하고 있는 경우도 볼 수 있는 것이다. 세종 24년 8월 태종정란(太宗靖亂) 때 공이 있었던 지중추원사 김덕생의 추증 문제가 거론되는데, 이때 입후봉사가 구체적으로 언급되었다.

> 지금 세속에서는 비록 봉사할 아들이 없더라도 여손(女孫)이 있으면 어느 누구도 다른 사람의 자식을 빌어 후사로 삼지는 아니하니 이것은 사람의 정리가 본디 그러한 것입니다. 덕생(德生)이 죽은 지 이미 여러 해되었으니 추보(追報)를 의논케 하시는 것만 해도 특전입니다. 토지를 덕생의 외손에게 주어 제사 지내게 하신다면 그 자손이 반드시 마음을 다하여 봉사할 것이요 따라서 귀신 또한 감격할 것입니다.
> 그러나 만약 덕생의 아우 우생(祐生)의 차자(次子)로 후사를 삼게 한다면, 이는 입후된 자가 아들이 되어 노비와 토지를 가지고 덕생의 외손과 다툴 것이니 정리가 순하지 못할 듯합니다. 이것이 어찌 덕생의 본심이겠습니까?
> (『世宗實錄』 권97, 세종 24년 8월 신축)

여기에서 비록 양자에게 봉사하도록 결론이 나기는 했지만 당시 사람들이 인정상으로는 양자보다 직접적인 혈연관계가 있는 딸에게 봉사권이나 재산상속권이 주어져야 한다고 생각했다는 사실이 주목된다. 결국 15세기 조선사회에서는 남계 중심의 가계계승 의식보다는 혈족의식이 강하였으며, 그에 따라 제사 및 재산상속이 이루어졌음을 알 수 있다.

딸의 봉사는 곧 외손의 봉사로 이어지는 것인데, 조선 초기 외손봉사는 아들이 없을 경우 일반적으로 행해졌다. 세종 8년(1426)에는 태조와 태종의 외가봉사를 직손이 주재하도록 한 건의가 있었고, 세종 13년(1431) 외조부모의 제문(祭文)에 대한 격식을 조정에서 논의한 적도 있다. 또 외손봉사는 아니지만 상례 절차를 외손이 주관하고자 한 사례도 볼 수 있다. 이러한 경향은 성종대까지도 계속되었다. 성종 6년(1475) 중추부지사(中樞府知事) 김연지(金連枝)가 맏아들이 아닌 막내아들 견수(堅壽)에게 봉사권을 주어 문제가 발생했는데, 이 때 자가봉사(自家奉祀)와 함께 외구봉사(外舅奉祀 : 외할아버지의 제사를 지냄)를 함께 견수에게 상속하고 있는 것을 볼 수 있다(『成宗實錄』 권52, 성종 6년 2월 임오). 견수가 막내아들임에도 그에게 상속한 것을 문제삼아 김연지의 부인 송씨가 관에 고소했지만, 김연지의 문권을 살펴본 결과 아무런 문제가 없다는 결론이 나서 그대로 시행키로 했다. 외구봉사도 함께 상속된 것은 물론이었다.

이러한 식의 딸에 의한 봉사 혹은 외손에 의한 봉사는 조선중기까지도 사대부가에서 간간이 실행되었던 것으로 보인다. 사림파의 등장으로 조선에 유교적인 사회윤리가 어느 정도 일반화되었다고 하는 중종 연간에도 "지금 세속에서는 대부의 위치에 있으면서도 딸이 있으면 입사(立嗣)를 꺼리니 그것은 전택과 노비가 타인에게 돌아감을 두려워한 때문입니다"(『中宗實錄』 권26, 중종 11년 10월 기사)라는 상소가 있을 만큼 세속에서 딸의 제사 상속이 행해지고 있었음을 확인할 수 있다.

그러므로 조선 초기 좀더 넓게 잡으면 16세기까지도 양자제도는 일반화되지 않았다고 할 수 있다. 이때까지만 해도 조선사회의 제사의식은 남계 중심의 가계계승 의식에 지배되지 않았던 것이다. 그러한 배경이 있었기에 딸 그리고 외손의 제사주관이 가능했다고 할 수 있다. 부모의 제사를 주관하는 권한을 자식이 갖는 것은 사실 당연한 일이다. 적어도 조선 초기 사회에서는 여성이라는 이유에서 그 권한을 포기해야 하는 경우는 드물었다고 보여진다.

이러한 경향은 조선시대 족보를 기록하는 데서도 또 하나의 특징으로 나타난다. 조선시대 족보가 간행되기 시작한 것은 대체로 15세기 연간인데, 이때의 족보 기록은 조선후기에 볼 수 있는 것과 다른 점이 많다. 특히 여성과 관련하여 두 가지 점이 매우 흥미롭다. 첫째 족보가 처음 발간되기 시작하는 15세기 연간에는 기록상 친손과 외손을 차별없이 모두 수록하고 있다는 것이다. 둘째는 1400년대나 1500년대의 족보를 보면 자녀를 출생 순위로 기재하고 있다는 점이다.

문화 유씨 『가정보(嘉靖譜)』(1562)는 이러한 특징을 가장 잘 나타내주고 있는 대표적인 족보라고 할 수 있는데, 문화 유씨 친손뿐만 아니라 문화 유씨의 외손, 외손의 외손, 외손의 외손의 외손 등등까지 모두 기재했다. 이는 조선 말기의 족보에서 이성자(異姓者)는 보통 사위만 기재하는 것과 대조적이다. 대체로 17세기까지는 출생순위가 지배적이지만 18세기에 이르면 대부분이 선남후녀의 방식을 따르게 된다. 요컨대 조선 초기에서 말기로 옴에 따라 외손의 범위가 축소되었음을 나타내준다.

이러한 초기 족보 기록 방법의 의미는 무엇인가? 그것은 한마디로 이 당시까지 조선사회에서 남녀구별 의식이 그다지 강하지 않았다는 것을 나타내주는 것이다. 즉 유교적인 사회윤리에 기초하는 남계 위주의 가계계승 의식이 조선사회에 아직 확고하게 뿌리내리지 못했다는 것을 의미한다.

재산상속권을 중심으로 한 여성의 권리

이와 같이 제사 상속에서 여성의 권한이 배제되지 않았다는 사실은 여성의 재산상속권 유지와도 밀접한 상관관계가 있다. 조선사회의 여성생활을 살펴볼 때 경제적인 권한의 문제는 간과될 수 없다. 어떤 면에서는 일상생활의 상당부분을 경제적인 문제가 지배한다고 할 수 있기 때문이다.

조선 초기뿐만 아니라 조선중기까지도 상속에서 자녀균분 상속이

이루어졌다는 것은 이미 널리 알려진 사실이다. 그 확실한 근거는
『경국대전』의 규정이다. 그 대체적인 내용만을 언급한다면 적첩(嫡
妻)의 소생일 경우 장자(長子), 중자(衆子), 딸의 구별없이 모두에게
같은 양의 재산을 분배하고 그 가운데 승중자(承重子)에 한해서 상속
분의 5분의 1을 더해준다. 그리고 첩에게서 난 자식이 있을 때 그가
양첩(良妾) 소생일 경우에는 적자녀(嫡子女)의 7분의 1, 천첩(賤妾)
소생일 경우에는 10분의 1만을 분배한다는 규정이 부가되어 있는데,
이때도 아들과 딸간에는 균등분배를 행하도록 명시되어 있다(『經國
大典』 권5, 刑典 私賤條). 말하자면 『경국대전』의 재산분배 조항에서
는 서얼차대(庶孼差待)의 특징은 두드러지게 나타나나 아들 딸에 대
한 재산분배상의 차별은 전혀 볼 수 없는 것이다. 이것은 조선 초기
사회의 재산상속 문제에서 남성과 여성은 동등한 권리를 가지고 있
었음을 보여준다.

  그런데 이와 같은 『경국대전』의 분급 조항은 위에서 살펴본 다른
예제의 규정에 보이는 남녀차별의 예와는 다른 양상을 보이는 것이
라고 하지 않을 수 없다. 제례에서 남성 중심으로 제사권을 상속할
수 있게 한 것이라든가, 외조부모·처부모의 상복을 소공·시마(緦
麻)로 낮춘 것 등이 『경국대전』에 명시되었고, 또 법률로 규정된 것
은 아니지만 남귀여가를 친영제도로 바꾸고자 하는 노력이 강력하게
시행되었던 그때, 재산분급이라는 문제만은 고려시대 이래의 전통적
인 관습대로 자녀균분을 시행토록 했던 것이다.

  더욱이 『경국대전』뿐 아니라 실록의 기사를 보아도 조선왕조 건국
기로부터 성종대에 이르기까지 조정에서 자녀균분 상속이라는 문제
에 누군가 이의를 제기한 예는 한번도 찾아볼 수가 없다. 오히려 자
녀균분 상속이라는 재산분배 원칙은 정부의 보호까지 받았음을 알
수 있게 해주는 자료들이 많은 것을 볼 수 있다. 세종이 중외의 신료
들에게 "혹 부모가 죽은 후 한 어머니에게서 난 한 가족이면서 노비
·재산을 모두 가지려는 욕심에서 출가한 여성에게 분재하기를 꺼리

는 자는 엄히 죄를 주도록 하라"고 한 사실은 국가가 혼인한 여성의 상속분을 보호해준다는 의미로 해석될 수 있다.

그렇다면 이와 같이 관습적 제도적으로 보호되었던 여성의 재산상속분은 여성이 혼인한 후 어떠한 형태로 보존되었을까? 자녀균분 상속제와 함께 당시 조선 여성의 경제적 지위에 관련된 중요한 문제는 상속된 재산이 혼인 후에도 개별적으로 관리되는 경우가 많았다는 점이다. 즉 남자형제와 똑같이 상속받은 여성의 재산은 그가 혼인한 후 남편 혹은 시가의 재산으로 흡수되지 않고 어디까지나 부인의 재산으로 존속되었다는 것이다. 실록 기사 가운데는 노비의 매매·증여에 관한 것 또는 노비의 일신상에 관한 것이 다수 발견되는데, 이때 그 노비의 소유주를 밝힘에 있어 '아무개의 처 모씨(某氏) 노비' 등과 같이 그것이 한 집안 내에서도 부인의 소유였음을 보이는 예가 적지 않다. 따라서 그러한 노비들의 매매 혹은 양도에서도 당연히 그 소유주인 부인이 거래행위의 주체가 되었을 것으로 짐작된다.

비록 여성이 남자형제와 함께 균등한 상속분을 받았다 할지라도 그것이 시가 혹은 남편의 재산에 귀속되어버린다면 여성의 재산권이란 무의미하게 될 것이다. 그러나 위와 같이 원래 처의 소유였던 재산은 혼인 후에도 그의 재산으로 존속되었고 그렇기 때문에 그것의 처분·매매 행위 역시 소유주인 여성에 의해서 이루어질 수 있었다. 이것이 곧 부부의 재산에 대해 서로 불가침의 별개의 재산권을 가지고 있었다는 의미는 아니다. 가부장적 사회체제 내에서 부인의 경우 자신의 재산에 대한 처분이라고 하더라도 남편의 의견을 무시할 수는 없을 것이다. 그러나 적어도 자신이 부모로부터 물려받아 자신의 명의로 되어 있는 재산에 대해 임의의 처분권을 갖고 있다는 것은 인정될 수 있다.

이렇기 때문에 자녀가 없이 죽은 부인의 재산 역시 시가의 재산으로 상속되지 않고 본족에게 돌아갔다. 이것은 자녀가 없이 죽은 남편의 경우에도 마찬가지였다. 즉 부부 중 어느 한쪽에 의해 다른 쪽의 재산권이 침해되지 않도록 법적으로 보장되고 있었다고 할 수 있다. 이처럼 당시의 여성들이 재산을 균분 상속받고 또 남편 혹은 시가로부터 독립된 재산권을 보유하고 있었다는 사실은 경제적인 면에서 그들의 지위가 결코 남성에 종속된 위치에 있는 것만은 아니었음을 보여주는 것이라고 할 수 있다.

유교적인 사회윤리에 기초한 가부장권에 비추어 생각한다면 여성의 독립적인 재산권은 수용되기 어려운 제도라고 할 수 있다. 그럼에도 불구하고 조선중기까지도 이러한 여성재산권이 보호되었다고 하는 것은 재산권이 갖는 독특한 속성, 즉 생계와의 밀접성 때문으로 생각되지만, 또한 그것은 여성들이 자신의 재산에 관한 권리를 의식하고 그것을 보호하고자 노력하여 재산소송까지도 서슴지 않았던 적극성에 기인하는 면도 있다고 할 수 있다.

조선 초기 실록 기사 가운데 여성들이 재산에 관계된 문제로 소송을 하거나 상언한 기록이 적지 않다. 이 중에는 서로 친구관계에 있던 여성들끼리의 소송, 올케와 시누이간의 소송, 때로는 모자간의 재산소송까지 볼 수 있다. 특히 모자간의 소송은 모자간의 일반적인 정리로 보아 납득하기 어려운 일이기도 하지만 이는 재산보호를 위한 여성의 집요한 노력의 일환으로 볼 수 있다. 위와 같은 소송이나 상소가 반드시 그들의 정당한 권리 주장인 것만은 아니다. 어느 사회에서나 있을 수 있는 일이지만 더러는 자신의 물질적인 욕심에서 부당한 소송을 꾸며대고 그 결과 오히려 자신이 피해를 입는 경우도 있었다. 그러나 그 정당성 여부를 논하기 전에 조선전기 사회에서 여성이 주체가 된 재산소송이 적지 않았다는 사실은 곧 그 시대 여성들의 경제권에 대한 의식과 그러한 의식을 표출할 수 있었던 사회분위기를 알게 하는 의미를 지니는 것이다.

조선사회에서 여성의 재산권이 축소되는 변화가 일어나기 시작한 것은 17세기를 지나면서부터였다. 대체로 17세기 중반을 기점으로 하여 아직도 균분제를 택하는 가족이 많기는 하지만 장자우대, 남녀

차별, 남성균분 여성차별 등의 차등상속을 하는 가족이 증가하는 경향이 나타난다. 특히 장자우대 여성차별의 경향이 더욱 강해지는 것을 볼 수 있다. 이는 남성균분 여성차별보다도 장차(長次)의 서열이나 남녀의 차를 강조하는 것이었다. 이러한 경향은 노비상속이나 토지상속 양쪽 모두에서 동일하게 나타나는 현상이다.

그렇다면 이와 같이 균분상속에서 차등상속으로 나아가게 된 원인은 무엇인가? 가장 중요한 원인은 봉사관념의 확대와 그에 따른 남계 위주의 가계계승 의식의 일반화라고 할 수 있다. 조선 초기만 해도 아들이 없는 경우 부모의 제사를 딸이 주관하거나 외손이 담당하는 경우가 많았으나, 조선후기에 이르면 위에서 말한 바와 같이 아들에 의해서만 계승되어야 한다는 의식이 강하여 아들이 없으면 거의 예외없이 양자를 들이도록 했다. 이러한 사실로 볼 때 여성의 재산상속권 위축은 유교적인 윤리규범의 토착화에 따라 제사권이 남성에게 독점적으로 귀속됨으로써 결과되었다고 할 수 있을 것이다.

일상생활 속의 여성규제

유교적인 윤리규범을 일반인의 생활 속에 정착시키고자 한 지배계층의 노력은 더 세세한 일상적 생활풍습을 규제하는 데까지 미쳤다. 조선 초기 위정자들은 일상생활에서의 행위부터 유교적인 규범에 합치시켜 높은 차원의 유교적인 가치관을 일반화하고자 하여 '풍속의 교화'는 최대의 급선무로 부각되었다.

태조가 즉위한 그해 7월 대소신료에게 충신(忠臣)·효자(孝子)·의부(義夫)·절부(節婦)의 일은 풍속에 관계되니 권장하며 아울러 발탁·등용하고 문려(門閭)를 세워 정표로 삼으라고 한 이후로 풍속을 순화하기 위한 국가의 시책이 계속되었다. 또한 시무에 관한 상소에서 반드시 한 조항을 차지할 정도로 교화의 문제가 중시되었다. 이러한 과정에서 그때까지 여성들 사이에서 자유로이 행해졌던 전통적 풍습들이 많은 규제를 받게 된 것은 당연한 결과라고 할 수 있다.

당시 여성들의 생활상 가운데 규제의 대상이 된 대표적인 것으로 부녀자의 사찰(寺刹) 출입, 잡신(雜神)들에 대한 사신행위(祀神行爲), 여성의 복장, 남녀간의 접촉 문제 등이 있다.

첫번째 여성이 절에 출입하는 것을 억제하는 부녀 상사(上寺) 금지는 어떠했는가? 유학사상을 신봉한 당시의 지배계층이 불교를 배척하는 상소, 계 등을 올린 사실은 태조 연간부터 수차에 걸쳐 확인된다. 이것은 물론 당시 조선이 억불숭유 정책을 표방했음을 고려할 때 지극히 당연한 일이었다고 할 수 있다. 그러나 태조 자신이 불교와 적지 않은 관계를 맺고 있었던 그때까지는 사람들의 사찰 출입을 금지할 만큼 강력한 제재 조치가 취해지지는 않았다.

그러다가 태종 4년 12월에 와서 본격적으로 부녀의 상사를 금지시키자는 유자들의 요구가 있게 되었는데, 이것은 단순히 유불정책의 일환으로서 주장된 것이라기보다 부녀자의 행실을 규제하기 위한 방책으로 요구된 것이었다. 말하자면 실절(失節) 방지를 명분으로 여성이 자유로이 집에서 나와 사찰을 찾는 일을 금하고자 한 것이다. 그러나 이와 같은 지배층의 의사는 급속한 실효를 보지 못했다. 민간에서뿐만 아니라 왕실에서조차 공공연히 부녀자들을 절에 모아 불사를 행했고, 또 기우, 기청 등을 절에서 행했으며, 상례까지도 불교식으로 했음을 볼 수 있기 때문이다. 이같은 사실에서 당시의 억불정책이 유학사상에 심취한 지도계층 이외의 사람들에게는 사회적인 구호에 지나지 않았음을 알 수 있다.

그러나 태조·태종 연간을 지나 세종조에 이르면 정부의 배불 정책은 한층 심도를 더하였다. 세종 5년(1423) 10월 사찰 신축을 막은 데 이어, 6년 4월에는 사사(寺社)를 통합하여 36사(寺) 선교 양종으로 복속시켰으며, 그 후에는 불상에 도금하는 일까지 문제로 삼았다. 이와 같은 상황에서 여성의 상사 문제 또한 단순한 금지의 단계를 지나 그에 대한 처벌까지도 강력하게 거론되었다. 예컨대 세종 7년

(1425) 11월 판부사(判府事) 이화영(李和英)의 처 동씨(童氏)가 재암(齋庵)에 가서 법석을 베푼 일이 있었는데, 이때 동씨는 비록 죄를 면했지만 함께 갔던 친족 부녀들과 몇 명의 중들이 속죄(贖罪)와 장죄(杖罪)를 받은 사건이 있었다. 이외에도 이와 유사한 사건들에 대해 국가가 제재를 가한 기록은 실록에 자주 나타나는데, 그것은 부녀의 사찰 출입을 막고자 하는 유자들의 노력이 강경했음을 보여주는 것이다. 그러나 부녀자들간에 오래도록 행해져 온 풍습을 일시에 변화시킬 수는 없었다. 위정자들이 부녀자의 사찰 출입을 금지한 것은 배불정책에 따라 불교 교세를 억제하기 위함이었다고 할 수 있다. 이 점은 당시의 조정에서 부녀 상사 금지와 아울러 그밖에 여성의 출입 금지 문제가 빈번하게 거론되었다는 사실에서도 확인된다.

세종 13년 7월 대사헌(大司憲) 신개(申槩)는 채붕나례(彩棚儺禮)나 성대한 행사가 있을 때 부녀자들이 거리낌없이 구경하는 것이 중국에 웃음거리가 될테니 금지하자는 상소를 올린다. 그 후로도 거리행사 관람행위가 부도(婦道)에 어긋나는 것이라는 주장은 세종 26년, 32년 그리고 성종 24년에 이르기까지 계속되었다. 부녀 상사 금지조치가 오래도록 제대로 준수되지 않았고 또 이처럼 여성의 문밖 출입을 금지하는 문제도 쉽게 실현될 수 없었던 것을 보면, 조선 초기까지 여성들은 바깥 출입이 어느 정도 자유로운 생활을 했음을 알 수 있다.

두번째 음사(淫祀)라고 칭해진 부녀자들의 사신행위(祀神行爲)에 대한 규제에서도 당시 여성의 생활상과 그에 대한 위정자들의 교화 시책을 엿볼 수 있다. 세종 31년 사간원의 상소 중에 "부인은 바깥에서 할 일이 없는데, 지금 경외의 양반 부녀들은 향도(香徒) 혹은 신사(神祀)라고 칭하면서 각기 술과 고기를 준비하여 공연히 모여 마음대로 즐기니 풍교에 누가 됩니다"라고 하여 음사 금지를 요청한 일이 보인다. 원래 우리나라에서는 전통적으로 각 고을마다 남녀가 한데 모여 제를 지내고 술을 마시며 노래와 춤으로 흥겨운 시간을 보내는 일이 매우 널리 행해졌던 듯하다. 그러한 종류의 사신행위가 유교적 합리주의의 입장에 선 조선시대의 지식인들에게 매우 못마땅하게 보였을 것임은 물론이다. 때문에 중앙정부에서 이를 금하려 했음은 물론 향리에 거주하던 사림파 유학자들도 이 음사를 억제하여 풍속을 바로하기에 힘을 기울였다. 그런데 이와 같은 음사억제 노력이 미신배제라는 의미뿐만 아니라 당시 부녀자들의 일상생활을 유교적 윤리에 합치하도록 교정하는 의도를 지닌 것이었음은 앞에서 언급한 상사 금지의 경우와 같다고 할 수 있다. 즉 부녀의 올바른 행실은 집안에 거처하며 가사를 바로하는 것인데 이처럼 문밖을 출입하며 바깥 사람들과 어울리는 것은 예법에 어그러짐이 매우 심하니 이를 바로잡아야 한다는 것이다.

그러나 이러한 음사 규제의 노력 역시 충분한 실효를 보기까지는 상당한 기간이 필요했다. 음사에 대한 비난은 세종 연간부터 빈번하게 거론되었지만, 그 후 불교에 대해서도 호의적이었던 세조의 재위기간에는 이 음사에 대한 규제도 어느 정도 완화되어 부녀자들의 사신행위 및 남녀군취의 유흥이 성행했다. 또한 사신행위에서 비롯된 여성의 유흥행위는 자체적으로 발전하여 반드시 사신행위가 아니더라도 남녀가 한데 모여 술마시고 춤추는 일까지 있게 되어, 유자들간에는 이에 대한 규제 요청이 계속 일어나게 되었다. 결국 이에 대한 금제는 법규로서 『경국대전』에까지 오르게 된다. 『경국대전』에는 "사족의 부녀로서 산간이나 물가에서 놀이 잔치를 하거나 야제, 산천성황(山川城隍)의 사묘제(祠廟祭)를 직접 지낸 자"에 대한 처벌규정이 명시되어 그 규제를 어긴 여성들에게는 장 100대의 형벌이 가해지게 되었다. 결국 이러한 법규와 또 중앙 지배계층과 향리 유학자들의 지속적인 노력에 힘입어 그같은 음사행위는 비록 완전히 근절되지 않았다 할지라도 점차 위축되어 공공연히 행해질 수는 없게 되었다.

세번째 여성의 전통적인 생활상을 유교적인 것으로 변화시키려는 유자들의 노력은 복장 문제에까지도 영향을 미쳤다. 태종 9년 사헌부에서 올린 시무책 가운데 "지금 우리나라의 전장문물(典章文物)은 모두 중국의 제도를 따르고 있는데, 여성의 복장제도만은 구습을 따르니 고치지 않을 수 없습니다"라고 한 조항이 있다. 여기서 말하는 중국의 제도란 물론 유교적인 예제의 규정을 말한다. 이때 문제삼은 것은 여성의 복장에 귀천의 등급이 없다는 것이었지만, 이처럼 전통적인 여성의 복식까지 유교적인 예제의 규정대로 바꾸려고 한 조정의 유자들은 그것을 더 폐쇄적인 것으로 하는 데도 노력을 기울였다.

이보다 먼저 태종 4년 6월에는 여성이 평교자(平轎子)가 아닌 지붕이 있는 옥교자(屋轎子)를 타도록 해야 한다는 논의가 있었다. 이유는 평교자를 탈 경우 가마꾼들이 사방에서 들 때 막힘이 없어 노비들과 옷깃이 닿고 어깨가 닿게 된다는 것이다. 이렇게 본다면 여성이 출입시 얼굴을 가리고, 또 지붕이 있는 가마 혹은 말을 탐으로써 다른 사람들과의 접촉을 피하게 한 것은 여성의 바깥출입 억제의 경우와 마찬가지로 유교적 예제를 명분으로 지도계층들로부터 새로이 요구된 일이었음을 알 수 있다. 그러나 오랜 기간 동안 집 밖 거동을 자유로이 했던 당시의 여성들에게 이와 같은 새로운 조치는 몹시도 불편한 일이었을 것이며, 또 그렇기 때문에 그것의 시행 또한 순조롭지 못했던 것으로 보인다.

그러나 위반하는 경우 강력한 행형 조치가 따랐으므로 여성은 별 수 없이 이에 순응해갔던 듯하다. 예컨대 성종 17년 10월 궁에서 왕대비·왕비가 6촌 이상의 친족을 모아 향연을 베풀었을 때, 여기에 참석한 한 여성이 가마를 잘못 타서 남의 집으로 돌아가는 일이 있었다고 하는데, 그 이유는 얼굴을 가려 가마꾼들이 주인의 얼굴을 확인할 수 없었기 때문이 아닌가 한다.

끝으로 조선 초기 여성에 대한 생활규제의 또다른 일면은 내외법의 시행을 통해 알아볼 수 있다. 내외법이란 남녀간의 자유스러운 접촉을 금하는 행동규제법이다. 즉 여성은 임의로 문밖 출입을 할 수 없을 뿐 아니라 가까운 친척 이외의 사람과 접촉해서는 안된다는 것이 이 법의 내용인데, 그것은 여성의 실절을 우려해서 나온 조치이다. 『경제육전』에는 양반 부녀는 부모, 친형제자매, 친백숙고(親伯叔姑), 외삼촌과 이모를 제외하고는 가서 볼 수 없게 했으며, 이를 어기는 자는 실형으로 논한다고 했다. 즉 여성은 3촌까지의 친척 이외의 사람을 방문할 수 없도록 한 것이 당시의 제도였던 것이다. 이외에도 세종 연간에는 "남녀는 길을 달리하고 또한 저자도 함께 하지 않을 것," "남자와 여자는 대청을 달리할 것" 등의 건의가 있는 것을 볼 수 있다.

이렇듯 당시의 위정자들이 여성의 생활을 철저히 폐쇄적으로 한 의도는 물론 유교적 의미에서의 정절을 여성이 지켜야 할 최우선 덕목으로 간주했기 때문이다. 여성의 문밖 출입 및 외부 사람들과의 접촉이 자유로우면 그만큼 실절의 위험이 있게 된다는 것이 그들의 논리였다. 이 문제와 관련하여 조선 초기, 특히 세종 연간의 실록 기사 가운데 유난히 남녀간의 간통사건에 대한 기사가 많음을 주목하지 않을 수 없다. 세종 연간만 해도 모두 60여 건의 간통사건이 조정에서 거론되었다. 물론 세종의 재위기간이 32년이나 되고 보면 이 60여 건의 간통사건은 그다지 많은 것이 아니라고 할 수 있겠으나, 그 사건 발생의 많고 적음보다도 이러한 부류의 사건이 매번 조정에서 중요한 문제로 거론되었다는 사실, 그리고 범행자에 대한 징벌이 모두 능지처참, 참형, 교형 등의 극형으로 처결되었다는 사실 등은 당시 위정자들이 가졌던 유교적 윤리규범 정착에 대한 의지가 얼마나 강력했는지 알 수 있다.

이상에서 살펴본 부녀 상사 금지, 음사 금지, 복장 규제, 내외법의 시행 등은 서로 긴밀한 유기적 관계를 맺고 있는 조치들인데, 이 모두를 꿰뚫는 공통된 배경은 당시의 위정자들이 지향했던 유교적 윤리규범의 확립이다. 그런데 이러한 조치들은 특히 세종조를 중심으로 강력하게 시행된 경향이 있다. 그것은 세종대에 이르러 비로소 얼마간의 정치적 안정을 얻음으로써 민중교화에 더 큰 관심을 기울이게 된 데 기인한 것으로 보인다. 이와 같이 세종년간을 중심으로 여성의 생활규제가 강력하게 시행되었고, 그 후 성종 연간까지도 계속되었지만 전대의 유습에 젖어 있던 당시의 여성들은 이에 쉽게 적응하지 못했음을 알 수 있다. 그러나 그같은 조치에는 위반시 징벌이 따랐으며, 또 위정자들, 성리학적 지식인들의 부단한 노력이 계속되었으므로 조선중기에 접어들면서부터는 그러한 제도가 여성들의 일상생활 가운데 점차 확고한 뿌리를 내리기 시작했다. 말하자면 오늘날 일반적으로 이해되고 있는 조선시대의 전통적인 여성상은 조선중기 이후로 실제적인 확립을 보기 시작하였다.

생산노동과 여성

조선시대 여성들이 무슨 일인가를 하면서 살았으리라는 사실에는 대부분 동의하고 있다. 가사와 육아와 같은 재생산노동은 물론, 직조와 농업 등의 일차적인 생산노동에도 여성의 참여가 적지 않았다는 사실이 짐작되고 있으나 그에 대한 구체적인 접근은 거의 하지 못하고 있는 실정이다. 과연 조선시대 여성들은 구체적으로 어떤 일을 어느 정도 했고 남성노동과 비교해볼 때 그것이 어느 정도의 비중이었으며, 또 사회적인 의미는 어떤 것이었을까?

조선시대 직조는 단순한 길쌈으로 옷을 지어입는다는 자급자족의 의미만이 아니라 국가의 세금으로 납부되거나 또는 화폐 역할을 하는 직물을 만드는 일로서 중요했다. 국가에서는 언제나 농업을 장려하는데, 이때 반드시 '권농상(勸農桑)'이라고 하여 직조업이 함께 강조되고 있는 것을 볼 수 있다. 즉 삼베나 무명은 쌀과 마찬가지로 국가의 중요한 재원이었고 또한 화폐로서의 기능도 있었다. 그런데 이러한 직물은 여성의 손을 거치지 않고 생산될 수 없는 것이며 그 생산과정은 쉬운 것이 아니었다. 그런 만큼 직조업은 여성들의 생산노동 중 가장 대표적인 것으로서 국가적인 기여에서도 여성만의 고유한 영역이라고 할 수 있을 것이다.

　직조노동뿐만 아니라 농사일에서도 여성들의 역할은 작지 않았다. 현재 조선 초기 농업경영 형태는 소농경영이라는 사실에 대체로 동의하고 있는데, 소농적 농업경영 형태에서는 여성의 농사 참여가 높을 수밖에 없었다. 여성이 집안일과 함께 끊임없이 농사일을 해왔다는 사실은 누구도 부정하지 않는다. 농가여성에 대한 묘사에 의하면 바쁜 농사철에는 집안일이나 길쌈이 나중일이 될 수밖에 없다고 했다. 이렇듯 여성의 농사일은 사소한 것이 아니었다.

　실제 조선 초기 농서를 통하여 농사과정을 유추해보면 벼농사에서 여성은 씨 준비, 씨 뿌리기, 김매기 등 여러 일을 수행한 것으로 보이며, 벼농사보다 밭농사에 참여율이 더욱 높은 것으로 추정된다. 그런데 조선 초기는 벼농사의 경우도 한전이 많아 밭농사와 같은 형식으로 농사를 지었기 때문에 여성의 벼농사 참여율은 더욱 높았을 것이다.

　그러나 점차 농업기술의 발전 혹은 경영형태의 변화 등으로 조선 후기에 이르면 여성들의 농업노동의 비중이 축소되어갔다. 이는 여성들 자신이 원하든 원하지 않든 여성들의 농사일이 전체 농사일에서 축소된 것이며, 그만큼 여성들의 국가적인 기여도가 떨어졌다는 것을 의미한다. 물론 직조업에서는 생산물의 상품화 등으로 그 비중이 오히려 상승했으며, 사회적 또는 국가적인 의미도 커졌다. 그러나 농업노동에서는 일의 절대량은 크게 변화되지 않으면서 농업구조의 변화에 따라, 즉 남성노동으로 대표되는 논농사 중심으로 농업구조가 변화됨으로써 밭농사 중심인 여성의 농업노동은 그 의미가 축소될 수밖에 없었다.

　흔히 이러한 조선후기의 상황을 조선시대 전체에 걸쳐 적용하여 여성들의 농업노동은 그다지 큰 비중을 차지하지 않는 것으로 보는 경우가 많다. 그러나 구체적인 농사 일정을 살펴보면 조선 초기에는 여성이 농업노동에 참여한 비율이 상대적으로 높았으며, 생산력에 기여하는 것이나 혹은 국가경제에서 차지하는 비중이 결코 작지 않았음을 확인할 수 있다.

사실상 여성들은 오늘날이나 전근대사회에서나 나름대로 일을 하면서 자신들의 역할을 다해왔다고 할 수 있다. 다만 그것이 정치적인 활동이라든지 혹은 학문·사상 등과 같이 드러나지 않는 일이었기 때문에, 일반민들의 경제활동과 마찬가지로 제대로 평가되지 못했을 뿐이다. 그러나 농사짓지 않으면 먹지도 입지도 말라는 당시의 권농책을 상기한다면 기본적인 생산노동의 중요성을 더이상 강조할 필요는 없을 것이고, 나아가 이에 참여한 여성들의 노동력도 결코 무시할 수 없다.

이상의 내용을 통해 볼 때 조선 초기 여성들은 오늘날과 같은 수준에는 훨씬 못미친다 할지라도 적어도 조선후기의 그것과는 현격한 차이를 가질 만큼 다양하며 자유로운 삶을 영위했다는 것을 알 수 있다. 그러던 것이 유교적인 사회윤리가 조선사회에 정착됨으로써 여성들의 권리나 지위, 생활 등이 달라지게 된 것이다.

중요한 점은 유교적인 윤리규범이 토착화한 조선후기의 사회상을 조선시대 전반에 걸친 특질로 이해하고, 더 나아가 그러한 특질을 우리 사회의 본연의 모습으로 규정하는 일반인의 통념이 바뀌어야 한다는 것이다. 조선시대 여성생활을 살펴보는 데서 가장 중요한 관건은 바로 시기에 따라 사회예속의 성격이 변화하고 아울러 여성생활의 내용도 달라졌다는 사실을 유기적으로 파악하는 일이다.

(이순구, 국사편찬위원회 편사연구사)

제2부 공동체 생활

촌락 생활
어촌 생활
신앙과 놀이

촌락 생활

촌락은 우리의 전통적 생활공동체의 최소단위이다. 촌락은 국가와 군현의 지배체계가 최종적으로 미치는 말단의 행정단위였고, 사회경제적으로는 양반·상민·천민이 함께 살아가는 생활공간이었다. 흔히 촌(村)·동(洞)·리(里)로 불리는 마을 단위의 기층민과 그들의 조직들은 전통적인 공동체적 생활방식〔운영체계〕을 가지고 존재해 왔다.

역사적으로 본 촌락의 변천

조선전기의 자연촌들은 산거집단(散居集團)으로 조선후기의 경우처럼 군(郡)-면(面)-리(里:洞)-촌(村)의 행정편제가 확연하게 위상 지어져 있지 않은 채 반독립적인 형태로 자연촌락을 형성하고 있었던 것으로 보인다. 그러나 16세기 이후 본격적으로 진행되는 둑과 제방, 저수지 개발 등으로 농경 지역이 평야·저지대로 확산되면서, 그리고 이를 주도하는 재지사족들의 위상 강화를 배경으로 몇 개의 자연촌락이 우세한 중심촌락=사족촌락에 부수된 형태로 연결되어 성장하는 추이를 보여주고 있었다. 16~17세기 재지사족의 촌락지배는 대부분 이같은 농지의 확대〔개간 및 제언의 축조〕를 경제적 기반으로 하고 있었다. 결국 농업생산의 토대가 되는 농지의 확대과정은 그것을 주도한 촌락이나 세력으로 하여금 이후 관련된 촌락운영에 지배적인 역할을 하게 만들었다.

즉 평야·저지대로의 농지 확산과 집약적인 농법의 발달은 생산력의 증대와 함께 집촌화를 가능하게 하였고, 이들 집촌들은 경지 확대에 주도적 역할을 하였던 사족촌락을 중심으로 상대적인 결속력을 강화하여 광역화하는 추이를 보여주게 된다. 사족적 배경에 토대한 중심촌락들[本洞]은 지연적인 생활 및 경제공동체로서 주변의 자연촌[村·谷·亭·坪]들과 공존하면서 신분적·경제적으로 하위에 있던 작은 상·천민 마을을 통할하였다. 그리하여 조선후기의 촌락들은 '동(洞)'[本洞]과 '리(里)'[本里]에 수개 또는 10여 개 주변의 소규모 자연촌락들이 묶여 있는 형태였다. 그리고 중심적인 리 밑에 존재하던 작은 자연촌들이 바로 18세기 후반 이후 촌락 분화과정에서 독자적인 조직과 규모를 지니면서 독립된 마을로 분화 발전하였다고 생각된다.

조선후기 촌락의 분화와 발전은 현재 지명상에 상(上)○○, 하(下)○○, 내(內)○○, 외(外)○○, 원(元)○○, 구(舊)○○, 신(新)○○, 본(本)○○ 등으로 남아 있어 촌락분화의 흔적을 볼 수 있다. 이러한 촌락의 분화는 ① 산간이나 계곡의 마을들이 저지대·평지의 농지를 확대하면서 경작인들의 마을이 생겨나는 경우, ② 동족기반을 가진 마을에서 분가(分家)하거나 농지가 있는 인근 지역으로 이주하여 신생되는 경우, ③ 그리고 부세(賦稅 : 洞役)의 문제나 마을 주도권을 둘러싼 갈등으로 분동(分洞)할 경우 등 매우 다양했었다고 생각된다.

촌락—전통문화의 종합전시장

조선시대의 각 마을은 각각 특수한 지리적, 사회경제적 배경을 기반으로 하면서 발전해왔고, 그에 따른 문화상들을 종합적 결과물로써 간직하고 있다. 우선 각 마을은 입지한 지리적인 조건상 상대적인 차이를 지니고 있다. 산간마을과 평야지역 마을, 해안마을과 섬마을,

강이나 도로와 인접한 마을이냐 그렇지 않으냐에 따라서도 문화적 차이를 보여준다. 또 마을의 외형적인 특성과 상대적인 위상 문제도 마을의 성격과 문화를 결정짓는 조건이 된다. 마을은 고정된 공간으로 지연적인 폐쇄성도 갖지만, 인접 마을과의 부단한 접속과 문화교류 속에서 공존해왔던 집합체였다. 따라서 이같은 폐쇄성과 교류관계를 동시에 파악해야만 해당 마을의 상대적인 위상 파악이 가능해진다.

예를 들면 민속학에서 주로 다루는 단골[무당], 당제, 서당, 시장, 상여, 걸궁의 범위나 구분이라든가 통폐합과 분화 같은 촌락구조의 변화는 이러한 상호관계를 잘 보여주는 자료들이다. 물론 지금은 대부분 자연마을 단위로 분화되어 있어 과거로 소급·추적하는 것이 필요하지만, 이를 통하여 우리는 마을간의 상관관계나 선후 분화관계, 상대적 우열의 모습을 추적할 수가 있다.

그런가 하면 주민의 구성에 따라 동족마을과 집성마을로, 과거의 사회신분적 지위에 따라서는 반촌과 민촌 또 역촌이나 점촌 등 특수한 신분집단의 마을도 있을 수 있다. 이러한 사회경제적 환경의 차이는 이들이 영위한 삶과 그 문화상에서 드러나게 마련이다. 이와 아울러 또 하나 간과할 수 없는 것은, 촌락은 바로 사람들이 함께 모여사는 삶의 공간이었다는 점이다. 이해와 성격이 서로 다른 촌락민들은 상호 공존하기 위하여 나름대로의 운영 논리나 규약, 법속, 규범 그리고 문제해결의 지혜 같은 것을 마련하기도 했다.

이처럼 전통적인 촌락들은 자연=생산=체제=의식을 포괄하는 공동체 단위로 오랫동안 유지 존속해왔다. 그리하여 촌락은 ① 지리적 환경 및 경제적인 조건을 공유하는 지연체(地緣體)이면서, ② 동질성과 특수성을 갖는 생활문화 공간이며, ③ 행정체계상으로는 군현(郡縣) - 면(面) - 리·동·촌(里·洞·村)으로 연계되는 말단 사회조직이고, 끝으로 ④ 혈연과 신분적 구성체로서 여러 성격이 복잡하게 연결된 것이었다.

촌락생활사와 고문서

이같은 촌락생활의 생생한 자취를 살피는 과정에서 중요시되어야 할 자료가 바로 고문서라고 할 수 있다. 왜냐하면 촌락과 촌락민의 존재, 그리고 그들의 삶의 모습을 추적하는 과정에서 지배층에 의해 지배층 중심으로 기술된 기록물들은 많은 한계점을 가지기 때문이다. 우선 일반 역사기록에서는 촌락과 촌락민에 관련된 자료를 구하기가 어려울 뿐만 아니라, 찾아냈다고 하더라도 그것이 과연 일반적인 촌락·촌락민의 보편적인 삶과 문화이냐 하는 문제, 여기에 더하여 구체적인 삶의 방식이나 현실상황을 보여주지는 못한다는 문제 등 너무나도 많은 한계들이 있다. 이같은 어려움 탓으로 지금까지는 촌락과 촌락민의 생활모습을 역사학보다는 인접 분야인 민속학, 지리학, 인류학에서 주로 연구해왔고, 자료도 당시의 기록자료에 근거하기보다는 구전이나 풍속조사를 통한 역추적 방식으로 이루어질 수밖에 없었다. 이런 현실에서 고문서 자료는 이러한 문제들을 해소해주는 귀중한 문헌자료인 것이다.

한편 마을의 형성·변천사를 정리할 때 우선 주목하게 되는 것은 그 마을에 정착한 성씨 집단의 입촌(入村) 과정이다. 누가, 언제, 어디에서, 어떠한 배경과 연유로 해당 마을에 정착하였는지, 또 그 성씨 집단이 기존의 마을주민과 어떠한 관계 속에서 성장하고 마을 운영에 참여하게 되었는지를 밝힐 수만 있다면 마을 변천사의 씨줄은 마련된 것이나 마찬가지이다. 대개 이같은 특정 성씨의 입촌 과정은 후손들이 거주하고 있는 경우 족보나 구전자료에 의해 파악이 가능하다. 그러나 족보나 구전자료를 통하여 밝혀지는 특정 집단의 입촌(입향) 사실은 변천사의 일부에 불과하고, 그 이전과 그 이후의 변화상, 다른 성씨 집단의 변천상을 모두 설명하는 자료는 되지 못한다. 따라서 역사적인 유적과 함께 기록된 마을의 자료를 추가로 보완해야 하며, 이 과정에서 고문서는 매우 유용하다. 예컨대 특정 성씨의 가계 기록〔족보, 입향 인물과 관련된 교지, 호적, 분재기록 등〕 추적이나 선주 성씨와의 관련성이 그것이다. 대개의 경우 입촌 동기는 처가나 외가 혹은 그 이전에 특별한 인연이 있었으며, 이는 입향조의 부(父)나 조(祖) 혹은 자(子)의 혼인관계를 통해 관련성이 추적되는 것이 보통이다. 한편 역사적 유적과 관련하여 창건과 이건, 중수와 보수기록들도 고문서로 남아 있을 경우 이를 면밀하게 검토해보면 마을 운영과 관련된 주도 성씨와 인물, 참여 인원, 경제적 재원 마련 방법과 내용들도 추적할 수 있다.

여기에 덧붙여 마을의 사회경제적 변화로써 마을의 친족조직인 종계〔문중계〕 같은 자료를 통한 문중기반의 확대과정, 예컨대 선산과 묘소 마련, 제각(재실) 건립, 비석 건립, 족계 운영 같은 자료들이나 마을 전체의 경지 확대〔보나 제언, 제방, 저수지의 축조〕 시기, 주동인물과 그 과정 등이 밝혀질 수 있다. 또 마을사람들의 생활공동체 조직〔대동계, 향약계, 촌계, 기타 목적계〕들까지 수집 정리된다면 마을 변천의 커다란 흐름은 매우 폭넓은 수준에서 확인 가능할 것이다.

촌락 관련 고문서의 종류

촌락과 촌락생활에 관련된 고문서 자료는 작성의 대상범위가 일단 '마을'이라야 하겠지만, 좀더 범위를 넓힌다면 비록 문서의 작성자나 주체는 개인이라 하더라도 마을의 변천상과 운영에 관련된 자료까지도 포함될 수 있을 것이다. 한편 촌락에 거주하는 구성원의 신분과 사회적 성격이 다양하기 때문에 반드시 피지배 농민층이나 천민층의 기록만을 촌락자료라고 볼 수도 없으므로, 크게 보면 그 범위가 일반 고문서의 범주와 크게 다르지 않다고도 할 수 있다.

즉 촌락과 촌락민의 입장에서 자료를 보고 해석하려는 노력에 의해 자료는 무한하게 확대될 수 있다는 것이다. 물론 대부분의 자료 중에서 사족〔양반〕이나 성씨 관련자료가 거의 90% 이상을 점유하게 마련이다. 그러나 이 자료들이 지배층과 식자층만을 위한 것이라는 인식은 불식될 필요가 있다. 지배층이나 식자층의 자료는 역사자료, 일반 기층민의 자료는 민속자료라는 식의 이분법적 시각을 벗어나면, 각 시대와 각 지역의 서로 다른 입장과 기반을 가진 집단들이 타협과 조화를 이루면서 그들이 삶의 과정에서 엮어낸 생생한 생활사의 본 모습이 나타난다.

이같은 촌락 관련 문서들은 대체로 촌락의 조직과 운영에 관련된 자료와 그 구체적인 물적 기반과 경제적인 부수자료, 그리고 생활사 자료 등으로 나눌 수 있다. 물론 이 자료들은 엄밀하게 구분되어 작성되기보다는 뒤섞여 있는 경우가 많으며, 오히려 촌락이라는 대상과 주체의 자료가 아니면서도 촌락에 관련된 구체적인 내용들을 포함하는 자료의 예도 적지 않다. 그러나 이 모두를 하나의 틀 속에서 설명하고 정리할 수는 없다.

따라서 여기에서는 일상적으로 촌락조사 과정에서 수습빈도가 높은 혹은 수집이 필요한 촌락조직과 운영에 관련된 자료를 중심으로 살펴보되, 경제문제나 생활과 관련한 부수자료들은 조직의 성격에 따라 첨가하여 함께 소개하고자 한다.

촌락 편제 자료

호적

고문서 자료 중에서 가장 흔하게 발견되는 자료가 바로 호적으로서, 호구단자, 준호구, 호적대장 등이 그것이다. 물론 한 지역의 기본적인 호적기록이 망라된 호적대장은 수집이 용이하지 않지만, 개별적인 호구단자나 준호구는 많이 남아 있는 편이다. 이들 호적자료에는 통과 호수, 호주의 신분과 4조, 가족구성, 노비기록이 포함되어 있다. 따라서 특정 시기, 특정 신분, 특정 지역의 인물과 관련된 사회경제적인 위상을 알려주며, 아울러 이를 통해 해당 마을의 자료인 경우 촌락의 기본 편제인 통과 호수, 지명 등을 확인할 수 있다. 이 중 호적중초는 호적을 개수하기 이전에 마을이나 면단위로 미리 작성한 통계문서로서, 지역별로 총호수와 인구수를 파악하기에 좋은 자료이다.

가좌대장(家座臺帳)

촌락의 편제는 기본적으로 호적대장이나 호적중초, 오가작통에 의해 파악되기도 하지만, 가좌대장이 남아 있는 경우 더욱 구체적으로 촌락의 편제와 실상을 파악할 수 있다. 가좌대장은 가옥의 위치와 규모, 소유관계를 적은 일종의 가옥대장으로 원래의 법규에 의하면 주소〔통과 호〕, 호주의 신분, 나이, 가족수, 가옥의 규모, 전답, 우마의 수 등을 함께 기록하도록 되어 있었다.

오가작통기(五家作統記)

호구 파악·부세 납부·인력동원 등을 원활히 하기 위해 5가(五家) 또는 10가(十家)를 1통(統)으로 삼고, 5통을 1리(里)로 구성하였으나 리의 규모는 반드시 일정하지 않다. 기재 내용은 각 호주의 이름, 직업, 소유노비 등이다.

촌락조직 자료

동계(洞契)·동약(洞約)

동계와 동약은 16~17세기의 경우 사족들의 결사체적 조직으로 농민들의 참여를 배제하였지만, 양란 이후 전후 복구를 위하여 상·하층민이 동류적인 인식으로 재결속한 것이 많이 남아 전해진다. 대동계 혹은 향약계류가 그러한 것으로, 이는 종래 사족이 조직한 동계〔향약〕과 하층민들의 공동체 조직인 촌계(村契)가 지연을 기반으로 합해진 형태로 성립되었다. 이 조직은 따라서 촌락의 구성원 전원을 결

134 제2부 공동체 생활

〈도판 1〉 장암(長岩) 동계 문서

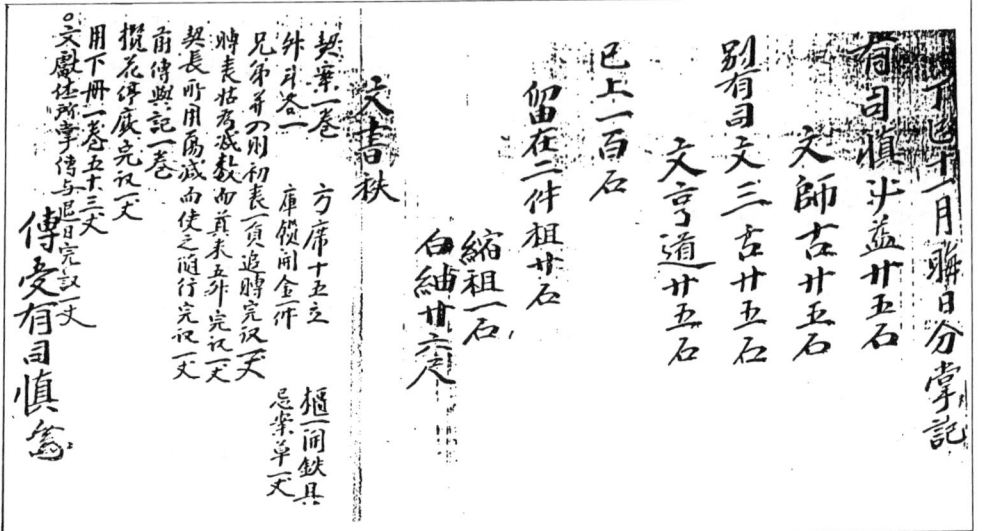

* 이 문서는 1677년에 작성된 것이며, 1667년부터 계문서가 작성되어 매년의 것이 보존되어 있다(전남 영암군 남평 문씨 문중 소장).

속하여 사족 중심의 상하질서를 강화해나가려는 목적에서 갖추어진 규약이기도 하다. 명칭은 동계, 동약, 동헌, 동규, 리사계(里社契), 동중입의, 동중완의 등으로 다양하게 불린다. 동계류 촌락조직에 관련되는 자료들은 다양하게 발견된다.

규약(洞約·洞規·洞契約·洞契憲)
동계·동약조직의 내용을 조목화한 것으로 향촌사회사 연구자들이 주로 활용해온 자료이다. 대체로 조직의 성격과 가입원의 조건, 운영절차와 운영방식, 재정 관리, 상호부조와 규제 내용들을 포함하고 있다. 내용상 농촌경제의 안정과 동계원의 통제를 통한 상하 신분질서의 확립이 주된 목적으로, 사족들의 입장이 강하게 반영되어 있다. 사회사 분야 외에 동내 부역(賦役)의 조정, 혼상(婚喪) 부조, 공동노역, 동재산의 관리, 벌칙조항 등은 촌락의 구조를 밝히는 데 각 연구분야별로 이용이 가능한 대상이다. 연대별로 추가된 조약, 개정된 조약을 부기한 경우도 많아서 촌락조직의 변천과정을 살필 수도 있다. 동약과 같은 성격의 자료로 마을사람들이 임시로 모여 특별 사안에 대한 합의내용을 문서화하고, 이를 합의의 징표로 남겨둔 동중완의(洞中完議)나 동중입의(洞中立議), 입안(立案), 완문(完文), 약속(約束)도 있다. 이들은 시기별 변천을 반영하는 자료로 동약[동규]의 추가 규약으로 첨부되기도 한다.

동계안(洞契案)·좌목(座目)

동계에 참여한 구성원의 명단으로, 상하 합계(上下合契) 형태의 동계인 경우는 양반의 상계안(上契案)과 하천민의 하계안(下契案)을 별도로 구분 작성하였다. 한 책으로 엮을 경우에는 하계 명단은 상계안보다 글자를 한단 낮추어 기록하였다. 지역에 따라 상·중·하계안으로 엄격히 구분하는 경우도 있다. 동계의 구성원 명단은 마을의 성씨 구성과 그 주도 성씨의 변화를 밝히는 데 좋은 참고자료가 된다.

동계치부책(洞契置簿冊)

동계의 구체적인 시행에 관한 자료로 혼상시(婚喪時) 부조를 위한 일정한 기금 등의 수입과 지출, 동계 소유 전답 등의 재산 관리, 공동노동이나 부역의 조정 내용 등을 담고 있다. 현재도 많은 자료들이 남아 있는 형편이나 그에 대한 연구는 거의 진행되지 않고 있어 앞으로 마을사 연구를 위해서는 자료의 발굴·수집·정리가 요청된다.

촌계와 두레자료

동계와 동약이 지배계층이었던 사족이나 양반에 의하여 주도된 조직이라면, 촌계나 두레는 촌락의 기층민이 생활문화 기반 위에서 자생적으로 조직 운영한 것이었다. 따라서 이 조직들은 전자와 다르게

〈도판 2〉 동답치부기(洞畓置簿記)

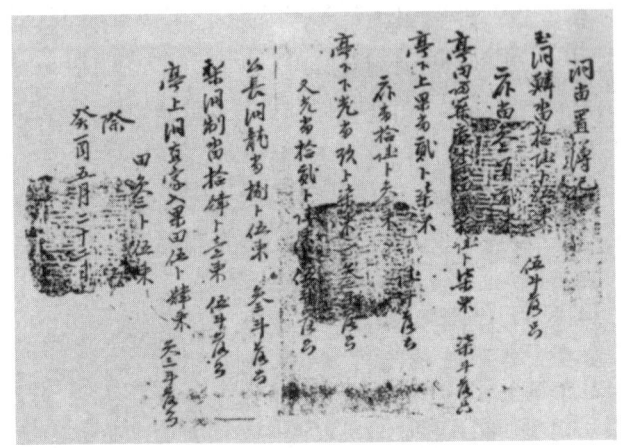

* 이는 동계에서 공동 소유한 전답을 기록해 놓은 것으로 작성 연대인
  계유년은 정확히 알 수 없다(광주 양과촌 소장 문서).

문서로써 자료로 남아 있는 경우가 매우 드물다.

촌계

촌계는 조직의 구성원이나 창립 목적이 사족이 주도하는 향약(鄕約)이나 동약(洞約)과는 기본적으로 다른, 하층민의 생활공동체 조직이다. 즉 촌계는 10호 내지 수십 호의 자연촌에서 모든 주민은 촌계의 구성원이 되며, 스스로 촌계를 관리할 존위 등 임원을 선출하고, 마을의 생업이나 동제와 같은 의례, 공동 노동조직으로서의 두레, 촌회 또는 동회 등을 주관하며 상호부조, 상호규검하는 일상생활의 필요에서 자율적으로 결합된 생활공동체였다. 촌계는 조선후기 향약이나 동계의 하부조직으로 편입되기도 하였으나 기층민간 촌락자치의 자율성도 상당 정도 확보하고 있었다.

그런데 촌계의 규약은 그 당시는 당연한 관습이며 불문율이었기 때문에 거의 문서화되지 않아 현전하는 자료가 많지 않다. 이는 동제·

두레에 관련된 자료 및 향약·동계류의 기층민과 관련된 하계 조목 등에서 기층민의 삶의 편린을 찾아볼 수 있다. 동제나 당산제 자료들이 여기에 포함되며, 규약은 흔하지 않으나 수입과 지출내역을 적은 회기별 결산서와 같은 치부책과 인수 인계시의 물건을 적은 전여기, 수조록이 수습되기도 한다.

두레

두레는 17세기 후반 이앙법의 보급과 함께 등장한 것으로, 주로 삼남지방에서 보편화되었다. 두레 조직은 자연마을을 단위로 10명에서 30여 명 내외로 구성하였다. 한해 농사를 준비하는 회의로서 호미모듬, 모내기가 끝난 뒤의 대동회의·대동놀이를 하였고, 호미씻이로서 농사를 마무리하는 회의를 가졌다. 이 과정에서 파생되는 민속은 생산활동의 매개로서뿐만 아니라 풍물조직 및 여타 민속놀이의 전승을 규명하는 관건이 된다. 간혹 두레 운영시의 경비 등을 기록한 자료들을 찾아볼 수 있다. 이 자료를 통하여 당시의 농촌경제 및 농업생산력 정도를 파악할 수 있다.

현재 확인되는 자료로는 진세책(進貰冊)이 발견된다. 진세책이란 두레 조직원의 신입례로서 선배들에 대하여 술과 음식 등을 대접한 내역을 기록한 문서이다. 이를 '진세턱'을 낸다고 하였으며, 새로 들어온 조직원의 명단과 신입금, 치부책이 함께 전해져 촌락의 노동조직을 밝히는 귀중한 자료이다.

기타 촌락조직

한편 18세기 후반~19세기 전반에는 공동체 생활을 영위하는 과정에서 각종의 특수 목적을 가진 조직들도 생겨났다. 이러한 목적계류의 조직들은 촌락구성원 전체를 대상하는 동계나 촌계와는 다르게, 참여하는 구성원이 제한적이고 구성원의 이해를 우선한다는 점에서 약간 성향을 달리한다. 마을의 생업조건이나 구성여건에 따라 계의 명칭과 종류가 다양하고, 편차가 심하므로 아래에서 보여주는 예 이외에도 많은 자료가 조사될 수 있을 것이다.

농계류(農契類)

농계는 계원 중에서 농상(農桑)에 정통한 사람을 유사로 임명하고, 우마(牛馬) 등을 공동 사용하거나 농기구나 수리시설, 산림 등을 공동 관리하기 위하여 조직된 것이다. 촌락에 따라 풍기나 교화와 관련된 자치규제와 길흉상구의 기능을 수행하는 경우도 있었다.

농계(農契)·농사(農社)·농리계(蒙利契)·농구계(農具契)·우계(牛契)·마계(馬契) 등이 있다.

동상계(東床契)

동상례라는 명칭은 지역에 따라 의미가 약간 다르게 사용된다. 그 하나는 동계나 촌계 등에 처음 가입할 때 기존 회원들에게 한턱 대접하는 신입례를 말하는 것이고, 다른 하나는 혼례시 사위가 처가의 친척 및 처가 마을사람들에게 대접하는 의례를 일컫는 것이다.

서당계(書堂契)

서당계는 마을 단위로 건립되었던 서당의 운영과 조직에 관한 자료들이다. 훈장선생안, 서당규약, 강첩, 선악적, 치부기〔재산〕가 함께 전해지는 경우가 있다. 특히 서당 건립에 동원〔출연〕되는 인력과 물자기록은 촌락의 구조를 이해하는 데 유용하다. 문중별로 서재나 강사 등도 이와 유사한 성격으로 촌락 내의 족적 기반을 살피는 데 이용될 수도 있다.

송계(松契)

송계는 삼림의 보호와 이용을 목적으로 한 계조직으로 금송계(禁松

契)라고도 한다. 특정 지역을 중심으로 결성되며, 그 범위는 한 동리 혹은 수개의 동리로 구성되는 경우도 있다. 송계는 삼림 보호를 직접 관장하는 역원을 두고 교대로 이를 맡아 순찰하는 기능을 수행하였다. 삼림 보호는 국가의 중요한 관심사였기 때문에 관청과 밀접한 관련하에 운영되었다. 한 마을 전체가 참여하는 경우는 향약, 동계와 같은 역할도 하였다.

금양절목((禁養節目, 禁松節目)도 같은 성격의 자료로, 토지의 불법 이용을 막고 토지가 묘지로 사용되는 것을 통제하기 위해 만든 절목이다. 이 자료들은 대체로 문중이나 촌락의 재산에 관련되어 많이 전해지고 있는 문서 형태로서, 공동체적 재산의 범위와 규모 그리고 그 운영에 관련된 귀중한 단서를 제공하기 때문에 주목된다. 송금절목(松禁節目, 事目)도 비슷한 자료로서 그 관리자의 의무와 임기, 임명과정, 각종 범법행위에 대한 처벌 규정, 화전을 위한 방화 금지, 간민(奸民)과 산지기가 서로 짜고 하는 농간 금지 등이 포함되기도 한다.

상여계(喪輿契)와 상계(喪契)

상두계는 마을과 상여의 규모에 따라 20~30가구 안팎으로 이루어지는데, 상여 운반 및 무덤터 다지기, 묘쓰기 등 장례에 관계되는 일을 두레 형식을 모방한 공동조직이다. 운구와 산역에 따른 많은 인력이 필요하지만 상두계에 참여하고 있는 사람들은 계원들이 모든 일을 맡아서 해주므로 별도로 품을 살 필요가 없었다. 상계는 보통 부모, 본인, 처의 사상(四喪)에 필요한 경비와 노동력을 충당할 목적에서 조직된 것이다. 상포계(喪布契), 위친계(爲親契)로 불리기도 하며, 개별적으로 부조록(扶助錄)이나 물목용하기(物目用下記 : 경비지출기록)를 보존한 경우도 적지 않다. 이 자료를 통하여 각 시기의 물가나 경비지출의 규모, 부조인의 성격 분석이 가능하다.

촌락의 사회경제 자료

마을은 독립된 하나의 경제공동체였던 까닭에 특히 부세문제나 공동재산의 관리, 동족마을의 경우 종가나 문중의 재산과 관련한 고문서 자료들이 많다. 이 중에서 대표적으로 챙겨야 할 자료들을 간략하게 소개하면 다음과 같다.

양안(量案), 전답안(田畓案)

오늘날의 토지대장에 해당하는 문서로 토지의 지번과 토지의 방향, 등급, 형상, 소유주와 경작자, 때에 따라서는 소출량과 도조량까지 기록되기도 한다. 양안이 국가의 문서로 부세의 기초자료로 활용되었다면, 특정 기구, 종가나 문중, 개인 혹은 동중의 전답안은 재산 관리상의 필요에 의해 작성된 것이다. 해당 지역의 전답안은 소유의 총량을 통한 사회경제적 기반과 배경, 토지이용 실태, 지주와 소작관행 등을 알려준다. 경우에 따라서는 동계나 촌계가 소유한 공동 전답을 기록한 동중전답안(洞中田畓案)도 있는데, 이는 촌락공동체의 경제적 기반과 그 성격을 이해하는 데 있어 동계의 수입과 지출을 기록한 동계치부책류와 함께 중시되어야 할 수 있는 자료이다.

노비안(奴婢案), 보노안(保奴案)

동족마을의 경우 종가의 노비안이나 문중에 관련된 사우, 사당〔영당〕, 부조묘, 재실, 제각, 정려(旌閭)에 관련된 노비안, 보노안 등도 촌락의 경제적인 성격을 파악할 자료이다.

명문(明文)과 분재기(分財記)

명문은 일종의 부동산 매매계약서를 말하는데, 비교적 많은 양이 보존되고 있으나 무관심 속에 방치된 경우가 많아 수집과 정리를 요하는 자료이다. 토지와 노비, 가옥, 우마에 이르는 각종 물건의 매매 사유, 매매가격이 명시되어 있기 때문에 해당 마을에 관련된 것이면 좋은 방증자료로서 활용 가능하다.

분재기란 재산상속 문서를 대표하는 문서의 명칭으로 명문이나 호적자료와 함께 촌락과 관련한 사회경제 자료로 우선 정리할 문서이다. 분재기는 분재 시기나 분재 방식에 따라 분깃기, 허여문기, 유서, 화회문기, 별급문기 등으로 다양하게 불린다. 분재기는 소유권의 증빙자료로 공신력을 가지며 재주(財主)가 생전에 소유하였던 노비와 전답, 가옥, 때에 따라서는 가축과 수목에 이르는 재산의 총량, 분재 방식, 재산의 성격까지 알려주기 때문에 분재기를 통하여 특정 지역, 특정 시기, 특정 신분의 재주가 가진 재산의 총량과 그 내용[성격]을 확인할 수 있으며, 이는 다른 기록에서 밝힐 수 없는 많은 분석 자료를 제공한다.

면역문서(免役文書)

대부분 민촌이나 동족촌락에 한정되는 자료이기는 하지만, 서원이나 향교 등과 같이 국가나 군현으로부터 건립과 운영의 재정적인 지원을 허락받은 시설이 있을 경우 이와 관련하여 면역이나 각종 잡역 동원을 면제해주는 문서[완문, 절목], 또 그것을 요청하는 소지류 자료들이 있다. 계방촌의 자료도 여기에 포함된다.

동계수조록(洞契收租錄)

동계소유의 전답에서 나온 토지세를 징수한다거나 또는 동계원들이 정기적으로 혹은 혼상사(婚喪事)가 발생하였을 때 수시로 갹출한 내역을 적은 기록이다. 이와 유사한 것으로 '공전수이취식책(公錢收利取殖冊)'이 있는데, 이것은 동계의 공전을 빌려주어 이자를 받은 것을 기록한 것이다. 이 모두는 공동체의 경제적 기반이나 부세와 관련한 촌락의 구체적인 실상을 밝혀줄 자료라고 할 수 있다.

부세 관련 자료

　18~19세기에 민이 부담하는 각종 잡세를 해결하기 위한 목적으로 만들어진 대표적인 자료로는 민고와 보민계 자료가 있다. 이들 촌락 단위의 부세 관련 조직들은 부담 내용에 따라 입마대동계(立馬大同契)·고마계(雇馬契)·군포계(軍布契)·호포계(戶布契) 등으로 별도의 명칭을 갖기도 하지만, 일반적으로 일정한 자금을 모아 그것을 고리대 하여 그 이자로써 각종의 부세를 해결하는 보민계 형태가 많았다. 이 경우 이자율이나 관리상의 문제 혹은 의무분정 등으로 많은 문제가 야기되기도 했다. 특히 관(官)과 관련이 강하여 강제성을 띠는 것이 일반적이어서 침탈의 구체상을 확인하는 데도 유용하다. 이와 연관하여 부세운영 체계를 엿볼 수 있게 하는 자료로 다음과 같은 구체적인 자료도 있다.

동중공전분정기(洞中公錢分定記)

　촌락조직들이 부세체계상 공동납의 하부조직이 되면 각 동원들이 납부해야 할 부세의 금액을 사람이나 매 호별로 나누게 되는데, 이를 적은 기록이다. 여기에는 동리에서 공동으로 내야 하는 군포세, 호포세의 납부 및 공동사업 등에 부담해야 하는 내역이 적혀 있다. 오가작통기나 호포전분정기, 군포분정기 등이 모두 이에 관련되는 자료이다.

호포전분정기(戶布錢分定記)

　마을 단위로 공동 납부하는 호포세에서 각자가 분담해야 하는 액수를 적은 기록이다. 각 마을별로 호수를 기록하고 이 중 호포전 수납 대상에서 제외되는 무농(無農), 공가(空家), 조관(朝官) 등과 그 호수를 밝힌 뒤 실제 부담 호수를 결정 분배하였다.

〈도판 3〉 동중공전 분정기(洞中公錢 分定記)

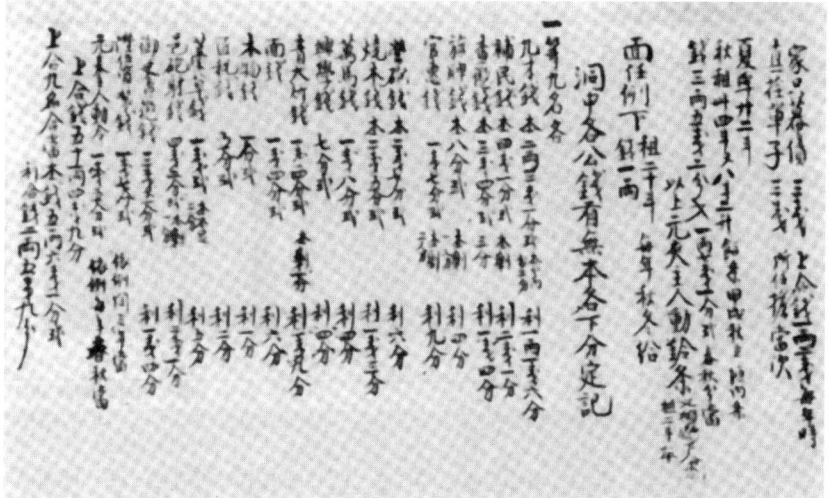

* 이 문서는 1677년에 작성된 것이며, 1667년부터 계문서가 작성되어 매년의 것이 보존되어 있다 (전남 영암군 남평 문씨 문중 소장).

친족 및 개인자료

족계(族契)

족계란 부계 중심의 문중조직이 발전되면서 등장한 동족간의 조직을 말한다. 흔히 종계, 종약, 화수계(花樹契)로 불리는 넓은 범위의 문중조직과 다르게 촌락단위로 조직된 소종계(小宗契)나 계파별 문중조직이 주로 대상이 된다. 마을 단위의 족계들은 씨족 성원간의 친목도모나 조상에 대한 제사 및 분묘 관리 등을 목적으로 하였다.

문중조직과 촌락조직이 별개인 경우도 있지만 동족마을의 경우 촌락조직과 중첩 혹은 상관 속에서 운영되었기 때문에 촌락의 형성과 발전, 조직변화를 파악하는 데 유용한 자료가 된다. 특히 동족마을의 족계 자료는 지연에 기초한 혈연집단의 형성을 적나라하게 보여주고 있어 전통적인 촌락 발달과 관련시켜 매우 주목될 자료들이 많다. 예컨대 족보와 가계자료, 인물 관련자료(유적 포함)는 한 마을의 형성과 주민의 이주, 마을 운영 주체들의 기록을 시기적으로 확인하고 정리하는 데 이용될 수 있다. 그 내용은 임원 선출이나 의무, 구성원의 자격(奉祀 기능), 공동재산의 관리나 운영, 범칙자에 대한 처벌 등으로 대부분 유사하다. 족계 자료는 규약과 함께 좌목(구성원 명단), 공동재산의 관리를 위한 별도의 규약이나 치부책 등이 남아 있는 경우가 많다.

종계일기(宗契日記)

종중 또는 문중행사 때 집행을 담당한 집사자(執事者), 참석자 혹은 불참자 명단, 계에 낸 예전(禮錢)이나 벌전(罰錢) 및 미수금의 내용과 액수, 이러한 사항이 오고갈 때 작성한 각종의 문서류 등 종계 운영의 제반 사항을 기록한 일기이다. 전곡(錢穀)출입기도 이와 연관되거나 유사한 기록인데, 종중계에서 특별한 목적으로 돈이나 곡식을 거두어 이를 관리하면서 그 사용 내역을 적은 문서이다. 분재기와 명문, 노비안, 전답안 등 우리가 흔히 활용하는 재산문서와 함께 문중의 사회경제적 기반을 살피는 데 유용하다.

인물 표창 기록

엄밀한 의미에서는 촌락문서라고 할 수 없을지도 모르나, 동족마을인 경우 해당 가문의 사회적 지위를 보장받기 위한 방편으로 행해진 충효열 인물의 표창기록들도 촌락의 성장과정을 보여주는 주요한 자료이다. 삼강인물의 천장, 정려의 포장문, 중수기나 면역완문 등이 그러한 자료들이다.

농가일기(農家日記)

농사력과 관련되는 자료인데, 일년 중의 노동력 고용사례를 기록한 문서로, 농사일정이나 여기에 소용되는 노동력의 내용을 알려주는 좋은 자료이다. 전남 구례 류씨가의 자료는 매우 자세하고 충실하여 매년의 고가(雇價 : 임금)가 총괄적으로 회계·정리되어 있고, 고용자 개인별로 고역(雇役)에 동원된 일자, 내용[伐松, 打租, 秧草 등], 고역가 및 고역가 산출근거[노동시간, 식사제공 여부]까지 기록되어 있다. 일반적으로 농사력은 각 지역의 농업관행을 절기와 월별로 점검하는 자료로 쓰이지만, 고역기(雇役記)가 부가된 경우 농가경영의 실제적인 모습과 변화를 추적하는 데 활용될 수 있는 생생한 자료가 된다.

추수기(秋收記)

지주가의 농가경영 문서로 가장 널리 활용되는 자료이다. 구례 운조루의 자료처럼 상세할 경우 매년의 토지 소출 및 사용, 도조의 양, 곡식을 사들인 상황까지도 정리되어 있다. 화곡기(禾穀記)·양미기(糧米記)·추감기(秋監記)·타조기(打租記)·용정기(用精記)등으로 다양하게 불리기도 한다.

지역이나 집안에 따라 정리양식이나 내용이 각각 다르기는 하지만 대체로 해당 년도의 풍흉 및 농작상황, 모맥기(牟麥記), 타조기(打租記), 소작인 및 토세수입기, 전답별 각 품종의 식부(植付)면적 및 수확량, 가공량, 곡식(米麥雜穀)의 소비용도·소비액 및 판매액 등을 기록한 경우도 있다. 이 내용들이 한꺼번에 일괄적으로 정리된 경우도 있고, 별개의 기록으로 된 경우도 있다.

이 자료를 통해 각 연도별·소작인별 소작면적과 소작료액을 확인할 수 있고, 고역가(雇役價)가 현물로 지급되는 상황과 연도별 재배품종의 종류도 알 수 있다.

이상에서 간략하게 촌락조직과 촌락생활에 관련된 고문서 자료에 대하여 살펴보았다. 많은 자료가 다른 분야에서 언급된 자료와 중복되기도 할 것인데, 이는 촌락이 사회의 모든 부면의 문제를 함께 공유하는 종합적인 성격을 가진 때문이다. 필자는 다른 분야의 연구자들과 공동으로 마을조사를 한 경험이 적지 않다. 이 과정에서 필자는 매우 다양하고 복합적인 고문서 자료들이 정리될 수 있다는 가능성을 절실하게 느낄 수가 있었다. 제도사는 물론 경제사 연구자나 사회사 연구자들이 마을자료에 대하여 좀더 유념하여 자료를 정리·수집한다면 더 구체적인 향촌사회사와 촌락 연구가 가능할 것으로 기대된다.

(이해준, 공주대 사학과 교수)

어촌 생활

　역사 속에서 어촌사회의 실제 모습을 이해한다는 것은 매우 어려운 일이다. 왜냐하면 어촌사회의 주체인 어촌민들이 우선 삶의 내용을 기록하고 보관해 오는 능력이 부족할 뿐만 아니라, 어촌사회에 대한 사회적 평가를 제대로 할 수 없었던 유교적 질서의식과 역사연구의 편벽된 대상 선정 때문이다.
　따라서 어촌사회는 농촌사회와의 관계에서 사료가 거의 남아 있지 못하는 상대적 상황에서 구전에 의한 과거 추적이나 최소한의 현실기록으로 연구를 한정시키는 어려움을 겪고 있다. 우리나라처럼 바다가 삼면을 두르고 있는 곳이라면 어촌사회의 연구는 농촌이나 여타의 내륙 못지 않은 정도의 관심이 있어야 함은 물론이고, 현실적 경제적 측면에서도 어촌의 비중이 절대 소홀할 수 없어야 했음에도 불구하고 연구적 관심이 결여되고 있었음은 연구의 어려움도 어려움이거니와, 학문적 편견이 더 큰 요인으로 설명될 수 있을 것이다. 따라서 어촌은 항상 중앙정부의 관심에서 밀려나 있으면서 변방지역으로서 소외된 역사를 지속하여 왔다고 할 수 있다.
　이같은 상황에서 어촌사회는 자신들의 주장을 펼 기회를 갖지 못하였으며 사회의 실상을 중앙정부에 알리는 길조차 모른 채 살아왔다고 하여도 지나친 표현이 아니다. 더욱이 어촌사회는 경계의 획정이나 산물의 구분이 전답 등을 주로 한 농촌사회처럼 명확하지 못한 점에서도 사회 전체의 안정적 기반이 근본적으로 취약한 특성을 가지고 있다. 그런 만큼 어촌사회는 실질적 지배자의 자의적 결정에 보다 강하게 구속되는 특징을 아울러 갖게 된다.

그러면 이같은 어촌사회는 역사의 장에서 어떻게 그 실제의 모습을 가지면서 존재해 왔을까. 이를 구명하기 위해 그동안 산견된 사료들을 바탕으로 어촌사회의 일부를 설명해보려 한다. 특히 여기서는 고문서를 통해 어촌민들이 물건이나 여타의 생산수단에 대해 어떻게 인식하였으며, 어느 정도의 실질적 지배력을 행사하고 있었는지, 즉 '소유권'의 측면에서 물건이나 기타의 권리를 중심으로 어촌사회의 구체적 모습을 이해해 보고자 하는 것이다.

어촌사회의 특성과 피폐 모습

어촌사회는 일단 중앙 관부로부터 멀리 떨어진 소외지역이다. 거기에다 자신들의 소리를 내기 위한 어떠한 능력도 갖추지 못한 백성들이 모여살며 지역적, 사회적, 정치적 제한으로 인해 국가적 혜택의 기회를 원천적으로 가지기 어려웠던 사회라 할 수 있다.

이러한 상황에서 전권적 지위를 누릴 수 있는 집단은 토착의 향리층과 관리들뿐이다. 따라서 어촌에서 획득되는 각종의 산물과 이익을 이들이 독점해 가는 결과 어촌민들은 최소한의 삶의 기초확보도 어려웠던 것이다.

각종의 진상(進上)과 공상물품(供上物品)들의 마련에도 힘이 미치지 못하는데 그 위에 과외(科外)의 공상품(供上品)이 수시로 과해짐으로 인하여 많은 사람들이 어촌을 떠나는 모습이 나타난다. 농촌사회에서 유망하던 인구가 풍부한 어촌산물의 자유채취로 인한 최소한의 연명을 바라면서 어촌으로 유입되었다가 다시 어촌사회의 착취와 탐학을 버텨내지 못하고 어촌을 떠나는 피폐상이 그것이다.

즉 세종대에는 내륙의 기근을 피하거나 노비 등이 도망하여 해안지방으로 유입되는 인구가 늘게 되면서 중심 산업인 농업의 피폐를 염려하기도 하였는데, 조선 후기로 오면서 특히 18세기 중엽의 균역법 시행과 관련하여 어촌의 각종 산물에도 세금이 부과되자 이제는 거꾸로 어촌이 살 수 없는 곳이 되어 백성들이 어촌을 떠나게 되는 실정이 한탄스럽게 지적되었다.

이렇듯 어촌민들은 정상적인 세금과 역(役)의 부담도 감당하기 어려웠던 상황에서 감영(監營)·수영(水營)·제궁가(諸宮家)·각 아문(衙門)이 수차에 걸쳐 각종의 명목으로 거두어들이는 착취에 시달리다가 오히려 어획하지 않는 것이 고통을 줄이는 방법이라는 생각에서 어촌을 떠나 유민이 되기도 하였다. 어촌 토색의 또 다른 실례로는 앞에서 언급한 첩징(疊徵) 외에 아전·군교·관노(官奴)·관예(官隷)까지도 어민들 위에서 군림하며 착취하는 것이 일상이었다. 그 명목으로는 "감사의 순시, 수령가친(守令家親)의 생신, 수령의 빈객" 등을 빙자하여 물품을 강징하고서는 수령에게 납상하는 것이 아니라 수령도 모르게 하속예리들이 착복하는 등으로 어촌민들을 고통으로 몰아가는 실상이 나타나고 있다.

여기에다 족징(族徵)·인징(隣徵)·동징(洞徵)등은 물론, 각종 뇌물인 정채(情債)까지 자행되었으니 어촌사회의 궁박은 실로 형언키 어려웠던. 그래서 정조년간 동해안 경주 일원의 한 어촌마을에서는 인구가 160여 명에서 40여 명으로 줄어드는 어촌사회의 피폐 모습이 기록에 나타나고 있다.

뿐만 아니라 어민들의 생활을 정책적으로 규제한 것으로 공도(空島)정책을 들 수 있다. 공도정책은 외적의 침입을 유발한다거나 도적의 소굴을 제거한다는 명분하에 어민들의 주요 생활 근거지인 섬에 살지 못하도록 하는 조처였다. 해안 어민들에게는 섬이 어업 생산의 중요한 장이었음은 말할 나위가 없다. 그 구체적인 예로 울릉도 등에 대하여 이주를 허용치 않았던 사례를 들 수 있다.

조선사회 전체에 부패가 극심했던 시기의 어촌의 한 모습을 지적하는 것뿐이라는 측면도 있겠으나, 어촌사회의 고통은 특별히 소외가 더한 상황에서 이루어진 것이며 백성들이 이러한 부정에 저항할 결집력마저도 갖지 못하였다는 사실을 주목해야 하는 것이다. 농촌사회가 부패관리의 탐학에 저항해온 모습과 어촌사회가 보이는 이들에 대한 무저항적 수용 내지 이산(離散)은 커다란 차이를 갖는 특성으로 유념해야 할 부분이다.

각종 문기를 통해 본 어촌사회의 실제

어촌에서 중요한 것은 역시 각종 어물의 포획·채취를 위한 어장, 소금을 굽는 염전의 확보에 있다. 어장은 어물의 종류 및 어획의 범위 내에서 개인이 일정 구역을 배타적으로 지배하는 경우와 마을 전체가 공동으로 관리·채취하는 경우로 나타난다. 또 어획의 품목에 따라 관리권 행사의 범위와 형태 또한 다름을 알 수 있다. 또한 염전은 국민의 식생활과 직결된 엄청난 재원이었음에도 불구하고 이를 국가권력으로 독점하였다.

조선시대 어장의 사급(賜給)은 토지 등의 사급의 연장선에서 나타나는 것으로, 대개 세조년간에 시작되는 것으로 볼 수 있다. 또 『경국대전』에서는 어장의 사점(私占)을 금하고 빈민에게 나누어주어 3년씩 수익할 수 있도록 제도화하고 있는데, 점차 이 규정이 효력을 잃으면서 궁가(宮家)와 토호(土豪)들이 힘에 의한 사유화를 경쟁적으로 진행시켜 갔던 것이다. 따라서 일반 백성들은 어촌의 어장에 소작관계나 임노동자로 전락하게 되고 이로 인해 어장 등을 둘러싼 새로운 소유질서가 형성된다. 아래에서 그의 구체적 소유모습을 산견하는 여러 문기들을 통해 살펴보자.

곽전(藿田)

곽전(藿田:미역밭)은 어촌의 중요한 산물인 미역의 생산처이다. 진상(進上) 및 공상(供上)의 중요 물품인 미역과 그 기지인 곽전의 사유

〈도판 1〉 1766년(영조 42) 진도군의 곽전매매 문기

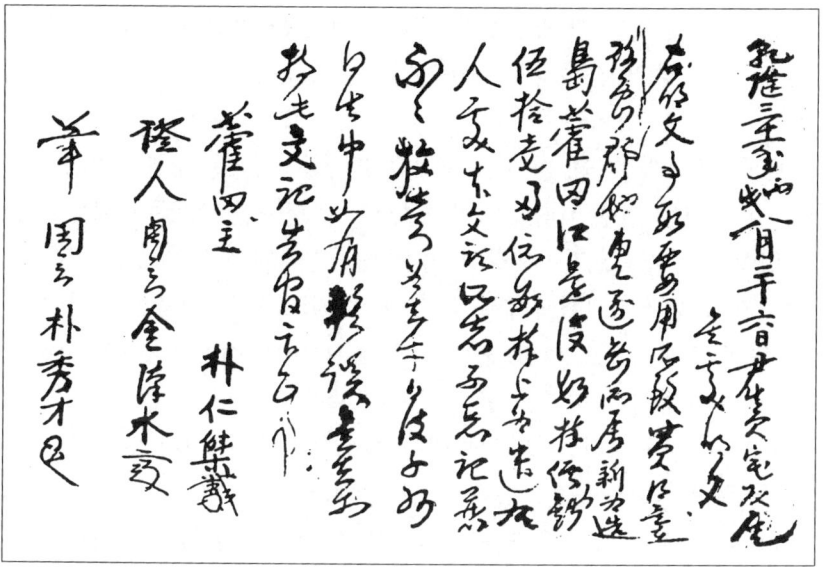

* 『고문서집성 3』(해남 윤씨 편), 한국정신문화연구원, 1986, 161쪽

화는 비교적 일찍이 진행된 것으로 보인다. 호남의 해남지방에서는 이미 18세기 초에 작성된 곽전매매 문기가 전해오고 있으며,『경세유표(經世遺表)』의 내용을 통해서도 곽전매매가 일반화되었음을 알 수 있다. 미역이 생산되는 터전인 지름 10여 무 정도의 바위덩이가 200~300냥씩의 가격으로 거래가 이루어졌는데, 이는 호남지방뿐만 아니라 영남지방에서도 마찬가지 상황이었다. 그 한 예로 〈도판 1〉의 문기를 보자.

매득인은 윤생원댁의 노(奴) 돌쇠(乭金)로 적고 있으나 실제 소유권은 윤생원에게로 귀속된다.

이 문기의 내용은 "건륭 31년(1766) 병술 8월 26일 윤생원댁 노 돌쇠처의 명문. 이 명문은 돈이 필요하기 때문에 매득한 진도군 내 볼매도 소속의 새로이 조성된 섬의 곽전과 강변을 모두 오십일 냥으로 정하여 그 액수를 받고 이 사람에게 본 문기와 소지·불망기 등을 아

울러 영영 방매하는 것이니, 일후 자손동생(동족) 중에 만일 잡담이 있으면 이 문기를 가지고 관에 고하여 바룸을 가릴 것. 곽전주 박인걸 (수결) · 증인 전주 김한수 (수결) · 필 전주 박수재 (수결)"로 번역된다.

내용에서 나타나는 바와 같이 1766년 당시 곽전 매매가 이루어지기 전에 이미 전주인(前主人)이 또다른 그 전주인으로부터 매득한 물건임이 '본문기 · 소지 · 불망기' 등을 매득인에게 아울러 주는 것은 조선조의 토지매매 관행과 같은 것이며, 소지(所志)는 원문서가 남아 있지 않아 단정적으로 말할 수는 없으나, 곽전의 허가, 강변의 사용권을 관에 신청하여 허가를 받은 문서로 추측된다.

뿐만 아니라 이러한 권리에 대한 사항을 영원히 잊지 않도록 기록해 놓은 불망기(不忘記) 등을 곽전 방매와 함께 매득인(買得人)에게 넘겨줌으로써 혹시 있을 권리침해로 인한 분쟁시에 이를 증거로 삼아 매수인의 권리를 보전하게 함을 알 수 있다. 특히 '곽전'이나 '곽전주'란 표현은 미역이 생장하는 연안의 바위(수중에 전부 잠겨 있거나, 일부가 수면에 솟아있는 바위)에 대해 육지의 토지와 같이 권리의 확정성과 불변성을 강하게 관념하는 의미에서 사용한 표현으로 생각된다.

특히 곽전인 바위는 매우 정확하게 위치 표기가 가능함은 물론 그 바위는 어떤 경우에도 변형 또는 유실되는 염려가 없는 만큼 확실한 매매의 대상이 될 수 있었으며, 또 현실적으로 미역이 갖는 경제적 가치의 중대성에 기초하여 토지에 버금가는 재산으로 관념하였음을 알 수 있다.

선박

선박은 어촌에서 너무나 중요한 생산수단이다. 선박의 건조와 관련하여 약속을 지키지 못할 경우 위약금을 약정한 17세기 후반의 문기가 전해지고 있으며, 또 배를 전당(典當)하고 돈을 빌려쓰는 어촌의 금융대차 모습은 고문서를 통해 생생하게 드러나고 있다. 그러면

⟨도판 2⟩ 연대가 정확하지 않은 정묘년에 작성한 선척 전당문기

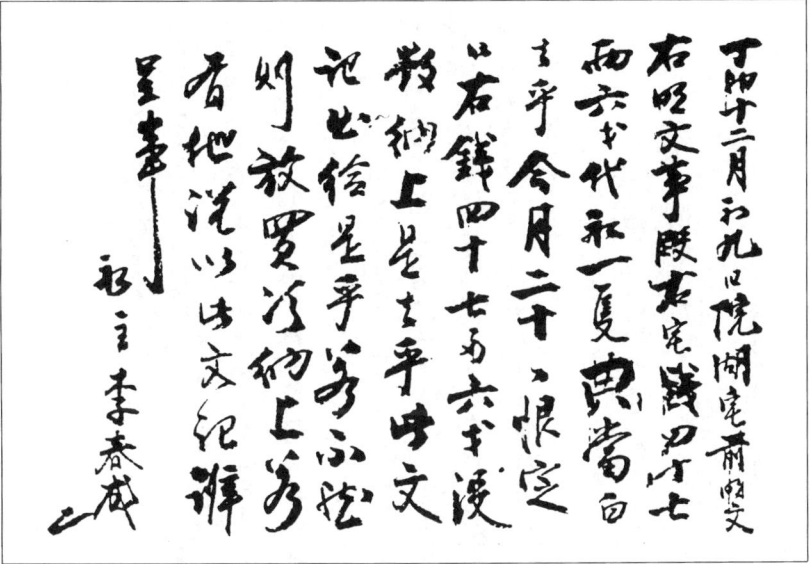

* 선주(船主) 이춘성이 금 47냥 6전을 윤씨가의 원호택(院湖宅)으로부터 빌려쓰면서 배를 전당하는데, 12월 20일까지 상환하지 못할 경우 배의 소유권을 매매 형식으로 양도한다는 내용이다(『고문서집성 3』 해남 윤씨 편, 국사편찬위원회, 1986, 162쪽).

1671년의 해남 윤씨가 선척(船隻) 관련 문기를 실례로 보자(『고문서집성 3』 해남 윤씨 편, 한국정신문화연구원, 1986, 274쪽 참조).

이 문기의 내용은 "강희 10년(1671) 신해 11월 21일 윤생원 댁 노(奴) 이산처의 명문. 이 명문은 이몸이 지난 경술년(1670)에 윤생원 댁에 선척을 새로 만들어 주기로 하고서 가격으로 무명 15동(60필)을 받았으나 동 선척을 지금까지 조선하지 않아 인도해 주지 못하였으므로 이노(奴)의 부 고정박이 사들여서 갈아먹어온 현산면 백야지 용정동의 논 2두락지가 이 값에 본래 이르지 못함을 알면서 납댁하는 것이니, 이후 약속한 선척을 지어서 인도하지 못할 경우 위의 논과 선척의 가액을 계산하여 납부할 것을 명문으로 작성하는 것이니 이후에 행치 않으면 이 문기로 관에 고하여 바름을 가릴 일"로 번역된다.

따라서 선박을 조선해 주는 데 있어 약속기일을 명기하고 이를 지

〈도판 3〉 1868년의 어장 매매문기

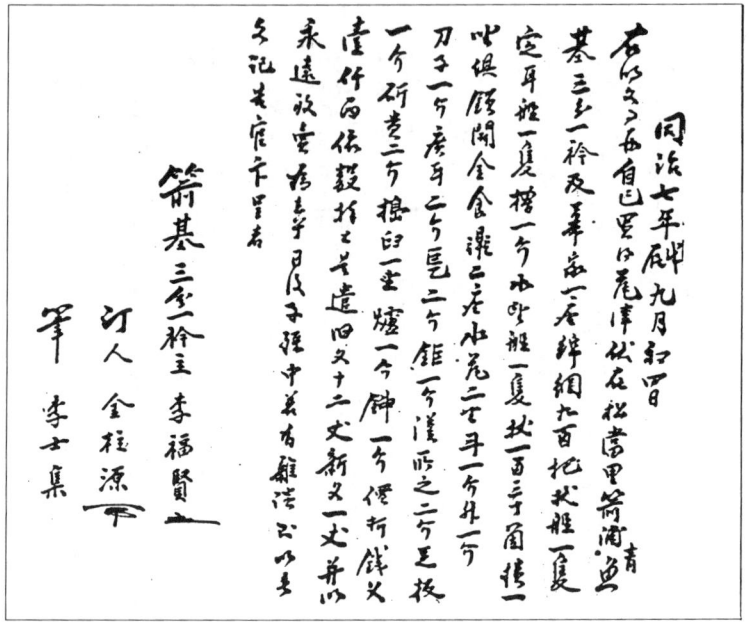

* 1868년에 작성된 청어어장 3분의 1의 매매문기(규장각 소장 고문서, 奎 137631).

키지 못한 경우 그 위약(違約)의 책임을 담보하기 위해서 지연손해금과 아울러 '전당'이란 명칭의 양도담보 등을 활용하고 있음을 알 수 있다.

어장

고기를 잡기 위해 바다에 설치한 어장(漁場)도 자유롭게 매매하였다. 바다에 그물을 두르고 위치를 고정시킨 정치망[網場]을 매매하는데 그 문기에 위치 표기가 매우 정확하게 기록되어 있어 위치 혼란으로 인한 분쟁 등은 예상하기 어려움을 알 수 있다. 물론 이같은 어장은 균역법 시행 이후에는 균역청에 등록하고 세금을 납부하면 되었던 것으로 어느 정도의 어장을 형성하기 위해서는 막대한 자금이 소요되었던 만큼 무분별한 어장의 남설(濫設)은 쉬운 일이 아니었다.

그리고 어장 매매는 규모에 따라서 다르겠지만 전체가 아닌 일부의 매매도 가능하였던 것으로 1868년의 청어 어장 3분의 1을 매매한 〈도판 3〉의 문기가 그것이다.

이 문기에는 각종의 어장 관련 어구들도 함께 매매되고 있는데, 나열해 보면 "막집 1칸, 면망 9백 발, 장선 1척, 노 1개, 수망선 1척, 장대 130개, 궤 1개, 자물쇠, 밥솥 2개, 물동이 2개, 말 1개, 되 1개, 칼 1개, 괭이 2개, 걸 2개, 낚시 1개, 한소지 2개, 발판 1개, 작귀 2개, 도구 1개, 화로 1개, 가래삽 1개" 등 어장 운영에 필요한 용구 및 어촌의 각종 생활도구들로 채워지고 있다. 아울러 어장의 가격 1천 냥도 대단한 거액으로 평가될 수 있다.

지역은 좀 다르지만 참고로 이 시기(동치 2년, 1862) 영동지방의 곡가(穀價)를 살펴보건대 "태미(太米) 매석(每石) 5량(兩), 전미(田米) 매석(每石) 3량(兩)' 등으로 나타나고 있는 만큼 어장 3분의 1의 가액 1천 냥에 대한 이해가 가능해진다(方東仁 편, 『영동지방향토사자료총서 4』 참조). 따라서 어장은 함부로 설치하기가 어려웠으며 대부분의 백성들은 이러한 어장의 임금노동자로 생활하였을 것으로 이해된다.

또다른 한편으로 궁방수세(宮房收稅)와 관련한 1731년의 문기를 참고해 보면, 수세지(收稅地)인 경상도 장기현 어촌의 어장과 전답으로부터 물품을 수세하여 궁가(宮家)의 제수용물로 써왔으나 당해 년의 흉년으로 인하여 궁가의 수세품(收稅品)으로 백성을 구휼하기를 조정에서 결정하자, 어장으로부터의 수세품은 그렇다고 하더라도 곽전(藿田)으로부터 거두어들인 수세분(收稅分)만이라도 궁가의 제수 용물로 쓸 수 있을 것을 청원하여 허락받고 있다. 따라서 이들 문기를 통하여 궁가와 어촌 관계를 또다른 측면에서 이해할 수 있게 된다.

염분(鹽盆)

염분은 국초부터 국가가 관리하는 중요 물품의 하나였다. 그런 만큼 전매품으로 분류되어 개인이나 궁방의 소유가 금지되어 왔으나 점

〈도판 4〉 1868년에 작성된 염분 매매문기

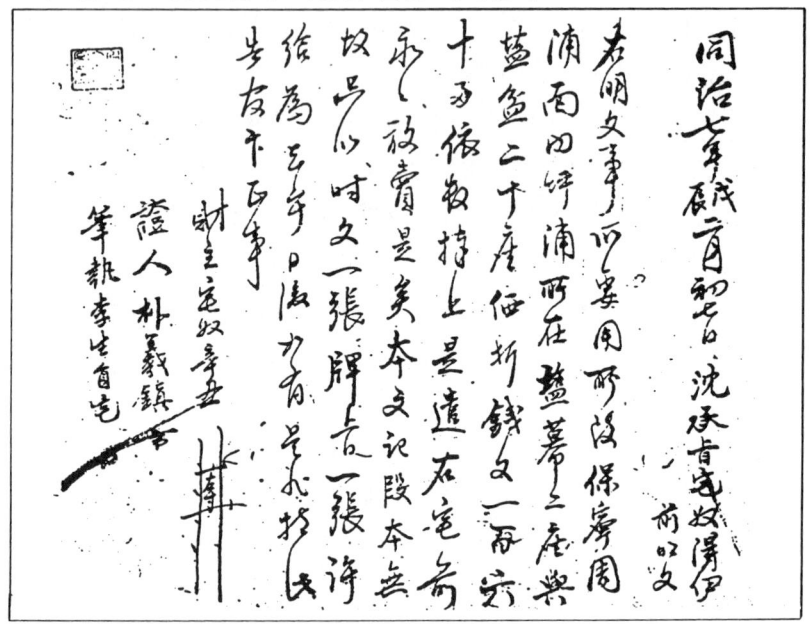

* 매득인과 방매인측 모두 실질적 소유자인 자신들 대신 노(奴)를 거래 명의인으로 적고 있다. 아울러 방매인측의 노 신축(辛丑)은 좌측 손가락을 그려서(左手寸) 본인임을 증증하고 있다(규장각 소장 고문서, 奎 156616).

차 궁방절수나 세력가에 의한 사인(私人)의 점유로 인해 개인의 소유물로 이전되어 갔다. 따라서 후기에 이르면 사인이 자유로이 염분을 설치하였으며 매매도 사인간에 활발히 행해졌던 것으로 나타나고 있다.

〈도판 4〉는 1868년(고종 5)에 충청도 보령지방에서 염막(鹽幕) 2좌(坐)와 염분(鹽盆) 20좌를 160냥에 방매하는 내용의 매매문기이다. 앞에서 본 어장에 비해 가격은 낮은 편이다. 염분 1좌의 크기와 생산고 등이 분명하지 않은 만큼 액수만으로는 절대비교가 어려운 것이다. 소금이 백성에게 절대적으로 필요한 기본적 물품인 만큼 국가가 그 생산과 유통을 관리 통제하는 전매품으로 설정해 두었음에도 불구하고 사인간에 자유로이 매매가 이루어지고 있음은 소유관계에 대한

사회적 인식의 변화를 반영하는 의미에서 특별한 중요성을 갖는 것으로 보여진다.

인구 및 기타

고문서를 통해 이해할 수 있는 어촌사회의 모습은 그밖에도 여러측면이 있다.

어촌마을의 구체적인 인구에 대하여 구성주민의 직역·신분 등이 자세히 밝혀진 자료로써 호적중초(戶籍中草)를 들 수 있는데, 일례로 경상도 남해안 거제부의 한 어촌마을의 1863년의 호적중초를 소개해 본다. 5호(戶) 1통(統)으로 14개 통(第14統은 4戶뿐임) 69개호를 통(統)·호(戶)의 편제에 따라 직역·성명·연령과 솔거(率居)가족까지 정확히 기록하고 있다. 이를 통해 본 해당 어촌마을의 인구는 247명(남자 141명, 여자 106명)으로 나타나고 있다. 아울러 어촌마을인 만큼 신분 내지 직역은 주로 사부(射夫)·방군(防軍)·족친위(族親衛)·충의위(忠義衛)·노군(櫓軍)·토병(土兵)·포수(炮手)·훈련판관(訓練判官) 등의 군직(軍職)으로 나타나고 있다.

호적중초를 통한 설명을 좀 더해보면, 1882년 임오식년(壬午式年)의 호적중초에서는 14개 통 3호로 전체 73호에 인구는 212명(남자 126명, 여자 86명), 1885년 을유식년(乙酉式年) 14개 통 2호로 전체 72호에 인구는 211명(남자 127명, 여자 84명)으로 기록되어 있다. 그런데 1888년 무오식년(戊子式年)에는 9개 통 3호로 전체 48호로 줄어들면서 인구는 113명, 1890년 경인(庚寅)년에는 9개 통 4호로 전체 49호에 인구는 122명, 1893년 계사(癸巳)년에는 9개 통 3호로 전체 48호에 인구는 125명으로 기록되어 전해오고 있다. 그렇다면 1888년 무자식년에서 나타나듯이 많은 호수(戶數)와 인구가 전번 식년과 대비하여 탈락된 이유는 무엇인가에 주목하게 된다.

그런데 이는 더 광범한 당시의 지방사 연구를 통해 구명해야 할 부분이 된다. 특히 무자식년 호적중초 뒷부분의 참고항목에 보면 도망

절호(逃亡絶戶)가 2건, 타관이거래(他官移去來) 2건으로 보아 도합 4건의 변수를 주목할 수 있지만, 이것으로 절반 가까운 인구의 감소는 설명할 수 없게 된다.

이러한 부분들이 사회변화 결과 야기된 호적상의 변화로 볼 수 있겠는데, 별도의 연구를 기다리는 중요한 과제로 보인다. 따라서 이러한 분석과 연구를 바탕으로 어촌사회 구성원의 구체적인 모습과 사회상이 더 뚜렷해질 수 있게 됨은 물론, 소유권의 실제 내용 형성에 중요 요인으로 작용함도 아울러 이해할 수 있게 된다.

그밖에도 마을간의 바다산물에 대한 분쟁 방지와 풍어와 어촌사회의 무사태평을 기원하는 별신굿 시행, 왜선의 표류 등에 의한 구조지원의 분담 등에 대해서도 산견되는 고문서들이 그 실제적 모습을 보여주고 있다. 바다를 기반으로 한 어촌사회의 특징적 모습들이 고문서를 통해 생생히 추적되어 재인식된다.

어촌 연구의 필요성

그동안 어촌사회에 대한 연구가 너무나 간과되어 온 것이 사실이다. 앞에서도 지적했듯이 어촌사회에 대한 학문적 및 사회적 편견과 연구를 가능하게 하는 사료 부족이 주된 이유라고 볼 수 있다. 그러나 한 사회를 이해하고 그 사회의 역사적 성격을 일반화시켜 말하려면 농촌사회와 어촌사회를 분석 연구하여 종합화하는 것이 기본이라 할 것이다. 특히 우리처럼 해안선이 넓고 긴 나라에서라면 어촌사회 연구의 중요성과 당위성은 더욱 더해지는 것이다.

짧은 검토에서 많은 부분을 다루고 언급할 수는 없었지만 각종의 문기 및 기록자료를 통하여 어촌사회의 움직이는 실체에 조금은 다가갈 수 있지 않나 생각된다. 몇 가지 문기를 통해 검토한 바와 같이 바다를 기반으로 한 제요소들에 대한 권리관계가 역사와 더불어 자생적으로 형성·정착되었으며 이를 통해 재산적 가치를 지닌 재물들이 생활 속에서 거래 대상이 되어 어촌사회의 중요한 법적·경제적·사회적 매개체로 작용해 왔음을 알 수 있다. 중앙정부 차원의 법이나 제도 등을 떠나서 일반백성들의 삶의 실제는 자연스럽게 권리 개념을 낳았으며, 개인 또는 단체에 이의 귀속관계가 정립되는 가운데 어촌사회가 운영되어 왔던 것이다.

 앞으로 더 많은 사료의 발굴과 현장 연구가 병행되어 역사 속의 어촌사회가 생동하는 실제 모습의 기초 위에 더 바르게 이해될 수 있도록 사회적 학문적 관심이 더해져야 할 것이다.

(이종길, 국민대 법대 강사)

신앙과 놀이

도교·도참신앙 및 신종교

　도교는 이미 조선 초에 국가 중심의 의식으로서의 위치를 상실하였으며, 정치적 사회적 중요성도 잃었다. 특히 하늘에 제사를 지내는 재초(齋醮) 의식은 유교적 이념과 이에 따른 정치질서에 맞지 않아 유신(儒臣)들에 의해 거부되었다.
　공식적인 국가행사로서의 도교의식은 조선후기에는 찾아볼 수 없게 되었으나 민간에서는 여전히 신앙의 한 형태로 남아 있었고, 특히 임란 후에는 관제신앙(關帝信仰)의 유입으로 관왕묘가 설립되는 등 새로운 도교신앙이 형성되었다. 또 이와 유사한 삼제군(三帝君)에 대한 신앙이 유행하였는데, 삼제란 관성제군(關聖帝君 : 蜀漢의 關羽), 문창제군(文昌帝君 : 梓潼帝君, 晉의 張亞), 부우제군(孚佑帝君 : 唐의 呂純陽)의 3성(三聖)을 말한다.
　관왕묘에서는 관공(關公)의 생일인 5월 13일에 대제(大祭)를 연다. 국제(國制)에는 매년 봄 경칩일, 가을 상강일에 행사(行祀)하였는데, 장신(將臣)으로 제관을 삼았다. 도시의 남녀들도 이곳에 와서 기도하여 향화(香火)가 일년 내내 그치지 않았다고 한다.
　또 시전의 상인들은 관성제(關聖帝)를 신봉하여 재신(財神)을 삼고 그 소상(塑像)을 종로 보신각 옆에 모셨다. 10월 상달에는 상가에서 남묘(南廟)에 고사하여 재운을 빌었다.

민간신앙화한 도교의 모습은 칠정사요(七政四曜), 남두육성(南斗六星), 북두칠성(北斗七星) 등의 별과 관련된 행사에 주로 남아 있다. 이 성수(星宿 : 별자리)에는 모든 사람의 궁(窮)·통(通)·휴(休)·척(戚)이 달려 있으며, 특히 북극성은 군왕으로부터 서민에 이르기까지 모든 명운을 통제하는 것으로 믿었다. 예를 들면 『옥추경(玉樞經)』에는 북극성에 대한 경배 내용을 담고 있으며, '옥추단(玉樞丹)'이나 '사문(邪文)' 등으로 병을 예방하는 습속, 집을 짓거나 수리하거나 동토(動土)를 할 때 맹인을 청하여 『옥추경』을 읽어 안택(安宅)하는 습속 등도 이와 관련되어 있다. 우리나라는 예로부터 태음력을 써왔는데, 거기 실린 수조(修造), 동토(動土), 길흉(吉凶), 신살(神煞) 등은 도가에서 연유된 것이다.

구요제(九曜祭)도 도교 행사의 하나인데, 직성길흉(直星吉凶)에 따라 도액(度厄)하는 민간풍속으로 변하였다. 구요란 일(日), 월(月), 화(火), 수(水), 목(木), 금(金), 토(土), 나도(羅都), 계도(計都) 등의 별을 말한다. 가장 꺼리는 것은 처용직성(또는 나후직성)이다. 문창제군이라고도 하는 괴성(魁星)은 북두칠성의 첫째 별로 문운(文運)을 맡았으며 과거에 응시하는 자는 이 별에 기도를 드렸다고 한다.

그밖에도 삼재예방, 불교사찰 안의 칠성각이나 삼성각, 무속에서의 시왕(十王), 판수의 독경 등에서도 도교적 요소를 발견할 수 있다. 세화(歲畵) 십장생(十長生) 및 문배(門排), 천중절(天中節)의 적부(赤符) 등도 다 고려조 이래로 전해내려오는 도가적 행사이다.

또 풍속에 사람이 죽으면 일곱 구멍을 뚫어서 북두형상과 같이 만들고 혹은 종이에 북두형상을 그려서 시체를 받쳐놓는 것을 칠성판이라고 한다. 이것은 북두성의 힘으로 살(煞)을 제압하려는 도교적 의미가 담겨 있다. 맹인이나 경객(經客)의 독경업(讀經業)도 마찬가지로 도교적인 요소를 가지고 있다.

도참(圖讖)은 앞으로 일어날 사건을 암시하는 징후나 상징을 뜻하는 '도'와 은어나 밀어의 형식을 띤 예언적인 언어인 '참'이 합해진

〈도판 1〉 관성제군명성경 (關聖帝君明聖經)

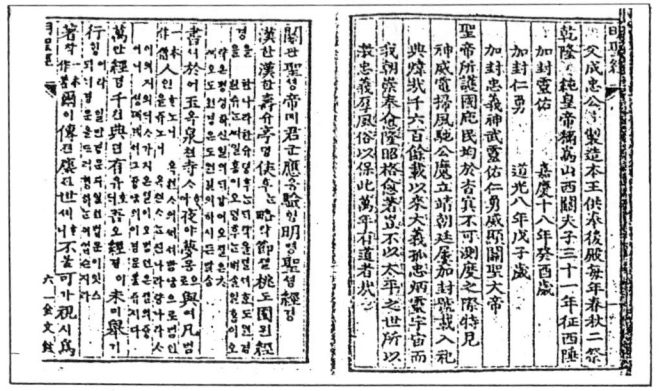

말로서, 미래의 길흉화복을 예측하려는 심리와 사회적 욕구에서 비롯된 상징적 행위의 하나이다. 여러가지 감결류(鑑訣類)와 비결서(秘訣書)가 있는데, 이것들은 모두 단일한 인물에 의해 만들어진 것이 아니며 이본(異本)도 많다. 대부분 반왕조적이고 현실부정적인 내용을 담고 있어 금서로서 사본(寫本)으로 은밀히 민간에 전승되어 왔다.

관성교경전(關聖敎經典)

『과화존신(過化存神)』(1879년간), 『삼성훈경(三聖訓經)』(1880년간), 『명성경(明聖經)』(1883년간), 『관성제군오륜경(關聖帝君五倫經)』(1884년간) 등의 관성교 경전과 이를 언해한 언해본 등이 있다. 명성경 언해본으로는 관우를 모시는 관성교의 포교를 목적으로 1883년에 출간된 목판본이 있다. 이 책에는 관우의 행적과 죽은 뒤 인간세계에 베푼 영험, 이 경문을 읽고 효도와 공경을 우선하고 인과 의를 행하면 복을 받는다는 등의 내용을 담고 있다.

관제영첨(關帝靈籤)

관우의 신력을 빌어 점을 치는 데 사용하는 책이다.

옥추경(玉樞經)

독경에 쓰는 경문(經文)의 하나다. 이 경은 병굿이나 신굿 같은 큰 굿에서 읽는데, 모든 귀신을 다 움직이는 효력이 있다고 한다.

천도교 명첩(天道敎名帖)

천도교 교단에서 간부로 임명할 때 발행하는 체문〔帖文〕이다.

불교

조선시기의 불교는 비록 지배적 이데올로기로서의 기능은 상실하였지만 민간의 욕구를 반영하거나 수용하면서 여전히 생활 속의 종교로서 자리하였으며, 미륵신앙과 같은 민간화 경향이 민의 성장과 더불어 나타났다. 전신이 유리민(遊離民)이기도 한 승도들은 무리를 이루어 민가로 내려와 북소리, 징소리를 울리고 붉은 비단기를 끌며 신을 강탁(强托)하면서 기원해주는 대신 식량을 얻어갔다. 민간화한 대표적인 불교의식은 망자(亡者)의 천도와 생자(生者)의 복락(福樂)을 기원하는 천도재(薦度齋)로서, 무속의 씻김굿과 같은 동기와 내용을 담고 있다.

기도, 불공, 재공양(齋供養) 등과 같은 기원의례도 민중의 요구에 의해 행해졌다. 특히 재공양은 천도제에 해당하는 의례로서 살아있는 자의 복락도 겸하였으며, 이를 통해 야단법석(野壇法席), 야외법회(野外法會), 괘불재(卦佛齋) 등의 민중적 행사공간이 마련되었다. 무주고혼(無住孤魂)을 천도하는 수륙재(水陸齋), 생전에 부처를 위하고 공을 닦는다는 뜻으로 윤년(閏年)에 지내는 예수재(豫修齋) 등은 부모에 대한 효도의 하나로서 마을잔치의 성격을 띠고 행해졌다.

또한 불교는 비록 이념적으로는 조선조에 배척되었지만 국민들의 생활과 직결된 한발을 물리치기 위하여 승려가 기우제에 동원되기도 하였으며, 왕실의 안녕과 내세를 위한 기원으로 왕실에서는 지속적으로 신앙되었다.

도첩(度牒)

승려로 출가할 때 관아에서 발급하는 것으로 도패(度牌)라고도 한다. 국역의 의무를 피해 출가하는 것을 막고자 한 것으로 환속하면 반납한다.

계첩(戒牒)

수계식(受戒式), 즉 계를 받는 식을 거행한 후 이를 증명하는 신표로 발행하는 첩이다.

권선문(勸善文)

사찰 건물을 짓거나 중수할 때 또는 불경 간행, 불상·범종 주조 등 불사(佛事)가 있을 때 신도들의 보시(布施)를 받기 위한 문서로서 모연문(募緣文)이라고도 한다.

전장기(傳掌記)

사찰이나 암자의 주지가 교체될 때 인수인계 사실을 기록한 문서이다. 불구(佛具) 등 기물을 포함한 재산에 대한 목록이 있어 사찰의 재정상태를 알 수 있다.

불계안(佛契案)

사찰의 재정적 후원을 목적으로 조직된 계의 문서이다. 불전에 쓸 곡식이나 이를 소출할 수 있는 전답을 마련하기 위한 불량계(佛糧契), 불사(佛事)에 쓸 비용을 마련하기 위한 인등계(引燈契), 연등계(燃燈契), 다비계(茶毘契) 등이 있다. 계원 명단, 시주자 명단, 조직 운영과 관련된 절목 등이 수록되어 있다.

〈도판 2〉 권선문

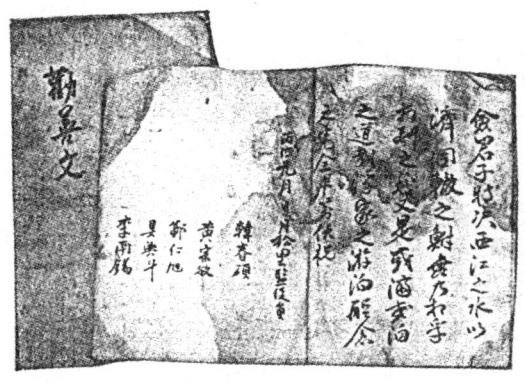

마을신앙

동제란 마을공동체 성원들이 일정한 장소에서 마을의 수호신을 모시고 마을의 무병, 안녕, 풍년을 기원하기 위하여 제사를 지내는 연중 행사의 하나이다. 우리나라에서 자연마을이 생산단위로서 전국적으로 형성된 때는 조선후기에 들어와서이다. 이때는 유교적 이념이 민간의 무속적 관행으로 확산되는 시기이기도 하다.

동제의 형식과 내용에서 이러한 요소들이 흔히 발견되는 것은 그것의 역사가 마을 형성의 역사와 궤를 같이 해왔기 때문이다. 따라서 제의 형식은 지역별로 크게 다를 바 없다. 단지 용어나 절차 등 구체적인 내용에서는 약간씩 지역적 차이를 보인다.

동제는 형식상 유교식 동제와 무당의 당굿이 있는 동제로 나눌 수 있다. 도당제(都堂祭)나 별신제(別神祭)는 후자에 해당하는 동제다. 도당제는 도당할머니·도당할아버지를 모시는 중부지방의 마을굿으로, 매년 또는 격년으로 정초나 봄·가을에 정기적으로 행해졌다. 일반적으로 주민 가운데 해산이나 초상이 없는 깨끗하고 덕 있는 사람이 제관이 된다. 비용은 각 집에서 추렴한다. 도당신에 대한 제사는 주민이 주관하였으나 이어 벌어지는 도당굿은 이 일대를 순회하는

〈도판 3〉 축문

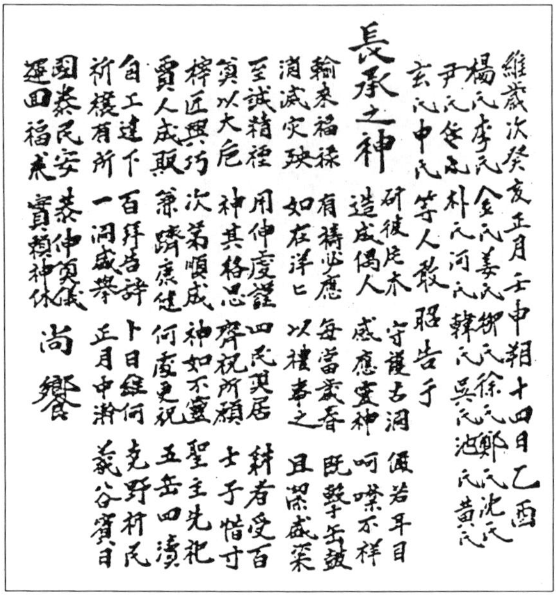

무당패(또는 화랭이패, 사당패)들이 진행하였다.

별신제는 '특별신사(特別神祀)'의 준말이다. 조선후기에는 시장이나 도회처에서 많은 사람들이 모여 성황신에 대한 제사를 지내고 어울려 술 마시고 도박을 벌였는데, 이 행사의 후반은 주로 무당패가 담당하였다.

장승과 솟대(또는 짐대)도 조선후기에 민간신앙의 한 유형으로 널리 퍼진 마을신앙물이다. 기우제는 민간에서도 널리 행해졌는데, 그 방식은 산 위에서 장작, 솔가지 등을 쌓아놓고 불을 지르는 방법, 용을 그려붙이거나 만들어 비는 방법 등 다양하다.

축문(祝文)
동제 때 대상신에게 송축하고 기원할 내용을 담은 글이다.

소지문(燒紙文)

동제 제의과정에서 소지를 태울 때 읽을 글을 적어놓은 문서이다. 이 글에는 동민들이 동제행사를 통해 기원하는 바가 담겨 있다.

홀기(笏記)

동제의 진행절차를 적은 문서로서, 이를 통해 동제의 진행절차는 물론 대상신과 제례의 성격도 알 수 있다.

물목기(物目記)

제수품목과 지출 내용, 제비(祭費) 추렴 내용과 명단 등 동제와 관련한 수입 지출 내역을 적은 문서이다.

제관록(祭官錄)

동제를 맡아 거행한 제관의 명단을 연대순으로 기록한 문서이다.

개인신앙

개인신앙 또는 가택신앙은 각 가정마다 조금씩 다르다고 할 수 있으나 지역적으로는 일정한 유형을 보인다. 각 집안에는 조상신과 관련된 것으로 안방에 신주단지[제석오가리, 세존주머니, 제석주머니]가 있고 마루에는 성주단지[성주대감, 상량신, 성주독, 건궁성주]가 있으며 조왕[부엌신], 측신(厠神 : 뒷간신), 문전신(門前神), 삼신할머니, 터주, 업 등이 있다. 가택신에 대한 의례 행위는 '비손', 즉 가장 또는 주부가 음식을 간단히 차려놓고 손을 비비면서 기원하는 경우에서부터 무당을 불러 크게 굿을 여는 경우까지 다양하다.

또한 질병을 예방하거나 치료하는 여러가지 주술들이 무당과 관련하여 혹은 춘번(春幡), 애용(艾俑) 등 세시풍속으로 지켜졌다. 이러

〈도판 4〉 당사주책

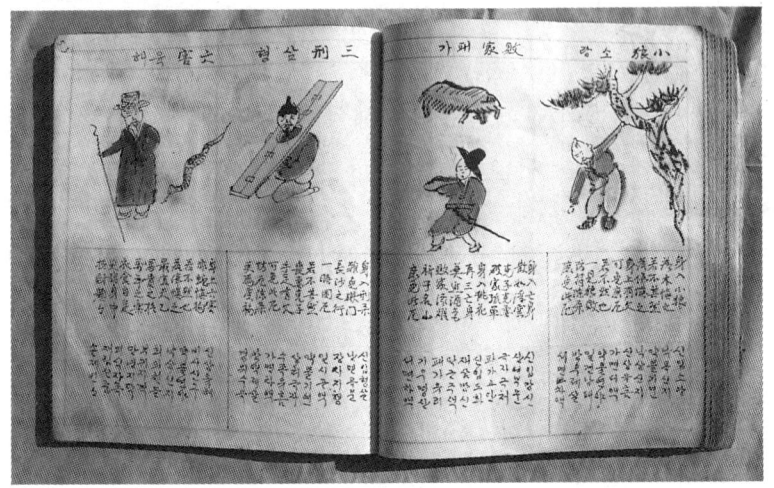

한 행위들은 초혼(招神), 축혼(逐鬼), 호귀(呼鬼), 양재(禳災), 도복(禱福), 액막이 등을 위한 것이다. 건축물의 기와에 귀면을 새기는 것, 부적을 지니고 다니는 것 등은 이러한 예들이다. 그러나 이러한 행위의 기능은 미리 정해져 있지 않으며 그것이 적용될 때의 상황에 따라 그 기능과 의미가 드러난다고 할 수 있다.

조왕

 조왕신은 불을 다루는 신이며, 따라서 부엌을 관할하는 신으로 신앙된다. 또 조왕은 집안가족들의 행동을 하늘의 옥황상제에게 보고하여 인간에게 화복을 내리게 하는 도교적 신이기도 하다. 민간 도교 신앙과 관련하여 조왕신에 대한 제사는 집집마다 교년(交年), 즉 음력 12월 24일에 지냈다.

부적(符籍)

 악귀를 쫓아 재난을 물리치거나 복을 불러들이기 위해 종이에 글씨나 그림, 기호 등을 그린 일종의 주술도구이다. 이를 벽에 붙이기도 하고 개인이 소지하고 다니기도 하였다.

사주책(四柱册)

한 개인의 생년·생월·생일·생시의 사주에 들어 있는 간지의 오행법칙과 그 순환에 따라 장래의 길흉을 점치는 법을 적은 책이다. 특히 천상 12성의 운행에 따라 점치는 방법을 당사주(唐四柱)라고 한다. 주역의 괘(掛)를 기초로 한 사주책도 있다. 조선후기 이후 필사본 형식으로 많이 퍼졌다.

무속신앙

무당의 성내 출입은 조선 초기에 이미 국가의 령(令)으로 금지하였다. 성밖에서의 활동까지 금지한 것은 아니었으나, 조선 후기에 들어와서까지도 규제는 계속되었다. 정조 때 간행된 『대전통편(大典通編)』에도 경성의 무녀들을 강밖으로 축출한다는 규정을 두고 있고, 순조 15년에도 무격을 성밖으로 쫓아내라는 명이 있었다.

이와 같이 조선 전기에 이미 성밖으로 축출됨으로써 주변화하기 시작한 무속은 조선 후기에 이르는 동안 관 주도의 군현 단위의 종교행사가 민의 성장에 따른 민간 주도의 마을단위 종교행사로 분화되어 면·리로 확산되어가는 과정과 병행하여 그 대상을 일반민에서 찾게 되었다.

무속은 개화기에 미신 타파라는 명목으로 규탄되고 배제되어 오늘날에는 명맥을 유지하기가 어려운 형편이지만, 수천 년간 우리나라 사람들의 불안, 공포를 제거해 주고 복을 기원하는 종교적 기능을 수행하여 온 역사적 역할은 실로 크다고 할 수 있다.

무속신앙은 민중에서도 특히 사회적으로 열악한 환경에 처해 있던 여성에게는 하나의 소극적인 도피처를 제공하였다. 무당의 성이 주로 여성이라는 점은 양자가 모두 사회의 주변부에 위치해 있다는 점에서 비롯된 현상이다. 무당들은 주로 가신신앙과 연결되어 있었지만 간혹 마을단위의 행사인 동제 또는 별신제에 관여하였고, 강원도 강릉의 단오제 같은 거군적 행사의 일부를 맡기도 하였다.

무당들은 신라 장군 김유신의 모친을 만명신(萬明神)으로 모시고 신당에 구리로 만든 둥근 거울을 걸어놓는데 이것을 명도(明圖)라고 부른다. 또 무당들은 철릭을 입는데, 이것은 무사의 의상으로서 귀신을 제압하는 힘을 상징한다. 무당들은 흰 쌀을 쟁반 위에 쌓아놓고 손으로 이것을 조금 쥔 다음 뿌리고 주문을 외면서 그 흩어진 모습을 보고 길흉을 점친다. 무당들은 신에게 기원할 때 젓가락으로 버들고리의 평평한 면을 그으면서 노래의 박자를 맞추는데, 이것은 여진족의 풍속으로 이들과 국경지대에서 서로 접하면서 전해진 것이라고 한다.

무당은 무고(巫蠱), 즉 남을 해치려는 푸닥거리도 하는데, 우리말로 '방자'라고 한다. 여항(閻巷)의 민가에서 일어나는 저주에 관한 일에는 대부분 무당이 개입되어 있었다. 무속에 나타나는 대표적인 도교적 요소는 시왕(十王)이라고 할 수 있으며, 불교적 요소로는 삼불(三佛) 또는 삼불제석(三佛帝釋)이 있는데, 무당이 쓰는 부채 그림에 나타나 있다. 무당이 행하는 신사(神祀)에는 다음과 같은 종류가 있다.

▶ 성주(城主 또는 成造)굿 또는 성주풀이 : 호남지방에서는 도신(都神)굿이라고 한다. 음력 10월 상달중 주로 무오일을 택해 지낸다.
▶ 낙성(落成)굿 : 집이나 방을 지은 후에 지내는 굿으로, 무당은 지리가(地理歌) 등을 불러 지덕(地德)의 아름다움을 찬양한다.
▶ 제석(帝釋)굿 : 주곡신(主穀神)으로 모시는 제석신에 대한 굿
▶ 칠성(七星)굿 : 칠성을 모시는 굿
▶ 조상(祖上)굿 : 무당이 죽은 조상을 청하여 즐겁게 하는 굿
▶ 삼신굿 : 삼신, 즉 출산을 담당하는 신에게 드리는 굿

- ▶지신석(地神釋) : 토지신을 안정시키는 굿
- ▶성황제(城隍祭) : 성황당에 지내는 굿
- ▶당신(堂神)굿 : 기신굿, 도당제 등으로 부른다.
- ▶별신(別神)굿 : 마을 행사에 무당이 개입했다.
- ▶액막이굿 : 매년 정월 보름경에 일년 재액을 예방하는 뜻에서 지 낸 굿
- ▶여탐굿 : 남녀의 혼약이 이루어진 후 흉살성(凶煞星)이 있을까 염려하여 지내는 굿
- ▶마마굿 : 손님굿이라고도 한다. 마마는 천연두를 높여 부르는 말. 이 두신(痘神)이 강남에서 온다고 하여 '손님'이라고도 부른다. 아이가 천연두에 걸리면 종이로 만든 기(旗)에 '강남호구별성사명기(江南戶口別星司命旗)'라고 써서 문머리에 끼워놓아 아이가 병에 걸렸음을 표시한다. 앓은 지 10여 일이 지나 딱지가 떨어지기 시작하면 무당을 불러 두신 보내는 굿을 하는데, 이것을 '배송(拜送)'이라고 한다.
- ▶용신(龍神)굿 : 배 위에서 행하는 굿으로, 좁쌀로 밥을 지어 물고기들을 먹이는 의식이 있다.
- ▶초혼굿 : 큰 굿을 벌일 때 먼저 귀신을 불러내어 달래는 뜻을 가진 의식이다.
- ▶진오귀굿 : 죽은 망령을 달래는 굿으로, 이 행사가 끝난 후 염불하는 경우가 있는데, 무속에 불속(佛俗)이 섞인 예라고 할 수 있다.

명다리, 수영(壽永)

단골을 맺은 무당에게 자식의 무병장수를 위해 수양 관계를 맺을 때 아무개 무당을 생모 아무개의 자녀 아무개의 양모로 삼는다는 사실을 무명천에 적은 것으로, 무당에게 종이, 명두, 제기, 제금, 징 등과 함께 준다. 무당은 이를 자신의 신당에 보관한다.

〈도판 5〉 무당내력

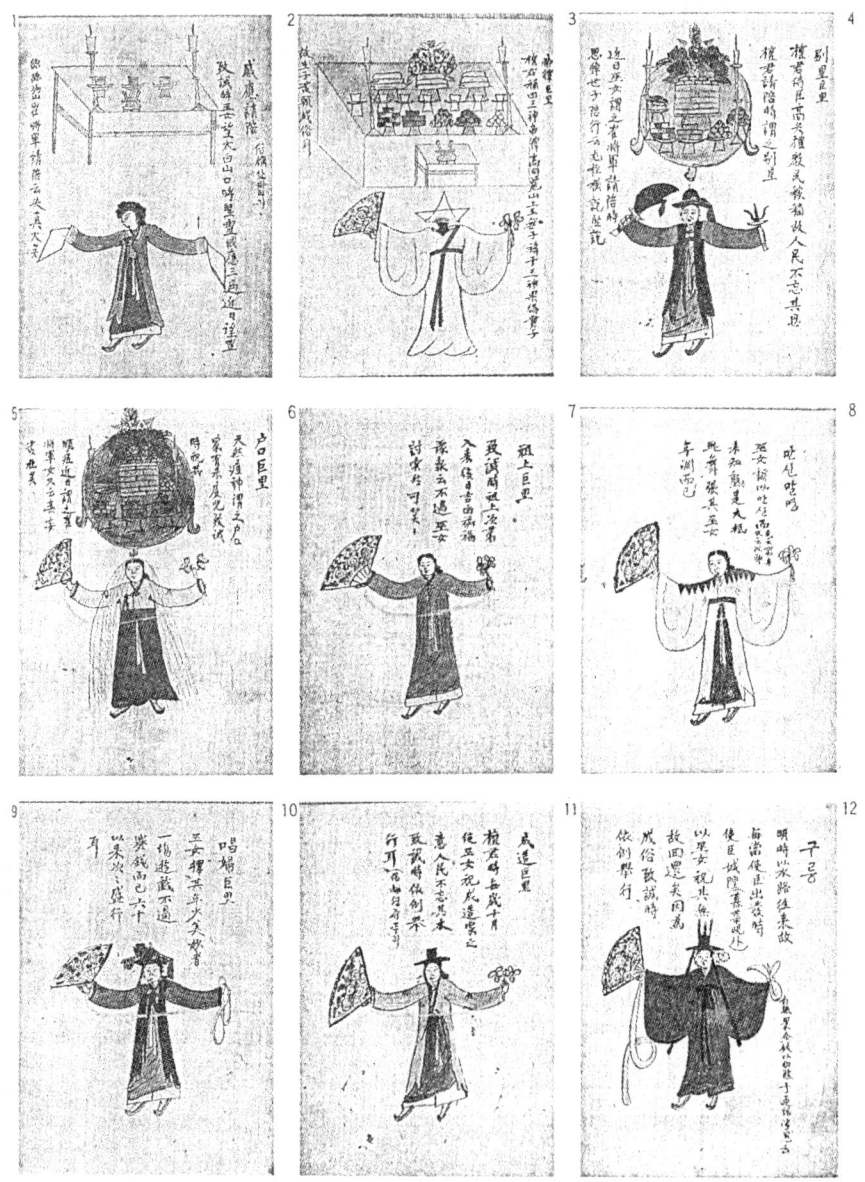

* 『무당내력』에 실려 있는 굿의 열두거리. ① 감응청배, ② 제석거리, ③ 별성거리, ④ 대거리, ⑤ 호구거리, ⑥ 조상거리, ⑦ 만신말명, ⑧ 신장거리, ⑨ 창부거리, ⑩ 성조거리, ⑪ 구릉, ⑫ 뒷전

무당내력(巫堂來歷)

12거리 굿거리에 대한 간단한 설명과 함께 제물·무복·무구 등을 그린 채색도가 있는 책 또는 첩이다.

관상책(觀相册)

신체의 모습을 통해 운명과 재수를 점쳐 앞으로 있을 흉사를 예방하고 복을 부르는 법을 적은 책이다. 상(相)의 종류에는 면상(面相), 골상(骨相), 수상(手相), 미상(眉相), 비상(鼻相), 구상(口相), 이상(耳相), 흉상(胸相), 족상(足相) 등이 있다. 관상의 중심은 얼굴에 있는데, 얼굴에는 오관(五官), 육부(六府), 삼재(三才), 삼정(三停), 오성(五星), 육요(六曜), 오악(五嶽), 사독(四瀆), 십이궁(十二宮), 사학당(四學堂), 팔학당(八學堂) 등의 기준으로 상을 본다. 오관은 귀·눈썹·눈·코·입 등이며, 십이궁은 명궁(命宮)·재백(財帛)·형제·전택(田宅)·남녀·노복(奴僕)·처첩·질액(疾厄)·천이(遷移)·관록(官祿)·복덕(福德)·상모(相貌) 등이다.

풍수신앙

풍수신앙이란 음양오행설에 입각하여 바람과 물을 이용하거나 바람을 모으고[藏風] 물을 얻을[得水] 수 있는 길지(吉地)를 택하여 사람의 화복에 영향을 미칠 수 있는 기운을 얻으려는 일종의 방술(方術)이며, 나아가 땅의 이치에 대한 전통적인 지식체계의 하나이다.

중국 후한 말에 일어난 이러한 신앙 또는 사상은 우리나라에는 신라말에 들어왔고, 고려·조선시대 때도 국도(國都) 선정에 지대한 영향을 주었다. 이후 풍수설은 살아있는 사람은 땅 위에 집을 짓고 살므로 땅의 위치, 기후, 풍토 및 수맥이 조화된 가운데서 그 기를 얻고 살며, 죽어서는 땅에 묻혀 직접 땅 속의 기를 얻는다는 양택(陽

〈도판 6〉 관상책

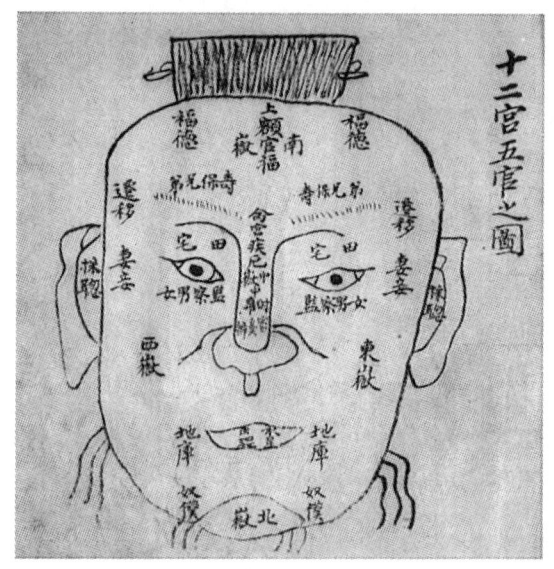

宅)·음택(陰宅)의 사고체계가 형성되면서 전통시대의 생활철학으로까지 자리를 잡았고, 죽은 자가 얻은 생기는 후손에게 이어진다는 동기감응(同氣感應) 또는 친자감응(親子感應) 설로 발전하면서 음택풍수를 강조하는 등 신앙적인 요소를 더욱 갖추게 되었다.

풍수서는 곽경순(郭景純)이 진대(晉代)에 지은 『장서(葬書)』이래 대개가 중국에서 나온 것이나 우리나라에서도 명혈(名穴)이나 길지(吉地)를 소개한 『명산론(名山論)』, 『산수도(山水圖)』 등의 서적이 있고, 『도선답산가(道詵踏山歌)』, 『금낭가(錦囊歌)』, 『옥룡자유세비록(玉龍子遊世秘錄)』 등 가사체로 된 풍수서가 있다. 조선후기에는 중국의 양택서(陽宅書)를 기초로 한 『민택삼요(民宅三要)』나 『택보요전(宅譜要典)』과 같은 책들이 저술되었다.

이러한 책들은 주인이 기거하는 방과 먹을 것을 장만하는 부엌 그리고 사람이 출입하는 대문을 주택의 3요라 하여, 이를 주역과 음양오행으로 해석하고 그 위치를 주인의 사주에 맞추어 찾는 방법에 대해 설명하고 있다.

풍수도
풍수설에 따라 지세를 설명한 그림이나 지도를 말한다.

풍수록
풍수설에 따라 국내의 산세를 기록한 책으로, 서울대학교 규장각에 소장되어 있다. 서문에 '기묘양복지월하한(己卯陽復之月下澣) 옥화옹(玉華翁)'이라 하였으나 그 이상은 알 수 없고 이전부터 내려오던 풍수록을 필사한 것이다. 내용에는 경기, 강원, 충청의 60여 명산의 형세에 관한 것이 있다.

명산론
장지에 대한 풍수지리적 지식을 내용으로 한 것으로 저자는 북암거사(北岩居士) 채성우이고, 목차는 대역(大易), 이기(二氣), 십이명산(十二名山), 절목(節目), 혈법(穴法), 입향(立向), 명당(明堂), 수맥(水脈), 길흉사형(吉凶砂形), 진룡(眞龍), 귀겁(鬼劫), 길귀(吉鬼), 삼십육룡(三十六龍) 등으로 되어 있다. 지리를 아는 자의 저작중에 빠진 것을 보충하고 잘못된 것은 고쳐 13편을 만든 것이라고 하였다.

옥룡비기(玉龍秘記)
옥룡자 도선(827~898)이 당(唐)의 일행(一行)에게 가서 그의 방술을 배워 전발(傳鉢)을 받은 내용을 적은 것을『옥룡자비기』라고 하는데, 각지에 흩어진 이 비기들을 정리하여 체계화한 책이다. '옥룡자십승지비결(玉龍子十勝之秘訣)' 등 6편으로 구성되어 있는 필사본으로 십승지비결에는 말세에 난을 피할 수 있는 10개의 지명이 적혀 있다. 마지막 편인 '옥룡자청학동결(玉龍子靑鶴洞訣)'에서는 우리나라의 지세와 지형을 설명하고, 청학동은 환란이 일어나도 생명을 보존하고 인재가 많이 나올 것이라고 예언하였다.

택보요전(宅譜要典)

조선 말기에 노한용(盧瀚容)이 양택에 관한 풍수설을 정리한 책으로 1930년에 간행되었다. 1권 1책에 저자의 서문과 '양택나반설(陽宅羅盤說)' 등의 여덟 가지 양택 관련설을 실었다. 양택나반설은 집 지을 터를 정하기 위한 기초작업으로서 나침반 보는 요령과 그에 따른 길흉을 설명한 것이고, '회도전설(會圖全說)'은 정택간척 등 3개 도면과 방위에 대한 해설 등 22개 도면을 실었다.

공동체 놀이

민속놀이는 주로 농민들의 자치적인 연중행사 또는 세시풍속의 형태로 치러졌다. 그러나 때로는 사당패 등 공동체 성원이 아닌 외부 전문인에 의한 공연 형식으로 행해지는 경우도 많았으며, 이러한 경향은 조선후기로 내려올수록 뚜렷하게 나타난다.

조선시기 민속놀이의 실상을 파악할 수 있는 자료는 극히 드물다. 몇 안되는 『세시기(歲時記)』 외에 읍지나 문집 등에 단편적으로 실려 있는 기사가 있을 뿐이다. 예를 들면 고종 30년(1893) 경상도 고성(固城) 부사로 부임한 오횡묵(吳宖默)은 섣달 그믐에 읍내에서 벌어진 세시행사를 보고 그 광경을 『고성총쇄록(固城叢鎖錄)』(『韓國地方史資料叢書』, 여강출판사, 1987)에 기록해두었다. 그러나 이 견문기만 가지고는 행사의 주체와 지역적 단위를 정확히 확인할 수 없는 한계를 지닌다.

개인 놀이

윷놀이

농사가 천하의 대본이던 과거에는 요즘과 달리 윷놀이가 방안에서 하듯 간단히 하는 놀이가 아니었다. 그해 농사에 들어가기에 앞서 기지개를 편 일꾼들이 어울려 서로간에 호흡을 맞추고 풍년을 점치던 다목적 행사였다. 정초에는 어디를 가나 이 놀이를 볼 수 있었다.

> 흘발산이 산 밑에 가고 석동문이 막 돌아간다.
> 윷이야 삼이야 오금의 떡이야
> 동 –
> 자가사리 박실박실한다.

이것은 흥겨운 윷판의 한 장면을 묘사한 것이다. 이를 풀면 다음과 같은 뜻이다. "너희는 이제 겨우 첫 말이 한 구석을 가는데, 우리는 세 개 말을 겸한 석동문이 막 돌아간다. 너희는 윷이냐 뭐냐, 오금의 떡처럼 붙어있구나. 자 우리는 넉 동이 났다. 그러나 너희 말은 아직도 많이 남아서 자가사리 물고기가 박실박실하는 것 같구나."

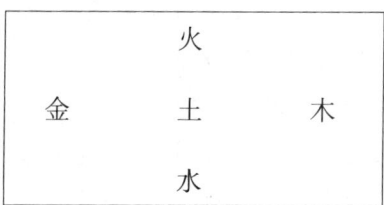

그런데 이 윷판이 원래는 우리가 알고 있는 것처럼 단순히 작은 동그라미로 위치만 표시되어 있는 것이 아니었다. 그 그림에는 하늘의 별자리를 방위별로 표시하고 있다. 한 가운데 있는 별은 추성(樞星), 즉 북두칠성의 첫째 별이다. 이 별을 중심으로 나머지 늘어서 있는 별은 모두 28개, 즉 '이십팔수(二十八宿)'이다. 윷도 마찬가지이다.

윷의 둥근 부분은 하늘[天圓]을 나타내며 반대편은 모진 땅[地方]을 상징한다. 윷이 4개인 것은 땅의 수자이고 그것이 조합하여 나오는 도, 개, 걸, 윷, 모의 다섯 가지는 하늘의 수자다. 이것을 가지고 말을 움직이면 그것은 곧 태양의 움직임을 나타내게 된다. 우선 가장 짧은 코스인 수(水)-목(木)-토(土)-수(水)의 진행은 동지(冬至)로 해가 가장 짧다.

반대로 수-목-화-금-수의 진행은 하지로 해가 가장 긴 진행을 하고 있는 것과 일치한다. 수-목-토-금-수의 진행은 춘분, 수-목-화-토-수의 진행은 추분이 된다. 윷이 바로 서고 뒤집히는 것은 곧 양과 음이 교차되는 것과 일치하므로, 이로 인해 천지의 만물이 형성됨을 상징한다고 하겠다.

종정도(從政圖)

종정도(從政圖)는 종경도(從卿圖), 승경도(陞卿圖)라고도 하는데 벼슬살이를 그린 도표라는 뜻이다. 이에 대한 기록은 성현(成俔)이 쓴 『용재총화(慵齋叢話)』에 14세기 말 사람인 하륜(河崙)이 처음 만들었다고 나오므로 이때부터 쳐도 그 역사가 여간 오래된 것이 아니다. 이 종정도는 대부분 붓으로 그려진 것이 전해왔다.

종정도는 300간 내지 400간으로 구분되어 있다. 도표의 사방을 빙 둘러 맨 가에는 8개도의 감사(監司)와 병사, 수사, 각 고을의 수령 등 지방관을 배치한다. 꼭대기에는 정일품, 아래는 종일품, 외국으로 나가는 사신이나 지방 감시관인 훈련대장, 어영대장 등은 좌우 양편에 품위에 구애되지 않고 따로 배치하기도 한다.

종정도 놀이를 하기 위해서는 우선 종정도라는 도표, 즉 말판이 있어야 하고 숫자방망이와 각 색의 말이 있어야 한다. 숫자방망이는 8~12cm 정도로 손에 잡기 쉬운 크기의 나무를 5각형을 만들어 1에서 5까지 다섯 모를 낸 것이다. 윷놀이에서의 도·개·걸·윷·모 등을 1에서 5로 설정해도 된다. 종정도를 놀 수 있는 사람의 수는 제

〈도판 7〉 종정도

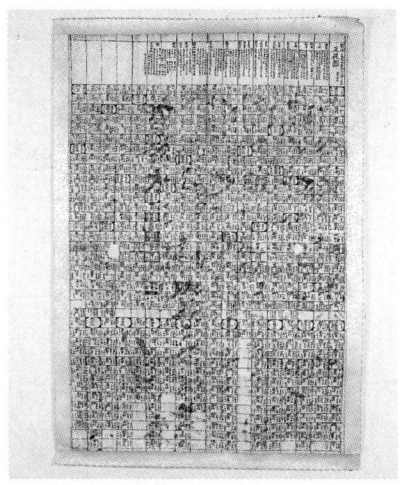

한은 없으나 윷놀이 때와 비슷하게 4명에서 8명까지가 편을 갈라 놀기 적당하다.

놀이 규칙에는 양사법(兩司法), 은대법(銀臺法) 등이 있다. 양사법의 양사란 관리를 통제하고 규율을 세우는 사헌부와 임금에게 간하는 일을 맡아하는 사간원이라는 정부기관을 말한다. 이러한 벼슬자리에 가 있는 사람이 2나 3(또는 개나 걸)을 얻었을 경우 이 법을 사용한다. 그 사람이 지정하는 말들은 4나 5(또는 윷이나 모)를 얻어야 딴 칸으로 옮길 수 있다.

은대법에서 은대라는 것은 임금의 명령을 전달하고 하부의 보고와 청원 등을 임금에게 알리는 기관인 승정원을 말한다. 이 벼슬에 말이 있으면 당하(堂下)에 있는 말들은 그 다음에 굴려 얻은 수를 자기네가 쓰지 못하고 은대법을 사용하는 사람에게 전부 바쳐야 한다.

놀이방식은 다음과 같다. 우선 각 팀이 숫자방망이를 두 번씩 굴리는데, 첫번째 나온 숫자로 출신을 구별하고 다음번의 것으로는 그 아래 단계에 대한 구별을 한다. 출신은 문과, 무과, 그리고 숨어서 공부만 하다 나라의 부름을 받는 은일(隱逸), 과거에 붙지 못한 채 벼슬을 사는 남행(南行), 군대에 들어가 복무하는 군졸(軍卒) 등으로 구분된다. 아래 단계란 문과를 예로 들면 5(모)는 증광(增廣 : 경사 때 보는 임시 과거), 4(윷)는 식년(式年 : 3년에 한차례 보는 정기과거), 3(걸)은 망시(忘試), 2(개)는 별시(別試), 1(도)은 도과(道科) 등이다. 그다음부터는 죽 돌려가며 한 사람씩 굴려 나온 숫자에 맞추어 말을 옮겨간다.

칠교놀이

칠교놀이는 일곱 개의 조각으로 여러가지 형태를 만들면서 노는 놀이이다. 이 놀이는 얇은 나무판을 이용한 사방 10cm 정도의 칠교판과 놀이의 대본이라고 할 수 있는 칠교도(七巧圖)가 있어야 한다. 이것이 갖추어지면 혼자서 칠교도에 제시된 모양을 만들면서 놀 수도 있고, 편을 짜서 시합을 할 수도 있다. 모양을 만들 때는 일곱 개의 조각을 다 이용해야 한다. 시합 방법은 조립하는 편이 상대편에서 지정해준 모양을 시간 내에 완성하게 하는 것이며, 성공 여부에 따라 점수를 부여하여, 마지막에 각 편이 딴 점수의 차이로 승부를 가리는 것이다.

(정승모, 서울시 문화재과 전문위원)

제3부 신분별 생활상

관료 생활
중인 생활
향리 생활
평민 생활
노비 생활

관료 생활

　조선조 양반층이 희망한 직업은 오직 관료였다. 유교적 이념이 지배적이었던 사회에서 상공업을 통하여 부를 축적하는 것은 지도층으로서는 바람직한 길이 아니었다. 관료가 된다는 것은 경제적 보장도 있었지만 그보다는 가문과 개인의 영광을 가져다주는 출세로서의 의미가 더 컸다. 조선 초기에는 과전법이 시행되어 관료가 되면 자기의 직급에 걸맞는 토지를 받아 이로부터 조(租)를 거둘 수 있는 경제적 특권이 있었고, 또한 매년 관료의 등급에 따라 녹봉을 받게 되었으므로 경제적 이득이 결코 적은 것은 아니었다. 그러나 과전법은 국초 겨우 60~70년간 시행되었을 뿐이고 이후에는 토지가 부족하여 현직에 있는 관료에게만 토지가 지급되는 직전법이 시행되었고 이 제도 또한 겨우 몇십 년간 지속되었을 뿐이어서 중종 이후에는 관료가 되어도 토지를 받는다는 것은 생각조차 할 수 없었다. 관료들이 받는 봉록은 『경국대전』 호전(戶典)조에 규정되어 있는데, 그 양은 직전이라는 토지지급을 전제로 한 것이므로 풍족하지 않았고 직전의 토지지급이 중단된 이후에도 녹봉은 증액되지 않았다.
　그럼에도 불구하고 관료직 획득은 대단히 중시되었다. 그 까닭은 관료가 됨으로써 양반신분의 특권을 계속 유지, 특권신분층으로 대접받을 수 있었기 때문이다. 물론 이때는 다른 직업이 발전하지 못했기 때문이기도 했으나, 어떻든 관료가 되는 것은 장사를 하여 많은 돈을 버는 것과 비교될 수 없을 정도로 훨씬 중요한 일이었다. 조선 초기에는 관료가 되면 우선 군역 등 국가에서 부과하는 역에서 면제되었고 형법 적용에서도 체형은 노비가 대신받았다. 군역에서 면제되는 길은 반드시 관료가 되어야만 가능한 것은 아니었다. 향교에 재학하고 있거나 성균관 유생의 입학시험으로 시작된 생원 진사시에 합격해도 당당한 양반으로서 역을 면제받았고, 조선후기에 오면 그저 양반의 후손이라는 명분만으로도 면역받았다. 예컨대 최치원의 후손이라든가 고려조에 유명한 관료의 자손이라는 명분으로도 면역조처를 받을 수 있게 되었다. 이처럼 훌륭한 관료학자의 후손이 아니더라도 양반의 후손은 생원·진사가 아닌 경우 '유학(幼學)'이라는 명칭만으로도 양반 행세를 할 수 있었다. 양반신분을 지키기 위해서는 직접 생산활동을 하지 않고 독서를 통해 양반의 체통을 유지해야 했고, 혼인도 양반가문과 이루어져야 했다.

관료가 되는 세 가지 길

관료가 되는 데는 세 가지 길이 있었다. 첫째 과거시험을 통하는 길, 둘째 유일(遺逸)[1]이라는 명분으로 천거를 받는 길, 셋째 문음(門蔭)이라는 길이 그것이다. 과거 중 문과를 거쳐 문반직(文班職. 東班職이라고도 함)에, 무과를 거쳐 무반직(武班職. 西班職이라고도 함)에, 잡과를 거쳐 기술직에 임용되었다. 잡과는 율학(律學)·산학(算學)·역학(譯學)·역학(曆學)·의학(醫學) 등 기술직에 대한 과거를 통칭한 용어이다. 기술직은 반드시 과거를 거치지 않고도 간단한 시험과 실기를 시험보는 취재(取才)라는 과정을 통하여 임용되기도 했다. 그러나 과거 중에서는 문과라는 고등문관시험에 해당하는 시험에 합격하는 것이 가장 명예스러운 길이었다.

훌륭한 군주가 통치하는 사회에서는 학문과 덕을 갖춘 학자를 재

---

[1] 발탁되지 않고 초야에 남겨진 인물이라는 뜻으로 학행과 도덕이 높은 재야의 선비를 뜻한다.

야에 남겨두어서는 안된다는 유교의 명분론에 기초한 천거제도는 전국에서 한두 명을 뽑아 초임으로 참봉에 임용했다. 『경국대전』에 의하면 매년 정월에 천거하도록 규정되었으나 실제는 반드시 이 규정대로 적용되지 않고 국왕의 명에 의해 천거된 듯하다. 조선후기에는 도덕과 학식을 갖춘 대학자는 국가에서 산림(山林)이라 하여 이들에게는 실직이 아닌 성균관 좨주(祭酒) 등 특별히 마련한 직책에 임용했으나, 이는 경국대전의 천거제도로 관료를 충원하는 길과는 다른 것이었다.

문음은 아버지나 할아버지가 공신이거나 3품 이상의 실직을 거친 경우[2] 또는 중요 관직을 거친 경우 자식이나 사위 등 1명을 간단한 시험[取才]을 거쳐 종9품으로부터 종7품까지의 관리로 임용하는 제도이다. 이는 5품 이상 관료의 자제에게 주어지던 고려시대의 음서에서 유래했으나, 조선시대에 들어와 대폭 축소되었다. 그러나 문음은 고급관료가 가문을 유지할 수 있는 보완적인 법적 제도로서 조선시대에도 이를 통해 임용된 예가 결코 적지 않았다. 각 군현의 수령에는 문과 출신이 보임되는 곳과 무과 출신이 보임되는 곳, 문음 출신이 보임되는 곳이 오랜 관행으로 정해지기도 하여 문음이 계속적으로 활용되었음을 확인할 수 있다.

고려조에는 향리나 서리를 통해 수상에까지도 오를 수 있었다. 즉 고려말 학문과 정치인으로서 유명한 이색(李穡 : 1328~1396)은 서리로부터 관직생활을 시작하여 수상에까지 오른 대표적인 경우이다. 그러나 조선조의 관료제도는 실무직인 서리・향리직과 9품 이상의 정규 품관직 사이에는 넘을 수 없는 엄격한 구분이 마련되었고, 실무는 보통 중인계층이 담당했다. 이는 양반의 특권을 엄격히 지키려는 조처에서 중앙의 서리(胥吏)와 지방향리들의 신분상승을 억제한 것

---

2) 『경국대전』에서는 공신 및 2품 이상의 아들과 손자, 사위, 동생, 조카와 원종공신의 아들과 손자, 그리고 실직 3품관의 아들과 손자, 吏曹, 兵曹, 都摠府, 司憲府, 司諫院 弘文館을 거쳤거나 部將, 宣傳官을 지낸 자의 아들로 정해졌다.

이었다. 양반은 사대부 또는 사족(士族), 사류(士類), 사림(士林)이라고 칭했고 양반으로 통칭되기도 했다. 양반이라는 말은 고려시대에는 문무반의 현직 관료를 지칭했으나, 조선시대에 오면 특권신분층을 지칭하는 용어로서 문무반 관료는 물론 그 부인과 가족, 후손까지를 칭하는 신분적인 용어로 변했다.

양반이 받는 최초의 관직은 종9품이었다. 이는 서리직을 초입사직(初入仕職)으로 삼았던 고려시대의 제도에 비하면 크게 향상된 것이다. 그러나 모든 관료가 반드시 종9품의 관직으로부터 시작하는 것은 아니었다. 과거의 등급이나 능력에 따라서는 종9품으로부터 7품직까지 받게 되어 있었다. 5품 이하의 관직이나 품계를 받는 사령장에는 사헌부와 사간원 관원이 반드시 서명하는 절차를 밟아야 하는데, 이를 서경(署經)이라 한다.[3] 이런 문서는 '첩(牒)'이라는 도장을 찍도록 되어 있으나 대부분의 사령장에는 이 도장과 서경의 기록이 생략되었다. 이런 사령장을 '교첩(敎牒)'이라 하는데 그 구체적 실례를 들면 예 1)과 같다.

이 교첩은 현존하는 교첩 중 가장 오래된 것이다. 정준(1356~1435)은 초계(草溪) 정씨로 1377년(우왕 3) 그가 합격한 증서인 진사방목(進士榜目)이 전해진다. 이 교첩 이외에 영락 원년(1403)의 통덕랑 사간원 좌헌납 지제교(司諫院左獻納知製敎)를 받은 것과 영락 2년

---

3) 서경제도는 『경국대전』 吏典과 兵典 告身條에 규정되어 있다. 이렇게 정착되기까지는 여러 차례의 변천이 있었다. 즉 태조 원년(1392) 1품에서 4품까지의 관원의 사령장은 王旨(王命)를 내려서 임용하여 이를 '官敎'라 칭하고, 5품에서 9품까지의 관원은 문하부에서 왕명을 받아 직첩을 내려준다고 하여 '敎牒'이라 한다고 규정했고 교첩에는 사헌부에서 서경을 하도록 되어 있었다. 정종 2년(1400)에는 1품에서 9품까지의 전관료의 사령장에 사헌부의 서경을 받도록 결정되었고, 태종이 즉위하자 4품 이하의 관료에게만 서경하도록 했다가 태종 13년(1413) 4월에는 1품 이하 전관원의 告身[사령장]에 서경을 받도록 했으나 같은해 10월 5품 이하로 조처했다. 세종 8년 1품 이하 전관원의 고신은 서경을 거치도록 했다가 곧 구제도로 환원되었고, 전제권이 강했던 세조 12년(1466)에는 5품 이하의 서경권도 없앴다. 이는 왕이 임용했음에도 대간에서 장기간 서경하지 않는 것은 왕의 인사권 침해라는 이유로 이런 변화가 있었다. 경국대전에서는 임용한 후 문제가 있어 50일이 지나도록 서경하지 않는 경우에는 반드시 왕에게 보고하도록 규정했다.

예 1) 1407년 정준(鄭悛)의 사령장(敎牒)

```
吏曹爲朝謝准事司憲府吏房書吏姜仙永樂五年十二月
十八日各關永樂五年十二月初八日下
批鄭悛爲奉正大夫直藝文館

朝謝由移關爲等以合行故牒須至故牒者
右 故 牒
直藝文館鄭
永樂五年十二月十八日            吏房
朝謝
    牒 判書  左參議  (押)   正郎  (押)   佐郎  (押)
             右參議          正郎          佐郎
       判事                  正郎          佐郎
```

* 押이란 姓을 쓴 다음에 자신의 이름을 사인으로 기록한 것으로, 수결의 일종이다.

(1404)에 봉정대부(奉正大夫) 경상도 도관찰사 경력소 경력(慶尙道都觀察黜陟使經歷所經歷)에 임용된 교첩 등 3장이 전하고 있다. 이는 거창의 정우순(鄭禹順) 씨가 소장하고 있는데 교첩의 명칭은 '조사첩(朝謝牒)'으로서 왕이 임명하여 사헌부의 서경을 받은 후 직예문관직에 임용한 사령장이다.

이 교첩은 영락 5년 12월 8일에 왕명에 의해 정준을 봉정대부 직예문관으로 임명하여 같은달 22일 사헌부 이방서리(吏房書吏) 강선(姜仙)의 주관하에 서경을 거쳐 이조의 관원이 서명하여 본인에게 내려준 문서인데, 조선 초기의 구체적 실례로서 중요하다. '고첩(故牒)'은 관련 문서라는 뜻이며 '합행고첩(合行故牒)'은 마땅히 고첩대로 실시한다는 뜻으로 풀이되며 '수지고첩자(須至故牒者)'는 문서의 투식으로 그 뜻은 앞으로 연구하여야 할 과제이나 '반드시 고첩을 전할 것'으로 풀이된다. '조사(朝謝)'라는 말은 문서명이고 그 뜻은 서경을 거쳤다는 뜻으로 해석된다. 교첩을 실시하는 영락 원년 7월의 부분에 사방 8.8Cm의 이조지인(吏曹之印)이 찍혀 있고 그 아래의 '이방(吏

房)'은 이조의 이방서리가 문서를 작성했음을 보여준다.

관료의 품계와 근무 규정

관료는 맡은 관직과 품계가 함께 승진했다. 품계는 오늘의 직급으로서 정기적으로 승진했는데 한 단계의 품계를 1자(資)라고 한다. 남편이 관료가 되면 그 부인도 남편의 품계에 걸맞는 품계를 받도록 되어 있는데 이를 총칭하여 외명부(外命婦)라 했고, 품계의 명칭은 『경국대전』에 규정되어 있다. 남편의 승진과 함께 부인의 직급도 따라서 올라갔다. 부인에게 주는 문서는 오늘날 개념으로 사령장이라 할 수는 없지만 남편의 사령장을 포함하여 당시 용어로는 고신(告身)이라 했다.

5품 이하 관료의 경우 인사담당 관청인 이조(吏曹: 문관의 경우)나 병조(兵曹: 무관의 경우)에서 왕명을 받아 임명한다. 4품 이상의 사령장은 첫머리에 교지라는 용어가 보이므로 이를 교지라 칭하는데, '교지'라는 말은 왕명이라는 뜻이다. 그러나 엄격히 말하여 이들 문서를 통칭하는 당시의 용어는 '고신(告身)'이었다. 『경국대전』 예전(禮典)에 '고신식(告身式)'이라는 사령장 형식이 실려 있다. '교지'는 조선 초기에는 '왕지(王旨)'라 쓰기도 했고 고려 광종 때나 조선 말기 황제를 칭했던 때의 사령장은 '칙지(勅旨)' 또는 '칙명(勅命)'이라 했다. 교지는 일반적으로 사령장으로 알고 있으나 반드시 사령장만이 아니라 왕이 직접 발급하는 모든 형식의 문서를 뜻한다. 그러므로 생원시나 진사시의 합격증인 백패, 문과나 무과의 합격증인 홍패 그리고 공신녹권도 모두 교지라 부를 수 있기 때문이다.

관직에 임용되려면 20세가 되어야 했다. 고려시대에는 나이 제한이 없어 어린 나이에도 관직에 나아간 예가 발견된다. 그러나 아버지나 장인이 받아야 할 직급이 5품의 통덕랑(通德郎)이 되는 경우에는 20세 이전에도 대신 품계를 받을 수 있었다. 문관의 품계는 모두 30계(階)로 이를 당시 용어로는 산직(散職) 또는 산계(散階)라 칭했다.

고려시대에는 문무관이 모두 동일하게 문산계를 받았던 반면, 조선시대에는 문관은 문관의 품계인 문산계(文散階) 중의 품계를 받고 무관은 무관의 품계인 무산계(武散階) 중의 품계를 받았다.

관료는 크게 당상관(堂上官)과 당하관(堂下官)으로 구분되는데, 정3품의 상계(上階)인 통정대부(通政大夫 : 문관)와 절충장군(折衝將軍 : 무관) 이상을 당상관, 하계인 통훈대부(通訓大夫 : 문관)와 어모장군(禦侮將軍 : 무관) 이하를 당하관이라 칭했다. 당하관은 다시 조회에 참석할 수 있는 6품 이상을 참상관(參上官), 7품 이하를 참하관(參下官)이라 구별했다. 품계는 1품으로부터 9품까지 있으며 각 품마다 정(正)·종(從)으로 구분되고 참상관 이상의 품계에는 정·종에 또한 각각 두 단계의 품계가 있었다. 문산계의 품계 명칭은 종9품 장사랑(將仕郎)으로부터 정5품 통덕랑(通德郎)까지는 '랑(郎)'자가 뒤에 붙고, 종4품 이상은 '대부(大夫)'라는 말이 붙었다.

관료 부인의 산직체계인 외명부에는 당상관 부인은 '부인(夫人)'이라는 말이 붙고, 당하관 부인에게는 '유인(孺人)'으로부터 '신인(愼人)'까지 '인(人)'자가 뒤에 붙는다. 오늘날 일반사람의 제사를 지낼 때 부인의 제방과 축문에 쓰는 '유인(孺人)'은 당시 9품직의 부인에게 주어지던 칭호였다.

예 2)의 교첩은 광산 김씨 오천(烏川) 고문서로 전한다. 이미 서경한 기록이 빠져 있고 첩이란 도장도 생략되어 있다. '장사랑'은 종9품의 품계이다.

이 품계는 김효로의 장인 이지(李持)가 별가(別加)를 더이상 받을 수 없는 정5품의 상계(上階)인 통덕랑이 되었으므로 신축년 5월에 있었던 별가의 혜택을 승습하여 품계를 받은 사령장이다. '자궁(資窮)'이란 말은 대가(代加)의 허용한계선인 통덕랑에 이르렀다는 것을 뜻한다. '성화(成化)'는 명나라 헌종의 연호이다. '사도시'는 임금의 식사를 하는 곡식과 간장, 된장 등 부식품을 주관하는 관서이고 '주부'는 그 관서의 종6품직이다. '행판서'는 당시 이조판서였던 사람의

예 2) 1481년 김효로(金孝盧)의 사령장

吏曹成化十七年六月二十日奉
敎生員金孝盧爲將仕郞者
成化十七年九月　日
妻父司䆃寺主簿李持資窮辛五別加代加
行判書　參判　參議臣金(手結)　正郞臣
　　　　　　　佐郞臣李

품계가 판서의 직급보다 높았기 때문에 '행'자를 붙인 것이다. 김효로 (1454~1534)는 안동에서 주거지를 예안 오천으로 옮긴 사람이고, 이후 후손들은 오천에 세거했다.

　무관의 경우 산직은 22계로서 당상관인 절충장군까지이고, 그 이상은 동반(東班: 문반)의 산직을 받았다. 서반(西班: 무반)의 산계 명칭은 정5품까지는 '부위(副尉)'나 '교위(校尉)'라는 말이 뒤에 붙고, 종4품 이상에는 '장군(將軍)'이라는 말이 붙는다. 무관의 처도 문관의 처와 같은 외명부의 품계를 받았다.

　조선조의 양반집에서 윷놀이 판으로 사용한 승경도(陞卿圖 또는 陞政圖), 종경도(從卿圖 또는 從政圖)를 보면 관료의 승진체계를 쉽게 이해할 수 있다. 이에 의하면 처음 관직의 출발이 '유학', '유일', '문무과', '남행(南行)'으로 되어 있어 유일로 천거되는 것이 승진에 유리함을 알 수 있다. 남행은 문음을 통해 임용되는 길이다.

　어느 사람이 초임직으로 관상감(觀象監)의 종9품 참봉직(參奉職)을 받았다고 하자. 이때 첫 사령장으로 이조에서 왕명을 받아 장사랑 관상감 참봉(將仕郞觀象監參奉)에 임명한다는 교첩을 받는다. 이 교첩을 받을 때는 규정된 격식의 관복을 스스로 마련해 입고 궁궐에 나가 왕을 배알한다. 왕을 직접 만나지 않을 경우에는 궁전을 향해 두번 절한다.

　장사랑은 품계로서 종9품에 해당하고 관상감은 근무처이며 참봉은 맡은 직명이다. 사령장에는 성명, 품계, 근무처, 직명 순서로 기록된다. 참봉은 흔히 능참봉으로 알고 있으나 대부분의 관청에 설치된 하위직으로, 하는 일은 담당관청에 따라 다르다. 봉급은 계절마다 받는데 정월달에 녹패(祿牌)를 받아 종9품의 경우 매 계절의 첫달 14일 광흥창에 나가 이를 수령한다.

봉급의 양은 조선전기에는 네 계절마다 조미〔糙米 : 매조미쌀〕 2석〔30斗〕에, 봄에는 전미〔田米 : 좁쌀〕 1석, 콩 1석, 정포〔正布 : 삼베〕 1필과 가을에는 보리 1석, 정포 1필, 겨울에는 콩 1석을 추가로 받았으나, 조선후기에 가면 매달 쌀 10말과 콩 5말을 그전 달에 받았다. 녹봉은 자신의 품계에 따라 규정되었으며, 지급 시기도 품계에 따라 날짜가 정해져 있었다.

관료[4]는 해가 긴 봄·여름에는 묘시(卯時 : 오전 5~7시)에 출근하여 유시(酉時 : 오후 5~7시)에 퇴근하며, 해가 짧은 가을·겨울에는 출근은 두 시간씩 늦어지고 퇴근은 두 시간씩 빨라졌다. 그리고 정규적인 휴일은 없었던 듯하다. 그러나 국경일과 국기일(國忌日 : 왕이나 왕비가 돌아가신 날)은 휴무일이었다. 당시 국경일은 왕과 왕비, 왕대비의 생일, 명절(설과 추석) 등이며, 원칙적으로 국기일에는 지방수령은 재판할 수 없도록 했다. 또한 수령들의 수첩 또는 재판지침서인 『결송유취(決訟類聚)』에는 국기일이 기록되어 있음을 종종 발견할 수 있는데, 이를 통해 대체로 휴무일은 일년에 20여 일이며 그밖에 관료에게는 따로 휴가가 있었다. 즉 부모상을 당한 경우나 부모가 위독한 경우 이동거리에 따라 휴가 기간이 달랐다. 관료의 출근은 일년 근무를 300일로 계산한 점으로 보아 60일 정도의 휴무와 휴가가 있었다고 생각된다. 그러나 모든 관료가 그러했다고는 할 수 없다. 즉 국왕은 휴무를 즐긴 날이 겨우 국기일과 명절날이었으나 일이 있으

---

4) 9품 이상의 관료는 당시 '官員'이라고 했다. 현재 회합에 몇 명이 참석했다고 하는데 원칙적으로는 몇 분이 참석했다고 해야 정중한 표현이다. 조선시대에는 이 용어로 '員', '人', '名', '口'이라는 네 가지 용어가 사용되었는데, 9품 이상의 관료에게는 員이라는 용어가 사용되었으며 품계가 없는 이하의 관료인 서리, 향리, 과거 급제자, 군사에는 '人' 을, 노비층에게는 '名' 또는 '口'를 사용했다. '員'은 우리말 몇 '분'에 해당된다.

예 3) 1628년 윤선도(尹善道) 녹패

```
兵曹奉
教賜建功將軍行忠武衛副司猛尹善道今戊辰第十一科者
崇禎元年四月 日
判書 參判 參議        佐郎臣李(押)
        參議臣兪(押)
```

면 이날도 쉬지 못했다. 또한 중앙의 고위관료도 직책에 따라 쉬는 날이 일정하지 않았다.

예 3)은 병조에서 왕명을 받아 건공장군 행충무위 부사맹인 윤선도에게 금년 무진년의 녹으로 11과를 내린다는 증서이다. '건공장군(建功將軍)'은 무반 종3품의 상계(上階)이며 '충무위'는 오위 중의 하나의 군단 명칭이며 '부사맹'은 종8품직으로 오위의 부사맹은 483원(員)이었다. '행'자는 자신의 품계가 자신의 직인 부사맹의 규정된 것보다 높기 때문에 붙인 것이다. 녹의 등급은 18과이며 이 중 11과는 정6품직이 받는 것으로 그 근거가 무엇에 따른 것인지는 알 수 없다. '숭정(崇禎)'은 명나라 최후의 황제 의종의 연호이다.『고문서집성 3』(해남 윤씨 편)에 수록된 이 고문서에는 윤선도가 녹을 받은 수령증도 붙어 있다. 후대의 녹패에는 등급의 표기가 없는 것도 종종 볼 수 있다.

1급을 승진할 수 있는 법적 기한은 문무관·참하관의 경우 450일(15개월)이었고, 참상관은 900일(3년)이었지만 실제는 이 기간 전에 대부분 승진했다. 당상관의 승진은 기한이 정해져 있지 않았다. 근무 기한에 따라 승진하는 법을 당시 용어로는 순자법(循資法)이라 한다. 모든 관원은 6월 15일과 12월 15일 두 차례 상관으로부터 근무평정을 받는데 상·중·하로 등급받는다. 이를 포폄이라 하는데 조선후기의 법전인『속대전』에는 네 차례 시행하도록 규정되어 있다.

근무평정을 받을 때는 당사자가 중앙의 이조나 병조에 나아가는 것이 상례였다.[5] 근무성적이 좋은 사람은 승진되고 나쁜 사람은 좋

은 관직에 승진할 수 없으며 심한 경우 파직되었다. 또한 병으로 일
년 중 30일을 근무하지 못한 자는 파직되었다. 수령의 경우 전념해
야 할 일곱 가지 일을 잘했는가가 평정의 요목이 되었다. 이를 수령
칠사(守令七事)라고 하는데, 그 내용은 ① 농사를 잘 돌봤는가〔農桑
興〕, ② 호구를 증가시켰는가〔戶口增〕, ③ 학교를 일으켰는가〔學校興〕,
④ 군정을 잘 다스렸는가〔軍政修〕, ⑤ 부역을 공평히 부과했는가〔賦役
均〕, ⑥ 송사를 줄였는가〔詞訟簡〕, ⑦ 간활한 풍속을 줄였는가〔姦猾息〕
등이다.

　모든 관료가 다 종9품직에서부터 임용되는 것은 아니었다. 문과의
경우 갑과 1등(장원급제자)은 종6품직에 임용되며, 갑과의 2~3등 두
명은 정7품직, 을과의 10명은 정8품직, 병과의 23명은 정9품직을 받
도록 되어 있었다. 또한 가까운 친인척 사이에는 같은 직장에 임용되
는 것을 규제했는데, 이를 상피(相避)라 한다. 모든 관료는 인적사
항, 출신과 경력을 이조와 병조에서 매 3년마다 기록해두는데, 이를
정안(政案)이라 한다. 재물을 관리하는 관료는 이임시에 물품 보존상
태와 그 양을 조사하여 결재를 받아야 했는데, 이 문서를 해유(解由)
라 한다.

　수령의 경우 반드시 해유를 받아야 했으며 관리의 회계 부정은 엄
격하게 처리되어 탐장죄(貪贓罪)에 해당하면 정안에서 삭제하여 영
원히 관리로 임용될 수 없었을 뿐만 아니라, 자식의 관리 진출에도
지장을 주었다. 따라서 국가의 기강이 유지되는 한 향리나 서리들의
부정은 있었지만 정식 관리들의 부정은 거의 생각할 수 없었다.

　관직은 그대로 있고 품계만 오르는 경우에도 사령장을 받았다. 그
런데 정상적으로 승진하는 경우 이외에 새로운 왕의 즉위, 왕자의 탄
생과 세자 책봉 등 나라에 경사가 있을 경우 모든 관료에게 품계를

---

5) 이는 황윤석(黃胤錫 : 1729~1791)이 일생 동안 기록한 일기인 『頤齋亂藁』를 통
해 알 수 있다. 이 책은 당시의 상황에 대한 상세한 기록을 담고 있어 18세기 사회
상을 이해하는 데 매우 유용한 자료이다. 이는 초서로 되어 있으며 현재 2책이 한
국정신문화연구원에서 정서본으로 인쇄 발간되었고, 앞으로 계속 출간될 예정이다.

올려주었는데, 이를 별가(別加)라 한다. 또한 아버지·숙부·처부가 정5품의 통덕랑에 오르면 별가를 행할 수 없었다. 이를 자궁(資窮)이라 한다. 자궁이 되면 그 특권을 자식·조카·사위에게 승급토록 했고 이를 대가(代加)라 했다. 그러므로 조선시대 관료의 승급은 상당히 빨랐으며, 관직을 받기 전에 산직의 품계를 이미 받은 사람도 상당수 있었다. 그 결과 관직의 정해진 품계와 관료 자신의 품계가 일치하지 않는 경우가 많았다. 자신의 품계가 맡고 있는 직책의 품계보다 높을 경우 관직 명칭 앞에 '행(行)'자를 붙이고, 그 반대의 경우에는 '수(守)'자를 붙인다.

사령장의 구체적인 예

지금까지 많은 사령장을 남긴 사람을 구체적인 예로 들어 사령장에 대해 좀더 살펴보자. 한국고문서집성 제2책으로 출판된 『부안김씨우반고문서(扶安金氏愚磻古文書)』에는 김석필(金錫弼)의 사령장 23장이 전해지고 있어 그의 승진관계를 비교적 소상하게 알 수 있는데, 여기서는 1504년과 1507년에 받은 두 건의 사령장을 예로 들어 본다.

김석필은 1502년(연산군 8) 문과를 거쳐 강릉도호부사에까지 올랐고 그 이전에 이조정랑으로서 승문원(承文院: 중국의 외교문서를 작성하는 부서) 교리(校理)를 겸직했는데 '교리'직이 가장 명예로운 관직이라 생각하여 이 집안에서는 그를 '교리공(校理公)'이라 부른다. 그는 집안을 일으킨 인물로서 1498년 생원시에 합격하여 백패를 받았고, 1502년 3월 19일 문과 병과(丙科) 제7인에 급제했다. 그러므로 2년 후인 1504년 5월에 『경국대전』의 규정대로 정8품인 통사랑(通仕郎)으로 예문관 검열(藝文館檢閱)에 임용되었는데 검열은 정9품의 관직이므로 '행'자가 붙어 행예문관검열겸춘추관기사관(行藝文館檢閱兼春秋館記事官)에 임용되었다. 예 4)는 '이조지인(吏曹之印)'이라는

예4) 1504년 김석필(金錫弼)의 사령장

```
吏曹弘治十七年五月初
九日奉
敎通仕郞行藝文館檢閱兼
春秋館記事官金錫弼
(爲啓功郞行)藝文館檢
閱兼春秋館記事官
者
弘治十七年七月 日
甲五別加
參判臣 成(押)    參議    正郞臣 曺
                佐郞臣 黃(押)
```

  교첩에 사용하는 사방 7.8cm의 관인이 찍혀 있고 이조참판과 정랑, 좌랑의 서명이 있다. 그리고 옆에는 '갑오별가(甲五別加)'라고 작은 글씨로 씌어 있는데, 이는 이해가 갑자년이므로 갑자년 5월에 시행된 별가에 의해 승급되었음을 알 수 있다.

  김석필의 교첩은 훼손되어 판독할 수 없는 부분도 일부 있으나 이를 대략 복원하면 예 4)와 같다. 성씨가 적힌 사람은 성을 써서 서명한 것이고, 압(押)이라고 괄호 안에 적은 경우는 사인한 것을 말한다. 홍치(弘治)는 중국 명나라 연호이다. 이 교첩은 통덕랑에서 계공랑으로 1급을 승급한 사령장이다.

  과거에 합격한 자는 정식 재산상속이 있기 전에도 친인척으로부터 특별히 재산상속이 내려지는데 이를 별급(別給)이라 한다. 특히 예문관 검열은 '한림(翰林)'직이라 하여 왕의 문서를 작성하고 사초(史草)를 기록하는 전임(專任) 사관으로서 관료 중에서 가장 명예로운 관직이었다.[6] 그는 1506년에 외삼촌인 의금부 도사 신씨(辛氏)로부터 "양친을 일찍 여의어 우리집에 와서 자랐고, 생원시와 문과에 급제하여 가문을 빛냈으므로 친자식과 다르지 않게 생각한다"하여 외할머

예 5) 1507년 김석필(金錫弼)의 사령장

```
敎旨
金錫弼爲朝散
大夫行吏曹正郞
兼承文院敎理
者
正德二年九月初一日
```

니가 친정에서 받은 노비 중 비(婢) 1명을 별급받았으며, 같은 해 6월에 외삼촌으로부터 전남 함평에 사는 비 1명을 또 별급받았다. 부유한 처가와 외가에서 영광스러운 일에 대해 노비는 물론 토지를 분급해준 예를 왕왕 볼 수 있다. 아마 김석필의 외숙은 재산이 많지 않았던 것 같다.

4품 이상의 사령장에는 이조나 병조의 관료들이 서명하지 않고 왕이 직접 임명한다. 김석필은 이후 1505년 행예문관 봉교에, 1506년 2월에는 이조 정랑으로 승진했고 이해 10월에는 품계도 정5품의 통선랑(通善郞)에 승급되었다. 1507년 정월에는 종4품 상계인 조산대부에 승급되어 정5품의 이조정랑의 관직 품계보다 높아졌기 때문에 '행이조정랑(行吏曹正郞)'이 되었다.

예 5)에는 왕의 임명이라는 뜻에서 '교지'라는 말이 서두에 나오고 관인은 사방 10cm의 「시명지보(施命之寶)」가 찍혔다.

4품 이상 관료들의 모든 사령장에는 반드시 이 관인이 찍힌다. 관인의 크기는 시기에 따라 다르고 그 문구도 여러 차례 바뀌었다. 그는 이해 9월 이조정랑으로서 승문원 교리를 겸했고, 1509년 옥천군수와 의성현령을, 1514년에는 국가의 제사를 담당하는 관서인 봉상

---

6) 조선시대 관료의 가장 명망스런 직으로 幼學의 경우 진사 장원이요, 관료는 이조 정랑이라는 말이 통용되었다. 그러나 문인으로서의 명망스러운 직은 문한직인 예문관(한림원)직의 사관, 대간직 그리고 교서를 짓는 지제교를 겸하는 직이었고 이들 직을 청직(淸職)이라 했다. 요직은 승정원직, 이조와 병조의 좌랑, 정랑직이었다.

시의 첨정 등을 거쳤다. 그리고 1522년경에 강릉대도호부사로 임명하는 마지막 사령장을 받았다. 이는 그를 당상관으로 승진시키기 위한 조처였으나 그가 이해에 사망함으로써 이것으로 그의 관직생활은 마감되었다.

관직의 사임과 해유

지방관이나 재물을 담당한 관리가 떠날 때는 관물 보존에 관한 보고서를 작성하여 후임자에게 제출하는데 이를 해유문서(解由文書)라 한다. 전임 수령이 재정에 관한 물목을 적어 후임 수령에게 인계서를 작성해주면 후임 수령은 이를 조사하여 관찰사에게 보고하고, 이를 근거로 관찰사는 재물관계는 호조에, 군사관계는 병조에 이첩한다. 호조와 병조에서 이를 이조에 통보하면 이조에서는 전임 수령에게 확인서를 보내는데 이를 '조흘첩(照訖帖)'이라 한다. 이 조흘첩을 받아야 다른 관직으로 승진할 수 있었다. 본인이 작성한 해유문서와 이첩하는 문서 등의 서식은 『경국대전』 예전(禮典)에 실려 있는데, 이들 문서는 일괄하여 함께 붙어다니므로 이를 점련문서(粘連文書)라 한다. 호조에 보고하는 내용은 군자창에 보관중인 쌀의 양, 소금, 잡곡, 가축수, 대동미관계, 상평진휼청의 양곡 등에 대하여 상세히 기록했다.

풍산 유씨의 문서를 통해 그 예를 살펴보면 해유문서를 받은 유진익(柳進翼: 1787~1851)은 1845년 6월 25일 함평현감에 부임하여 다음해 6월 15일에 체임되어 372일간 재임했다. 그해 10월에 새로 부임한 현직 현감 이모(李某)가 그 실제를 검토하여 관찰사에게 보고하자, 이를 근거로 관찰사는 11월 5일 호조에 이첩했고 호조에서는 다음해 6월 해유문서를 발급했다.

유진익(柳進翼)이 1년간 함평현감을 지내고 체임시에 해유문서를 작성하여 제출한 것을 후임 현감인 이모가 이를 조사하여 관찰사에

예 6) 1846년 유진익의 해유문서

(1) 全羅道咸平縣監爲解由事 本縣前縣監柳進翼關內當職於乙
巳六月二十五日 禮任署仕 丙午六月十五日遞職 今將歷仕月日及雜凡
緣故 該管物件逐日開坐 備細照詳 解由成給爲此關是乎等
用良 得此將本員姓名及雜凡緣故職掌 該管物件圓僉[7] 磨勘 照數叩筭[8]
明白另款[9] 開坐[10] 于後 爲此合行牒呈 伏請
照驗[11] 施行 須至牒呈者[12]
計 開
改 名 無
乙巳六月二十五日通訓大夫柳進翼受本職 丙午六月十五日遞職
元仕三 百七十二日
傳受
軍資倉前留庫
米二十四石九斗六升五合一夕七里
正租四石七斗七升九合八夕五里
船儲米二百六十四石三斗四升八合一夕
(以下 省略)
右 牒呈
戶曹
道光二十六年十月 日 行縣監[13]李
解由

(2) 全羅道觀察使兼巡察使爲相考事 粘連牒呈是去有良旀合行移關[14]請
照驗施行須至關者

---

7) '圓僉'의 圓은 會坐라는 뜻이고 僉은 모인다(集)는 뜻으로 이는 관련자가 여럿이 모여서라는 의미이다(『經國大典註解』禮典 解由移關式條 참조).
8) '照數叩筭'의 照數는 수를 헤아린다는 뜻이고 叩筭은 계산한다는 뜻이다(위의 책 같은 조 참조).
9) '另款'의 另은 구별한다(別)는 뜻이고, 款은 條款으로 '조목별로'라는 의미이다(같은 책 같은 조 참조).
10) '開坐'는 열이라는 의미로 그 물량을 나열하여 베껴 기록한다는 뜻이다.
11) '照驗'은 그 일을 증명한다는 뜻이다(위의 책, 같은 조 참조).
12) '須至牒呈者'는 '須要送至牒呈也'라는 뜻으로 이는 첩정을 반드시 돌려보내주기를 요구한다는 뜻으로 풀이된다(『經國大典註解』禮典 立法出依牒式條 참조).
13) '行縣監'의 '行'은 '현직을 담당하고 있는'이라는 뜻이다. 李는 신임 수령의 성이다.
14) '合行移關'의 行은 현감 李某의 품계가 현감직 품계인 종6품직 이상이었기 때문에 쓴 것이다.

```
    右 關
    戶 曹
    道光二十六年十一月初五日
    相考
        都事^(15)
```

(3) 戶曹爲解由事背書關及粘連牒呈內乙
    用良 前咸平縣監柳進翼等內解由無頉^(16)
    成出爲去乎 相考施行向事 合行移關請
    照驗施行 須至關者
    右 關^(17)
    吏 曹
    道光二十七年六月日
    關 判書(押) 參判 參議 正郞 佐郞
                            正郞 佐郞
                            正郞 佐郞

    (草書題音) 丁未六月十七日吏曹照訖^(18) 付於本員
    郞廳^(19)(押)

게 보고한 문서가 1번 문서이다. 관찰사는 이를 호조에 보고했는데 이 문서가 2번 문서이다. 호조에서 이상이 없음을 이조에 통보한 문서가 3번 문서이다. 이는 1번 해유문서에 붙여 만든 문서로서 점련문기(粘連文記)라 하나 이조에서 유진익에게 통보한 조흘첩은 탈락되어 있다. 1번 문서는 『경국대전』 예전에 실려 있는 해유식의 문서 형태에 따른 것이다. 여기서 '계개(計開)'는 다음의 목록과 같다는 뜻이다.

1번 문서는 함평현의 현직 수령이 호조에 이관한 보고서(牒呈)로,

---

15) '都事'는 종5품의 관직으로 관찰사를 대행하여 작성했음을 뜻한다.
16) '無頉'은 '어긋남이 없다'는 뜻으로 문제되는 점이 없다는 의미이다.
17) '關'은 하급 관청에서 상급 관청에 올리는 문서를 뜻한다.
18) '照訖'은 수령을 지낸 자에게 해유문서가 문제없이 해결되었음을 통보하는 것을 말한다.
19) '郞廳'은 이조의 낭관의 집합체를 의미한다.

이는 『경국대전』 예전의 해유첩정식(解由牒呈式)에 의거한 것으로 관찰사를 경유한 것이다. 2번 문서는 유진익의 해유문서를 살펴보았다는 것을 1번 문서에 덧붙여 작성하여 호조에 올린 관문(關文)으로, 『경국대전』 예전의 해유이관식(解由移關式)에 의거한 것이다. 3번 문서는 호조에서 이조에 보낸 문서로서 점련된 관찰사의 관문에 의거하여 문제가 없음을 인정한 문서이다.

'첩정'은 하급 관청에서 상급 관청에 보고한 문서를 칭하며 '관'은 동급 또는 상급 관청에서 하급 관청에 보내는 문서를 지칭한다.

중앙의 주요 관직

조선조 관원 중 정승 또는 재상이라 하면 2품 이상으로서 각 조(曹)의 장관인 판서가 이에 해당한다. 영의정은 총재(總宰)라 하여 오늘날 수상이었다. 3정승이라 하면 우의정·좌의정·영의정을 지칭하며 이들은 국가의 여러 관서의 책임자를 겸직하도록 되어 있다. 즉 이를 제주제(提調制)라 한다. 승문원, 봉상시 등 12개 관청의 책임을 겸직하고 이밖에 여러 직책을 겸직하게 되었다. 즉 영의정은 영춘추관사(領春秋館事), 판의금부사(判義禁府事), 판관상감사(判觀象監事) 등의 관직을 겸하도록 되어 있다.

3정승을 포함한 당상관의 정년은 70세이고 정년에 이른 3정승에게는 왕이 궤장(几杖)이라고 하는 기대는 책상과 지팡이를 주어 계속적인 근무를 요구하고 실직 2품 이상을 지낸 70세 이상의 사람은 기로소(耆老所)라는 노인우대소에 들게 한다. 70세에 치사(致仕 : 퇴임)하는 정2품 이상의 재상에게는 봉조하(奉朝賀)라는 직을 주어 국가의 특별한 의식에만 참여케 하고 맡은 직은 없으나 일정한 봉록을 주었다. 국가의 중요한 사건이 있으면 왕은 사신을 보내어 그들의 의견을 묻기도 했다. 4품 이상의 실직을 지낸 관료로서 80세가 넘으면 매년 초 자품을 올려주는 노인직 제도도 있었다. 또한 2품 이상이 되면 부모와 조부모, 증조부모를 증직하는 혜택이 있었고 죽은 후에 시호를 내리고 그 중 공로가 큰 사람은 종묘의 묘정에 배향되는 특전을 받을 수 있었다. 2품 이상은 묘소에 신도비를 세울 수 있었다. 지방에 퇴거하는 경우에도 잡역이 면제되는 등 여러 가지 우대가 따랐다.

관료 중에서 가장 명망스러운 관직은 대간직과 문한직이었다. 대간은 사헌부와 사간원을 지칭하며, 홍문관을 포함하여 3사(三司)라 칭하기도 했다. 대간은 관리의 비행을 규찰하고 5품 이하의 관리 임용에 죄의 유무와 신분적 하자를 조사·서명하는 서경권과 국가의 중대사를 왕에게 직언하고 간쟁하는 권한이 있었고, 관료의 비행을 탐문하여 탄핵하고 풍속을 바로잡는 임무를 가졌다. 조선시대에 선비가 왕에게 밉게 보이면 유배를 가는 한이 있어도 관원생활이 보장되지만 대간에게 밉게 보여 한번 나쁜 평을 받으면 관료로서의 생활이 불가능했다고 한다.

특히 당쟁이 심했던 조선후기에는 더욱 그러했다. 대간은 관원의 인사나 정책결정이 잘못되었다고 파악되면 처음에는 개별적인 상소를 올리다가 왕이 이를 들어주지 않으면 사헌부·사간원·홍문관이 단체로 상소를 올리고 그래도 들어주지 않으면 3사가 합동으로 상소를 올린다. 3사의 합동 상소가 20여 차례 행해진 예도 있었다. 대간의 최후 수단은 합동으로 상소를 올리고 출근하지 하지 않으며 이런 경우 끝내 왕이 굴복하는 것이 통례였다.

문한직은 문장 능력과 학식을 바탕으로 임용되는 홍문관·예문관·승문원의 관직을 말한다. 홍문관 관료는 왕의 경연을 담당하고 교서를 지으며, 예문관 관료는 춘추관의 사관직을 겸하여 역사를 기록하는 일을 맡았다. 예문관 직원은 선임자가 후임자를 선발하여 추천했고 국가의 역사기록인 사초를 쓰는 임무를 맡아 그 명예가 대단했다. 예문관의 정규 사관 이외에 승정원의 승지, 대간직 등도 사관을 겸하여 사관은 총 인원수가 57명에 달했으며 그들은 지방관으로 가더라도 사관직을 겸하는 경우가 많았다.

사관은 정확한 기록을 남기기 위하여 왕의 일거일동을 보아야 하기 때문에 왕은 이들이 따라다니는 것을 싫어하는 경우가 많았다. 또한 정확한 기록을 남기기 위해 갖은 수모를 당하기도 했다. 예를 들면 입시가 허용되지 않는 모임의 경우 창문으로 엿보다가 구타당하기도 하고 무관으로부터 뺨을 맞는 예도 있었다. 그러므로 사관에 임용되면 선임자로부터 형식적으로 매를 맞는 의식을 갖기도 했는데, 이는 수모를 이겨낼 수 있는 의지를 강화하기 위한 의식교육의 수단이었다. 승문원은 외교문서 작성을 담당하는 관서이다.

대간직과 문한직은 청직(淸職)이라 통칭했고, 이와는 달리 인사권을 담당한 이조와 병조, 재무를 담당하는 호조 관원은 요직(要職)이라고 칭했다. 이들을 합쳐 청요직(淸要職)이라 칭하기도 하였으며, 이들 관직은 관리들이 맡고 싶어하는 명예스러운 자리였다.

양반에게는 언론의 자유가 비교적 보장되어 있었다. 재야의 선비도 국가의 중요한 문제에 대하여 상소를 올리면 이를 승정원에서 접수하여 왕에게 보고토록 되어 있었다. 왕명의 출납을 맡은 승정원 승지도 막강한 힘을 가진 요직 중의 하나였다. 승정원에는 정3품의 도승지·좌승지·우승지·좌부승지·우부승지·동부승지 6명과 정7품의 주서(注書) 2명이 있었으며 승지는 교대로 야간에도 번갈아 입시하도록 되어 있었다. 당번 승지를 입번승지(入番承旨)라 하는데 이들은 승정원에 들어오는 모든 일을 기록했다. 이것이 승정원 일기이다. 조선후기의 승정원 일기가 전해지고 있어 실록보다 더욱 상세함을 알 수 있다.

무관직은 품계로서 무산계를 받는데 이는 참하관인 7품 이하는 'ㅇㅇ부위(副尉)', 종6품으로부터 정5품까지는 'ㅇㅇ교위(校尉)'를 받고 종4품으로부터 정3품까지는 '장군(將軍)' 칭호가 붙은 품계를 받으며, 이 중 당상관직인 정3품 상위 품계는 '절충장군'이다. 무산계는 22단계이며 종2품 이상이 되면 무관도 문산계를 받는다. 군제는 조선전기에는 중앙에 오위(五衛)의 군단이 있어 지방 농민이 번갈아 근무하는 제도였으나 임란을 거치면서 중앙군단은 5군영제라는 직업 군인으로 대치되었다.

따라서 무관직도 크게 변화했다. 5위의 상급 군직으로는 부호군(종 4품직), 호군(정4품직), 대호군(종3품직), 상호군(정3품)직이 있었는데 조선후기 5군영에서의 상위직은 파총(把摠: 종4품), 별장(別將), 천총(千摠)(이상 정3품), 중군(中軍), 대장(大將 또는 使)(이상 종2품)으로 바뀌었고, 지방관으로는 정3품의 병마절도사(兵使), 수군절도사(水使)으로부터 각군의 첨절제사(僉節制使: 종3품직), 하급의 권관(權管), 별장(別將)의 종9품직까지 있었다. 군직을 받은 관료에게는 밀부(密符)가 주어진다. 밀부는 대나무 또는 금속붙이를 반으로 쪼개어주고 긴급명령을 보낼 때 왕이 보낸 사람인가를 확인하기 위해 이를 맞춰보도록 되어 있는데 이 밀부 제몇 호를 준다는 문서를 유서(諭書)라 하고 여기에는 유서지보(諭書之寶)라는 도장을 찍었다.

조선전기에는 외관 무직으로 종6품 이상의 직만 있었는데 임란 후 종9품직까지 확대되었다. 무관직 중 가장 명예로 여긴 관직은 조선후기에는 왕의 의식에 참여하고 부신(符信)[20]을 관장하고 왕명을 전하는 임무를 담당했던 선전관청(宣傳官廳)의 선전관(종9품~정3품)이었다. 이들은 왕의 시위부대인 금군(禁軍) 중에서 발탁되어 취재라는 시험을 거쳐 임용되었다. 조선 초기에는 정원이 8명이었으나 후기에는 59명으로 확대되었으며, 이 중에는 문신이 겸하는 정원도 포함되어 있었다.

무신의 사회적 지위는 조선전기에는 비교적 높았으나 시간이 지나면서 문신 중심 사회로 발전하여 점차 약화되어 갔다. 이는 조선후기 군직인 오군영대장과 강화유수 등이 문관으로 임용되었기 때문이다.

---

20) 符信이란 군사권을 가진 지방관에게 왕이 특별한 사람을 보내어 군사를 동원하거나 긴급명령을 전할 경우 그의 신원을 확인케 하기 위해 임용시에 지방의 군지휘관에게 신표의 반쪽[右符]을 주고 전갈자의 것[左符]과 합쳐보아 맞으면 틀림없다고 확인하는 것을 말한다. 금, 옥, 대나무 또는 나무조각이나 두꺼운 종이조각에 글씨를 쓰고 증인을 찍어 이를 쪼갠다.

문관이건 무관이건 지방수령으로 나가면 경제적 수입이 많았고 백성의 문제를 직접 체험할 수 있었다. 당상관이 되려면 반드시 이 외직을 거쳐야 하였다. 수령의 일과 중에서 재판은 가장 중요한 일이었다. 그러나 조선시대의 수령은 교육과정이나 과거시험 과정에 법률을 공부할 기회가 없었다. 그러므로 민사・형사 재판을 담당하기 위해서는 법률 공부를 별도로 하였는데, 수령들이 공부하는 법전 책으로 편찬된 것이 1685년에 김백간(金佰幹)에 의하여 편찬된 『사송유취(詞訟類聚)』이다. 이 책은 그 후 『결송유취(決訟類聚)』, 『청송지남(聽訟指南)』, 『결송유취보』로 보완되었다. 수령이 이런 법전 공부를 하지 않으면 수령으로서의 임무를 수행할 수 없고 아전의 농락을 받기가 쉬웠다.

관료들의 일상생활

조선조 관료의 대부분은 한문을 이해하고 한시를 짓는 시인이었고 유교적 예절을 지키는 일이 상례였다. 그들은 노는 한이 있더라도 생산활동에는 종사하지 않는 것이 관행이었다. 신앙은 대부분 불교 또는 무속을 믿고 있었는데, 관료 자신은 이를 신봉하지 않는다 하더라도 질병이 생기거나 죽음을 당하여 신에게 기원하는 종교활동은 주로 부인이 관장했다. 관직에 나가서는 불교를 배척하라고 하면서도 가정에서는 인간으로서의 한계를 극복할 수 없는 경우 종교가 필요했으므로 불교나 무속에 의존하지 않을 수 없었다.

이들은 일상생활에서 노비의 노동력에 많은 도움을 받았다. 행차 시에 노비를 대동하고 다니며 심부름을 시키거나 짐을 운반케 한 것은 비단 관료만이 아니라 관직을 갖지 않은 양반 전체에 통하는 풍속이었다. 또한 그들은 효를 실천하는 데도 적극적이었다. 법적으로는 자기 고향의 수령으로 부임할 수 없었지만 연로한 부모가 계실 경우 봉양을 위하여 허락되기도 했고 부모가 죽으면 중요한 직책을 맡아도 탈상까지 2년여간 관직을 내놓고 상례를 치르는 일이 통례였다.
 그러므로 중요한 직책을 맡고 있는 경우 왕은 특별명령으로 그를 관직에 부르는 일이 있는데, 이를 기복(起復) 또는 탈정(脫情)이라 하여 교서를 내린다. 그렇지 않은 경우 대부분의 관료는 부모 또는 조부모 상을 당하면 만 2년여 동안 관직을 중단하고 부모의 무덤 옆에 초막을 짓고 시묘(侍墓) 생활을 한다.
 관료는 경우에 따라 공신에 책봉되는 기회가 있었으며, 공신에 책봉되면 엄청난 토지와 노비를 하사받고 자신뿐만 아니라 후손에게도 사면권을 부여받았다. 공신은 국가의 종묘에서 제사를 받을 뿐만 아니라 자손의 집에서도 신주가 옮겨지지 않고 영구히 제사를 받았다. 그러나 관료들은 공신보다는 도덕과 학식을 갖춘 선비가 더 이상적인 것으로 추구되었다.
 학문이 뛰어나고 의리에 밝은 학자가 수령으로 오거나 유배 온 고을에서는 이를 제사지내기 위해 서원에 모셔지고 상급 중신이나 공신은 왕실의 종묘에 배향되어 제사를 받아먹게 된다. 그리고 대학자는 향교와 성균관에 설치된 문묘에도 배향된다.
 이러한 관행은 조선시대가 얼마나 유교적 윤리를 중시했는가를 보여주며 정치의 가장 기본적인 목표가 예를 알고 실천하는 풍속의 순화에 있었음을 보여주는 실례라 할 수 있다. 가정에서의 효는 국가나 왕에 대한 충성으로 통하는 가장 기초적인 덕목이었다. 그러므로 조선시대의 관료들은 개인의 자유보다는 가문과 부모의 뜻을 따르는 것이 더 중요했다고 생각했다. 모든 양반이 다 그런 것은 아니었지만 과거에 응시했다가도 부모가 죽으면 이를 포기하는 사례를 왕왕 발견할 수 있다.

(정구복, 한국정신문화연구원 교수)

부록 : 관료의 문무 산계[21] 및 외명부의 명칭

文散階 : 정1품 大匡輔國崇祿大夫 　　　　輔國崇祿大夫
　　　　종1품 崇祿大夫　　崇政大夫
　　　　정2품 正憲大夫　　資憲大夫
　　　　종2품 嘉靖大夫　　嘉善大夫
　　　　정3품 通政大夫　　通訓大夫
　　　　종3품 中直大夫　　中訓大夫
　　　　정4품 奉正大夫　　奉列大夫
　　　　정5품 通德郎　　　通善郎
　　　　종5품 奉直郎　　　奉訓郎
　　　　정6품 承議郎　　　承訓郎
　　　　종6품 宣敎郎　　　宣務郎
　　　　정7품 務功郎
　　　　종7품 啓功郎
　　　　정8품 通仕郎
　　　　종8품 承仕郎
　　　　정9품 從仕郎
　　　　종9품 將仕郎

武散階 : 종2품 이상은 문산계와 같음
　　　　정3품 折衝將軍　　禦侮將軍
　　　　종3품 建功將軍　　保功將軍
　　　　정4품 振威將軍　　昭威將軍
　　　　종4품 定略將軍　　宣略將軍
　　　　정5품 果毅校尉　　忠毅校尉
　　　　종5품 顯信校尉　　彰信校尉
　　　　정6품 敦勇校尉　　進勇校尉
　　　　종6품 勵節校尉　　秉節校尉
　　　　정7품 迪順副尉
　　　　종7품 奮順副尉
　　　　정8품 承義副尉
　　　　종8품 修義副尉
　　　　정9품 效力副尉
　　　　종9품 展力副尉

---

21) 문산계에는 宗親과 儀賓(왕과 왕세자의 사위)의 별도 산계가 포함되어 있으나 생략함

文武官의 妻 : 外命婦
　　　　정종1품 : 貞敬夫人
　　　　정종2품 : 貞夫人
　　　　정3품 당상관 : 淑夫人
　　　　정3품 당하관 : 淑人
　　　　종3품 : 淑人
　　　　정종4품 : 令人
　　　　정종5품 : 恭人
　　　　정종6품 : 宣人
　　　　정종7품 : 安人
　　　　정종8품 : 端人
　　　　정종9품 : 孺人

중인 생활

 조선조에는 원래 인적 계층관계가 확립되어 있어서 엄격하게 계층제가 준수되었다. 초기에 법제적 신분은 양인과 천인으로 규정되었지만 현실적으로는 분화되어 16세기경에는 양반, 중인, 평민, 천인으로 계층이 형성되었다.
 중인은 대체로 고려말 조선초에서부터 양반에서 도태되거나 양인에서 상승한 자들로서 형성되기 시작하여 조선시대 중엽에 이르러 하나의 계층으로서 확연히 모습을 드러낸 중간신분층이었다. 정3품까지 승진할 수 있는 역관(譯官), 의관, 산원, 율관 등 상급 기술관과 정7품이 한품(限品)인 천문관, 도류(道流), 화원(畵員) 등의 하급 기술관, 그리고 녹사, 서리들이 이에 속했다. 지방에는 관계에 들지 못한 향리, 군교 등이 있었다. 대체로 이들은 양반에는 미치지 못하나 양인보다는 우위에 있던 일련의 하층 지배계급이었다.
 양반관료제 사회에서 상층 지배계급이었던 양반은 정책입안에만 관계했고, 번거로운 행정실무는 중인들이 도맡았다. 생산노동은 양인과 천민에게 책임지워 계층적인 지배구조가 완성되었다. 그러나 관변측은 중앙의 전문직에 국한시킨 기록이 많으므로 아래에서는 여기에 한정하여 알아보기로 한다.
 중인의 명칭이 유래된 데 대해서는 몇 가지 설이 있는데, 현재 가장 유력한 설은 '서울의 조시(朝市) 근처에 살았기 때문에 중인이라고 부르게 되었다'는 것이다. 곧 중인들은 서울의 고관대작들이 많이 살던 가회동이나 삼청동 등 북촌과 세력을 잃은 빈한한 선비들이 살던 남산 회현동의 중간지점인 청계천 일대에 거주하여 이런 명칭을 얻게 되었다는 것이다. 더 자세하게는 광교에서 장통교를 지나 수표교에 이르는 지역에 집중 분포했던 것으로 보인다. 한말에 살던 역관 변씨 집안의 한 노인은 내자동에 살다가 초동으로 이사하고, 대한제국이 망한 이후에는 사직동으로 이사했다가 다시 내자동으로 이사했다는 증언에서도 이들의 근거지를 대강 짐작할 수 있다.

중인 계층의 특징은 기술직의 높은 세전성(世傳性)과 우세한 씨족의 독점화 경향에서 찾을 수 있다. 이것은 상급 전문직에서 아버지와 아들 2대에 걸친 잡과 합격자가 30~40%나 나왔던 사실에서도 입증된다.

조선후기에는 중인들이 그들의 직업과 우수한 역량을 통해 상당한 경제력과 실력을 쌓았다. 이를 배경으로 한말 이후 근대화에 앞장 서는 많은 인물이 배출되었다. 과거 유교사회에서는 유교교양이 일차적인 중요성을 가졌으나, 현대에 와서는 이러한 중인들의 활동이 일차적인 중요성을 갖고 과학과 예술의 선진화가 나라의 장래를 결정한다는 점에서 이들의 활동이 더욱 주목받고 있다.

중인에 관해서는 관련자료가 적고, 이들에 대한 사회적 인식이 뒤따르지 못해 그다지 많은 연구가 진행되지 못했다. 일반적으로 조선시대의 고문서 자료는 대개 이문(吏文)으로 작성되었는데, 이문에는 원래 두 가지 뜻이 있어, 하나는 조선시대 승문원(承文院)에서 중국 등 외국에 보내던 외교문서 서식을 말하고, 다른 하나는 향리 등이 관청에서 작성한 문서에 쓰이던 글을 말한다. 하지만 이것들은 오늘날 중앙에서 전문직에 종사하던 중인들의 생활상을 밝혀주기에는 그렇게 적합하지 못한 것으로 보인다.

이 글에서는 중인에 관해 지금까지 찾아볼 수 있는 영세한 자료와 필자가 그동안 중인 집안에서 얻은 족보와 후손 노인들로부터 전해들은 이야기를 중심으로 살펴보겠다.

중인의 의관 (衣冠)

조선시대 의식주와 여러 격식은 신분과 직업에 따라서 다르게 규정되었다. 그런데 전문직 중인에 속했던 집안 후손인 노인의 증언에 따르면 그들은 일반인에 비하면 대체로 상류층에 속하여 부유한 생활을 누렸다고 한다. 서울을 크게 세 지구로 나누어볼 때 북촌에는 조선후기 이래 세력을 떨치던 노론들이 살았고, 남촌에는 회현동 일대에 선비들이 살아서 한말에는 누대에 걸쳐 정승을 지낸 정원용 대감 등이 나왔다. 중인들은 대궐이 가까운 청계천 주변에 살면서 푸른 중추막[청색 도포]를 입고 다녔다고 한다. 중촌에서도 인왕산 등 윗대에는 이속(吏屬)들이 살고, 아랫대에는 군경들이 살았다고 한다.

상민들은 흰색 두루마기만 입을 수 있었던 데 대하여 '초록은 동색(同色)'이라는 말도 중인에게서 생겨났다고 한다. 조선시대 백관들의 공복(公服)에서 중인 차림에 대한 규정은 정3품은 홍포에 복두(幞頭)를 쓰고, 협지금(茘枝金) 띠를 두르고 흑피화(黑皮靴)를 신었다. 4품 이하는 청포(靑袍)에 흑각(黑角) 띠를 둘렀고, 7품 이하 참하관은 녹포(綠袍)에 흑의화(黑衣靴)를 신은 점이 달랐다.

남자의 의식 중에 가장 중요한 것이 의관이므로 초가(初加), 재가(再加), 삼가(三加)라 하여 삼가까지 하게 되어 있었다. 그리고 여자들은 남편의 벼슬이나 본가의 신분에 따라 역시 복장을 달리했다. 조선후기로 오면서 여자들은 외출할 때 남자들과 내외하기 위해 서울 윗대의 양반들은 장옷을 쓰게 되었는데 중인 이하는 치마를 대신 쓰게 되었다. 또한 양반여자들은 치마를 왼쪽으로 여며 입었는데 만일 상민이 그렇게 입으면 망신을 당하고 쫓겨났다고 한다.

청색은 청청한 생명의 표현으로서 화(禍)를 제거하고 복을 불러 오는 데 이용되었다. 홍색과 쌍벽을 이루어 혼사 때는 치마와 저고리로 구별되며, 표리로서 사용되고 금침도 붉은 꽃색과 남색으로 만들었

〈도판 1〉 갑오개혁 이전의 아전 복장

다. 그러나 주술적 면은 붉은 색과 같이 다양하지 않았다. 그러나 남(藍)은 독을 제거하는 성질이 있고 살충성이 있어 피부에 닿는 의복 염색에 좋고, 독사가 남냄새를 싫어하여 독사의 두려움에서 벗어날 수 있는 약물적 민속의 뜻이 있었다. 염색할 때 매개제로는 잿물이 사용되었는데 비단은 잿물에 약해서 사용하지 못했다.

여회(礪灰)는 석회의 일종으로 굴껍질을 장작불에 구워 식기 전에 공기가 통하지 않게 덮어서 2~3일 놓아두면 석회가 되었다. 이것을 체에 쳐서 가루를 만들어 사용했다. 이것은 오랜 역사를 갖고 있는 알칼리제로서 쪽잎(藍葉)으로 쪽물의 원료를 만들 때 쪽의 녹지 않는 색소를 환원시키기 위해 썼다. 마디풀과의 일년초인 쪽잎 염색은 햇빛에 강하여 색깔이 바래지 않는 성질이 있으므로 세계에서도 가장 많이 사용되는 염료였다. 남색은 중세까지는 사용이 드물었으나 염료의 으뜸으로 등장했다가 합성염료의 출현으로 다시 왕좌에서 물러나게 되었다.

조선조는 이전과 달리 빨강과 파랑의 시대라 할 수 있게 되었다. 성종 때 조신들의 의복은 아청(鴉靑), 초록, 목홍색(木紅色)을 사용케 했다. 『경국대전』에 청색 물을 들이는 장인이 상의원에 10명, 제용감에 20명, 합하여 30여 명이 경공장에서 염색을 했으므로 1470년대에는 공장들의 청색 염색도 활발했다. 이시진(李時珍)의 『본초강목(本草綱目)』에는 쪽의 줄기와 잎을 모두 청염에 사용한다고 했으나, 잎이 더 좋은 염료가 되었고 쪽의 종류와 부위에 따라서 여러 색소가 함유되어 있어 순청의 함유율은 30~90%였다. 19세기 초의 『만기요람』에는 상의원에 남종(藍種)이 1말에 쌀 8섬이고, 그에 필요한 여회가 1말에 경기쌀 7되, 여회(黎灰)는 1말에 경기쌀 5되라고 하여 남색 염색의 비중이 큰 것을 알 수 있다. 염색법은 『임원십육지(林園十六志)』에 보면 6~7월에 쪽잎을 따서 깨끗이 씻어 닦은 그릇에 넣어 주물러 즙을 만들고, 남색을 물들였다고 했으나 실제로는 더 여러 과정을 거쳤다.

조선후기에 역관사행으로 대마도에 파견되었던 대표 중에는 나중에 부호가 된 사람이 많았다. 김근행(金謹行)은 1640년 부대표를 한 번 지낸 후 1678년까지 대표를 역임했고, 여덟 번이나 대마도에 다녀왔다. 정재륜(鄭載崙)의 『동평위공사문견록(東平尉公私聞見錄)』에는 그의 복장에 관한 다음과 같은 얘기가 전한다.

> 왜역 김근행은 부자 소리를 들었으나 의복은 검소했다. 찢어진 모자를 쓰고 다녔고, 망건관자에는 붉은 구리에 금칠한 것을 사용했다(금관자를 사용하여 당상관임을 알 수 있다). 금띠에는 쇠뿔에 황금색을 칠해서 썼고, 차는 칼은 나무 자루로 만들어 썼다.
> 다른 사람이 그 연고를 물으니 "내가 가진 물건이 화려하고 아름다운 것이면 귀족자제들이 모두 갖고 싶어한다. 주지 않으면 환심을 잃게 되고 고루 나누어주자니 물건이 없다. 사치하면 화를 부르므로 이렇게 할 수밖에 없다"고 했다. 이것을 보면 그 식견이 매우 밝았음을 알 수 있다.

조선후기 들어 역관들이 2품관에도 올라가고 무역을 통하여 사치해도 될 만큼 부유했으나 양반들의 수탈이 심해 이를 겉으로 나타내지 않았던 것을 알 수 있다. 그런데 숙종 때 갑부로 소문났던 변승업(卞承業)의 집안에서도 1664년부터 1858년까지 여덟 차례나 역관사(譯官使:問慰行)로 대마도에 갔지만 살던 방식은 달랐다.

숙종 18년에는 역관 변승준(卞承俊)의 딸이 외람되게 옥교(屋轎)를 타서 벌과금을 물고 석방되었다는 기사가 있고, 숙종 22년에는 변승업의 부인 영천 이씨 내의(內醫) 춘양의 딸이 죽었는데 마치 관을 국상(國喪)과 같이했다고 한다. 곧 이중관의 외관(外棺)에 옻칠을 하는 것은 원래 임금의 관에만 사용하는 것이므로 재상과 대관들이 이를 듣고 괘씸하다고 생각했으나, 역관이 수십만 금을 요로에 모두 뿌렸던 까닭에 아무 규탄도 받지 않고 무사했다고 한다(『東平尉公私聞見錄』). 변승업은 말년에 서울 장안에 이자를 놓았던 금액까지 재산이 모두 50만 냥이나 되었으나 이를 무리하게 거두어들이지 않음으로써, 재산은 많이 흩어졌으나 인심을 얻어 후에 그의 집안은 중인 벼슬을 계속할 수 있었다고 한다.

그러나 숙종 14년 귀인 장씨가 역관의 딸로서 장차 경종이 될 왕자를 낳았을 때는 사정이 달랐다. 임금의 부름을 받고, 귀인 장씨의 어머니 윤씨가 옥교(屋轎)를 타고 순산을 도우러 대궐에 들어가다가 그만 사헌부 금리(禁吏)의 저지로 교자를 압수당한 봉변도 있었다(『숙종실록』 권19, 14년 10월 병술).

한편 중인 가운데 산원에 대한 기록에는 다음과 같은 것이 있다.

인조 때 김신국(金藎國)이 호조판서로 있을 때 중국에 은을 바치는 일이 있었다. 김판서가 그 일을 중히 여겨 아랫사람에게 위임하지 않고 산원(算員)을 데리고 손수 그 포장을 했다. 그때 산원 가운데 한 사람이 은덩어리를 보고는 슬며시 욕심이 났다. 그래서 그는 판서가 눈을 다른 곳에 돌리는 사이에 은 한 덩어리를 빼내어 두었다가 변소에 갔다온다고 핑계삼아 다른 곳에 감추어 두고는 제자리로 돌아왔다. 그 자리에 있던 사람 중 아무도 이 사실을 몰랐으나, 김판서는 이를 지켜보았으므로 알고 있었다.

그러나 김판서는 알고도 모른 체하면서 "지금 내가 산증(불알이 붓고 아픈 병) 증세가 있어서 오래 앉아 있을 수가 없으니 오늘은 이만 거두자"하고 모두 헤어지게 했다. 그런 다음 은덩어리를 다른 방에 옮겨놓게 하고 은덩이를 훔친 그 산원에게 그것을 지키도록 했다. 다음날 포장할 때 다시 은덩이를 세어 보면 그 숫자가 모자라서 훔친 사실이 탄로날 것을 지레 걱정한 산원은 전날 훔쳤던 은덩이를 다시 제자리에 갖다놓았다. 다음날 은덩이를 꺼내어 다시 헤아려보니 하나도 축나는 것이 없었다.
　이런 일이 있은 후 10여 일이 지났으나 김판서는 그 산원의 죄를 들추어내지 않고, 사소한 일이 있다고 하여 그 산원을 다른 사람과 바꾸어놓는 데 그쳤다. 이 사실을 아는 사람들은 김판서의 아량에 탄복하지 않는 이가 없었다(『東平尉公私聞見錄』).

　조선시대의 산원 등 중인에게는 보통 체아직만이 주어졌고, 봉록이 별로 없었으므로 소속관청의 재원으로 생계에 충당하고 때로는 부정한 방법으로 축재했던 사실을 알 수 있다. 태안 이씨 산원집안 후손의 증언에 의하면 옛날 산소에 제향을 모실 때면 은으로 만든 양푼에 술을 가져와 옥으로 만든 잔으로 차례를 지냈다는 것으로 보아, 비록 그들의 신분은 양반에 비하여 낮았으나 생활은 풍요로웠던 사실이 확인된다.
　백두산 정계비를 세웠던 역관 김지남의 아버지 김여의(金汝義)는 인조 때 산원이었다. 이괄의 난을 만나 은덩이 등 나라의 재산을 갖고 피난하다가 행주에서 난군을 만나서 싸우다가 잡힌 몸이 되었다. 마침 임경업 장군이 이를 구하여 나라의 재정을 보전한 덕분에 우봉 김씨 집안은 더욱 왕실의 신임을 받고 관계에 진출할 수 있었다. 김여의의 묘갈(墓碣)에 따르면 그의 첫째부인은 임경업의 누이였으나 병자호란 때 강화에서 순절했고, 부친 김대충은 아들들에게 항상 우애가 있고 황금을 잊어버리기를 인분(人糞)과 같이 하라고 훈계했다고 한다.
　이들은 새해가 되면 책력도 가지고 양반행세를 했다. 그러나 조선 중기 이후 '중서(中庶) 자손은 물허청환(勿許淸宦)'이라 하여 청현직(淸顯職)을 주지 않고, 사색(四色)이 중인을 미워하여 항상 몸조심하고 조신(操身)해야 했다. 한편 중인들은 의관이나 역관 등 직책을 통해 언제라도 임금 곁에 접근하여 소식을 전할 수 있는 신분이므로, 세도가일수록 이를 두려워하여 임금 앞에서 중인을 위하는 형세였다고 한다. 그리고 중인들도 양반들에게 되도록이면 어떤 허물이 잡히지 않도록 양반이 하는 대로 했다고 한다. 따라서 양반들이 신봉하던 주자학도 그에 못지 않게 따랐다.
『이제난고(頤齊亂藁)』에 따르면 영조 44년(1768) 황윤석(黃胤錫)이 의영고(義盈庫) 봉사(奉事)를 지낼 때 들은 바로는 이 관아의 공물주인은 의관, 역관, 무과 출신 등 중인인데, 이들이 자주 세력가와 결탁하여 조금이라도 뜻대로 되지 않으면 사단을 일으켜 문제임을 기록하고 있다. 의영고는 왕실 및 종묘, 왕릉제사에 사용하는 기름, 꿀, 채소, 고추 등 반찬재료를 공급하던 부서로서 이때 황윤석은 초에 관한 것을 맡았다.

중인의 음식과 주택

궁중 풍속을 따르는 양반과 중인계급의 음식은 격식이 복잡하고 맵시를 보는 것이 아주 많으며 관북이나 관서의 질박한 풍조와는 대조적이었다. 서울은 외국 사신도 자주 왕래하므로 자연 화려하게 멋을 내는 풍이 음식에도 나타났고, 의례를 아주 중히 여기는 습성이 음식차림에 복잡하게 표현되었다. 밥상의 경우 가짓수를 많이 하고 한 가지의 양을 조금씩 차리는 버릇이 있었다.
음식은 식품을 복합적으로 쓰고 양념도 열 가지를 쓰기 때문에 그 맛 또한 다양했다. 떡 모양만 보아도 서울의 송편은 큰 밤톨만큼 통통한 데 비해, 황해도의 송편은 손바닥만하고 강원도 감자송편의 모양은 손으로 꽉 쥐었다놓은 문양을 낸 소박한 것이고 보니, 그 고장 사람의 성격을 그대로 나타내었다.
세시기(歲時記) 가운데 가장 오래된 책으로 알려진 유득공(柳得恭)의 『경도잡지(京都雜志)』에서는 지금과 같은 세시음식이 벌써 18세기에 정착되었음이 보인다. 매달 다른 음식으로 예를 들면 정월 초하루에는 세찬으로 떡국과 세주(歲酒)를 들고, 11월 동지에는 팥죽을 먹었다. 세시음식의 정착은 무엇보다 사람들 사이에 일체감을 주었다.

〈도판 2〉 구첩 반상

* 민가에서는 살림이 아무리 넉넉해도 구첩 반상까지만 차릴 수 있었고, 십이첩 반상은 궁중에서만 차렸다(한복진,『전통음식』, 대원사, 1989, 41쪽).

같은 음식을 만들기 위한 식품의 구입 및 조리의 풍속은 양반이나 서민 사이의 식생활 방식의 간격을 좁히는 구실을 했다.

후대로 오면『열양세시기(洌陽歲時記)』나『동국세시기』에서 더욱 많은 종류의 음식이 세시음식과 계절식으로 정착되었다. 그리하여 양반과 서민의 격차는 더욱 좁혀지고, 정치적 사회적 변혁에 따라 19세기에는 한식의 완성을 보았다. 음식 종류나 조리법에서 뛰어나게 발달했던 궁중음식이 사대부 집으로 전해지고 조리법을 함께 배우는 기회가 되었다. '봉송(封送)'의 풍속은 반가(班家)에서 민가(民家)로 음식을 보내는 '꾸러미의 풍속'을 낳았고, 궁중음식이 민간에게 전해지는 중요한 계기가 되었다.

고관대작 집에서는 궁중의 풍습을 모방하여 음식을 사치스럽게 잘 차리게 되었고, 이를 본떠 민가에서는 혼인잔치나 회갑잔치에 진작례와 더불어 높게 괴어 배열하는 격식을 차리게 되었다. 이런 모방은 민간에서 음식의 이상을 궁중의 어상이나 수라상에 두었다는 것을 알려준다. 다만 평상시 수라상이 12첩 반상 차림을 하고 있는 데 비해,

5첩이나 3첩의 반상차림으로 격을 낮추었다. 중인들의 경제력이 상당했던 사실을 상기하면 그들의 상차림은 웬만한 양반집 이상이었을 것으로 추측된다.

요리연구가 강인희 씨의 증언에 따르면 서울 음식은 양반가보다 중인집이 더 좋았다고 한다. 중인집에서 잘 먹었고, 양반집에서는 눈치보는 곳이 많아서 잘 먹지 못했다고 한다.

그리고 이런 한식의 완성에는 양반집안과 서민집안의 중간에 있었던 중인들의 영향이 적지 않았다. 숙종 때 왕비에까지 올랐던 역관의 딸 희빈 장씨는 높은 수준의 음식문화를 갖고 있었던 것으로 보인다. 특히 18세기에는 중인계급인 역관 이표(李杓)의 손으로 이루어진 『수문사설(謏聞事說)』이 1746년대에 나와 식도락으로서 시름을 잊고자 하는 일면도 엿볼 수 있다. 그는 유명한 중국어 역관집안인 금산 이씨의 후손으로 사역원정(司譯院正)까지 지냈던 인물로서 중인에게 주어진 신분제한을 잊고자 이런 글을 썼던 것 같다.

근래 어느 역관집 노인의 증언에 의하면 그들도 정월 대보름에 답교(踏橋)놀이를 하고, 복중에는 인왕산 부근으로 북한산놀이를 나갔다. 유두에는 청량음료로서 창면〔책면〕을 들었다. 창면이란 녹두녹말로 얇은 면을 만들어 채를 썬 후 오미자 설탕물에 띄운 음료였다. 오미자 국물에는 유기산이 들어있어, 사람 몸의 각 장기에 생리적으로 좋은 작용을 하기 때문에 청량음료로서 적당하며, 강장과 진해(鎭咳) 효과도 있었다. 또한 우봉 김씨 역관 집안에서는 봄에는 사신 왕래가 잦은 까닭에 조부 때부터 가을에 시향을 지냈다고 한다.

다음으로 조선시대 중인들이 살았던 주거환경에 대해서 살펴보기로 한다. 서울의 중부(현 종로구 청진동 주변)에는 사역원, 전의감, 도화서, 교서관, 통례원, 종부시 등 주로 지적인 일을 다루는 관리가 모여 있어서 이들 관아 앞에 모여살던 사람들을 아전이라 불렀다.

혜전정교에서 창덕궁 하구에 이르는 도로 양측(지금의 광화문우체국 앞에서 종로 4가까지)에는 건국 초부터 시전행랑을 두어 전국적인 상

〈도판 3〉 중인들의 중심 거주지였던 청계천

* 『역사산책』 삽도

권의 중심을 이루었고, 이 부근을 중심으로 상공업과 서비스업에 종사하는 서민들이 모여살았다. 한편 상인, 천인들은 성벽 바로 밑 또는 성밖의 변두리에 수호, 수천 호씩 집단으로 살았다. 가끔 지방에 큰 흉년이 들면 서울로 몰려온 자들이 서대문 밖에 움막집을 짓고 살면서 국가의 구휼을 기다리기도 했다.

태조 4년에는 개성부에서 각 품계의 가대(家垈)를 다시 정했는데 정1품을 35부로 하여 이하 5부씩을 내려 6품은 10부, 서인(庶人)은 2부로 했다. 그 60여 년 후 성종 때『경국대전』호전「급조가지(給造家地)」조에는 서인은 변경이 없으나 각 품관의 가대는 상당히 줄었다. 그러나 숙종 34년에는 왕자나 군(君)의 가대가 2,200여 간이나 되었다고 하여『경국대전』에 규정한 25부에 비하여 과대했다.

조선시대에는 고려에 이어 집터는 국가 소유이고 지상의 집은 사유를 인정했다. 온돌에 관해서는 헌종 때 이규경(李圭景)의 기록에 "백년 전에는 공경귀척(公卿貴戚)의 집일지라도 난돌(煖堗)을 한두 칸 만들어 노인이나 환자가 쓰도록 했고, 나머지 사람들은 모두 판방(板房)에서 생활했는데 주위에 병풍과 휘장을 치고 살았다.… 자녀의 방은 자리풀[茵]을 깔았고 온돌에는 말똥을 때어 얼마간의 연기로 덮였다"고 서술한 데서 거처하는 방이 모두 온돌로 바뀐 것은 적어도 영조 때 이후임이 분명하다(『五洲衍文長箋散稿』, 溫堗土坑辨證說).

정조 때 영의정 채제공(蔡濟恭)은 "근래 민심이 교활하여 처음에는 길 옆에 가가(假家)를 지어 살면서 관에서 아무 소리 없으면 그 안에 온돌을 만들고 그다음에는 판잣집에 흙으로 벽을 만들어 짓는 까닭에 길이 좁아 이리저리 비뚤어져 가고 있다"고 했다. 집[家舍]의 제한은 세종 13년에 "지금부터 친자와 친형제 공주는 50칸, 대군은 80칸, 2품 이상은 40칸, 3품 이하는 30칸, 서인은 10칸을 넘지 않도록 하되, 이미 지은 사당과 부모상전가사(父母相傳家舍), 무역가사, 외방식주지가(外方植柱之家) 등은 이 제한을 두지 않고, 기존가사는 무방하다"고 했다.

장식에서도 일반 주택은 단청을 올리거나 숙석(熟石)을 사용하거나 두리기둥을 쓰거나 부연(附椽)을 달지 못하도록 규정되었다. 그러나 왕자부터 국법을 어기고, 경제력이 있는 고관대작들도 이를 따라 주택이 확대되고 사치해갔다. 『동평위공사문견록』에는 역관의 사위집이 호화주택이었다는 기사가 나온다.

　　김근행은 왜어 통역관이었다. 품질(品秩)이 높고 부유했지만 몸가짐이 매우 겸허하고 공손하여 생각이 깊은 사람인 관계로 일본과 외교관계에 대하여 조정에서도 김에게 맡겨서 처리하는 형편이 되었다. 그에게 딸이 있어서 사위를 보았는데 사위가 집을 하나 새로 지었는데 집이 매우 좋은 호화주택이었다.
　　정부고관 한 사람이 조용히 피해서 지내고자 그 집을 빌리고자 했다. 그러나 김근행의 사위가 집을 빌려주기 싫어서 매우 곤란한 표정을 지어보였다. 그 고관이 역관 사위의 공손치 못한 데 노해서 사대부를 업신여긴다는 죄목으로 형조에 고발했다.
　　그때 나의 당숙되는 좌상공(左相公)이 형조판서였다(鄭知和). 김근행이 새벽 바람에 정지화 판서댁을 찾아와 청하기를 "저의 비천한 사위 놈이 죄를 져서 벌을 받게 되었는데, 원컨대 형조에서 매질을 좀 단단히 해주십시오. 비록 피를 보는 경우라도 조금도 원망하지 않겠습니다"라고 청했다. 정지화가 도대체 그 죄목이 무엇이기에 이러한 청을 하느냐고 물어보았다.

근행이 말하기를 "소인이 부유하다는 말을 듣지 않습니까? 그런데 천한 사위놈이 무거운 곤장을 맞지 않으면 장차 대감께서 매수되었다고 하여 그 누가 대감에게 돌아갈 것이고, 또 가벼운 벌로 처리된다면 그 고관의 노여움이 풀리지 않을 것이니 장차 더 큰 죄목으로 벌을 받게 될 것입니다"라고 말하고 머리를 숙여 빌고만 있었다. 참으로 김근행은 세상을 살아가는 데 능숙한 사람이라고 할 수 있었다.

위와 같은 책 가운데 숙종 때는 왕비 장씨의 5촌되는 역관 장현(張炫)에 대한 기사가 나온다.

일찍이 장악관(掌樂官) 박시량(朴時亮)이 조회에 참석하고자 입궐하는데, 땅이 너무 질척질척하여 신발에 흙이 묻지 않도록 대분투(大分套)를 신고 입궐했다. 대분투는 대분리(大分履)의 속명이다. 또 부자 역관 장현이 집을 짓는데, 처마에 부연을 달았다. 이런 것은 모두 나라의 법으로 아무나 하지 못하게 되어 있는 것이다.

이때 대사헌으로 있던 청음(淸陰) 김상헌(金尙憲)이 두 사람을 잡아다가 죄인으로 다스리려고 했다. 박시량은 어려서 추탄(楸灘) 오윤겸(吳允謙)에게 글을 배웠는데, 오윤겸과 김상헌은 매우 절친한 사이였다.

박시량의 처가 이런 관계를 알고서 오윤겸을 통해 남편의 죄를 면해줄 것을 김상헌에게 청하도록 부탁했다. 부탁받은 오윤겸이 '청음(淸陰)은 내 아들이 잘못하여 벌을 받아도 절대로 봐주지 않을 사람인데 하물며 남의 부탁 때문에 청탁한다고 봐주겠는가'라면서, 불쌍히 생각하면서도 응해주지 않았.

결국 두 사람은 죄인으로서 벌을 받았는데, 오윤겸은 친구인 김상헌을 이처럼 두렵게 여겼다.

또한 숙종 17년에 장현의 동생 역관 장찬(張燦)은 대로변에 큰 전각을 지었는데 굉장히 사치하여 탄핵을 받아 감옥에 들어가고 집은 해당 부서의 제도 위반조사를 받고 철거토록 했다. 위에서 보면 역관을 비롯한 중인들이 조선후기에 경제력이 커지면서 규정보다 큰 주택

〈도판 4〉 서울 무교동의 중인집 신씨가

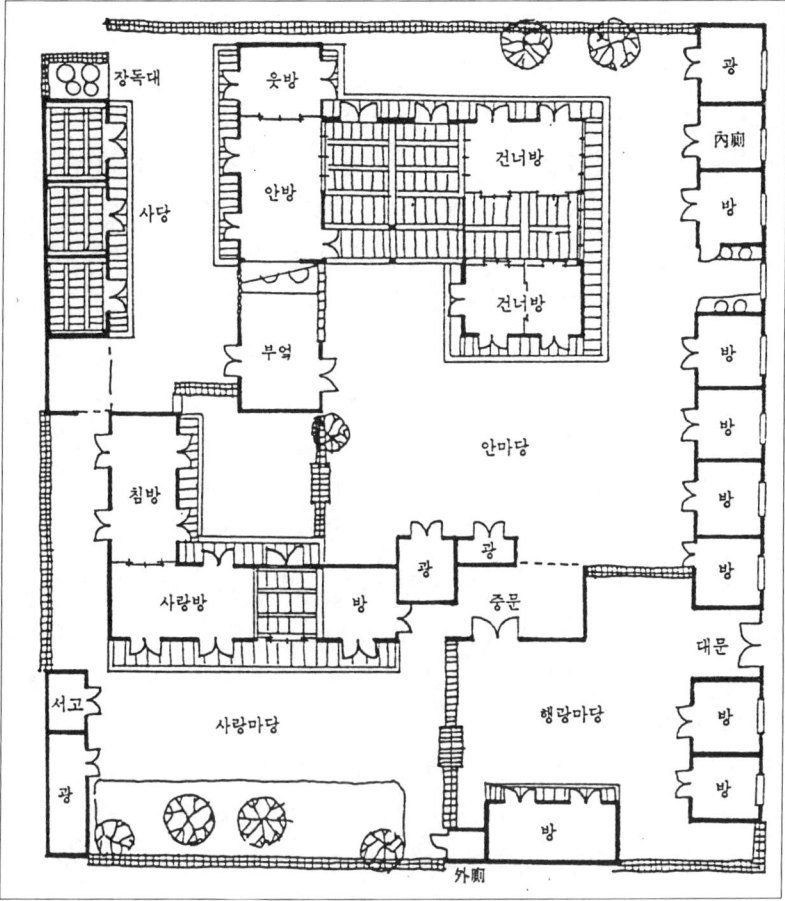

* 홍형옥, 『한국주거사』, 민음사, 1992

을 짓고, 양반들에게 수탈당하거나 벌을 받았던 사실을 볼 수 있다.
 다음에는 현재 서울 무교동에 남아 있는 중인 주택을 통해서 실제의 구조를 알아보기로 한다. 이 주택은 서민주택과는 달리 안채, 사랑채, 서고, 사당 등이 독립된 채〔棟〕로 건축되고 대문을 들어서면 행랑마당이 되고, 이 행랑마당 남쪽에는 방 2칸의 별동이 있다. 행랑마당에서 서쪽으로 보이는 일각 대문을 들어서면 사랑마당이 되고, 여기에 사랑채가 서 있다. 사랑채는 ㄱ자형 평면으로 침방, 사랑방, 대청, 건넌방으로 구성되어 있고 전후에 툇마루가 가설되었다. 이 사랑채의 서남쪽으로는 서고가 있는데, 일부는 광으로 사용하고, 일부에만 책을 보관했다. 행랑마당에서 북쪽에 자리잡은 중문 행랑은 광칸과 중문으로 구성되었고, 이 중문을 돌아 들어서면 안마당과 안채에 이른다. 안채의 부엌, 안방, 대청, 건넌방의 기본 방들은 ㄱ자형 평면을 이루어서 서울지방형 평면이지만 여기에 윗방이 안방 위에 돌출되고, 건넌방은 두 개의 건넌방을 전후에 두고 그 중간에 작은 대청을 둔, 특이한 평면을 이루고 있다.

안채의 서쪽에는 정면 3칸, 측면 1칸의 마루로 된 별동이 있는데, 그 중 북쪽 끝이 사당으로 사용되고 있다. 또한 사당간에는 장독대가 있다. 안채의 동쪽에도 줄행랑이 대문간으로부터 연속되어 있는데 방과 부엌 그리고 안변소가 있어 여인들만이 사용한다. 남자들이 사용하는 바깥변소는 사랑마당의 담장 밑에 자리잡고 있다. 이 건물구조의 대강을 보면 대개 행랑채, 사랑채와 안채 3부가 구획된 공간으로 되었고, 서고와 사당을 갖추고 있으나 상류 주택과 같이 행랑채가 독립되어 있지는 못하다.

다음으로 조선시대에 주거민속에 대하여 알아보기로 한다. 상류가옥에서 안채나 사랑채를 지나치게 높이 세웠던 것도 상하계층 의식과 밀접한 관련이 있다. 사랑채는 안채보다 더 높이 세워서 축대의 높이는 1m가 넘으며 어떤 집에서는 축대를 겹으로 쌓기까지 했다. 이렇게 하면 집이 우뚝 솟아보이기도 하지만 그보다 아랫사람에게 위압감을 주려는 목적이 숨어 있는 것이다. 이러한 집의 마루나 방은 다락처럼 높아서 아랫사람이 마당에 섰을 때라도 앉은 주인은 머리꼭대기보다 더 높은 자리에 있게 마련이다. 더구나 주인이 마루에 서게 되면 그의 발은 공중에 떠있는 듯이 느껴질 것이다.

상하계층 의식은 양반과 양민 또는 양반과 천민 사이에만 존재했던 것은 아니고 양반과 양반 사이에도 가문이나 출신, 벼슬의 높낮이 또는 나이에 따라 엄격히 반영되었다. 따라서 같은 방안에서라도 주인이 손님을 위아래 어느 간에 두고 상대하는가에 따라 그에 대한 예우가 달라지게 마련인 것이다. 또 한 방에서도 아랫사람은 주인과 마주 앉지 못하고 반드시 모로 꺾어 앉는 것이 예의였다.

 인간은 '살고 거주하며 생각한다'는 실존주의적 주거관에서 보더라도 집에서의 거주는 곧 삶을 유지하는 교두보로서의 중요성이 있음을 다시 한번 깨닫게 된다.

중개무역 경기의 퇴조와 중인사회의 변천

 역관자본은 1720년대를 기점으로 쇠퇴하고, 그 이후 사상(私商)과의 경쟁관계에서 밀리게 되는데, 이는 역관자본의 본래의 속성에서 기인하는 것으로 보인다. 사상이 자기자본으로 국내 생산과 시장을 장악하고 있었던 데 반하여 역관자본은 중계무역을 근간으로 형성 발달되었다. 역관무역은 중국의 백사(白絲)를 사들여 일본에 되팔아 이익을 취하는 중계무역이었으며, 국내시장의 소비를 겨냥한 수입품은 주로 왕실과 벌열 부호를 겨냥한 사치품이었다. 역관무역은 국내의 생산소비구조를 완전히 장악하지 못한 것으로 외부조건의 변화에 매우 허약할 수밖에 없었다.

 역관자본은 광산업이나 홍삼제조업으로 투자되었지만, 가장 손쉬운 부의 축적수단은 고리대자본으로 전환하는 것이었다.『열하일기(熱河日記)』소재 변승업 집안의 예를 보면 변승업 일가의 부는 서울의 금융계를 장악하고 있는 것으로 되어 있다. 여기서 변승업이 말년에 그 재산을 흩어버렸다는 언급은 주목을 요한다.『허생전(許生傳)』에서 허생이 과일, 말총 따위를 도거리한 것은 당시 사상의 도고행위를 반영한 것으로, 변부자가 허생의 치부술에 생소했다는 것은 바로 역관자본이 고리대자본으로 주로 기능하고 있지 사상의 도고에는 생소했다는 증거가 된다.

〈도판 5〉 조선국 역관 입선도(入船圖)

* 국립중앙박물관, 『조선시대통신사』, 1986, 61쪽

　역관자본은 17세기와 18세기 초반까지가 전성기였으며, 그 이후로는 외적 조건의 변화에 능동적으로 변화하지 못하고 쇠퇴해갔다. 물론 이것은 전 시기에 비해 상대적 쇠퇴를 의미하는 것이지 역관자본의 완전한 소멸을 뜻하지는 않는다. 북경과 서울을 잇는 무역은 계속 존재했고 국내의 왕실과 벌열 부호 그리고 서울시민을 겨냥한 사치품 등의 물화는 계속 수입되고 있었으며, 이것은 19세기 말까지 변함이 없었다.
　역관무역이 역과중인 나아가 전문직 중인에게 끼친 영향은 막대했다. 밀양 변씨의 변승업 집안, 인동 장씨의 장현 집안, 김해 김씨의 김근행 집안, 우봉 김씨의 김지남 집안 등 거대한 부를 축적한 중인 집안이 출현했으며, 이들의 부는 전반적으로 생활수준을 향상시켰다.

여기서 여항의 문화예술 활동이 가능하게 되었던 것이다. 영조 말년을 배경으로 하고 있는 한문단편 「김령(金令)」은 역관 출신의 부호였던 김령의 집을 이렇게 묘사했다.

> 겹겹의 중문을 들어가니 거창한 집채가 나타나는데, 제도가 굉장하고 문설주며 서까래까지 아로새겨 있었다.… 채생(蔡生)은 안내를 받아 복도로 들어가는데, 한곳을 돌아서니 화원의 둘레가 수백 보이고 사방을 회칠한 담장으로 둘렀으며, 그 담장 안으로 연못이 있었다. 연못가에 작은 배를 대어 놓았는데, 겨우 2~3인이 탈 정도였다.
> 배를 타고 건널 때 연과 여뀌들이 쫑긋쫑긋했고, 지척을 분간할 수 없을 정도였다. 그윽이 향내를 맡으며 한참을 거슬러올라가자 동산이 가로막고 있었다. 무늬 박힌 돌로 축대를 쌓고 가운데로는 층계를 만들어 위로 올라가게 되었다.

호화스런 집치레이다. 소설의 묘사란 점을 감안한다 하더라도, 18세기 역관부호들의 호사스런 생활상을 반영하고 있음에는 틀림이 없는 것이다. 그러나 역관무역이 모든 역관 중인에게 부를 가져다준 것은 아니었다. 역관과 사상의 대립에서 보듯이 무역권의 장악은 한 계층의 사활이 걸린 문제였다. 이것은 역관 중인 내지 기술직 중인의 재부에도 동일하게 적용될 것이다. 즉 역관무역을 통해 엄청난 부를 축적하는 가문이 있는가 하면, 이와는 반대로 무역활동에서 소외되어 몰락하는 가문이 발생했던 것이다. 이 역관층 내부의 분화, 나아가 기술직 중인 내부의 분화과정은 퍽 중요한 것으로 생각된다.

역관무역을 할 수 있는가의 여부는 북경 가는 사행인 부연(赴燕)의 참여 여부에 의해 결정되었다. 부연은 "역관이 평생 학업에 근고하여 바라는 바는 오로지 부연에 있다"고 할 정도로 부를 획득할 수 있는 소중한 기회였다. 그런데 부연의 기회가 모든 역관에게 개방되어 있지 않았다. 여기서 기득권을 쥔 층과 그렇지 않은 층 사이에 경쟁이 일어났던 것으로 보인다. 역관이 되어 북경무역에 가기까지는 여러 까다로운 과정이 있는데, 이것은 기득권을 쥔 세력의 자기방어책의 소산물로 생각된다.

역관이 되는 데는 세 가지 길이 있었다. 생도, 취재, 역과가 그것이다. 일반적으로 생각하는 것과 달리 역관들은 사전의 과정없이 역과만을 거쳐 역관이 되는 것은 아니었다. 역과 합격 이전에 대부분 녹관취재(祿官取才)를 통하여 녹관직을 역임했고, 대부분 녹관직을 하는 동안 역과에 합격했으며, 그 이후 정6품 이상의 녹관직이나 통사 체아직을 역임했던 것이다. 『통문관지(通文館志)』에 의하면 역관이 되기 위해서는 먼저 생도방에 입속해야만 했다. 이 생도방 입속은 매우 까다로워서 완찬(完薦)과 취재란 두 과정을 거쳐야만 했다. 입속을 원하는 자는 도제조 좌아일(坐衙日)에 부, 모, 처의 4조를 기록한 단자와 보거단자(保擧單子 : 보증인의 보증서)를 녹관청에 제출하는데, 녹관 15인이 모여 제출한 두 문서를 보아 가부를 결정한다〔完薦〕. 이 과정에서 두 사람만 반대해도 시험은 허락되지 않는다. 완천을 거쳐 취재에 합격할 경우 성적에 따라 사학생도(四學生徒)로 충원했다.

이 과정을 거친 뒤 사역원에는 7개의 시험과정이 있으며, 특히 부연(赴燕)을 결정하는 부경취재(赴京取才)가 따로 마련되어 있었다. 이 복잡한 과정은 역관사회가 극히 폐쇄적임을 반증하는 것이며, 이 폐쇄성은 역관무역을 둘러싼 역관사회 내부의 상호경쟁의 결과로 판단된다. 16세기에 역과 합격자를 배출한 씨족은 45성 95본관이었으나, 이 중에서 33성 53본관은 17세기 이후 전혀 역과 합격자를 배출하지 못하고, 17세기에 등장했던 역관 집안 37성 72본관 중에서 24성 54본관이 18세기 이후에는 더이상의 역과 합격자를 내지 못했다. 이 급격한 씨족교체 현상은 역관무역을 둘러싸고 탈락하는 집안이 속출하고 있었음을 반영한 것이라 하겠다. 그러나 17세기에 중요 역관 집안으로 등장했던 천녕 현씨, 밀양 변씨, 우봉 김씨 등의 집안은 19세기 말까지 계속 역관 중인을 배출했다.

사역원 소속 역관의 수는 1720년 『통문관지』에 의하면 6백여 명에 달했다. 이들 중 사역원 경관직의 수는 『경국대전』에 29명으로 정해져 있으며, 시대에 따라 변하기는 하지만, 이 수를 결코 넘어서지 않았다. 사역원의 외직은 사역원에 등록되어 있으면서 지방에 임명된 녹관으로 『경국대전』에는 14명, 『통문관지』편찬 당시에는 19명, 1880년에는 26명으로 때에 따라 변했다. 그러나 그 변화에도 불구하고 경관직과 외임직의 정수는 50명 안쪽이었다. 방대한 사역원 소속 역관의 직과문제를 해결하기 위해 설치한 것이 체아직인데, 이것도 충분하지 않았다. 역관들이 1720년대에 받았던 체아직은 녹관직이 11자리이고, 위직이 32자리였다. 실직은 경관직이 14자리에 외관직이 19자리였다. 모두 76자리로서 600여 명을 소화하기에는 턱없이 모자랐다. 여기서 부연하는 역관의 수는 1720년 대에 19명에 불과했으니, 전체 역관의 수에 비해 부연 기회가 극히 적었음을 알 만하다.

　부연(赴燕)을 통해 부를 축적하기 위해서는 역관 집안의 세습성과 역관 배출의 집중도가 절대적으로 필요했다. 한 집안에서 여러 대에 걸쳐 역관을 집중적으로 배출할 경우 그만큼 부연 기회가 많아지기 때문이다. 예컨대 변승업 집안의 경우 그의 부친 변응성은 9남 1녀를 두었는데, 6명의 아들이 내리 역과에 합격하고 손자대에도 역관이 많이 배출되었다.

　이처럼 한 집안 형제간에 한학과 왜학에 동시에 2명씩 합격하고, 그 아랫대에서 계속 역관을 배출하는 세습성과 집중도는 자본축적과 부연의 기회를 잡는 데 절대적으로 유리한 조건이었다. 이에 반해 세습성과 집중도가 떨어지는 집안은 역관무역에서 상대적으로 열세에 놓였을 것임은 자명했다.

　역관무역의 발달로 인한 역관가문의 부의 축적은, 역관은 물론 전문직 중인이 중심이 되었던 여항의 문화예술 활동에 물적 토대로 작용했던 것으로 생각된다. 그러나 역관의 경제적 토대가 여항문학과 평면적으로 대응하는 것은 아니며, 역관사회 내부의 분화, 역관무역의 퇴조 등 여러 요인이 여항문학과 복잡한 형태로 관계를 맺게 되었다. 역관무역이 퇴조하던 18세기 이후에 역관들은 그보다 대우가 좋던 의관으로 나아가거나 다른 길을 모색했다. 그 중에 의관(醫官)에 얽힌 얘기로는 다음과 같은 것이 있다.

김유위(金由渭)란 사람은 의술로서 이름이 있었다. 고관들 집에 출입하면서 돈을 많이 벌었다. 사람들이 말하기를 착한 일을 하고 뛰어난 사람을 뽑으면 반드시 김유위도 손꼽았다. 그 후 갑자기 권세있는 고관들 집에 출입하는 것을 딱 끊고 집에서 살림이나 하고 자기 옷과 자기 밥만 먹고 살았다.
사람들이 그 연고를 물으니 유위가 말하기를 "재상은 능히 사적으로 다른 사람에게 부귀를 줄 수 있지만, 그렇게 되면 반드시 화(禍)를 당하게 마련이다. 화를 당한 후에는 그 재상에게 덕을 본 사람도 같이 잘못한 것은 아니나 화는 같이 입게 마련이다. 다행히 비록 화를 면한다 하더라도 죽은 재상의 시체라도 거두어주어야 하고 패한 후에 그 집을 도와주어야 하므로 신고(辛苦)가 많아서 전일 소득을 좀 보았다고 해도 오늘의 손해를 보충할 수 없게 된다. 또 재상이 능히 공정하게 법을 잘 지키면 사사로이 남에게 부귀를 나누어줄 수 없는 것이니 내가 구구하게 분주히 찾아다녀도 그는 사사로이 나를 후하게 해주지 않는다. 재상집 문턱에 아무리 찾아보고 기다려도 소득 없이 허사로 돌아가는 것을 내가 많이 보았기 때문"이라고 했다.
내 분수를 지키고 내 몸을 편히 하는 것만 같지 못하며 이렇게 해서 천명(天命)을 기다리는 것이 옳다고 하니, 사람들이 허물을 잘 땜질했다고 했다(『東平尉公私聞見錄』).

1720년대 이후 청국과 일본이 직접 무역의 길을 열고 조선에서 중개무역 경기가 퇴조한 이후 전문직 중인사회도 변화를 겪게 되었다. 대동법이 실시되고 국내 상업이 발전하고, 농업생산이 증대되면서는 경아전(京衙前)이 중간착취를 통하여 부유해져 큰 세력을 갖고, 여항 문학과 예술의 발전에도 기여하게 되었다.

중인의 민속과 종교

중인사회에 유행했던 민속 중에 한 가지로는 투전(鬪錢)을 들 수 있다. 투전은 도박의 일종으로 사람을 속여가며 남의 돈을 따먹는 노름이다. 투전은 조선후기에 널리 퍼져 손에 대는 사람이 부지기수였다고 한다. 돈이 조금 생기기만 하면 투전판을 돌아다니면서 노름에 미쳐 날뛰다가 패가망신하는 사람이 비일비재하여 숱한 가정비극이 연출되기도 했다. 투전을 잘하는 사람이란 결국 남의 눈을 잘 속여 판돈을 싹 쓸어가는 자를 말한다. 투전은 지패의 일종으로『경도잡지(京都雜志)』에도 기술하고 있다. 이규경의『오주연문장전산고(五洲衍文長箋散稿)』에서는

    이는 고금의 인물을 품등한 것으로, 이러한 패를 모두 합치면 120패로 이를 투패가 된다고 한다. 그러나 120패를 모두 사용하지 않고 대개 40장이나 60장을 한몫으로 하여 논다. 이것은 몽고사람들이 처음 시작했다는 설도 있다.

고 논급했다. 그러나 우리나라에서는 숙종 때 당상통역관으로 있던 장현(張炫)이 시작했다고 한다. 장현은 희빈 장씨의 아버지 장형(張炯)의 사촌동생이었다. 희빈 장씨는 경종의 생모로 아들을 낳은 후 정식으로 왕후가 되어 한때 국모로서 세도를 누리기도 했다. 이들은 남인에 속했으므로 정계에서 노론을 누르고 남인 전성시대를 연출했다. 남인의 세력이 꺾이자 노론이 득세하여 희빈 장씨가 몰려나고 왕비가 민씨로 바뀌는 등 궁중이 한때 혼란하기 그지 없었다.
  바로 이런 혼란통에 장현도 희생자가 되어 옥중에 갇히는 신세가 되고 말았다. 이때 옥중에서 장현이 투전을 만들었다고 한다. 장현은 한때 당상통역관으로 중추부사의 높은 직에 오르기도 했다. 더구나 그는 반세기 동안 북경에 여러 차례 왕래하면서 여진 또는 몽고사람들과 교류하며 한몫 단단히 잡았던 인물이다. 그는 외국어에 능하여 어전 통역도 맡았으며 당시의 북경 정세에도 정통했다. 그는 효종 때부터 북경을 왕래하면서 여러가지 희귀한 물건들을 많이 가지고 왔는데, 그때 투전도 들여온 것으로 보인다.
  투전은 들어오자마자 전국적으로 급속히 퍼져 급기야는 애들과 군졸까지도 투전 노름에 미쳐 날뛰는 판이 되고 말았다. 투전을 만들

〈도판 6〉 역관 장현이 청에서 들여와 널리 퍼진 투전놀이

* 김득신 작, 〈밀희투전(密戱鬪錢)〉 간송미술관소장

때는 두꺼운 종이에 기름을 몇 번이고 먹인 후 종이가 빳빳해지면 한 쪽에 글자를 그려넣는다. 투전장 그리는 사람을 '타자'라 한다. 투전장은 여러 벌을 한 사람이 그리게 되므로 글자체가 똑같다. 인쇄가 아니라 필사이기 때문에 쓰는 사람의 솜씨 여하에 따라서 글씨체가 약간씩 달라지기도 한다. 투전장은 한 손에 쥐고 한 장씩 서서히 뽑는데, 원래 투전장은 콩기름을 잘 먹인 만큼 서서히 빠져나온다. 노름꾼은 투전장을 한 손으로 죄어가면서 마치 엿가락을 뽑듯이 하기 때문에 투전장을 엿방망이라 하기도 하고, 투전꾼을 엿방망이꾼이라 부르기도 한다. 노름꾼은 서로 눈치를 보아가며 찐득하게 죄어내리기 때문에 "노름꾼 엿방망이 죄듯 한다"는 말까지 생겨났다.

　노름꾼들은 무리를 지어 몰려다니면서 투전판을 찾아 은밀히 노름을 했다. 투전은 솜씨 겨루기가 아니고 돈 따먹기 노름이기 때문에 투전판마다 희비가 엇갈리고 폭력이 난무했으며, 나라에서도 다른 놀

이꾼보다 투전꾼을 더 엄하게 다스렸다.
 투전은 영조 초기부터 크게 퍼져서, 서울은 말할 것도 없고 전국 방방곡곡으로 번져 투전을 손에 대지 않은 사람이 없을 정도가 되자 나라에서도 골치를 앓았고, 관아에서 아무리 철저히 단속해도 막을 길이 없었다. 이이교(李利敎)의 『용국집(蓉國集)』권 1, 「거가잡희(居家雜戲)」중 잡기계에서 도박의 해를 논하고 있다. 그는 헌종 때 사람으로 당시 전국적으로 노름의 피해가 심해지자 이를 경계했다. 정조 때 편찬된 『교거쇄편(郊居瑣編)』에 보면 원인손(元仁孫)을 '타자'라고 했다. 그는 인조 때의 공신 원두표(元斗杓)의 5대손으로 명문에서 태어났다. 그의 자는 자방(子方)이고 시호는 문민공(文敏公)이다. 영조 29년에 문과에 등제한 후 영조 48년에 우의정까지 된 사람이다. 그는 소년시절에 노름꾼으로 국수(國手)라는 말까지 들을 정도로 노름에 미쳤던 사람이다.
 중인들의 신앙은 남자들은 유교체제 아래에서 자유롭지 않았지만 여자들에 대해서는 다음과 같은 기사를 볼 수 있다. 숙종 27년 앞서 왕비로 복귀했던 인현왕후가 승하하자, 소론측도 생각하기를 왕후의 죽음은 희빈 장씨가 심하게 저주한 데서 생긴 일이라고 지목했다. 후대에 이건창(李建昌)의 『당의통략(黨議通略)』에는 이를 간단히 적고 있다.

> 희빈이 일찍이 자기가 거처하는 곳에 신당(神堂)을 모셔놓고 세자를 위해서 복을 빌었다. 임금이 무고(巫蠱)의 옥사를 다스릴 때 친히 희빈의 여러 종들을 국문하게 되었는데 이때 종들이 신당의 말을 했던 것이다.

 서인들이 집권하던 당시 분위기에서 희빈 장씨는 결국 죄인 같은 제물로 자진하게 되지만 그녀를 없애려고 저주(詛呪)했다는 구실을 이용한 것은 숙종에게 확실히 유리했을 것이다. 숙종 20년대부터 벌써 귀양 길로 몰리던 장씨 중인 집안에서는 자기네 신분 같은 여자들은 신당에 의지할 수밖에 없었다고 고백하고 있다.

그러나 우봉 김씨 역관 집안에서는 유학체제를 지키며 김경문 이래 종장(宗莊)과 『종헌(宗憲)』이 마련되고, 선영이 잘 보존되었다. 영조 17년에는 종계(宗稧) 의식에 참여하지 않을 때의 제재조치가 종계·완의(完議)로서 덧붙여지고, 여기에 출연했던 일족들이 운영규칙을 마련하여 한성부의 결재까지 받았다. 이것은 순조 18년 당시에 맞게 개정하여 『잠성김씨종계(岑城金氏宗稧)』라 하고 지금까지 전래되었다. 중인들의 경제력이 상당했던 관계로 저명한 중인집안에서는 대개 대리석이나 오석(烏石)을 사용하여 비석을 세우고 조상의 업적을 새겼다.

중인의 비석은 양반과 달리 비문 위에 지붕(屋蓋石)을 세울 수가 없었다. 이것을 비석과 구분하여 갈(碣)이라고 한다. 이 집안의 후손 중에 김한태(金漢泰 ; 1762~)는 서울 장안의 갑부로서 유명했다. 이들이 진기한 북경 물건을 수입하여 '북경 짐을 푼다'고 하면 장안의 호기심이 집중되었고, 이것은 양반 대가집에서도 결혼예물로서 부러워 할 정도였다. 중국에서 책을 수입하여 중개하던 일도 주로 역관이 담당하여 이를 서회(書儈)라고 불렀는데 그들이 국내의 책값을 조정했다. 이런 유행 속에서 중인들은 '조선의 문화는 중인의 문화'라는 긍지를 품었다.

조선후기 천주교를 수입하여 발전시키는 데도 중인의 역할은 괄목할 만했다. 18세기 후반 경주 김씨 역관집안에 김범우(金範禹)는 천주교 보급에 중심적 활동을 했다. 천주교 책을 많이 가지고 양반인 이벽(李蘗)과 친했고, 교회 안에서 같은 비중으로 대우받은 인물이었다. 정조 9년(1785) 정약용 등 남인학자 수십 명과 명례방 그의 집에서 예배를 보다가 당국에 발각, 체포되어 단양으로 유배갔으나 고문의 상처 때문에 최초의 순교자가 되었다.

유진길(劉進吉)은 대대로 역관을 지낸 한양 유씨로 여덟 차례나 사신을 수행, 수역(首譯)이 되었다. 순조 23년 천주교인을 만나 입교하고, 브뤼기에르 주교를 조선교회의 책임자로 임명케 했다. 1836년에는 신부와 협의, 지도자 양성을 위해 김대건 등에게 중국어를 가르쳐 마카오의 신학교에 파견했다. 1839년 기해 박해에 처형되고 후에 조선 순교복자에 올랐다.

교회 창설 때부터 역관들은 북경으로부터 천주교를 수입하고 의관들은 약방을 근거지로 이를 국내에 전파하는 데 공로가 컸지만 이때는 이미 교회 안에서 중인층이 지도층 위치를 차지했다. 한말 강화도조약에서 개항하는 데 막후활동을 했던 역관 오경석(吳慶錫)은 불교 신자로서 변화하던 세계에서 융통성있게 대처할 수 있었던 점이 주목된다.

중인들은 신분상의 제약에도 불구하고 조선사회를 이끌어가고 유지하는 데 수많은 공헌을 했다. 역관들은 명나라로부터 조선왕조를 공인받는 데 큰 몫을 하고, 임진왜란 때 홍순언(洪純彦)은 명의 원군을 데려왔다. 병자호란에서는 수만 군사가 하지 못할 일로서 청과 조약을 설립시켜 조선왕조를 유지시켰다.

18세기 초 청국과 국경을 정할 때는 역관 김경문 등이 활약하여 백두산 북변 500리 땅을 조선의 영토로 공인받았다. 강화도조약 후 변원규(卞元圭)는 무기 도입을 위해 청국에 다녀와서 앞으로 조선정부가 한미수호통상조약을 맺을 것을 고종에게 건의하여 이를 성립케 했다. 이러한 외교 업무에는 외국어 훈련이 필수적이었으므로 외국어에 대한 연구와 교육에서 이들이 남긴 업적도 컸다. 또한 중국 등을 통해 은과 화약 및 화포의 제법을 들여오고, 고추, 감자, 고구마 같은 새로운 산물도 들여왔다. 외국문물과 서양문물을 들여오는 데도 중요한 도관 구실을 했다.

허준 같은 의관들은 조선전기의 동양의학 이론과 조선후기 중인들의 임상실기 의학 사이에 다리를 놓고,『동의보감(東醫寶鑑)』을 저술하여 청나라와 일본에도 큰 영향을 주었다. 조선후기에는 의관의 신분이 향상되어 경기를 중심으로 200여 가까운 고을에 수령으로 파견되었다. 조선후기에는 의관 출신이 중인 수령직의 반수를 넘었다. 의

〈도판 7〉 윤도(輪圖)

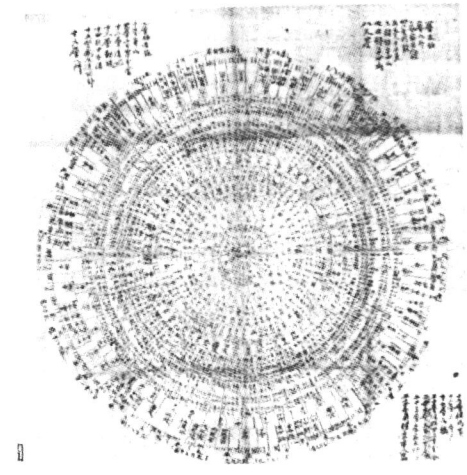

* 지관들이 쓰던 나침반의 총칭으로 일명 패철이라 하였다. 24방위를 기본으로 여러 개의 동심원에 방위명을 나누어 철판에 새겨 휴대하였다(국립민속박물관, 『생활문화와 옛 문서』, 1991, 232쪽. 목포대 박물관 소장).

관들은 임금이나 조관들의 건강을 돌보고 접촉 기회가 많았던 점에서 동반(東班)으로 진출할 수 있는 길이 열렸다.

화원들도 18세기 이후 영·정조의 초상을 그리는 어진화사(御眞畵師) 등으로 발탁될 기회가 많아지면서 지방수령 등으로 파견되는 경우가 많았다. 한 가지 예를 보면, 단원 김홍도는 정조의 고임으로 충청도 연풍현감에 임명되어 흉년에 양곡을 마련하여 빈민들을 구제하고 군민들의 중매를 서기도 하며 서민적인 행정을 폈다. 경상도 안기찰방으로 있을 때는 감사 및 지우와 어울려 유명한 시화첩을 남기기도 했다.

산원들의 지위도 고려시대보다 많이 향상되었다. 산원은 관향고(管餉庫) 등 창고를 관리하고 그 관청에 배정된 예산 중에서 수입을 올려 비교적 부유한 생활을 하고, 그 행정경험을 갖고 지방관에 임명되기도 했다. 특히 조선후기에는 부자세습률이 40%를 넘었는데 이러한 과도한 세습으로 서로간에 비판정신이 억제되어 합리성을 중요시하는 학문으로서의 수학 발달에는 저해요인이 되었다는 학설도 있다. 조선후기에 일관(日官) 등 음양관은 북경에서 시헌력(時憲曆) 등을 들여와 적용하는 데 공로가 컸고, 찰방 등 지방관이 되기도 했다.

　중인은 자신들이 속했던 전문직에서 큰 역량을 발휘하고 양반정치를 유지하는 데 실무를 담당했지만, 언행이 세련되고 생활이 깔끔하며 대인관계에 밝았던 그들의 독특한 생활방식도 조선사회에 끼친 영향이 지대했던 것으로 보인다. 조선시대의 중인들은 비록 신분으로는 제약을 받았지만, 국제무역이나 각기의 직업과 재능을 통하여 경제력을 기르고, 의관(衣冠)이나 음식, 주택 등 일상생활에서는 법제적 규제에도 불구하고 상류층이 부러워할 정도로 부유한 생활을 할 수 있을 정도였다. 그러나 그것이 문제가 되는 경우에는 조사를 받고 처벌을 감수해야 하는 실정이었다.

〈김양수, 청주대 역사교육과 교수〉

향리 생활

문자해득과 향리집단의 역할

조선시대 문자를 해득할 수 있는 신분계층의 하한은 분명하지 않다. 한글 창제 이후 일반 민중과 여성 가운데 문자해득력을 갖게 된 사람들의 수가 증가한 것은 사실이며, 또한 조선후기 이후 현저하게 증가한 교육기관은 평민들도 교육에 접근할 수 있는 기회를 확대하는 데 기여한 것도 사실이다. 그럼에도 불구하고 평민신분이 직접 쓴 자료는 거의 남아 있지 않다. 한글로 된 문헌은 말할 나위가 없고 한자의 경우에는 더욱 그러하다.

이러한 사실은 매우 중요한 측면을 알려준다. 문자해득의 범위와 능력은 그 자체가 평민들의 재부 및 이들 계급의식의 성장과 깊은 상관관계를 맺고 있다고 짐작되기 때문이다. 문자해득은 전통에 대한 새로운 해석을 유발할 가능성을 열어주며 나아가 새로 계발된 의식을 체계화시켜 전달될 수 있게 해준다. 그리하여 관행과 전통에 얽매이는 구조를 재생산하도록 되어 있는 전통시대의 농민들이 새로운 질서로 이행하려 하는 경우, 문자해득 능력은 매우 중요한 것이었다.

이같은 맥락에서 볼 때 향리들은 매우 주목되는 계층이다. 지방 행정의 실무를 맡아 공문서의 작성을 전담한 이들에게 있어 문자해득은 필수적이다. 그 능력은 한문뿐 아니라 이두(吏讀)까지 포함한다. 잘 알려진 바와 같이 공문서의 경우 이두를 빈번하게 사용한 관계로 이를 전담한 이서들은 이두 문화의 중요 계승집단이기도 했다. 지방의 모든 행정실무는 향리들이 집행하고 또한 행정의 커뮤니케이션을 독점·운용한 것은 잘 알려진 사실이다.

이같은 능력은 향리들의 지방사회에서의 역할과 일치한다. 이들은 단순하게 중앙정부의 명령만을 이행하는 존재가 아니라, 지방민의 입장을 중앙정부의 목표와 유효적절하게 타협하고 군현민에 대하여는 중앙정부의 요구를 신축성있게 반영해야 하는 역할을 동시에 맡고 있었다. 이렇듯 지방사회에 있어 향리집단은 자칫 모순관계로 발전할 수 있는 있는 상반된 기대와 역할을 수행할 것이 요구되었다. 향리집단에 대한 상반된 기대는 이들과 이해관계를 가진 각 집단들의 향리집단에 대한 관점들의 편차를 크게 벌려놓았고, 또한 향리집단 스스로의 기대와도 그 편차는 다양하게 나타났다. 이제까지 향리집단을 바라보는 연구자들의 시각은, 양반 및 농민들의 담론을 그대로 답습함으로써 그같은 편차는 전혀 무시되어왔다. 향리집단의 특성과 역할을 이해하기 위해서는 향리집단 자신을 비롯하여 이들을 둘러싼 다양한 집단의 담론을 모두 경청하는 새로운 접근방식이 필요하다.

한편 탈춤이나 판소리의 발전, 나아가 방각본 소설의 보급 등과 같은 지방문화의 형성과 발전에서 향리집단의 두드러진 기여를 찾아볼 수 있었던 것도, 바로 중재와 타협이라고 하는 지방사회에서의 이들의 독특한 역할 및 담론과 밀접한 관계가 있다. 이와 같이 조선후기 유희의 조직화를 주도하면서도 유교 규범을 더 철저하게 이행하려 한 역설적인 사실도 간과할 수 없다. 이렇듯 상층 양반문화와 하층민의 문화 이 양자를 동시에 지향하는 행위유형은 이들 집단의 두드러진 특징이라 할 수 있다. 향리집단의 생활의 역사는 바로 이같은 복합적인 인간관계와 사회구조를 동시에 고려하면서 서술하게 된다.

이를 위하여 먼저 향리집단과 직접 관련된 고문서를 소개한다. 주로 이 집단의 특징을 전형적으로 보여주는 자료를 집중적으로 검토하게 될 것이다. 이를 토대로 향리집단과 이해관계가 밀접한 각 집단의 담론을 제시할 것이다. 그리하여 향리들의 생활과 의식의 역사에 접근하려 한다. 이 과정은 고문서를 포함한 각종 형태의 문헌자료 그리고 구전에 기초하고 있다. 이같은 방식은 궁극적으로 향리집단의 역할 및 존속을 전제로 운영된 조선왕조의 사회구조와 사회집단를 이해하는 데도 기여할 수 있을 것이다.

향리 관련 고문서의 형태와 그 특징

향리 가문들이 소장한 문서들을 통하여 이들 집단의 성격과 문서의 특징을 다른 집단과 비교하여 규정하는 작업은 그 도출 결론이 현재로서는 잠정적이다. 이 집단의 역사적 중요성과 영향력에 비하여 자료수합이나 정리작업은 아직도 만족스럽지 못하기 때문이다.

그 배경을 단지 연구자들의 관심이 저조했다는 상투적인 변명으로 돌릴 수는 없다. 그 해답은 기본적으로 한국 근현대의 급속한 사회변동에서 찾을 수 있다. 이러한 맥락에서 볼 때 먼저 구한말 이후 시행된 지방제도 개혁이 이들의 종래 역할이나 전통을 부정한 사실은 매우 중요하다. 구한말 이후 시행된 일련의 지방제도 개혁은 지역사회의 특정 신분집단이 행정실무를 처리하도록 한 전통적 행정질서를 부정하고 이들을 개별적으로 관료체제에 편입하는 행태를 발전시켰다. 그 결과 이들 집단 자체의 질서와 전통, 지역사회에서의 역할은 더이상 작용하지 않게 된 것이다. 이에 따라 이들 집단의 전통을 반영하는 문서들은 폐기되거나 소홀히 다루어지게 되었으며, 각 가문의 소장 문서들도 사회변화에 따라 무관심 속에 방치되었다.

두번째로 19세기 이후 향리지식인의 성장에 따라 각 가문에서 전승되어온 문헌이나 구전을 모아 책으로 편찬하기 시작한 동향이 20세기 이후 더이상 계승되지 못한 사실도 언급하지 않을 수 없다. 일제의 병합과 급격한 지위상승은 자신들의 전통을 망각하도록 하는 사회환경을 조성하였고, 그 결과 이들의 문건이 책으로나마 전달될 수 있는 기회를 상실한 것이다.

　세번째로 향리집단과 관련된 자료는, 이들의 세거지가 겪은 사회변동으로 말미암아 이들 집단의 역사적 역할에 견주어 매우 희소한 것이 될 수밖에 없었다. 읍치(邑治)에 집중된 이들의 거주지는 읍치 밖에 위치한 양반들의 그것과 달리, 근대 이후의 여러 사회변화에 가장 쉽게 노출된 것이다. 근대 이후 이들 읍치는 근대 도시로 변모하였고, 이 과정에서 6·25전쟁을 겪으면서 한국 중소도시의 운명은 참혹하였다. 이들의 전통적인 세거지가 바로 읍치인 까닭에 그 참화는 더욱 기막힌 것이었다. 이상의 일련의 변화들이 바로 이들의 소유 문헌을 상대적으로 찾아보기 어렵게 만든 것이다.

　이러한 불완전한 상황을 고려하더라도, 이에 관한 작업을 언제까지나 유보해도 좋다는 것은 아니다. 무엇보다도 이 집단에 대한 연구는 지방사회에 대한 이해뿐 아니라 전통문화의 특질, 특히 그 중에서도 전통 한국의 지방행정 문화와 이들의 의식구조 등을 이해하는 데 결코 빼놓을 수 없기 때문이다. 단편적으로 수합된 문서조차도 이 분야에 대한 또다른 면모와 시야를 보여준다는 점에서 더 적극적인 해석과 추론이 요구된다.

　현존 문서들을 통하여 향리집단의 성격과 문서의 특징을 다른 집단과 비교하여 규정하는 작업은, 먼저 관련 문서의 범위와 한계를 설정하는 과제부터 시작된다. 단지 향리의 손을 거친 모든 문서를 대상으로 할 경우, 우리는 중앙의 경아전이 작성한 중앙 관부의 문서를 제외하고 지방정부에서 작성한 거의 대부분의 공공 문헌이 바로 향리들을 포함한 이서(吏胥)들이 작성한 것이라는 사실에 직면하게 된다. 요컨대 이러한 범주화는 의미가 없다.

　그러므로 향리와 관련있는 문서들을 관심이나 이해의 주체에 따라서 구분한다면 문서의 특징을 좀더 극명하게 보여줄 수 있다. 이것은 대체로 첫째 관의 입장에서 이들에 관한 통제를 보여주는 자료, 둘째 향리들 스스로가 자신들의 이해나 관심을 반영하고 있는 것, 셋째 양자의 입장이 혼효되어 나타난 것 등으로 분류할 수 있다. 요컨대 고문서를 단순히 형태별로 제시하지 않고 이러한 구분방식을 채택함으로써 향리사회의 특징을 밝힐 수 있는 다양한 접근방법을 모색할 수 있을 것이다.

관의 향리집단에 대한 통제를 보여주는 고문서

관의 입장에서 향리집단에 대한 통제를 보여주는 고문서들은 일반적으로 향역을 수행하는 향리집단에 대한 신분예속 및 관에 대한 종속관계를 동시에 반영한다. 현존하는 각종 이안(吏案)은 이를 대표하는 고문서라 할 수 있다.

이안은 각 군현에서 수령 등이 점고하거나 차임할 목적으로 작성한 각종 관속들의 명단이다. 엄격하게 이야기한다면 향리들만이 대상이 아니고 각종 형태의 관속까지도 포함하는 경우가 적지 않다.[1] 또한 군현뿐 아니라 감영, 병영, 수영, 통영을 비롯하여 각 진 등에서도 이러한 형태의 이안을 작성하였으며(『營吏官案』 및 『鎭吏通人官案』), 때로는 계서(啓書)나 통인(通引), 노비(奴婢), 관기(官妓) 등은 독립된 안을 만들기도 했다(『啓書定額節目』, 『官奴婢書員勸農官案』, 『使令官案』).

이안은 독자적으로 만들었다. 그리고 이것은 3년마다 중앙의 이조로 보고하도록 되어 있었다. 이러한 관행이 언제부터 확립되어 있는지 분명하지 않다. 특히 가리(假吏)가 향리(鄕吏)로 오르거나 출척될 경우 이조(吏曹)로부터 이를 허락받도록 규정하고 있다. 1791년(정조 15)에 이 규정을 준수하라는 사항이 확인되는데, 그 내용은 역시 향리와 가리를 구분하여 등재하고 가리로서 향리에 오른 자, 현재의 이방(吏房)이나 호장(戶長)뿐 아니라 이러한 직임 등을 역임한 자, 각종 영리(營吏)로 선발된 자를 상세하게 구분하여 기록하고, 역리(驛吏)는

---

1) 이에 대하여는 많은 吏案을 분석하여 놓은 金弼東 교수의 글을 참조하는 것이 좋을 것이다(김필동, 「조선후기 지방이서집단의 조직구조」, 『한국학보』 28·29, 1982).

원래의 역력와 가리를 구분하여 상세히 기록하라는 것이 그 내용이다. 이것은 과거의 관행 및 원칙을 반복한 것으로 짐작된다. 그러나 3년마다 이조에 이안(吏案)을 올려 보고하거나 가리가 향리로 오르는 데 대한 이조의 통제는 거의 준수되지 않았던 것으로 생각된다.

이 이안들은 관속의 차임(差任)이라는 일률적인 목적 아래 작성된 것이어서 그 형태가 대체로 일률적이다. 그럼에도 불구하고 이안은 다음과 같은 면에서 주목할만한 특징을 보여준다. 첫째, 이안의 일부는 향리와 가리를 따로 구분하여 양자간의 위계질서를 표시하고 있다. 이러한 양 집단간의 차등은 사회적인 것이었으나 국가 역시 이러한 사회 관행을 인정하는 토대 위에서 지방통치를 도모하였던 것이다. 둘째, 이서집단에 편입하거나 이로부터 벗어나는 것에 대하여 수령의 인가를 거치고 있다는 점이다. 셋째 이안은 기본적으로 수령의 부임과 더불어 만들어지고, 수령이 떠나면 폐기되는 것이 하나의 관행이었다. 중앙에 보고하도록 되어 있으나 이러한 원칙은 거의 폐기되었으며 실제로 그러한 흔적은 찾아보기 어렵다. 이서들은 표면적으로는 수령의 진퇴와 더불어 이임(吏任)을 진퇴하도록 되어 있음을 알려준다. 현재 남아 있는 이안의 대부분이 특정 연대에 만들어진 것에 불과하다는 것이 이를 잘 말해준다.

수령들이 이서 각 개인의 이임 경력을 소상하게 파악한다는 현실적으로 불가능하였다. 정약용이『목민심서』에서 수령들이 인사문제를 공정하게 해결하기 위하여 모든 이서들에 대한 이력표를 작성하도록 제안한 것도 이러한 맥락에서 이해된다. 그럼에도 불구하고 모든 이서들이 과거에 역임했던 직임을 살필 수 있는 문건은 실제로 작성되지 않았던 것 같다. 그러므로 외지에서 부임한 수령들은 이서 차임(差任)과 관련하여 제한된 정보를 가질 수밖에 없었으며, 그 결과 대부분 이서들의 천거 및 관행을 준수할 수밖에 없었다. 조선후기 이후 지방사회에서 위세를 독점 안배한 이족 내 주도 가계들의 이해에 따라서 읍권이 운영된 것은 당연한 귀결이었다. 나아가 이 점은 조선후기 수령들의 인사권 및 통제의 한계를 보여주는 좋은 사례라고 할 수 있다.

한편 이안에는 각종 형태의 절목(節目)이나 완의(完議)가 첨부되어 있는 사례도 적지 않다(『啓書官案』 등). 이러한 규범은 일단 해당 지역의 수령 등 관직자의 인가를 받은 것으로 나타난다(『掾房節目』, 『乃成堂完議』 등). 이러한 문서들은 향리사회의 이임은 차임과 관련하여 그 규범이 한결같이 해당 지역 수령의 재가 아래 효력을 갖게 된다는 점을 보여준다. 향리들이 차임 문제와 분규를 해결하지 못하고 수령에게 문제해결을 호소하고 있는 등록이 많은 데서도 향리집단 자체의 자율적 운영의 한계를 엿볼 수 있다.

한편 국가에서는 이서의 정원〔吏額〕을 규정하여 이를 준수할 것을 끊임없이 주지시켰으나, 임술민란 이후 일시적으로 이행되었을 뿐 실제로 이 명령은 거의 준수되지 못했다.[2] 각종 형태의 이안은 이를 잘 반영한다. 이렇듯 국가의 통제를 받도록 되어 있는 직역임에도 불구하고 정원은 잘 지켜지지 않았으며, 이러한 양상은 조선 말기까지 크게 변함이 없었다.

때로는 국가에서 정원을 준수하라는 엄명에 따라 할 수 없이 정원에 맞추어 이안에 등재하고, 여기서 도태된 부류들은 이서집단에서 자체적으로 따로 분류하여 작성하고 원안(元案)이 비게 되면 여기에 올림으로써 집단의 생존을 보전하려는 모습도 나타난다(『陸付吏案』). 요컨대 이서집단에 대한 국가의 지속적인 관심와 기우에도 불구하고 실제로는 이서들의 기존 질서를 바꾸기 위한 조치나 시책 그 어느 것도 영향을 주지 못했다. 이는 인사 집행자로서의 수령의 위세나 권한의 한계를 극명하게 보여준다. 흔히 수령권 강화로 표현하는 조선후기 관 중심 질서의 강화에 대한 가설은, 지방사회 운영 집단과 관련

---

2) 이러한 지시와 금령은 각 지역의 吏胥의 액수를 법전에 맞추어 줄인 사실을 보고하는 『平安道內各邑吏胥定額成冊』 또는 『忠淸道內各邑吏胥定額成冊』으로 구체화되어 있다.

하여 별다른 설득력이 없다는 사실을 이들 이안은 잘 말해주고 있는 것이다.

이안의 중요성은 이것이 각 지역 향리 가문들의 위격(威格)을 판별하는 일차적인 기준이 된다는 점에서 찾아볼 수 있다. 이안의 호장(戶長), 이방(吏房) 등 이른바 삼공형(三公兄)은 예외없이 특정 이족 출신이 독점하고 있는 사실을 알려준다. 그리하여 이안은 지역사회의 향리 각 가문을 판별하는 좋은 자료가 된다.

한편 조선후기 통치체제의 특징을 잘 보여주는 문서로서 '삼공형문(三公兄文)'을 빼놓을 수 없다. 적지 않은 수의 삼공형문이 공문서철에 수록되어 있어 그 내용을 알 수 있으며, 이것은 매우 독특한 문서이다. 발신자는 보통 지역사회에서 삼공형으로 일컫는 호장, 이방(詔文記官으로 적는 경우도 많음), 그리고 장교(將校. 실제로는 장교 중 수임자를 일컬으며, 지역에 따라서는 '承發'로 기재한 경우도 적지 않다), 이 세 직임으로 되어 있다. 수신자는 일반적으로 군현이나 감영 등의 연방(掾房)이기 마련이다.

한편 감영(監營) 영리(營吏)들이 군현의 연방으로 보낸 문건 중 '영리답인사통(營吏踏印私通)'이 있다. 그것은 중앙의 경아전 연방으로부터 각 영의 연방, 각 군현의 연방으로 연결되는 이서체제의 거대한 연망을 보여주는 좋은 사례라 할 수 있다. '삼공형문'과 달리 상급 관청의 연방에서 하급 관청으로 보내는 문서 형식이며, 그 수신 대상은 하급 관청이지만 경우에 따라서는 연방 자체인 경우도 적지 않다. 사통(私通)의 형식을 취하고 있으나 대체로 상급 관청에서 하급 관청에 보내는 일반 공문서와 마찬가지의 효력을 지니고 있었다. 여기에는 공무와 관련하여 일반 관부 문서에 공식적으로 언급되기 곤란한 내용을 담게 마련이다. 예전(禮錢)의 상납문제와 같은 것도 이에 속한다.

'삼공형문'이나 '영리답인사통'은 조선시대 행정체제의 이원성을 가장 극명하게 보여주는 실례라 할 수 있다. 엄격하게 명분에 따라서 다루어지는 공무 외에 지역사회 및 중앙과의 관계에서 설정되어 있는 사회적 관계를 준수하고 유지하는 양면성이 존재했던 것이다. 그러한 맥락에서 이들은 조선왕조 통치체제의 특징을 가장 잘 반영하는 것이라 믿어진다.

향리집단의 자율적 운영질서와 이해를 보여주는 고문서

향리사회의 특징을 가장 잘 반영하는 문서로서 이들 집단 스스로가 집단의 질서를 운영해온 사실을 반영하는 고문서를 빼놓을 수 없다. 각종 형태의 선생안(先生案)을 작성·등재하는 관행은 이를 대표하는 기념비적 전통이라 할 수 있다. 선생안의 작성 및 등재 전통은 각 군현을 단위로 한 것과 감영(監營) 등을 단위로 한 것으로 구분된다.

일반적으로 각 군현의 경우 호장이나 이방을 역임한 인물을 등재하는 전통이 확립되었다. 호장들의 성명을 600년 이상 충실하게 수록한 『경주호장선생안(慶州戶長先生案)』은 군현을 단위로 선생안을 작성하는 전통의 대표적인 사례로 꼽아볼 수 있으며, 이외에 상주, 풍기, 남원, 동래 등지에도 같은 형태의 선생안 등이 남아 있다. 여기에는 때로는 부이방(副吏房), 부호장(副戶長) 등 일반적으로 삼공형(三公兄)에 해당하는 직임자가 포함되기도 했다. 한편 전라도 남원(南原)의 경우 호방(戶房), 형방(刑房), 도서원(都書員) 등의 직임자를 수록한 선생안을 만들어 220년 동안 이를 등재하는 전통을 유지하였다. 그러나 대부분의 경우 호장이나 이방을 근간으로 한 삼공형이 중심 대상이다. 비록 이러한 선생안을 현재는 많이 찾아볼 수 없으나, 이러한 선생안의 작성 및 등재 전통은 많은 지역의 보편적이었다.

한편 감영에서 작성한 선생안의 경우 그 대상은 감영의 영리가 된다. 먼저 경상도의 경우 독립된 선생안을 작성하는 전통이 확립되었으나, 현재는 남아 있지 않고 그대신 역대 관찰사들의 명단인 『도선생안(道先生案)』에 감영 영리가 첨재되어 있다. 다행히 전라도에는 독립된 선생안인 『호남영방선생안(湖南營房先生案)』이 그대로 남아 있다.

일반적으로 감영 영리는 각 군현에서 차출하는 것이 원칙이었으나, 실제로 이 원칙은 잘 지켜지지 않았다. 특히 조선후기 이후 특정 지역에서 이를 독점하는 추세로 이행되었으며, 그 결과 특정 지역의 특정 이족 가계가 이를 독점하는 양상이 빚어졌다. 이들 감영의 영리는 도의 행정업무를 전담하여 그 위세와 권능이 군현의 이임과는 비교할 바 아니었으므로, 조선후기 도의 향리사회는 감영 영리를 독점·배출한 특정 군현을 정점으로 지역과 가계에 따른 중층적 구조를 형성하게 되었다. 남아 있지 않은 경상도의 『영방선생안(營房先生案)』의 기재 전통은 바로 안동의 향리 중 특정 가문들의 우위가 확립된 18세기 후반 이후 안동 영리의 주도로 확립된다. 이 점 전라도의 경우에도 크게 차이가 없다.

다만 전라도의『호남영방선생안』은 몇 가지 주목할 만한 특징을 보여주고 있다. 먼저 여기에는 각 영리들의 출신지를 명기하고 있다는 점이다. 이것은 각 군현에서 영리를 차출하는 관행에서 비롯된 것에 불과하지만, 이러한 출신지의 명기는 무엇보다도 연구자의 입장에서 볼 때 전라도 거의 대부분의 유력 이족들을 파악하는 중요한 단서가 된다는 점에서 그 가치는 상상을 초월할 정도로 큰 것이다. 출신지와 관련된 정보가 분명하지 않은 다른 지역의 경우 거의 대부분 현지조사에 의존하고 있기 때문이다.

다음으로 시대가 내려올수록 각 영리들의 혈연계승 관계를 명기하는 추세가 더 두드러진다는 점이다. 즉 차임에서 세습을 중시하는 양상이 나타나는 것이다. 이것은 토착 향리들이 없어 운영집단의 개방성을 표방한 상부 행정구조까지도 점차 혈연을 중시하는 운영원리에 의해 대체되어가는 변화를 반영하고 있다.

이들 선생안은 지방행정의 운영과 관련하여 관 중심 질서의 신분적 한계와 지방성을 극명하게 반영하는 것이다. 이와 더불어 향리 집단의 고도의 세습성, 장기간의 지속성 그리고 이들의 상대적 안정성과 배타성을 동시에 반영하는 것이라 할 수 있다. 요컨대 이러한 특징을 배경으로 나타난 선생안의 작성 및 기재 전통은 향리들의 기념비적 작업으로서, 특히 조선후기 이후 이족들의 가계 분화 속에서 특정 이족 가계가 점차 우위를 차지하여 그 우위를 확인하는 향리사회의 상징적인 작업이 되었다.

선생안 등재 전통이 장기간 유지될 수 있는 배경과 관련하여 조선후기 이후 향리들이 내부질서를 조정하고 외부로부터의 영향에 대하여 조응하는 자체 조직을 발전시킨 사실을 빼놓을 수 없다. 이것은 호장 중심의 읍사(邑司) 체제가 이방 중심의 질청(作廳) 체제로 이행되어가는 변화에 상응하여 나타난 것이다. 이방 중심의 질청이 수령의 지시와 명령에 따라서 움직이는 체제로서 중앙정부를 대변하는 직제라면 안일방(安逸房) 등은 향리들 자신의 이해를 도모하고 내부질서를 유지하고 조정할 목적으로 만들어졌다.

이 조직은 대체로 이방이나 호장 등을 역임한 유력한 퇴임 향리들이 계를 결성, 이러한 역할을 전담하였다. 조선후기 이후 각 지역에 결성된 안일방 등은 독립된 청사를 마련하고 현임 이서들의 차임에 영향력을 행사하는 한편, 현임 이서집단에게 엄격한 의례를 강요하며, 나아가 입춘제를 비롯하여 읍치의 제의를 주관하는 등 이서집단의 위계질서를 유지하는 역할을 맡았다.

이 조직의 각종 고문서들은 이러한 변화를 반영한다. 특히 이들의 일지는 자신들의 역사적 규범이나 규율을 집성해 놓았다는 점에서 질서 준수나 이해 안배의 근거가 되었기 때문에 크게 소중히 다루어지고 보관되는 전통을 갖게 되었다. 요컨대 이 일지는 이들에게 살아있는 규범으로서 취급되었던 것이다.[3]

한편 이서의 수가 그다지 많지 않고 이족의 구성 또한 다양하지 않아 소수의 이족이 행정실무를 전담하는 지역의 경우, 이러한 별개의 조직이 결성되는 대신 이방 중심의 질청체제가 향리사회의 내부질서

---

3) 慶州의 『安逸房考往錄』을 비롯하여 安東의 『出文騰錄』 또는 開京의 『長房完議』 등이 바로 이에 해당한다.

를 통제하는 역할까지 겸하고 있다. 특히 삼공형을 독점하는 등 향리 사회에서 우위를 확립한 소수의 이족 가계가 질청체제를 끌어갔으므로, 행정질서의 운영원리에 따라 편성된 질청체제와 향리 자체의 질서는 전혀 간극이 없다고 할 수 있다. 현존하는 광양의 『질청등록(作廳謄錄)』이나 동복의 『연방등록』 등이 이에 해당한다.

　이러한 문서의 관심은 대부분이 이임의 안배에 집중되어 있다. 이임의 차임은 수령이 향임들의 천거에 따르는 것이 원칙이었으나, 이러한 조직체계나 규범은 향리집단에서 결정한 인물을 수령이 추인하는 형식적인 절차를 밟는 것이 실제 모습이었음을 알려준다. 그것은 조선왕조 지방통치의 본질이 특정 집단을 통한 행정운영에 기초하는 데서 파생하는 한 모습인 것이다.

　이와 관련하여 이 자료들을 보존하는 장소의 차이에 대한 언급도 필요하다. 잘 알려진 바와 같이 각 관아에 소장되어 있던 자료, 요컨대 이안 등 이서들의 직역 및 신분의 예속을 반영하는 문서 등은 일제의 병합과 더불어 규장각 등 각종 공공 도서관으로 수합되었다. 여기에는 일반적으로 수령이 참조하기 위해 관아에 비치하고 있던 것들이 포함된다.

　반면 향리집단 자체의 문건, 예를 들면 각종 형태의 선생안이나 이들의 규범을 정리한 문서 등은 이들 집단이 소중하게 보관해왔다. 그 보관 장소로는 관아가 아닌 이들의 공공 장소, 예를 들면 안일당과 같은 곳에서 보관해왔다. 그 결과 이러한 형태의 자료는 현지에 남아 있는 경우가 많다. 과거에 안일방이었던 남원의 양노당에 각종 선생안을 거의 대부분 보관되어온 것도 좋은 사례라 할 수 있다. 이와 관련하여 일제의 병합을 전후하여 이러한 기념비적인 전통을 청산하는 의례와 더불어 이를 땅에 묻거나 처분하는 사례도 그 가치를 잘 말해준다. 동래의 영보단(永報壇)이나 상주의 연사선생봉안매안비(掾史先生奉案埋安碑) 등 비석을 건립하여 파묻은 장소를 영구히 기념하려 한 사례가 바로 이것이다.

향리 가문 소장 고문서

 이상과 같은 문서들이 향리의 공적 질서 운영에서 작성된 문서들이라면, 향리 각 가문에 소장된 고문서들은 각 이족 가계의 관심과 이해를 담고 있다. 현재까지 이러한 고문서가 비교적 온건하게 남아 있는 발굴사례는 없다. 향리 역사서의 하나인『연조귀감』이나 그『속편』을 편찬한 이명구(李明九) 가문의 후손이 소장한 고문서조차도 원래 소장된 고문서의 일부분에 불과하다.

 향리 가문 중에는 가문 문서가 아닌 향리 조직과 관련된 문건을 보전해온 사례가 있다. 특히 이족 내 주도 가계의 경우 이러한 모습이 두드러진다. 그러나 원래 이러한 형태의 문서는 안일방 등 공공장소에 보관하도록 되어 있었으며, 아직도 이곳에서 보전하는 곳이 많다. 그러나 대부분의 경우 안일방과 같은 조직이 더이상 기능하지 못하게 되면서 그 중 일부 문서가 이와 관련있는 개인에게 흘러들어간 것이다.

 현재 확인되는 이족 가문의 고문서는 대부분 호구단자나 교지, 노비 관련 고문서 등에 불과하여 현재 남아 있는 호적대장의 가치를 넘지 못한다. 이러한 문서의 성격 변화 또한 이제까지 밝혀진 양반 가문이 소유한 문서와 크게 차이가 없다. 이러한 한계에도 불구하고 그 중 향리사회뿐 아니라 지방사회의 특징을 보여주는 몇 가지 문서는 주목할 만하다.

 예를 들면 조선후기 이서들에 대한 족징(族徵)과 관련하여 이를 받아들일 수 없다는 내용의 청원문〔等狀〕이 적지 않다. 조선후기 이서들의 공금유용〔逋欠〕은 매우 중요한 사회문제의 하나로 등장했는데, 그 해결방법의 하나가 바로 족징이었다. 조선후기에는 양반들과 마찬가지로 이서들도 친족 조직화 작업을 진행하였고, 이에 따라 공금유용 등 제반 문제를 특정 개인이 아니라 일족집단의 책임으로 간주하여 그 일족 내에서 책임지고 분배·납부토록 강요한 것이다. 족징은 조선후기 친족의 조직화와 더불어 시행된 관행이지만 결과에 따라서는 일족의 파산을 초래하는 경우가 적지 않았다. 향리 가문에서는 점차 족징을 거부하고 차라리 이임에서 모두 물러나겠다는 강경한 반응을 보였으며, 이에 관련된 문서가 적지 않은 것도 조선후기 지방재정의 운영과 관련하여 흥미롭다.

한편 이족 가문과 중앙 권력자간의 장기간에 걸친 교유관계를 보여주는 고문서도 중요하다. 일반적으로 이족 내 주도 가계들의 경우 중앙의 권력자와 대를 이어가며 교유관계를 유지하였다. 이명구 가문과 오치성(吳致成) 가문의 교유관계라든가 신석우 가문의 관계들이 바로 이것이다. 경상도 감영 영리를 세습하여 경상도 향리세계의 정점에 있다고 할 안동의 권씨 이족 출신인 권재택 가문과 대원군의 교유를 보여주는 편지 등도 이를 잘 반영한다. 이러한 권력자와의 관계는 이미 당시부터 많은 폐해가 논의되고 있었고 실제로 이임의 차임 등 공무집행에서 수령의 위세를 제한하는 결과를 가져왔다.

이족들은 중앙권력자 개인의 업무를 도와줌으로써, 양자의 관계는 상보적인 형태를 띠고 있었다. 토지 관리, 수세 업무, 묘소 관리 등은 대부분 소재지의 향리들에게 위임하는 경우가 적지 않았기 때문이다. 향리가문의 고문서에 이러한 내용이 압도적으로 많은 이유도 그러한 맥락에서 이해된다. 더욱이 조선후기 향리지식인의 성장에 따라 이들과 중앙 권력자의 교유를 보여주는 각종 형태의 문헌이 보이는 것도 이러한 맥락에서 이해된다.

최근 발굴되기 시작한 일제시기 이후 향리가문의 문서 등도 한국 근대 엘리트의 형성 및 발전이라는 차원에서 매우 주목된다. 그러나 이에 대한 관심은 거의 없어서 이를 범주화하는 이론적 논의를 거의 찾아볼 수 없지만, 좀더 많은 고문서가 발굴·정리되면 한국 근대의 정치문화뿐 아니라 근대 엘리트의 성격을 규명하는 데 큰 기여를 할 것으로 믿어진다.[4)]

향리집단의 특성과 생활의 역사

이서의 차임을 둘러싼 갈등

지방관이 교체된다는 소식이 전해내려오면 새 이방을 선임해야 한다. 대부분의 지방관은 임기를 채우지 못했다. 이번에는 다른 이족 가계에서 이방을 낼 차례이다. 이족들 상호간에 번갈아가면서 이방을 내는 것은 이미 오래된 관행이다. 흔히 수리(首吏)라고 불리는 이방은 이임을 선정하는 권한을 갖고 있으므로 이속들 가운데 가장 위세있는 직임으로 꼽힌다. 그래서 이서들이라면 누구나 한번쯤은 맡아보기를 원하기 마련이다.

이방의 교체와 함께 다른 이임들도 모두 바뀌게 될 것이다. 이번에도 이임을 둘러싼 다툼이 재연될 것 같다. 특정 집안들 상호간에 계속 수리를 독점·안배하는 데 대하여 이 집안에 속하지 않는 향리들은 늘 못마땅하게 생각한다. 그뿐 아니라 같은 집안 내에서도 수리를 내는 순서를 둘러싸고 잡음이 있다.

더욱이 이제까지 이임 배정에 별다른 이의를 제기한 일이 없는 가리(假吏)들도 이제는 힘을 합쳐 자신들에게도 위세있는 이임을 배정해달라고 수령에게 청원하는 일도 생겨났다. 향리들과 달리 가리들은 이서 세계에 들어온 지 얼마되지 않고 또한 대부분이 불안정한 탓에 이제껏 내놓고 불만을 털어놓은 일이 없었다. 그러므로 향리들의 위세에 도전한다는 것은 상상하기 어려웠다. 그러나 불만이 잠재되어 있는 것은 분명하다.

한편 이서들 사이에 차임을 둘러싼 갈등이 격화된 탓인지 지방관들

---

4) 향리 가문의 근대 이후 진출과 관련하여 洪性讚, 「韓末日帝下의 地主制 硏究 - 谷城 曺氏家의 地主로의 성장과 그 변화」, 『東方學志』49, 1985) 및 『韓國近代農村社會 의 變動과 地主層 - 20세기 前半期 全南 和順郡 同福面 일대의 事例』(知識産業社, 1992.)이 주목된다. 한편 이 연구의 의의와 기여도에 대한 필자의 서평(『歷史學報』147, 1995)도 향리 가문의 근대 이후 고문서의 중요성을 이해하는 데 도움이 될 것 같다.

이 이서들의 인사권에 깊이 간여하는 분위기가 조성되었다. 그 결과 자신들의 위세를 확인하고 싶거나 또는 필채(筆債 : 부정방지 예탁금)를 빙자하여 뇌물을 챙기는 지방관들로 인하여 문제가 더욱 복잡해졌다. 결국 차임과 관련된 긴장은 갈수록 고조된다는 느낌이다.

이 모두가 이임의 수는 적은 데 비해 이서의 인구가 너무 많은 탓이다. 너무 오랫동안 이임을 세습해온 사람들로서는 이임 외에 새로운 대안을 갖는 것을 생각하기 어려웠다. 양반 행세를 한다는 것은 애당초 불가능하며, 과거를 통한 입신출세 또한 현실과는 거리가 먼 상상에 불과하다. 이만큼 위세나 영향력을 갖는 지위가 어디 있겠는가? 그러므로 지방관에게 시달리고 양반이나 농민들에게 손가락질당하지만 한번 아전의 후손을 하면 어떻게해서든 이를 세습하려 한다. 결국 자리는 늘지 않는 데 원하는 이들만 늘어났다. 그 결과 남원과 같이 제법 큰 행정구역이라 해도 이방을 비롯한 이임의 자리는 고작 40여 명에 불과한데, 이서의 수는 무려 200여 명을 넘어선다고 한다. 따라서 경쟁이 치열하고 이에 따른 부정의 규모가 커간다는 것은 충분히 상상할 수 있다.

중앙정부 역시 이 폐단을 모를 리 없다. 그래서 이서들의 정원을 줄이라는 지시를 거듭 내렸다. 그러나 편법을 써서라도 이 지시가 그대로 이행되는 것만큼은 막는다. 만약 여기서 축출될 경우 별달리 생계를 보장받지 못한다. 안동에서는 중앙에 보고하는 명단 외에 따로 명단을 만들어 이임에서 도태되는 것을 막는다고 한다(『陞附吏案』). 또한 대부분의 지역에서는 몇 집단으로 나누어 순번대로 이임을 맡는 관행을 마련하여 자체 내에서 가능한 한 도태시키지 않으려 노력한다고 들었다.[5]

그렇더라도 소수의 이족 가계들만이 중요한 이임을 독점·안배하는 추세는 전국 각 군현의 공통적인 현상이다. 같은 종족 구성원이라

---

5) 전라도 광주 등에서는 이같은 관례를 만들었다(『瑞石三班官案』 참조).

하더라도 특정과 출신이 아니라면 수리(首吏)를 비롯한 중요한 이임을 맡는다는 것을 기대할 수 없다. 사실 이서사회의 가장 심각한 문제는 주도 가계들 상호간의 경쟁과 친화에서 비롯된다. 이방 선임을 둘러싼 주도 가계들끼리의 암투는 정말로 치열하다. 중앙의 권력자를 포함하여 외부에는 일체 인사 청탁하지 않기로 약속하고도 몰래 청탁한다. 그 결과 약속은 빈번히 깨졌다.[6] 퇴임 이서들이 개입하여 합의를 도출해도 사정은 마찬가지였다. 주도 가계들 사이의 알력과 갈등은 더욱 격화되어 각 군현의 향리사회는 긴장이 가득했다. 문제는 단순한 갈등으로 그치지 않지만, 국가는 이러한 문제에 깊이 관여하지 않는다. 그 결과 갈등은 제어할 수 없는 형태로 발전한다. 향임과 결탁하거나 또는 농민까지 동원하여 대규모의 소요로 발전한 고성 등의 사례는 비록 극단적이기는 하지만 다른 많은 지역의 이서사회도 비슷한 상황이다.

인사 청탁에는 돈이 들게 마련이고 이는 부패를 증대시킨다. 인사와 관련한 부패가 심해지다보니 지방관은 차임하는 이서들에게 일종의 부정방지 예탁금(筆債 또는 任債)를 거두는 관례가 생겨났다.[7] 그러나 지방관이 이를 착복하는 일이 빈번하여 지방사회의 부패는 걷잡을 수 없을 만큼 커졌다. 결국 설치 목적과 달리 오히려 백성들에게 부담을 전가하여 착취를 증진하는 한 요인이 되었을 뿐 아니라 경우에 따라서는 이서들의 파산을 불러일으키는 단서가 되기도 했다. 공금을 유용하여 집안은 물론 일가친족에게까지 이를 배상토록 하여, 이 과정에서 파산한 이서 가문이 도처에 생겨났다. 특히 이방을 거친 집안은 더욱 그러하다. 그런데 파산한 이방치고 지방관의 부패에 대

---

6) 가령 안동의 경우 19세기 이후 이방의 차임과 관련하여 인사 청탁을 하지 않기로 결의하고도 계속 어겨 다시 약속을 지키기로 결의하는 등 같은 사례가 반복되었다 (『出文謄錄』完議 1842년 2월, 1843년 6월, 1858년 정월, 1864년 정월, 1891년 정월 ; 民族文化硏究所 編, 『朝鮮後期鄕吏關係資料集成』, 嶺南大, 1990, 20, 21, 23, 24, 29쪽).
7) 가령 안동의 경우 1882년에 人吏는 물론 書員에 대한 筆債를 사례로서 규정하였다 (『人吏書員廳抹弊節目』, 국사편찬위원회 中B12B).

한 책임까지 걸머지지 않은 사례가 거의 없었다.

퇴임 이서들의 목소리

이서집단 내부의 긴장이 점차 높아가는 것 같다. 이미 특정 이족 가계들이 읍권을 장악했지만 그 위세를 보장받기 위하여 각별히 노력을 기울여야 했다. 주도 가계들마다 중앙정부의 실력자들과 친분을 유지하고 있어 합의가 잘 지켜지지 않는다. 그리하여 이방을 맡을 수 있도록 힘써 달라고 청탁하여 문제를 더욱 복잡하게 만든다. 이를 틈타 새로 부임한 지방관은 별다른 문제가 없는데도 이미 선임한 이임을 교체하려 한다. 이를 저지하려면 상급 기관인 감영의 영리들에게 부탁하여 지방관에게 압력을 넣어야 한다. 그렇지만 지방관이 너무 자주 교체되면서 이임도 너무 빨리 교체되는 탓에 갈등이 재연될 소지가 더욱 많아졌다.

이서들 내부의 갈등을 조정하고 지방관을 무마하는 것은 오랜 이서 생활을 마친 퇴임 이서들의 몫이다. 이서직에서 물러난 퇴임자들은 기로소(耆老所)와 같은 연령 조직에 들어 간다. 언제 만들어졌는지 확실치 않지만 그 연원은 매우 오래되었다고 한다. 장례와 봉양을 위한 목적으로 만들어진 이 조직은 점차 이서들의 인사권에 영향력을 행사하게 되었다. 지방관은 연로한 퇴임 이서들의 경험을 무시할 수 없다. 지방관들이 별 다른 문제없이 임무를 마치려면 현임 이서들만을 잘 다루어서는 곤란하며 노련한 퇴임 이서들의 경험도 존중해야 한다는 것은 상식이다. 연로한 퇴임 이서들과 사사건건 맞선다면 이는 지방관의 격도 떨어질 뿐 아니라 연장자를 존중해야 한다는 성현들의 가르침과도 어긋난다.

지방관에 따라서는 중앙정부의 시책을 그대로 이행하려 한다거나 또는 경전에서 제시하는 이상을 구현하려는 이들도 많다. 임기를 마치면 곧 떠나서 이곳을 잊고 지낼 이들이 괜히 그럴싸한 이야기를 늘어놓는다. 모두가 현실을 모르는 탓이다. 이러한 태도는 지방사회의 현실이나 관행과는 크게 괴리가 있게 마련이다. 양자의 요구를 모두 충족시키는 것은 진짜 어렵다. 특히 세금에 관한 한 어떻게 원칙을 따를 수 있겠는가? 한 고을에서 중앙정부의 지시에 의해 작성한 읍지에 전결이나 호구의 수가 수백 년 동안 거의 증가하지 않은 채 등재되는 배경을 모르는 이는 아무도 없다. 수치가 올라가면 세금 할당량도 올라간다. 똑똑한 지방관이라면 중앙정부의 시책을 충실히 이행하면 농민의 부담이 늘어 이들만 희생된다는 현실을 쉽게 깨닫는다.

이러한 현실을 지방관의 직접 통제 아래 있는 현임 이서들이 지방관에게 대놓고 이야기하기란 어렵다. 이렇듯 상반되는 가치가 공존하는 현실 속에서 적절하게 타협하고 무마해야 한다. 유교 규범을 무시할 수 없는 현실에서 이에 어긋나는 또다른 현실을 영위해야 하는 이서들로서는 이러한 괴리를 잘 절충하는 것이 절대 필요하다. 그 통로는 대개 지방관이 행정을 원활하게 이행할 목적으로 데리고 온 책방(冊房, 책실 또는 비장, 막부라고 혼칭함)이다. 그러나 경우에 따라서는 관직에 있지 않은데도 불구하고 책방이 지방관아에서 이서들이 집행하는 업무를 사사건건 관여한다. 그래도 지방관보다는 책방을 통해 상의하는 것이 낫다.

그러나 이서들이 해야 하는 중요한 역할은 읍권을 장악한 주도 가계들간의 이해 조정과 이서 집단 전체의 질서 유지에 있다. 이를 위하여 이임 선임과 관련한 내규를 마련하고 그 이행 여부를 감독해야 한다. 이 역할이 주도 가계들의 이해 위에서 이들의 읍권(邑權) 유지에 기여한다는 것은 더 말할 나위가 없다. 이 중에서도 특히 중요한 것은 이방 선임이며, 이를 위하여 주도 가계들이 이를 안배하는 규범을 마련했다.

만약 이방의 인사 결정에 불복한 이서가 지방관에게 직접 문제를 제기할 경우 처벌을 주는 것 또한 이서들의 몫이다. 처벌은 문구로 그쳐서는 안된다. 문제를 야기할 경우 당자는 물론 경우에 따라서는 그 직계 후손들의 진출까지 봉쇄하기로 합의하였다. 새로 선임된 이

〈도판 1〉『장방완의(長房完議)』

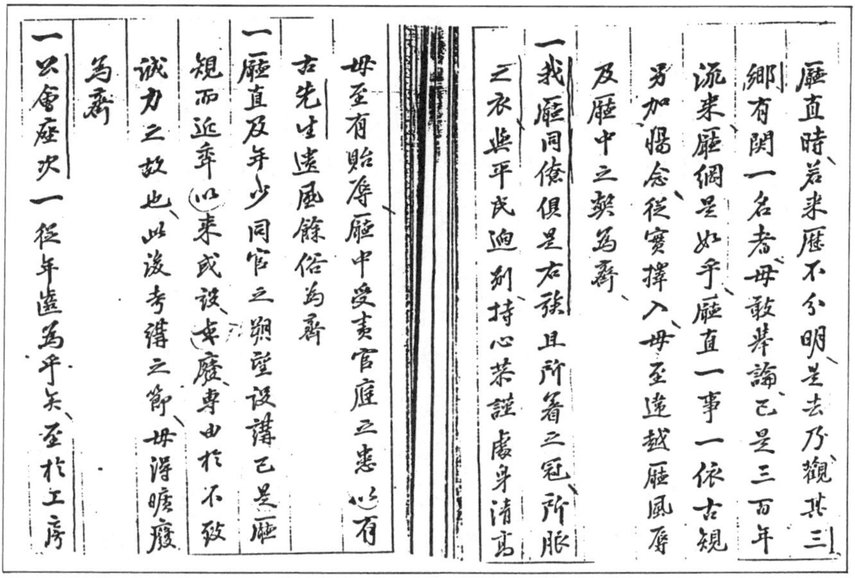

```
歷直時、來歷不分明、至乃觀其三
鄕有閥一名者、毋敢擧論己、是三百年
流來歷例、是如乎、歷直一事一依古規
另加惕念從實擇入、毋至逾越歷風屑
及歷中之弊爲齊

一我歷同僚俱是右族、且所着之冠、所服
三衣與平民迴別、持心業謹虔身淸高
古先生遺風餘俗爲齊

一歷直及年少同官三朔䓁設講己是歷
規而近年以來戒設䓁廢專由於不
誠力之故也、此後考譜三節、毋得曉曚

爲齊

一公會歷次、一徑年遂爲平矢、至於工房
```

방이나 호장 등이 퇴임한 어른을 접대하는 이른바 '면신례(勉新禮)'와 같은 의례는 엄격하게 준수하도록 되어 있다(『安逸房考往錄』). 이는 퇴임자들이 주관하며 현임 이서들을 제약하는 데 한몫 한다.

〈도판 1〉의 장방완의는 개경 이서들의 입속 규정과 규율을 정리한 것인데, 이같은 관행은 매우 오랜 전통을 가지고 있다. 18세기 중엽 무렵 중앙에서는 이에 따른 비용을 문제삼아 폐지하려 했다. 그러나 중앙정부의 본래 의도는 이서들의 인사권 독점을 우려하여 이를 억압하는 데 있었기 때문에 중앙정부의 태도는 매우 단호했다. 결국 어렵게 타협한 결과 의례의 규모를 줄이는 것으로 낙착되었다. 그러나 주도 가계들의 위세가 존속하는 한 퇴임자들의 인사권에 대한 영향력은 줄어들지 않았다.

그 실례의 하나가 이방이나 호장과 같이 중요한 직임을 역임한 인물의 성명을 명부에 등재하는 전통이다. 많은 지역에서 이같은 전통을 장기간 고수하였다. 명단에 등재하는 일은 통상 엄격한 의례와 퇴임자들의 합의를 요구했는데, 이것은 단순히 의례에 그치는 것이 아니라 현임 이서들에 대한 강한 영향력과 구속력으로 발전했다.

또한 입춘제를 치르거나 동지 섣달에 제의를 치르도록 경비를 마련하고 그 절차를 집전하는 것도 퇴임자들의 몫이다. 다른 많은 지역이 그러하듯이 연로한 퇴임자들은 이서 집단의 전통과 권위를 유지하면서 이를 계속 새롭게 하는 역할을 담당해왔다.

향리의 이력과 가문의 역사

박남헌(朴南憲)이 이서세계에 발을 들여놓은 것은 1865년이다.[8] 그 후 12년 후인 1877년에는 형방(刑房) 겸 서원(書員)이 되었으며, 다음해인 1878년에는 형방 겸 식년빗(式年色. 색은 빗으로 읽으며 직책이라는 뜻을 가짐)이 되었다. 다음해인 1879년에는 여전히 형방에 있으면서 호적빗(戶籍色)을 역임하였다. 1880년에는 그대로 형방에 있었으나, 1881년에는 부호장(副戶長) 겸 예방(禮房)을 맡았다. 다음해인 1882년에는 관아의 땔감을 담당하는 시탄빗(柴炭色)과 고기잡이에 대하여 수세하는 어세빗(漁稅色)을 맡았으나 이를 돈을 받고 양도하였다. 이서 상호간에 돈을 받고 이임을 양도하는 것(發賣)은 당시 그렇게 드문 일은 아니었다.

1886년에는 부이방(副吏房)을 맡았고 1887년에는 소금굽는 것에 대하여 수세하는 염세빗(鹽稅色)을 맡았다. 그 다음해에도 염세빗과 부창빗(府倉色)을 맡았으며, 부호장(副戶長)과 균세빗(均稅色)도 역임하였다. 1889년에는 450량을 받고 시탄빗(柴炭色) 겸 관청빗(官廳色)을 양도했고, 단지 대동빗(大同色)만을 맡았다. 이어 다음해에는 도봉빗을 맡아 모든 세금을 상납하는 임무를 수행했다. 그것은 나의 형인 박문헌이 이방이어서 이에 따라 차임된 것이다.[9]

---

8) 다음의 글은 19세기 말에 이방을 맡은 바 있는 울산의 울산 박씨 이족 출신의 박남헌을 중심으로 향리 개인의 이력과 가문의 특성을 기술하였다(『蔚山朴氏 府內派 家乘』Ⅰ·Ⅱ,「蔚山府戶籍臺帳」 및 金俊亨,「朝鮮後期 蔚山地域의 鄕吏層 變動」,『韓國史硏究』56, 1987 참조).

〈도판 2〉 『학성 박씨 세파보(鶴城朴氏世派譜)』

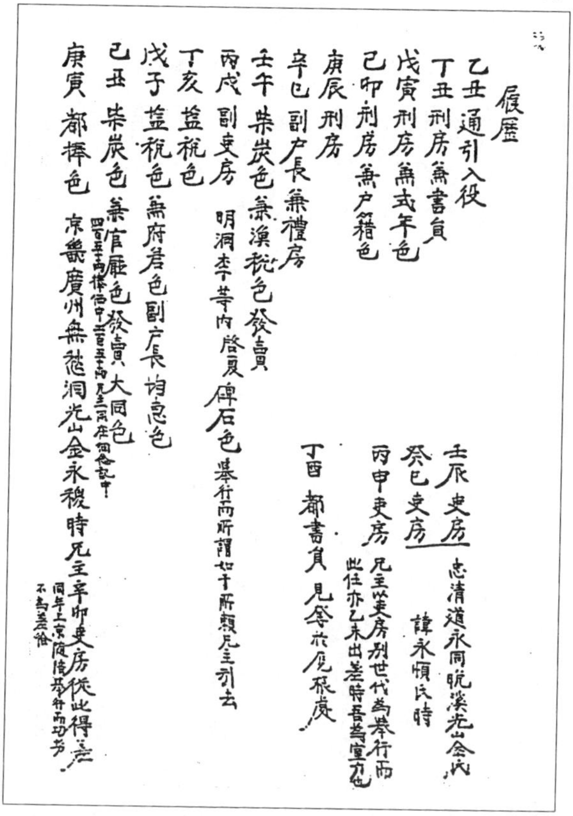

```
履歷
乙丑通引入役
丁丑刑房爲書負
戊寅刑房爲戎午色
己卯刑房兼戶籍色
庚辰刑房
辛巳副戶長兼禮房
壬午柴炭色兼演稅色發賣
丙戌副吏房 明洞李等內啓夏
丁亥監祝色
己丑監祝色
戊子　　　　碑石色
己丑柴炭色兼官廳色
庚寅都揮色
　　壬辰吏房 忠清道永同
　　癸巳吏房 韓永順氏時
　　丙申吏房
　　丁酉都書負
```

〈도판 2〉은 울산 향리 박남헌의 이력을 보여주는 것이다. 박남헌은 통인으로 입속한 지 27년 만에 드디어 수리(首吏)라 불리는 이방(吏房)을 맡았다. 이방은 이서들의 대표이며 수령은 모든 업무를 이방을 통하여 집행하고 더욱이 이서들의 차임을 결정하므로 가장 최고의 직임이다. 다음해에도 역시 이방을 계속 맡았다. 1896년에는 이방을 맡은 형 박문헌이 별세하면서 대신 이방을 맡았다. 한편 다음해에는 도

---

9) 한편 곡성 향리 정일우의 이력은 이와 비슷한데 그 역시 읍권을 장악한 주도 가계 출신이라는 점에서 주목된다(洪性讚, 위의 책, 25쪽). 반면 이같은 주도 가계에 속하지 못한 가계들의 경우 매년 차임되는 것은 기대하기 어려웠다.

서원(都書員)이 되었다. 도서원은 토지 등에 대한 재해 조사로부터 세금 부과를 결정하는 업무에 이르기까지 토지와 관련된 세금을 맡는 서원의 우두머리이다. 이쯤되면 이에 따른 수입을 충분히 상상할 수 있다. 비록 지역에 따라 다소 차이는 있으나 도서원은 주요한 직책의 하나였다. 이같은 이력은 이서들이 일반적으로 거치는 것이 아니다. 이방까지 올라갈 수 있거나 또는 매해 빠짐없이 이임에 차임될 수 있는 특권은 한 지역에서 대대로 향리 신분을 세습해왔기 때문에 가능한 것이다.

그의 집안은 다른 군현의 대부분의 향리 가문들이 그러하듯이 임진왜란 이전부터 한 곳에서 대대로 살아왔다. 울산을 본관으로 한 그의 가문이 이서의 직임을 맡아온 것은 이미 고려 초기부터라 한다. 그러나 가문의 역사를 실제로 정확하게 알 수 있는 것은 임진왜란 이후부터이다. 울산을 본관으로 한 박씨 집안은 갈래가 매우 복잡하지만 읍내에 거주하면서 향리 신분을 유지하는 부류들은 크게 보아 두 파로 나뉘는데, 유곡파와 그가 속한 부내파가 그것이다. 이 중에서도 특히 유곡파는 이방 등을 많이 배출하는 등 그 위세가 상당했고, 유곡파에 비하면 위세는 떨어지지만 부내파도 이방을 맡을 수 있을 정도로 위세가 있었다.

부내파 내부도 여러 가계로 나누어져 이들 상호간에 위세와 친소의 차이가 존재한다. 줄잡아 이 중 두 가계 정도만이 이방 등을 배출할 수 있다. 예를 들면 박남헌가와 마찬가지로 이방을 배출하는 철강계의 경우, 19세 재춘은 호장 두 번 이방 한 번, 그의 부친은 이방 및 호장을 각기 한 차례, 고조는 호장 및 이방을 각기 두 차례씩, 증조는 이방을 한 차례 역임한 것이다.

이렇듯 이방 및 호장을 역임한 사실은 가문의 역사에서 소중한 영광으로 기억되고 있다. 그렇기 때문에 가첩 등에 이방이나 호장을 역임한 사실을 빠짐없이 수록해놓았다. 또한 감영리나 수영리는 위격이 더 높다. 가첩에 조상들의 수영리 등 차임 사실을 특기해놓은 이유는 여기에 있다. 반면 유곡파와 부내파 중 특정 가계를 제외하면 같은 종족원들이라 하더라도 이들은 하급 이임이나 맡을 수 있을 뿐 이방 차임을 기대하기는 상상조차 어렵다. 다른 군현의 경우에도 사정은 마찬가지였다. 박남헌가와 마찬가지로 특정 가계들만이 읍권을 장악했다. 이들은 한결같이 임진왜란 전후부터 이미 이방 등을 배출한 가문이었다.

한편 박씨 중에서도 임진왜란이 일어나기 훨씬 전에 이미 갈라진 종족이 있고, 이들 중에는 박씨가와 달리 양반 신분인 경우도 있다. 그러나 같은 중시조의 후손이라도 최근 읍치를 벗어난 종족원들은 대체로 집안이 한미하며 이렇다할 인물을 배출한 사례는 없다. 오히려 읍내에 있는 집안보다도 미미하다.

집안의 유래를 좀더 정확하게 정리할 수 있었던 것은 가첩 등을 작성하는 것이 한 계기가 되었다. 그러나 향리 신분 자체의 역사에 대해 깊이 이해하게 된 결정적인 계기는 상주에서 『연조귀감』이라고 하는 향리들의 역사서를 편찬하는 작업에서 비롯되었다. 향리 가문의 상주 출신 지식인인 이명구라는 인물이 각 군현의 연방을 일일이 방문하여 각 향리 가문의 사적 중에서 드러낼 만한 것을 제출받아 이를 책으로 간행한 것이다. 그는 향리들의 신분 차별에 불만을 갖고, 향리 신분의 역사를 편찬하여 양반들이 향리 가문들과 유래를 같이할 뿐만 아니라 충효의 실천에서도 결코 떨어지지 않는다는 사실을 널리 주지시켰다. 그 결과 막연히 전해내려오던 향리 신분의 유래를 정확하게 인식하는 계기가 되었다. 박씨 시조의 행적도 『연조귀감』이라는 책에 올랐다. 박씨 집안의 차파는 이 책의 간행에 협조하는 뜻으로 30량을 냈고, 이어 임진왜란 때 공을 세운 그의 중시조는 속편에 수록하기로 했으나 유감스럽게도 속편은 간행되지 않았다.[10]

---

10) 이상의 내용은 이훈상 編著, 『향리의 역사서 『연조귀감』과 그 속편을 편찬한 상주의 향리 지식인 이명구의 가문과 그들의 문서』, 137~140쪽에 수록된 서간문을 토대로 역사적 사실을 재구성한 것이다. 이 서간문은 울산 박씨 이족 내 철강파의 후손들이 쓴 것인데, 이들은 19세기 이후 이방과 호장을 독점 배출한 3가계 중의 하나

중재 엘리트의 역할과 상반된 기대

이서들의 역할 중 중요한 업무는 때에 맞추어 할당된 양을 수세하는 데 있다. 지방사회의 치안 유지, 행정 및 재판의 집행, 수세의 권리는 지방관에게 집중되어 있으나 실무는 이서들이 집행한다. 어렸을 적부터 경서나 읽고 시나 지어 온 양반 출신의 지방관은 지방의 사정을 제대로 파악하기 어렵다. 더욱이 이서들이 중앙정부의 지시를 제대로 이행하는지 누가 열심히 하는지를 안다는 것은 정말로 어려운 일이었다. 그러니 이방의 이야기에 전적으로 의존할 수밖에 없다.

지방관은 이서들이 농민들과 직접 접촉하지 못하도록 규제한다. 그러나 면단위에는 지방관이 직접 통솔하는 이서들을 두고 있지 않으므로 농민을 상대하지 않고서는 행정을 집행할 수 없다. 사실 농민들은 오직 이서들을 통해서만 중앙정부와 만날 수 있다.

세제는 복잡하기 때문에 사람을 보아가며 세금을 징수한다는 말이 지극히 타당하다. 요컨대 수세구조는 당대의 사회관계에 상응하는 특징을 갖고 있는 셈이다. 이서들은 경작자만을 상대한다. 이들을 상대로 세금을 부과·징수하기 때문에, 토지의 대부분을 소유한 양반 지주들과 세금을 둘러싸고 서로 불편한 관계로 발전하는 일을 피할 수 있다. 이같은 세제 구조 때문에 경작자인 농민들도 때로는 당당하기조차 하다. 이서들은 조세 부담자인 농민들보다는 신분 면에서 분명 우위에 있지만, 양반 지주들이 경작자인 농민들의 후원자로 자처하기 때문에 이서들이 농민을 상대로 통제하는 데는 어려움이 있다.

양전을 시행해야 한다는 논의는 무성하지만 경비가 너무 많이 들 뿐 아니라 힘있는 양반들의 비옥한 토지를 정확하게 수세대장에 올리는 일은 쉽지 않다. 어떻든 조선후기 이후 어느 지역도 양전을 반복하여 시행한 적은 없었다. 경작지가 변동하더라도 이것을 수세대장에

였다.

올리는 일은 삼가야 했다. 수세지가 늘어난 것이 확인되면 국가는 이를 기준으로 더 많은 세금을 부과하기 때문이다.

　18세기에는 많은 양반 학자들이 저마다 숱한 개혁론을 내놓았다. 그렇지만 양반 지주들의 사회적 특권을 부정하지 않는 한 토지소유 및 조세징수와 관련된 근본적인 개혁을 실천에 옮긴다는 것은 어려운 일이었다. 이들의 기름진 땅은 토지대장에도 올라 있지 않거나 갖은 명목으로 세금부과 대상에서 제외되어 있다. 결국 지역사회의 자원이나 인구증대와 관련된 변동을 국가에 일일이 보고하는 일은 이서 집단의 존속에 해가 될 뿐 아니라, 결국 농민들에게도 해가 돌아간다. 재해를 입은 것도 가능한 많이 늘려서 보고해야 한다. 보고하더라도 실제 재해만큼 감면 조치를 받을 수 없으므로 최대한 많이 감면받도록 가능한 한 많이 부풀려야 했다.

　수세와 관련하여 이서들이 재량을 발휘할 수 있는 권리가 법적으로 보장된 것은 아니었다. 이서들의 결정과 의도에 따라 많은 것을 조정할 수는 있었지만 남들이 그것을 결코 좋아하지 않으며, 합법적인 것이라고 여기지도 않았다. 중앙정부의 요구는 갈수록 늘어났다. 예를 들면 대동미의 경우, 처음에는 지방재정에 충당하는 것을 계정에 두었으나[留置米], 점차 모두 중앙으로 바치게끔 되었다[上納米]. 그리하여 지방재정은 공식적으로 책정한 예산으로는 감당하기 어려워 이서들이 수세자들과 알아서 거래하여 충당했다.

　땅은 모자라는 데 사람은 넘쳐났다. 그런데 땅은 대부분을 양반 지주들이 소유하고 있어 이를 차경하는 일도 쉽지 않다. 그러다보니 양반 지주들은 경작인을 마음대로 구할 수 있어, 설령 경작 노비가 도망가더라도 예전같이 추쇄하려 들지 않았다. 이렇듯 사람은 많아지나 토지는 양반 지주들에 독점되어 있어 경작자인 농민들에 대해 세금부담을 덜어주어야 했다. 그러나 중앙정부의 수세 할당량을 오히려 갈수록 늘어만 갔다.

　수세할 때마다 농민들이 이서들을 불신하고 뒤에서 욕한다는 것을 모르는 이는 없다. 심지어 중앙정부나 지방관도 이서들을 전적으로 믿지 않았다. 농민과 중앙정부의 중간에 끼인 향리들로서는 양자를 타협시키는 일이 갈수록 어려워졌다. 이서들은 위로는 지방관을 공손하게 받들고, 아래로는 백성의 고충을 보살피라고 교육받았다. 그러나 위와 아래 모두가 이들에게 너무 많은 것을 기대하고 불신했다. 양자의 기대를 충족시키면서 중재 역할을 수행하는 일이 갈수록 어려워졌다.

〈도판 3〉은 이서들의 포흠과 관련하여 지방관이 이를 회수하려 하자, 빚을 청산하고 문중의 이서 모두가 이서직에서 물러나겠다는 내용의 청원서이다.

토지 관련 업무나 수세 업무는 서원(書員)들 담당이다. 그렇다고 서원들만 수세 관련 업무를 담당한 것은 아니었지만, 수세 및 재해 조사, 요역 동원 등을 조사·책정하는 실무자라는 점에서 서원은 중요하다. 서원은 각 면을 단위로 나누어 맡는 데 겸직하는 경우가 많다. 왜냐하면 정기 수입이 없는 이서들로서는 수세 업무와 관련하여 생기는 수입이 가장 크며, 따라서 서원의 직임을 나누어 맡는 것이 하나의 관례가 되었다.

토지 수세보다 더 골치가 아픈 것은 환곡의 배정이었다. 많은 동리들이 환곡 배정을 거부했지만 그것 역시도 쉽지 않았다. 방대한 이자를 납부하고 축적해야 하기 때문이다. 병영이나 감영, 나아가 통영까지 이자 수입을 기대하여 각 군현에 배정하는 환곡만큼은 군현 자체에서 거부할 힘이 없었다. 그렇기 때문에 공금을 횡령하는 일도 자주 발생했다. 그 일을 책임진 이서들도 어찌할 수 없었다. 장부상으로는 방대한 환곡 기금이 있었지만, 실제로는 한 푼도 없는 경우가 허다했다. 19세기에 포흠이 없는 이서가 없다고 논의할 만큼 이서들의 포흠이 심대했다.

그러나 환곡을 세금의 일종으로 간주하여 국가에서 고리대를 하는 한 이를 해결할 도리가 없었다. 중앙정부도 문제의 심각성을 인식하

〈도판 3〉 청원서

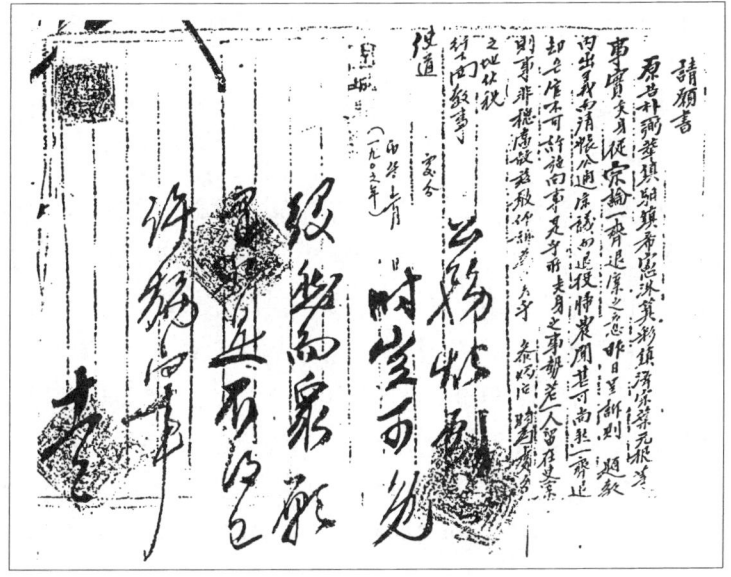

고 있었으나, 그 책임을 이서들의 사소한 불법에 전가하려 했다. 그
러므로 이같은 규제를 피하기 위한 노력이 늘 필요했다. 경우에 따라
서는 횡령한 공금을 일족에게 분배하여 회수하기도 했다. 여기에는
통상 본인이 유용한 금액뿐 아니라 당시 부임한 지방관이 간접적으로
횡령한 몫까지 책임을 물게 되므로 배상액이 막대하여 일족 모두가
망한다. 그래서 다소 부유한 이방이라도 공금을 추징당하는 일이 생
기게 되면 가까운 친족까지 모두 망하는 일이 빈번하였다.
　이상과 같은 어려움을 지방관에게 속속들이 이야기하기는 어렵다.
입만 열면 명분이나 규범을 이야기하지만 행정실무의 어려움을 털어
놓고 이야기할 상대는 아니었다. 그러나 여기에도 통로는 있었다. 지
방관의 참모 또는 비서라 할 책방이 그것이다. 찰방은 지방 사정에
어둡고 행정경험이 모자라는 지방관이 자신의 일을 거들 명목으로 임
지에 데리고 오는 비공식 수행원으로서, 통상 현지에서 충원하지 않
는다. 그러나 이들은 행정실무를 숙지하고 있어서 수령에게 관련 정

보를 제공하고 지침을 제고했다. 이서들에 대한 정보로부터 농민들의 동향, 수세 관련 상황, 나아가 지방관 개인의 경제적인 치부와 집안의 대소사를 능숙하게 처리하는 것 등이 이들의 역할이었다. 행정단위가 높은 목(牧)이나 감영 등에는 다수의 막부가 존재했으며, 신분출자도 달랐다.[11]

책방은 이서들의 입장을 고려하여 타협하고 때로는 지방관과 이서들의 입장을 상호 조정하는 역할을 담당했다. 대부분의 책방은 지방관의 재부 축적을 도와주면서, 이 과정에서 자신의 몫도 챙기게 마련이다. 수고비가 공식적으로 책정되어 있지 않으므로 누가 책방으로 오는가에 따라 이서들의 입장도 달라졌다. 실제로는 책방의 부정도 적지 않아 지방민의 원성을 사기도 했다. 각종 군포를 횡령하고 감사가 순행할 때 일산값을 받아챙긴다는 소문을 모르는 지방민은 없었다. 착복한 것의 상당량이 지방관에게 들어간다는 것은 더 말할 나위가 없다.[12] 경우에 따라서는 원칙을 지키는 것 같이 굴어서 미움을 받는 책방도 적지 않았다. 분수에 맞지 않게 잘난 체하는 책방을 비꼬는 판소리 배비장전은 그 좋은 예이다.

향리 지식인의 성장과 신분상승의 한계

상주의 이명구(1799~1874) 옹이 죽었다는 소식이 전해졌다. 슬픈 일이다. 그는 유학에 종사하는 학자답게 철저하게 행동하여 세상에서 이학자(李學者)라고 칭송을 받았다. 한양을 비롯하여 여러 지역의 유명 학자들과 광범위하게

---

11) 중국과 경우 幕府 제도는 비교적 제도적인 체계로 발전하였다. 이에 대하여는 John R. Watt, "The Yamen and Urban Administration," in G. William Skinner, ed., *The City in Late Imperial China*(Stanford, Cal. : Stanford University Press, 1977), pp. 375~384이 참고된다. 그러나 한국의 경우 일반 군현에 이것이 제도화되는 데 대하여는 일정 거부감이 있었던 것으로 생각된다. 정약용은 일반 군현에 冊房(冊客)을 두어서는 안된다고 하였으며, 다만 이보다 상급 관아의 경우 裨將을 두는 것에 대하여는 이들의 선발에 신중할 것을 권유했다(丁若鏞, 『牧民心書』「律己」屛客條 ·「吏典」用人條).
12) 이 대목은 『居昌歌』의 한 대목을 차용한 것이다.

교유도 하였다. 그의 가슴에는 성현의 이야기가 가득하여 듣는 이들이 지루한 줄을 몰랐다. 내가 이곳 상주에 복거할 때, 그와 4년 이상을 함께 지내 그와는 각별한 관계에 있다. 올해인 1874년 여름에 한양의 성균관에 일이 있어 들렀을 때, 여기에서 이명구옹을 만났는 데 그는 이미 병들어 있었다. 그러고는 해가 저물어가는 음력 9월 22일에 눈을 감은 것이다.[13]

이명구는 비록 성리학에서는 이룬 것이 없으나 기절(氣節)이 있고 효우가 돈독하며 의논이 굉변(宏辨)하고 견문이 넓어 근세의 호걸이었다. 그러나 이같은 역량에도 불구하고 이 세상에서 그 뜻을 펼칠 수 있는 기회를 갖지 못했다. 이명구 자신도 스스로를 일컬어 호걸이라 했지만 세상은 자신을 허용하지 않는다고 한탄한 바 있다. 문벌만을 따지는 사회의 탓이었다.

이명구는 이미 오래 전부터 한양의 유력한 인사들과 교유하면서 이들과 끊임없이 내왕하였다. 그의 생부로서 이방을 역임한 이만운(1775~1855)이 죽었을 때도 한양 교동의 오만선과 오창선 대감으로부터 부친의 죽음에 삼가 애도를 표한다는 편지가 도착하는 등 젊은 시절부터 유력한 인사들과 교분을 쌓았다. 해주 오씨 가문은 당시 유력한 벌열의 하나였다. 오창선 가문과의 인연은 오창선의 부친 오치성(吳致成)이 1828년(순조 28)에 상주 고을에 목사로 재임하는 동안 생부 이만운이 이방을 역임하면서 비롯되었다. 그 후 27년이 지나는 동안 그 두 후손들은 3대에 걸쳐 교분을 맺었다. 더욱이 이명구의 종조부가 저명한 산림으로 꼽히는 오희상의 문하에 출입한 것도 이러한 관계를 유지하는 데 도움이 되었다.

---

13) 이 글은 향리의 역사서 『掾曹龜鑑』과 그 속편을 편찬하여 잘 알려진 경북 상주의 이족 출신의 지식인 이명구와 오랫동안 교유가 있었던 鄭이라고 하는 지식인의 시점에서 이명구의 생애와 생각을 돌이켜보는 형식을 취하였다. 이명구를 추모하는 그의 기문이 이훈상 編著, 앞의 책, 69쪽에 실려 있다. 조선후기 사회사 및 사학사의 맥락에서 이명구는 매우 중요한 인물로 평가되는데 이에 대하여는 李基白, 「19세기 한국사학의 새로운 양상」, 『韓㳓劤博士停年紀念史學論叢』, 知識産業社, 1981 ; 이훈상, 『朝鮮後期의 鄕吏』, 일조각, 1990, 213~258쪽 ; 이훈상, 「韓國의 歷史家 : 李明九와 李震興」, 『韓國史市民講座』 8, 1991 ; 이훈상 編著, 앞의 책, 13~27쪽이 참고된다.

그러나 더욱 기억할 만한 일은 신석우가 경상도 관찰사로 부임한 일이다. 이명구가 오랫동안 신석우의 문객으로 지낸 사실을 상주의 유력한 양반들치고 모르는 사람이 없었다. 평산 신씨 가문 역시 유력한 벌열의 하나로서 꼽힌다. 이때 마침 이명구의 친동생 이명기(李明耉)가 호장(戶長)에 올라 사람들은 신석우와 이명구의 돈독한 관계에 힘입은 것이라고 생각했다. 또한 이들의 선조들은 효자와 열녀로서 표창받았다. 이명구가 관찰사와 돈독한 관계에 있다는 소문이 퍼져나가자 각종 문제를 해결해달라는 청탁이 곳곳에서 들어왔다.

이명구 자신은 서당의 훈장을 지내면서 유업에 종사했다. 그러나 그는 여기에 만족할 인물이 아니었다. 때문에 그는 자신의 출신 가문을 늘 의식하지 않을 수 없었다. 이명구의 생부나 친제를 비롯하여 많은 친인척들은 여전히 이역에 종사하고 있다. 다만 양부를 포함한 그 직계 4대는 이임을 맡지 않고 유업에 종사했으나 다른 이들이 이명구를 여전히 이서 가문 출신이라고 낮추어보았다. 이 지역의 저명한 학자들과 교유했으나 그 교분이 가문 대 가문의 만남은 물론 아니었다. 사람들은 이명구 개인의 능력을 가지고 평가하지 않고 그의 출신 가문을 가지고 논하였다. 이명구와 같이 학문에 종사하여 뛰어나다고 평가받은 향리 지식인 가운데는 사회로부터 버림받은 지식인들이 적지 않았다. 거창의 신돈항과 같은 경우 외에도 많은 인재들이 현실의 벽에 절망한 나머지 잡기에 빠져 일생을 망치곤 했다.

이명구가 4대조인 이경번(1706~1778)이 착수한 향리 신분의 역사서 『연조귀감』의 편찬작업을 속개하여 마무리하기로 결심한 이유도 여기에 있을 것이다. 그는 이족 가문들을 규합하고 각 군현 연방에도 자신의 뜻을 두루 알려서 사적을 제출해달라고 했다. 간행 비용도 각 군현의 연방에서 조달하였다. 그의 선조 이경번과 이진흥(1731~1777)이 연조귀감을 편찬하기로 마음먹은 것이 대략 18세기 후반 무렵이니까 거의 100년 전의 일이다. 당시 이같은 작업에 대하여 관심을 표명한 이들이 별로 없었고 또한 증조부인 이진흥이 일찍 죽으면서 더이상 진척되지 않았다. 그러던 것이 19세기를 넘어서면서부터 다른 지역의 향리 지식인들 중에서도 비슷한 작업에 착수하는 이들이 생겨났다. 그 결과 예천의 『양양기구록』이라든가 안동의 『안동향손사적통록』, 『상산이적』이 간행되면서 분위기가 달라졌다. 문벌만 따지는 풍조에 불만을 가진 향리 지식인들이 그만큼 많아진 것이다. 이명구는 선조의 편찬방침을 존중한다는 의미에서 『연조귀감』을 먼저 간행하고 자신과 양부 이복운(1775~1825)이 새로 수합한 것을 『연조귀감 속편』으로 따로 묶었다.

원래 이진흥은 향리뿐 아니라 역리들도 『연조귀감』에 함께 수록하려 했다. 그는 역리도 향리와 마찬가지로 새로운 왕조에 불복한 무인들이 역리로 신분을 강속당했기 때문에 이들 역시 마찬가지로 취급해야 한다고 생각했던 것 같다. 이진흥이 편찬한 『연조귀감』 초고를 보면 역리들을 향리와 구분하지 않고 같은 항목에 수록해놓았다. 그러나 이명구는 증조부의 입장을 따를 수는 없었다. 그는 『연조귀감』 간행에 앞서 그 저본을 안동의 유명한 향리 지식인 권계강에게 보내었다. 권계강은 『안동향손사적통록』의 간행을 주도한 향리 지식인 권영흡의 당질로서, 『안동향손사적통록』 내용의 일부를 이명구가 『연조귀감』에 재수록해도 좋으냐는 요청을 받아들였다. 그리고 향리와 가리, 역리, 진리 등을 분명히 구별하여 수록해야 한다고 역설하였다.

이명구는 권계강의 권고를 무시할 수 없었다. 왜냐하면 그는 경상도 향리 가문을 대표한다고 일컬어질 만큼 저명한 안동 이족 내 호장공파 출신으로, 경상도 감영 영리를 독점·배출하는 몇 안되는 가문이었다. 덧붙인다면 안동이나 의성의 이족들은 감영 영리를 독점·안배할 뿐 아니라 세습까지 하여 이들의 권위와 명망은 대단했다. 이미 이러한 관행은 오래된 것이지만 다른 군현 향리들의 불만도 적지 않다.

『연조귀감 속편』에서 이명구의 생부인 이만운은 1849년에 역리들이 향리들과 마찬가지로 새로운 왕조에 불복하여 강속당했거나 또는

〈도판 4〉 권계강의 편지

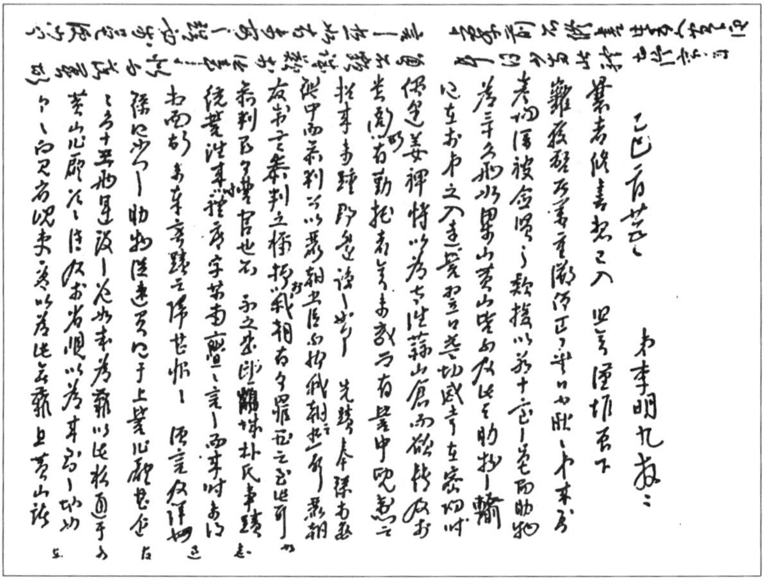

향리들이 잘못하여 그에 대한 벌로 강속당했는데도 불구하고, 향리들은 역리(驛吏)를 무시한다고 개탄하였다. 이어 향리가 각 영의 영리로 차임되듯이 역리를 각 진의 배리(陪吏)로 삼으면 어떻겠느냐고 제의한 바 있다. 그러나 이 제의는 감영 영리들의 결정에 달려 있을 뿐이라고 하여 은근히 안동 향리들의 위세에 못마땅한 견해를 제시할 정도로 안동 향리들의 권위는 대단하였다.

이 책의 상당부분은 우리나라 유명 양반 가문이 원래는 향리 신분이라는 숱한 사례를 집성해놓았다. 이러한 사실은 많은 양반 가문들도 알고 있었다. '삼노팔리(三奴八吏)'라는 말도 이런 경우에서 나온 것이었다. 이 말은 우리나라에서 가장 유명한 인물로 꼽히는 사람의 원 조상은 신분이 노비이거나 향리라는 이야기이다.[14] 이렇듯 널리

---

14) '三奴八吏'라는 용어는 사족들의 출자를 설명하는 대표적 언사로서 널리 통용되었다. 이 중 八吏의 경우 李滉·申叔舟·鄭汝昌·李浚慶·李彦迪·鄭太和·沈義謙 등과 같은 조선시대를 대표하는 인물이 그 조상은 원래 향리 신분이라는 뜻이다. 이

알려진 사실이었지만 이것을 책에 수록하여 간행하는 일은 엄두도 내기 어려운 일이었다.

이명구 역시 결코 양반 가문들의 비위를 거슬러서는 안된다는 점을 깊이 깨닫고 있었다. 그리하여 이명구는 당대의 산림으로 꼽히는 홍직필에게 교감해줄 것을 부탁했고, 이와 함께 이명구는 책의 서문과 발문을 각기 노론, 소론, 남인 등을 대표할 수 있는 인물들에게 청탁하였다. 자신은 중앙 노론 계열의 권력자들과 오랫동안 교유하였지만 남인세력의 본거지인 영남 출신인 이명구로서는 남인의 위세도 고려하지 않을 수 없었다. 향리 가문 출신인 이명구가 책을 간행하는 과정에는 이렇듯 조심스럽고도 긴장이 가득하였다.

가문의 영광을 빛내려는 이명구의 노력도 각별하였으며, 특히 이명구와 같이 향리 가문 출신의 경우에는 더욱 그러했다.『연조귀감』의 간행을 끝내고 속편 편찬작업을 진행하는 한편 이명구는 가문의 영광을 드러내기 위해 동분서주했다. 그 결과 1854년에 조부 이정하의 정려(旌閭)를 세우라는 지시가 조정에서 내려왔다. 효열을 천양하는 일은 향리 가문들도 유교 규범을 철저하게 이행한다는 사실을 과시하는 작업의 일환으로서 중요한 것이었다. 더욱이 1858년에는 사우까지 건립하게 되었다. 그의 5대조 이삼억의 군공을 기리는 상충사를 도의 협조로 건립한 것이다. 감영의 지시에 따라 주부(州府)는 20량을, 군현(郡縣)은 15량을 할당하여 납부토록 했다. 이러한 배려는 당시 관찰사로 와 있던 신석우와 이명구 두 사람의 친분에 힘입은 것이었다.

이명구는 평생 세 차례 상주에서 천거받았지만, 어느 경우에도 관직에 오르지 못했다. 자신의 신분을 생각하면 비록 지방에서 천거받더라도 하급 관직에 진출하기란 상상하기 어려운 일이었다. 그가 중앙의 유력자들과 돈독한 관계를 유지하고 이들의 문객으로 드나든 이유는 바로 여기에 있었다. 그것은 향리 지식인의 운명이며 현실 한계

같은 구전은 어느 지역을 가더라도 쉽게 들을 수 있는 언사였다.

이기도 했다. 밀접한 관계를 유지한 신석우의 죽음은 그의 평생에 걸친 노력에 종지부를 찍었다. 그는 절망하여 오랫동안 교유관계를 유지한 이들과 이별인사를 나누고 문객생활을 청산한 채 상주로 낙향하였다. 오랫동안 한양생활에서 남은 것은 교유한 이들에게 청탁하여 받은 시문뿐이었다. 이별의 정표를 쓴 어떤 인물은 많은 이들이 오랫동안 이명구와 교유했지만 이명구가 보배라는 사실을 모른다고 개탄했다. 그러나 이렇듯 이명구의 진면목을 깨달은 인물은 아무도 없었다.

낙향 이후 이명구는 그토록 집착한 『연조귀감 속편』 간행에 더이상 집착하지 않았다.[15] 귀향 당시 이명구의 나이는 예순여덟 살, 이제 더 이상 새로운 희망을 갖기 어려운 나이였다. 서양과 일본의 통상 요구로 인하여 시국은 더욱 불안해졌다. 신분으로 인해 희망을 좌절당한 지식인의 목소리는 잊혀졌다. 갑신정변 이후 김해의 향리지식인 배전이 조선을 개화하는 데 가장 중요한 집단이라고 주장하면서 이들이 소외된 채 등용되지 못한 현실에 대한 불만을 털어놓았다. 향리집단이 구체제에서는 결코 등용될 수 없음이 분명해진 것이다. 갑오경장은 전통적인 신분체제를 부정함으로써 이명구를 비롯한 예속집단에 속한 지식인들이 그토록 갈망한 신분차별의 벽을 허물어버렸다. 그러나 이와 동시에 중앙집권화를 국민국가의 목표로 삼은 조선정부는 지방사회에서 이들의 중재 역할을 부정하는 개혁을 단행함으로써 이들의 전통적인 존속 기반을 부정하는 결과를 가져왔다. 그리고 이것은 그 후 향리 가문의 향방을 결정하는 주요한 기제(機制)가 되었다.

---

15) 속편은 간행 직전에 그만둔 것으로 짐작된다. 『연조귀감 속편』 서문이 필자가 찾아낸 고문서에 포함되어 있었으며(이훈상 편저, 앞의 책, 135쪽), 이와 더불어 속편의 일부가 『연조귀감』의 판본에 포함되어 있는 사실도 바로 이명구가 속편의 간행까지 준비하다가 중도에 그만둔 사실을 시사한다(이훈상 편저, 앞의 책, 221~222쪽).

지방관의 목소리와 향리집단에 대한 통제

　지방관은 부임지로 떠나기 전에 그 지역의 읍례(邑例)를 훑어보는데, 그 읍례는 새로 차임된 신임 이방이 관속을 데리고 오면서 가지고 온 것이다. 지방의 각종 수세 및 행정에 필요한 요목을 정리한 이 읍례를 훑어보고 나서 책방을 불러 철저하게 파악하라고 타이른다.

　부임에 소요되는 경비는 저리(底吏)에게 며칠 후 청구하라고 하고 임시로 변통한다. 부임지로 저보(底報)를 보내면서 맞이하는 비용을 줄여 폐단을 줄이라고 써보내지만, 아전들은 지방관이 그저 관례에 따라 내려보내는 것에 불과할 뿐이라고 간주한다. 대대로 지방관을 맞이하면서 온갖 일을 겪어본 아전들은 지방관이나 중앙의 지시를 문자 그대로 받아들이지는 않는다. 많은 이들이 이미 이야기했듯이 지방관은 지나가는 객에 불과하다고 보는 것이다.

　아전들을 어떻게 다루어야 하는가? 정말로 고민스런 일이 아닐 수 없다. 결코 아전들의 힘을 무시할 수는 없다. 이들은 대대로 지방의 행정을 집행해온 관계로 현지 사정에 통달해 있으나 지방관은 그렇지 못한 것이다. 더욱이 각 군현의 향리가문 중에는 감영의 영리들과 밀접한 관계를 맺고 있고, 경우에 따라서는 세도가들과 통하고 있는 가문도 적지 않았다. 그러므로 지방관들은 부임 전에 이미 다음 이방의 천거를 둘러싸고 청탁을 받게 된다. 지방관 가운데 임기를 채우는 경우가 드문데, 그 이면에는 향리들과 감영의 영리들이 담합하여 지방관의 인사 고과에 개입하기 때문인 것으로 알려진다.[16] 지방관을 중도에 그만두는 일이 워낙 많아서 큰 문제라고 생각되지는 않으나 그렇다고 기분좋은 일은 아니다.

　지방관이 그 지역의 이서 세계를 알 수 있는 근거는 오직 이서들의 성명을 수록한 리안(吏案)뿐이다. 그리하여 그 지역에는 어느 집안이

---

16) 이와 관련하여 많은 기록이 전해지고 있는데, 지방관의 출척을 향리들과 영리들이 도모한다는 정약용의 언급도 참조된다(丁若鏞,「吏典」察物條, 위의 책).

꼽히는 향리 집안인지 또는 가리 집안인지를 짐작할 수 있을 뿐이다. 개인의 경력이나 문제에 대해서는 전혀 알 수가 없다. 각종 지침서에는 자주 점고(點考)를 취하라고 되어 있다. 점고는 이서들의 출석을 확인하는 의례이다. 이는 수령의 권위에 대한 과시는 물론, 농민을 상대로 한 이서들의 침탈을 방지하는 방안의 하나라고 제시되어 있다. 그러나 통상 보름에 한 번씩 망궐례를 행할 때 점고를 취한다. 여기에는 현재 이임을 맡고 있지는 않으나 이안에 성명이 올라 있는 이서는 모두 참석해야 한다. 점고할 때 특별한 사유가 없이 결석하면 이안에서 성명을 빼도록 되어 있다. 그렇게 되면 다음에 이서를 교체할 때 차임될 기회를 상실하게 된다. 이들 중에는 부정행위가 적발되어 도태되는 부류들도 포함되어 있다.

막 부임한 지방관이 그 지역의 사정을 파악하기란 어렵다. 현임 이방을 비롯하여 지방관이 통솔할 이서들은 전임 지방관이 떠나기 전에 차임하기 마련이다. 특별한 사유가 없는 한 근무하는 동안은 이서들을 교체하지 않는 것이 관례이다. 지역에 따라서 관행이 다르지만 이방은 지방관 교체와 함께 이루어지고, 호장은 임기에 맞추어 교체된다. 전에는 호장의 권위가 대단한 것으로 꼽혔으나, 이후 삼공형(三公兄)이라 하여 이방을 포함한 3직임의 하나에 속하게 되었다. 그래도 예전의 전통이 남아 있어 제례를 지내거나 할 때는 반드시 호장이 이를 주관했다.

지방관이 인사권을 행사하는 것은 그 지역을 떠날 때뿐이다. 그러나 떠나는 마당에 그의 뜻대로 할 수는 없으므로, 대체로 그 지역의 주요한 향리 가문에서 천거한 인물을 신임 이방으로 차임하게 마련이었다. 결국 그 지역 향리 가문의 이해와 합의에 의해 새 이서진을 구성하는 것이다. 한 사례로 안동 지역에서 막 부임한 지방관이 신임 이방이 적합하지 않다고 바꾸어버리자, 퇴임 이서들이 이 조치에 반발했고 결국 경상도 감영까지 동원하여 자신들의 뜻을 관철시켰다고 한다(安東 安逸房 關聯 古文書). 이런 예로 보아 지방관이 인사권을 마

〈도판 5〉 『경주 인리안(慶州 人吏案)』

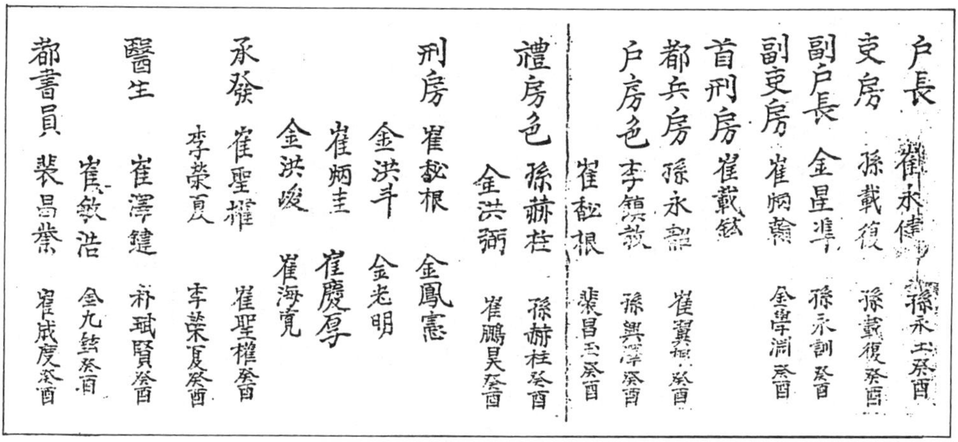

戶長	權永傅 孫永仝癸酉
吏房	孫載復 孫載復癸酉
副戶長	金昱準 孫永副癸酉
副吏房	崔炯翰 金學淵癸酉
首刑房	崔載鉉 崔翼燮癸酉
戶兵房色	李鎭穀 孫顯澤癸酉
都兵房	孫永穀
首刑房色	崔秘根 裵昌玉癸酉
禮房色	孫赫柱 崔鵬昊癸酉
金洪祠
刑房	崔赫根 金鳳憲
金洪斗 金老明
崔炳圭 崔慶厚
承發	金洪竣 崔海寬
崔聖權 崔聖權癸酉
李榮夏 李榮夏癸酉
醫生	崔澤建 朴璵賢癸酉
崔敦浩 金九鉉癸酉
都書員	裵昌榮 崔成慶癸酉

음대로 행사하기란 어려웠을 것이다.

아전들은 대개 간사하고 교만한데, 이서들의 집회소인 질청(作廳)의 벽에 어느 과객이 붙인 다음의 글에 잘 묘사되어 있다.

> 이서를 말할 때면 누구나 반드시 간악하다는 것과 연관지어 '간악한 아전이다 또는 아전은 간악하다'라고 말한다. 그리고 '간악하지 않다면 아전으로 생각할 수 없고 아전이라면 간악하지 않을 수 없다. 그러므로 수령은 사람의 도리로써 대해서는 안되며, 단지 분명히 살펴 감독하는 것으로 그치고 엄한 법으로써 이들을 다스려야 할 뿐'이라고 한다.[17]

아전들은 끊임없이 자신의 이익만을 챙기려 한다. 겉으로는 자방관에 복종하는 것 같지만 돌아서면 욕한다. 목민서에는 예의로써 이들을 감복시키라고 씌어 있지만, 이들을 복종시키는 길은 오직 엄격하게 꾸짖고 처벌하는 것 외에 도리가 없는 것 같다고 지방관들은 생각하고, 아전들은 처음 부임하여 모르는 것이 많아 그저 손발 가는 대로 결재해주는 지방관에 대해서는 금방 눈치채고 속으로 그를 경멸한다.

---

17) 「作廳揭壁文」, 『管城錄』(『韓國地方史資料叢書』 6, 驪江出版社, 395쪽)

현지에 있는 양반들도 아전들과 접촉하기를 꺼린다. 이들은 세금도 경작자들을 상대로 걷고 있으니 아전과 부딪칠 일은 거의 없다. 좀 알려진 양반가문에서는 향임맡기를 꺼리므로, 이런 일은 대부분 별로 신통치 못한 부류들이 맡게 된다. 위세가 별로 없으니 이들을 통해 일을 꾸리기란 쉽지 않다. 아전들이 이들과 합세하여 문제를 일으키는 것이 더 골치다. 그러므로 현지 양반을 통해 이들을 통제하기를 기대하는 것은 상상하기 어렵다. 17세기에는 양반들이 힘을 합해 향리들 중 잘못한 이들을 소환하여 처벌하는 법규를 만들었다고 하지만,[18] 이미 그 당시에도 이 법규는 잘 이행되지 않았고 그 이후는 더 말할 나위도 없었다. 어떻든 양반과 향리는 서로 꺼리고 가능한 한 마찰을 일으키지 않으려고 접촉을 피했다.

이서들을 장악하는 좋은 수단은 먼저 이방 등의 약점을 잡는 것이다. 그러나 주위의 이서들은 모두 이방이 차임한 인물들이므로 쉽지 않으나 개중에는 이방과 사이가 나쁜 이들이 반드시 있어 지방관은 이들을 통해 이방의 약점을 잡고 이서들을 장악하여 자신의 일을 도모할 수 있다는 것이다.

향리들의 부정을 막기 위해서는 임채(任債)를 먼저 받는 일도 중요하다. 후일 어떠한 일이 생길지 모르기 때문이다. 이서들은 차임을 위해 다양한 통로를 통해 인사 청탁하고 이 과정에서 많은 돈이 필요하다. 지방관이 재부를 축적할 수 있는 기회는 바로 이서들 상호간의 알력이나 갈등을 이용하는 길뿐이다. 이서들이 공금을 유용하여(逋欠) 진 빚은 그 규모가 매우 방대한데 여기에는 이서들이 인사 청탁 과정에서 진 빚도 꽤나 포함되어 있고, 그 과정에 중앙의 권력자들도 적지 않이 개입한다고 한다. 이렇듯 중앙정부 자체가 문제되는 판에

---

18) 예를 들면 안동의 경우 향리들이 잘못을 저지를 경우, 향청에서 소환하여 처벌하기로 한 고문서가 남아 있다. 그러나 이같은 결정에도 불구하고 향리들이 이에 복종하지 않아서 이것이 잘 이행되지 않았다. 안동 양반들의 위세를 고려할 때 다른 지역은 충분히 상상할 수 있다. 이 고문서의 내용에 대하여는 金炫榮, 「17세기 안동지방의 惡籍」, 『古文書硏究』 1, 1991이 참고된다.

일개 지방관이 그런 문제를 해결하기란 극히 어렵다.

농민의 목소리와 향리 집단 - 이서 공덕비와 개무덤

농민들은 이서들의 공덕비를 빗대어 개무덤이라고 빈정댄다는 사실을 어쩌면 아전들도 알고 있을지 모른다. 아전들은 비의 주인공이 무슨 좋은 일을 했는지 기억하고 있을 것이지만, 농민들은 전혀 기억하지 못하고 오히려 공덕비만 보면 침뱉고 분풀이하고 싶어한다.

농민들은 아전이 하는 일을 보면 그저 울분이 솟구친다. 수령이나 감사 또는 고을의 힘있는 자들에게는 살살 꼬리치며 눈치를 살피면서 힘없는 백성을 대할 때는 낯선 사람을 보면 마구 짖어대는 개같이 군다 하여 좋은 일을 했다고 세워놓은 아전의 공덕비를 개무덤이라 불렀다. 항간에서는 제리(諸吏)를 간리(奸吏)라고도 불렀다.[19] 19세기에 나온 『거창가』를 보면 향리에 대한 농민들의 적대감이 얼마나 컸는지를 알 수 있다.

해마다 세금이 문제가 되었다. 그 종류가 하도 많아서 종목도 잊어버릴 지경이었다. 수령이나 차사를 접대한다고 갖은 명목으로 세금을 걷는 바람에 고마고다 민고다 하면서 각종 기금을 마련하였음에도 여전히 새로운 명목의 세금은 늘어만 갔다. 더욱이 아전이나 관노들이 유용한 공금도 백성들에게 각기 얼마씩 나누어 내라고 했다. 이것도 모자라 땅에도 부과하였다〔結卜〕. 그렇다고 땅 가진 양반들이 병작료를 줄여줄 리 없었다. 결국 땅을 부쳐먹는 농민만 억울한 셈이다. 하소연할 때도 없었고 공금을 유용한 일도 많았다. 가뭄 들어 면제해준 세금은 책방이 모두 챙겨먹었다고 한다. 그래서 수령 일을 돕는다고

---

19) 이 글의 단서가 되는 비석은 밀양 磨義里에 건립되어 아직도 남아 있는 吏房 許楚璧의 공덕비이다. 그는 18세기 전반에 이방을 역임하고 많은 폐해를 없애는 한편 창고 담당 책임자가 되어서는 낙곡을 받지 않아 촌민들이 공덕비를 건립한 것으로 전해진다(「觀感錄」, 『掾曹龜鑑續編』 1). 그러나 이 비석이 있는 인근 마을에서는 이 비석을 개(犬)무덤이라고 불러왔다 한다(金烈圭, 「개(犬)碑」, 『國際新聞』 1995년 7월 8일자, 7면). 필자는 역사기록과 구전 사이의 괴리에 주목하여 구전을 농민의 담론으로 치환하여 아전과의 관계를 역사적으로 재구성하였다고

데리고 온 책방을 취방(就房)이라 불렀다.[20]

 아예 계방(契房)이 되어 아전들의 각 청(廳)에 돈을 바치고 역을 면제받은 경우도 있었다. 각 청은 이런 방식으로 운영 경비를 마련했다. 그러나 이런 일은 부유한 마을에서나 가능했지 가난한 마을에서는 그럴 여유조차 없었다. 그런 경우 서원의 보솔(保率)이나 양반집 묘지기로 투탁하면 아전이나 포졸이 마구 침학하는 일은 생기지 않았다. 아무리 호랑이 같은 아전도 양반집에서 무어라고 하면 감히 어떻게 하지 못했다. 아전들에게 이것저것 뜯기는 것보다는 아전집의 고공으로 가든가 서원의 보솔로 가는 편이 훨씬 나을 수도 있었다. 이런 식으로 세금내지 않는 사람들이 늘어나면 빈촌이 대신 세금을 물어야 하는 경우도 있었다.

 마을에서 벗어나 다른 곳으로 옮기는 것도 생각할 수 있다. 그러나 그 다른 곳을 찾기란 쉽지 않다. 만약 옮겨간다면 그나마 얼마 안되는 땅마저도 마을에 바쳐야 했다. 군역세 때문이다. 한 가족이 빠진다고 해서 마을에 할당된 군역세가 줄지는 않는다. 군역세는 마을에서 실제로 몇 사람이 군포를 납부할 수 있는가를 따지지 않고 아예 마을을 단위로 일정량이 책정된다. 그래서 한 마을에서 다른 마을을 떠나는 경우 그 사람은 가진 것을 모두 내놓아야 한다고 결의되었다. 참으로 인심이 흉흉하였다.

 각 마을의 임장들의 입장도 참으로 딱했다. 다 떨어진 옷에 파립을

---

20) 이후의 내용은 19세기 중엽에 만들어진 것으로 추정되는 가사인 『居昌歌』(서강대, 古書 거 811) 필사본의 내용을 토대로 이를 정리한 것이다. 이 가사는 현실 비판을 담은 사회 가사이며, 가사 제목에 지칭되듯이 거창 지역의 폐해를 비판하고 있다. 여기에는 부정을 저지른 지방관의 성명과 사건이 일어난 연대가 제시되어 있는데 실제 사실과 정확하게 일치한다. 그리하여 이것이 19세기 중엽 거창 지방의 사회문제를 다룬 것임이 확인된다. 이 가사는 그 내용을 은유나 우화를 채용하는 대신 문제를 직설적으로 제기 비판했다는 점에서 역사자료로서 손색이 없다. 이와 함께 여기에는 고통받는 이의 감정과 생각도 풍부하게 담고 있다는 점도 빼놓을 수 없다. 따라서 이 가사는 1862년 농민봉기가 전국에서 발생하기 직전 지방사회의 불만과 고통을 파악하는 데 매우 값진 자료가 되었다. 이 가사에서 주요 비판 대상으로 삼은 것은 세금 징수와 관련하여 지방관, 책방, 이서, 관노, 포졸 등이다. 여기에서는 주로 이서에 대한 것만을 추출하여 재구성하였다.

쓴 채 많은 공납을 처리해야 했다. 관아에서는 늘 세금을 앞당겨 챙겨받을 뿐 아니라, 육방(六房) 하인의 토색 때문에 온갖 고초를 겪어야 했다. 관의 욕을 모면할 요량으로 변통하다보면 자칫 큰 빚을 지고 가산을 날리게 될 뿐만 아니라 일가친척의 가산까지 탕진하고 만다. 이서들이 공금을 유용해도 그것을 촌민들이 대신 납부해야 하니 기막힐 노릇이었다.

창고에서 환곡을 분급할 때 관아에서는 광대나 재인을 불러다가 놀이판을 만들었다. 하루종일 환곡을 기다리다 지친 백성들은 웃고 재주넘는 광대들의 꼬락서니는 정말로 꼴보기 싫었다. 그러다가 황혼이 되어 아전과 장교들이 마감을 독촉하여 환자(還上)를 받지 못한 이도 열에 일곱이니 그 참담함은 이루 말할 수가 없을 지경이었다.

읍치의 제의와 유희화

읍치에 제사[제석]가 있으면 호장(戶長)은 성장을 한 채 제문을 읽는다. 옆에는 육방 관속(官屬)이 대기하고 있고 그 뒤에 사령이나 관노들이 각종 악기를 잡고 제사가 끝나기를 기다린다. 읍치의 성황당에서 이서들이 관례에 따라 제례를 드린다.[21] 제사가 끝나면 곧 관아 마당에서 탈춤을 놀았다. 성황당에는 이서들과 같이 읍치에 거주하는 사람들이 주로 오는데, 이들은 단지 세시에만 오는 것이 아니라 도회에 간다거나 큰 공무를 치를 때도 이곳에 찾아와 빌었다. 제석날만큼은 지방관도 공무를 중지한다. 부임한 지 얼마 안된 지방관은 이서들이 보이지 않아 당황하는 경우도 있으나, 대개는 사정을 알고 단오나 제석에는 하루 쉬도록 허용한다.

관아 내에는 이서들이 모여 제례를 올리는 부군당이 있다. 여기에

---

21) 읍치의 제의에 대한 이서들의 입장을 피력한 글은 기본적으로 이서들의 관점을 상상으로 제시한 것이지만 그 내용은 사실에 입각한 것이다. 이는 경상남도 고성을 공간으로 설정하였으며, 이 지역과 관련된 자료는 바로 고성 및 함안에 지방관으로 부임하여 소상한 일기를 남긴 오횡묵의 일기를 기초로 기타 필자가 현지 조사한 것을 토대로 삼았다(吳宖默,『固城叢鎖錄』및 『咸安叢鎖錄』참조).

는 현임 이서만이 모여 제례를 지내는데, 어떤 군현의 경우 지방관이 부임하면 으레 참알(參謁)하도록 분위기를 조성한다. 안동 같은 곳은 한달에 한 번씩 현임 이서들이 모여 부군당에서 제례를 치른다고 한다. 관아마다 이같은 형태의 제당이 있는데, 그 대부분이 관아 안에 위치한다.

입춘제도 마을의 큰 행사이다. 호장이 직접 나서서 쟁기 가는 시늉을 하고 모든 이속들이 참여하여 그해의 풍년을 기원한다. 수령들도 사직단에서 그해 농사의 풍년을 비는 행사를 갖지만, 입춘제는 이서들이 지키는 큰 행사로서 오랫동안 전통을 유지해왔다. 많은 지역에서 입춘제에 대한 주민들의 호응도는 높다.

남쪽지방의 큰 명절은 역시 정월 대보름이다. 줄다리기도 하고 탈춤도 노는데, 그 준비 때문에 바쁘다. 북쪽에서는 단오에 탈춤도 노는 등 남쪽과는 달랐다.

탈춤을 놀 때면 읍치 바깥의 인근 촌락에서도 많은 사람들이 구경하러 읍내로 몰려들었다. 광대패를 불러들여 놀기도 했다. 모든 군현들이 정월 대보름에 이들 광대패를 초청했으므로, 모든 초청에 다 응할 수는 없었다. 그래서 이서들이 직접 배워 탈춤 등을 연행하기로 했다. 한 군현에서 시도하니까 다른 군현도 즉시 이를 따라왔다. 그리하여 경상남도 각 군현마다 탈춤이 급속히 확산되어나갔다.

지방관들도 성황사나 사직단, 여단 등에서 공식적으로 제례를 올렸는데, 여기에는 지방관을 비롯하여 향임 그리고 실무를 담당하는 예방(禮房) 등이 참여할 뿐, 지역 주민들은 참여하지 않았다. 그러나 이서들이 주관하는 입춘제나 제석 또는 단오 행사에는 많은 사람들이 모여들었다. 거기에는 탈춤 등이 있어 보는 사람들도 흥미로웠다. 이러한 이서들이 치르는 행사를 금지시키는 지방관도 있었고, 흉년이 들었을 경우 탈놀이 등을 삼가기도 했다.

그러나 제의 자체를 치르지 말라고 하는 것은 조상 대대로 내려오는 관습을 버리라는 것과 똑같은 일이다. 영산(靈山)에서는 새로 부임해온 한 지방관이 문호장 제의를 요탄하다고 금지시킨 일이 있었는데, 석달 내에 관아에서 모두 11명이 죽어나가자 결국 제사를 계속 드리게 했다고 한다. 이렇듯 이서들이 읍치에서 주관하는 제의는 많은 사람들이 모여들 만큼 즐거운 행사였다.

읍치가 아닌 일반 촌락에서도 탈춤을 배워 노는 경우가 있었으나 경비가 많이 들고 배우기도 쉽지 않고, 또한 이서들이 하는 것만큼 세련되지 못한 것이 대부분이었다. 여전히 지세포진 같은 곳에서는 별신제를 할 때라야 광대패를 불러 연행하도록 했다고 한다. 경비가 많이 들어 해마다 연행하기란 쉽지 않았으므로 이런 행사는 아무래도 경제적으로 여유있는 읍치에서 이서들이나 가능한 것이었다. 그러므로 읍치에서 탈춤을 할 때면 많은 촌락에서 구경하러 몰려든다. 워낙 호응이 좋다보니 신명있는 이들은 좀더 잘 놀아보려고 합숙까지도 불사했다. 통영이나 봉산에서는 한 달간이나 합숙한 경우도 있었다고 한다.

이렇듯 제례를 올리고 탈판을 벌여 사람들이 많이 몰려들면 불안이 다소 가시는 것 같았다. 모두가 함께 떠들고 놀다보면 적대감이 없어지는 것 같기도 했다. 그러나 임술년(1862)에는 이서들이 공격 대상이 되어 곤욕을 치렀다. 농민들이 관아를 점거하고 이서들을 공격하고 집은 불사르는 통에 몸을 피해야 했다. 그 후 읍치의 제의를 준비하는 데 더 신경을 써서 많은 농민들이 모일 수 있도록 했다.

비록 이서들 가운데 공금을 유용하고 불법을 저지르는 부류들이 있지만, 그들이라고 할 말이 없는 것은 아니었다. 양반들이 모든 것을 다 독점하고 있어 세금 걷기도 힘든 데다가 중앙정부에서는 자꾸 더 많은 양의 세금을 할당했다. 군역질할 장정도 없는데 군역세를 징수하라는 현실이었다. 그러나 이서들에게는 재량권이 없었다. 중앙정부나 농민 모두가 이서를 형편없는 존재로 의식하니 참으로 억울했다. 탐욕스러운 지방관이야말로 이서를 나쁜 부류로 만드는 장본인이었으며, 양반들이야말로 말로만 도덕을 외칠 뿐 실제로는 자신들의 욕심을 다 채우는 자들이었다. 그래서 거드름피우는 지방관을 빗대어 사또놀이를 하거나 말뚝이를 내세워 양반들의 위선을 비판하는 일을 벌여 모순의 장본인을 밝히려고 했다. 이같은 의도가 성공한 것인지 해가 갈수록 많은 농민들이 탈판에 모여들었다. 그렇지만 농민들을 의식하지 않으면 안될 만큼 이서들은 불안했다. 이들은 갈수록 중재 역할에 회의를 느끼게 되었고 자신들이 어떠한 모습을 가져야 하는지 갈피를 잡기 어려웠다.

(이훈상, 동아대 사학과 교수)

평민 생활

 평민(平民)이란 양인(良人), 서인(庶人), 상민(常民) 또는 백성(百姓) 등으로 불리며, 연구자에 따라 약간의 차이는 있으나 통상 천민(賤民)이나 양반(兩班)이 아닌 일반 백성으로서 주로 농·공·상에 종사하는 사람들을 지칭하였다.
 평민들은 군역, 조세, 요역 등의 국역 부담자로서 조선 전시기를 통해 중요한 역할을 하였다. 그러나 이들이 자신들의 삶의 진실한 모습을 자신의 손으로 기록한 것은 거의 없다. 평민에 관한 고문서 기록이 빈약하고 그것조차도 양반들의 시각에서 씌어진 경우가 많았기 때문에 조선조의 평민상은 다소 왜곡되어 전해질 수 있다. 이 글에서 이용한 자료가 생생한 일차자료임에도 불구하고 평민들 스스로의 기록이 아니기 때문에 일정한 한계를 가질 수밖에 없다.
 조선조의 신분은 법제적 측면에서는 양천(良賤), 사회신분의 측면에서는 양반·중인·양인·천인 등 네 신분으로 구분되고 있다. 양반은 과거에 응시하여 관료로 진출할 수 있었다. 과거에 응시한다든지 관료로 진출할 수 있는 것은 대단한 특권이었다. 시기마다 차이는 있으나, 대체로 양반은 군역 등 각종의 국역에 종사하지 않아도 되었다. 이에 비해 평민은 특권보다 의무가 많았다. 군역을 비롯한 각종 역(役)을 부담해야 했다. 후기의 경우이지만 성(姓)을 가진다든지 혼인과 거주이동에서도 비교적 자유스러웠던 것이 특권이라면 특권이었다.

평민이 부담하는 국역은 크게 전세(田稅)와 공역(貢役), 군역(軍役) 등으로 구분되었다. 국역은 호(戶) 또는 인구(人口)에 의해 부과되어 국가를 유지하는 수단으로 활용되었다. 이러한 국역 부담과 양반들의 각종 침탈로 인해 평민들은 늘 '고통받는' 처지에 놓여 있었다. 고문서에 나타난 현실은 더욱 애처롭다. 예컨대 토지매매에서 매입보다는 내다파는 경우가 많았고, 결혼에서도 그 대상이 지위가 높은 양반보다는 천인인 경우가 많았으며, 자기 몸을 양반에 의지하여 노비가 되고 지주가 보낸 마름노〔舍音奴〕에게 벌벌 떨면서 제발 땅을 경작할 수 있게 해달라고 사정한다든지 혹은 막중한 세금을 부담하기 위해 집터〔家垈〕를 팔아버리는 상황, 그리고 부부생활의 즐거움도 모르는 어린 아이를 시집보내어 목매달아 죽게 하는 상황들이었다. 이런 열악한 상속 속에서 평민들이 연합하여 주가(主家)의 경작권 박탈 혹은 양반과의 소송을 통해 자신들의 권리를 보호하고 이익을 도모하는 경우도 있었다. 하지만 이런 경우는 매운 드문 현상이었다.

현재까지 주로 발견된 평민 관계 고문서는 호적, 매매문서, 진정서, 향약, 법률문서 등이다. 이 문서들은 가족·친족·경제·민원·소송 상황과 그 실태 등을 살피는 데 중요한 단서가 되고 있다. 이 글에서는 이러한 점을 중심으로 서술하겠지만 평민의 생활상을 전반적으로 이해하는 데는 분명 한계가 있음을 밝혀둔다.

혼인과 가족

호적을 작성하는 가장 큰 이유는 인구를 파악하여 군역 등 국역을 부담시키기 위해서였다. 호적 원본은 조선전기의 것은 많이 없어졌지만 중후기의 것은 부분적이나마 현존하고 있다. 경상도 산음현(山陰縣), 서울 북부지역, 경상도 단성현(丹城縣), 대구부(大丘府) 호적 등이 대표적인 예이다.

호적은 가족이나 친족 구성, 혼인관계 등의 사항, 그리고 해당 지역의 인구수 및 그 증감사항, 신분별 인구구성비, 신분변동 등 사회사적으로 중요한 내용들을 살펴볼 수 있다. 먼저 호적을 통해 평민을 비롯한 신분별 인구구성비를 살펴보자.

서울 북부지역의 호적 분석에 의하면 1663년 서울의 인구구성비는 호수(戶數)를 기준으로 볼 때 전체 호수에서 각각 양반 16.6%, 양인 30%, 노비 53.3%를 차지하고 있다. 이같은 구성비는 호적 내에 양반은 '현(顯)', 평민은 '작(作)', 노비 등 천인은 '천(賤)'으로 자체 분류하고 있어 신빙성이 매우 높다. 한편 이보다 30여 년 전인 1630년 경상도 산음현의 경우를 살펴보면, 양반 22.58%, 상민(평민) 59.39%, 천인 18.03%를 차지하고 있어 서울과 지방에 따라 양인이 차지하는 비율이 30~60%까지 격차가 있음을 알 수 있다. 즉 상대적으로 노비의 비중이 높은 서울을 제외하면, 이 무렵 전국적으로 평민은 전 인구의 약 40~60% 정도를 차지하고 있었다고 판단된다. 그러나 이같은 구성은 18~19세기 이후 엄청나게 달라져서 양반이 80% 이상을 차지할 정도로 높아졌다. 평민 중 상당수가 납속(納贖), 족보위조, 모칭(冒稱) 등을 통해 양반으로 편입되었기 때문이었다.

그렇다면 조선시대의 전체 인구수는 과연 얼마나 되었을까. 연대기류에 의하면 세종 7년(1461) 8도의 호수는 70만 호, 인구수는 400만 명, 세조 12년과 예종 원년, 성종 5년의 호수는 100만 호로 기록되어 있다. 그리고 중종 14년(1519)에는 호수가 75만 4,146호, 인구수가 374만 5,669명이었다. 따라서 조선전기의 경우는 대략 호수는 100~150만 호, 인구수는 400~600만 명으로 추산된다.[1]

이러한 전체 인구 가운데 평민의 비중이 40~60%를 차지한다고 가정하면, 평민은 최저 160~240만 명에서 최고 240~360만 명 정도로 추정해볼 수 있다. 조선후기의 경우에는 신분기준의 모호함으로 인해 신분간에 많은 편차를 보이고 있으나, 후기로 갈수록 전반적으

---

1) 李樹健, 「인구동향과 사회신분」, 『한국사』 25, 국사편찬위원회, 1994, 28~29쪽

로 양반의 수가 늘어나고 양인 및 천인이 급격히 줄어드는 추세에 있었다.

평민의 호적에는 직역으로서 여러가지 군역이 적혀 있는데, 평민들이 부담하는 양역(良役)은 곧 군역이었다. 이는 양반이 관직이나 관계(官階)를 적고 있는 것과 대조적이다. 군역의 종류로는 마병(馬兵), 보인(保人), 포수(砲手), 어부(漁夫), 정병(正兵) 등이 있다. 여자는 양녀(良女)라고 명시한 경우도 있고, 성 다음에 조이[召史]라 한 경우도 있다. 이외에 평민의 호적에도 기본적으로 사조(四祖) 즉 부, 조, 증조, 외조와 나이[年齡], 처(妻), 데리고 사는 자녀[率居子女], 기타 동거자 등을 기록하였다.

호적에 나타나는 평민들의 생활상 가운데 주목되는 점은 양천교혼(良賤交婚)이다. 양천교혼이란 평민인 양인과 더 낮은 신분인 천인이 서로 혼인하는 것을 말하며, 이 두 신분 사이에 태어난 소생들은 16~17세기까지만 해도 '병산(幷産)'이라 칭했다. 아마 남녀가 함께 아니를 낳았다는 의미에서 이렇게 불렀던 것으로 보인다. 고려시대에는 양반들간에 낳은 자식도 '병산'이라 하였다.

엄격한 신분사회에서 서로 다른 신분간의 결혼은 원칙적으로 불법이었다. 양천교혼도 예외가 아니었다. 그러나 조선사회는 양반의 이권이 최대한 보장되는 사회였기 때문에 그들의 이해관계에 따라 은연중에 불법이 묵인 혹은 용인되기도 하였다. 양인이 천인이 되면 군역이나 부역 부담자가 줄어들게 된다. 이 때문에 국가에서는 자주 금지령을 내렸지만 관행화되어버린 양천교혼 현상을 근본적으로 막지는 못했다. 따라서 여러가지 예외조항이 생겨나게 되었다. 양반이 양인 혹은 노비를 첩으로 얻을 경우 그 자녀들은 일정한 자격만 갖추면 양인으로 인정하는 것도 예외적인 조치의 하나였다.

국가적 차원에서 양천교혼이 문제된 것은 일반 평민과 노비가 결혼했을 경우이다. 이 경우 노비세전법이라는 관습법에 의해 신분과 소유권이 결정되었다. 일천즉천(一賤則賤), 노비종모법(奴婢從母法)이

그것이었다. 다음의 상황도를 보자

    남자 종 × 여자 종 　 = 신분 - 천인, 자녀 소유권 - 여자 종의 주인
    남자 종 × 양인 여자 = 신분 - 천인, 자녀 소유권 - 남자 종의 주인
    여자 종 × 양인 남자 = 신분 - 천인, 자녀 소유권 - 여자 종의 주인
    여자 종 × 양반 남자 = 신분 - 천인, 자녀 소유권 - 여자 종의 주인

  일천즉천은 부모 가운데 한쪽이 천인이면 그 신분은 천인이라는 것을 뜻할 뿐이다. 종모법이란 노비끼리 결혼하여 낳은 자식의 신분은 말할 것도 없이 천인이며, 소유권은 어머니 쪽의 주인이 가진다는 뜻이다. 기르는 가축의 경우 암컷 주인이 그 새끼를 소유하게 되는 것과 같은 이치이다. 그런데 여기서 종모법이라 해서 어머니의 신분을 따른다는 의미가 아니라는 데 주의해야 한다. 예컨대 남자종이 양녀와 혼인했을 경우 종모법에 따르면 신분이 어머니를 따라 양인이 되어야 하겠으나, 실제로는 신분은 물론 소유권도 아버지, 즉 남자종에게 넘어간다. 남자종을 소유한 양반들은 이 점을 이용하여 교묘히 재산을 늘려갔으니, 요즈음의 재산증식 수단처럼 이른바 노취양녀(奴娶良女)가 급속도로 퍼져나갔던 것이다. 앞서 본 서울 인구 가운데 노비 인구가 60%에 달했던 것도 이러한 양천교혼에 기인한 바 크다고 하겠다.

  여기서 잠시 고려시대 및 조선시대의 양천교혼을 살펴보기로 하자. 먼저 고려중기 양천교혼 사실을 짐작케 하는 자료로서 고려 원종 3년(1262)의「상서도관첩(尙書都官貼)」을 보자. 이 상서도관첩에는 하사되는 노비〔賜給奴婢〕10구(口)[2]가 있는데, 노비는 그 소유권 주장의 근거로서 부모를 빠짐없이 기록하고 있다.

  10명의 노비 가운데 부모가 양천교혼을 한 경우는 ①, ②, ⑤, ⑨이다. ①은 별초(別抄)의 상좌(尙佐)로서 직역을 밝혔고, ②는 소(所)의 유계수(由季守)로 신분이 밝혀져 있지 않다. 소는 천민집단인 수공업

---

  2) 노비는 수를 헤아릴 때는 '口'를 그 단위로 한다.

상서도관첩 내의 양천교혼 양상

노비명	나이	부(父)신분, 이름	모(母)의 신분, 이름
① 奴 時光	年十一	父 抄 尙佐	母 婢 米加伊
② 奴 藥同	年十六	父 所 由季守	母 婢 加伊猪
③ 奴 金光	年十四	父 奴 監燈	母 婢 思才
④ 奴 莫三	年十一	父 上所奴 大中	母 婢 賜設
⑤ 奴 仍次三	年二十一	父 上所奴 大士	母 小斤伊
⑥ 奴 夫等三	年二十二	父 奴 永長	母 婢 仍次伊
⑦ 婢 我連	年二十二	父 不知	母 婢 仍次只
⑧ 婢 古加	年十二	父 不知	母 婢 于支
⑨ 婢 召史	年二十四	父 丁吏 守光	母 婢 馬藥
⑩ 婢 召史	年八	父 奴 永長	母 婢 仍次伊

자들이 살던 곳이므로 천민일 가능성이 높다. 여기서 노가 사노(私奴)를 뜻하는 것인지는 알 수 없다. 아버지를 알 수 없는 ⑦, ⑧을 제외하고 분명히 천인 신분이 아닌 것은 10명 중 4명이 양천교혼한 셈이다.

단편적이지만 고려 중기의 양천교혼 현상은 조선 중기까지 더욱 광범위하게 이루어지고 있었다. 1609년 울산 호적 분석에 의하면[3] 솔거노는 93.9%, 외거노는 51%가 양녀와 혼인하고 있었다. 솔거노의 양천교혼이 철저하였음은 주인의 재산증식 의식이 노비의 결혼에 작용하였음을 뜻한다. 즉 조선 중기에는 양천교혼이 보편적인 양상이었던 것이다. 혼인관계가 사회적 지위의 상징인 점을 감안한다면 적어도 조선중기 이후에는 평민과 천민의 구분에 큰 의미를 부여할 수 없을 것 같다.

새로이 발견된 안동부 호적은 현존 조선시대의 것으로 가장 오래된 것이다. 이 호적은 1527년(중종 22)에 작성된 것으로 결혼양상, 거주양태, 호칭 등 평민과 관계된 여러가지 사항들을 알 수 있다.[4]

---

3) 한영국, 「조선 중엽의 노비결혼 양태」, 『역사학보』 76·77, 1977
4) 이 호적의 조사경위에 대해 약간 설명할 필요가 있을 것 같다. 이 안동부 호적은 1995년 한국정신문화연구원의 '국학진흥연구사업' 가운데 고문서조사연구반에서 발견한 것이다. 필자를 비롯하여 성균관대 이영훈 교수, 성균관대 박사과정 김건태 씨 등이 참여하였으며, 이세준, 이재훈 씨 등 진성 이씨 문중에서 함께 도와주셨다. 안동

전체 6호에서 양반호 2호와 양민호 2호 가운데 평민들의 가족상황과 그 양천교혼 등 결합관계가 나타나는 것을 각 호별로 뽑아보았다.

1) 1호 - 양반 이훈(李壎)호 내의 평민

① □□□□□□□□拾壹 本軍威(父靑山 外祖不知 戊寅年逃亡)
② 奴靑金年捌拾肆 妻新白丁女牧丹年柒拾肆本安東(父新白丁李永巳 外祖朴作只本不知)
③ 奴五十同年貳拾柒 妻良女加隱非年貳拾參本平章(父李今音山 外祖百姓閔亡哲本平章)
④ 故奴衆伊妻良女順今年參拾 □□□□(父學生權禿山 外祖學生 金 本宜仁)
⑤ 奴仲玄年陸拾柒 妻良女石德年伍拾肆 本義城(父沈得江 外祖百姓金夫本慶山)
⑥ 奴金石年參拾伍 妻良女九德 年參拾陸 本安東(父百姓金莫山 外祖百姓金靑本義城)
⑦ 奴金孫年參拾貳 妻良女玉今年貳拾肆 本義城(父金命伊外祖沈得江本義城)
⑧ 奴金山年肆拾壹 妻良女今音德年參拾陸 本安東(父金敏 外祖百姓金致本義城)
⑨ 奴戒同年肆拾參 妻良女叔非年參拾貳 本三陟(父南得希 外祖百姓李今本不知)
⑩ 仰役雇工百姓 朴仇叱達年貳拾伍 本寧海(父義同 外祖孫臣公本密陽)
⑪ 仰役百姓 禹致孫 年貳拾玖 本榮川(父永仇知 外祖百姓權守 本安東)

2) 2호 - 양반 남치희(南致禧)호 내의 평민

① 奴從同 年貳拾貳 節現 妻良女銀非 年貳拾肆 本英陽 (父百姓南甘金 外祖不知)
② 雇工百姓孫同 年陸拾柒 本禮安(父百姓連 外祖李萬 本安東)
③ 戶矣同生妹夫 私奴良衣金 年陸拾捌

진성 이씨 노송정 종택은 와룡면 주촌(周村)에서 수백 년간 세거해온 가문으로서 갈래를 따지자면 진성 이씨 가운데서도 퇴계의 종파인 이우양(李遇陽) 계열이다.

3) 3호 - 양인호
① 新白丁訥叱山 年伍拾陸 本安東(父新白丁於乙非 祖新白丁夫叱之 曾祖 □□□ 外祖 新白丁則石只 本安東)
② 同居母 新白丁女莫德 年捌拾參
③ 同生妹 新白丁女訥叱德 年陸拾玖
④ 同生妹 新白丁女甘之 年肆拾玖 夫新白丁要處 年伍拾捌 本安東(父新白丁龍伊 祖李山 曾祖古龍 外祖新白丁甫背 本安東)

4) 4호 - 양인호
① 新白丁朱屎 年伍拾柒 本安東(父新白丁亢山 祖元龍 曾祖加都致 外祖 新白丁閑大 本安東) 妻新白丁女列德 年肆拾陸 本豊基 (父新白丁末應失? 祖新白丁上左 曾祖永已 外祖 新白丁柳歸?本安東)

5) 5호 - 양인호
① 新白丁福龍 年伍拾玖 本安東(父新白丁恩老 祖新白丁內隱只未 曾祖 不知 外祖新白丁 莫同 本安東) 妻襄民戶婢德今 主戶仰役

6) 6호 - 양반호
① 率奴貴萬 年肆拾柒 妻新白丁女小非 年陸拾壹 本安東 □□ (外祖不知) 幷産奴貴山 年參 拾柒 等參口丙寅年逃亡
② 奴金伊同 年肆拾玖 妻良女中今 年伍拾肆 本寧海(父百姓盤松 外祖不知)

1호는 안동 진성 이씨 이훈(1467~1539)의 호로서 주촌(周村) 마을의 대표적 양반이다. 그의 소유노비와 백성은 도망노비를 합해 모두 41명이다. 이 가운데 8명이 양천교혼하여 전체의 약 20%를 차지한다. 8명의 양천교혼자는 모두 이 가문 소유의 남자종이 양인 여자를 취한 경우이다. 따라서 양천교혼의 경우 그 대부분은 남자종이 양인 여자를 취한 것, 다시 말해 노취양녀(奴娶良女)의 예이다.

평민들의 사회경제적 지위와 관련하여 주목되는 현상은 제1호의 ④, ⑩, ⑪과 제2호 ②의 경우이다. ④의 경우는 양인여자가 주가인 이씨 소유의 노와 결혼했으나 남편이 죽었다. 그녀는 남편이 죽어 이

〈도판 1〉 1527년 (중종 25)에 작성된 안동부 호적(부분)

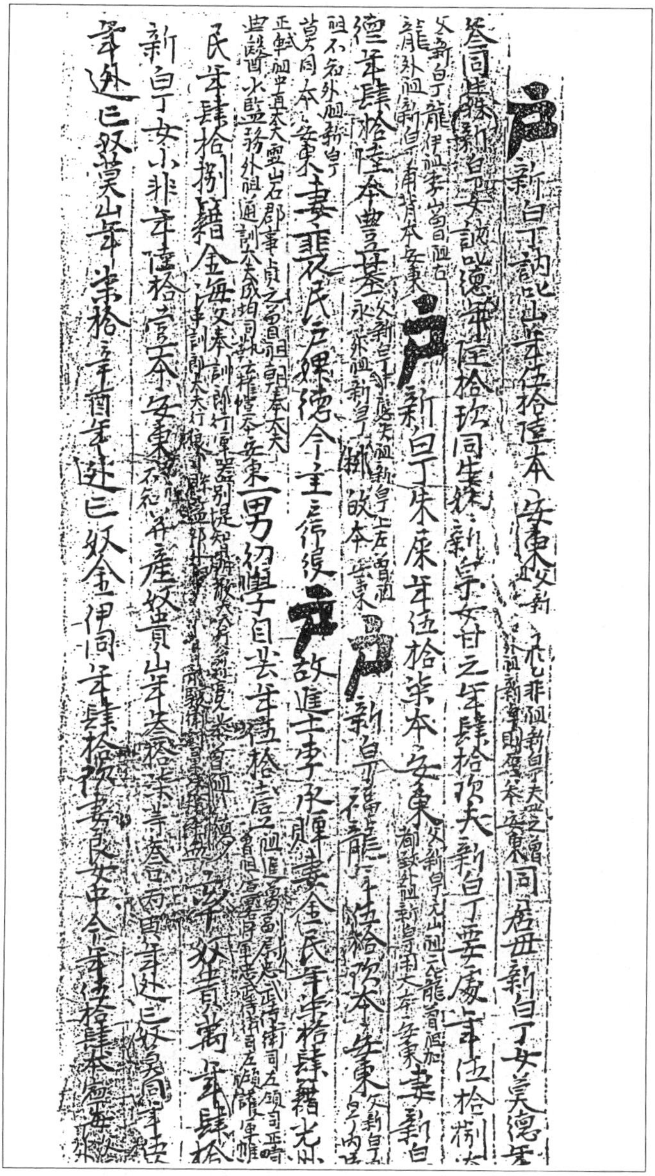

* 평민호의 실례. 양반호인 이훈을 비롯해 신백정(新白丁)호 등 6호가 실려 있다. 현존하는 조선시대 원본 호적 가운데 가장 오래된 것이다(경북 안동시 와룡면 진성 이씨 소장).

가문과는 사실상 아무런 관련이 없음에도 불구하고 노비였던 남편의 주인 호적에 그대로 기재되어 있다.

⑩, ⑪에서 앙역백성(仰役百姓)은 곧 일반 백성이지만 양반집에서 부림을 받고 있는 처지였던 이들은 별도의 호를 구성하지 못하고 양반가 호적에 등재되어 비독립적인 상태에 놓여 있었다. 이는 조선후기의 호적에서는 발견되지 않는 현상으로서 매우 주목된다. 아마 이들은 주거형태에서 양반가[主戶] 곁에서 붙어살고 있는 존재로서 경제적으로 호주인 양반가에 의존하고 있었던 존재로 보인다. 이들이 이른바 협호(挾戶)였다. 이들은 양반가의 울타리 주위[籬底, 戶底] 혹은 행랑(行廊) 등에서 거주하였다. 이들은 신분은 비록 양인이었지만 머슴[雇工] 혹은 노비에 준하는 존재였다. 양반들이 양인 백성을 자신들 호에 등록시키고 그들을 사회경제적으로 지배하였다는 사실은 매우 중요한 사회경제적 현상이다.

3, 4, 5호는 전형적인 양인호의 형태로서 신분관계, 가족관계, 본관 등을 살필 수 있는 좋은 예이다. 이보다 먼저 살펴보아야 할 것은 이 호적 곳곳에 나타나고 있는 백성(百姓), 백정(白丁), 신백정(新白丁)에 관한 것이다.

현재까지의 연구에 의하면 백성이란 고려시대에는 국민 일반, 일반 농민과 다른 존재로서 대체로 읍사의 지배하에 있던 촌장·촌정을 가리키는 존재라 여겨지지만, 고려후기부터 조선시기에 걸치는 시기의 변화에 따른 이들의 존재양태는 아직까지 미궁 속에 있다. 한편 백정이란 고려시대에는 군역, 기인역(其人役), 역역(驛役) 등 특수한 직역을 부담하지 않고 주로 농사에 종사하던 농민층을 일컫는다. 이들은 직역이 없었기 때문에 국가에서 받는 토지도 없었지만, 보통 조상으로부터 물려받은 조업전(祖業田)이나 개간지를 통해 생활을 영위하였다. 고려시대에 광범위한 농민층으로 불리던 백정이라는 용어는 조선조에 들어와 없어졌다. 고려말 조선초를 거치면서 도살업, 유기제조업, 육류판매업에 종사하던 특정 부류를 원래의 백성과 구별하기 위하여 백정(白丁)이라 칭하였다. 그러나 지방의 수령이나 백성들은 그들을 구별하기 위하여 신백정이라 칭하였다.

그러나 이러한 설명으로는 이 호적에 광범위하게 존재하는 백성, 백정, 신백정을 모두 설명할 수는 없다. 더 연구가 되어야 하겠지만 백성이란 민으로서 성(姓)과 사조(四祖)를 가진 일반 양인을 의미하는 것으로 보이며, 정병(正兵) 등 국가의 직역이 호적에 붙게 되는 것은 조선중·후기에 와서야 비로소 정착하게 되었던 것으로 보인다. 이들의 실체는 아직 논의만 분분한 상태이며, 더구나 조선시대의 경우에는 거의 연구가 되지 않은 형편이다.

3)호에서 가족은 방계가족이 가족구성원의 대부분을 차지하고 있다. 가계도를 살펴보자.

3호에서는 호주 눌질산과 그의 늙은 어머니, 그리고 그 누이 2명과 매부 1명 등 모두 6명이 하나의 호를 구성하여 살고 있었다. 전형적인 방계가족 중심의 가족형태를 이루고 있다. 그런데 호주 눌질산의 처와 자식이 보이지 않는 점이 수상하다. 처의 경우는 죽을 수도 있다해도 자식이 없는 경우는 아무래도 이상하다. 그래서 이 경우는 다음 세 가지를 상정해볼 수 있다. 첫째, 호주 눌질산의 처가 타인 소유의 노비이기 때문에 그의 처와 함께 그 주인의 호적에 수록된 경우, 둘째, 그의 아들이 있었으나 결혼한 후 처가에 가서 살고 있는 경우, 셋째, 자식이 아예 없는 경우이다. 아무튼 이 호는 조선 전기 평민호의 한 예로서 방계가족의 모습을 보여주는 전형적인 예라 하겠다.

4호, 5호에서는 부부가 곧 가족구성원이 되는 부부가족의 형태를 이루고 있다. 6호는 양반호로서 호주인 어머니와 아들 내외가 가족구성원이고, 솔거노비가 7구(口) 있다. 여기서 주목되는 사실은 40~50대의 아들부부가 같이 살고 있음에도 불구하고 74세의 어머니 김씨가 호주로 남아 있는 것이다. 부권이 강조되어 아들이 호주를 상속하게 되는 조선후기 혹은 오늘날과는 매우 다른 양상이다.

여성의 지위와 관련해서도 중요한 시사점을 던져준다. 그리고 위의

〈표 1〉 방계가족 중심 평민호의 예

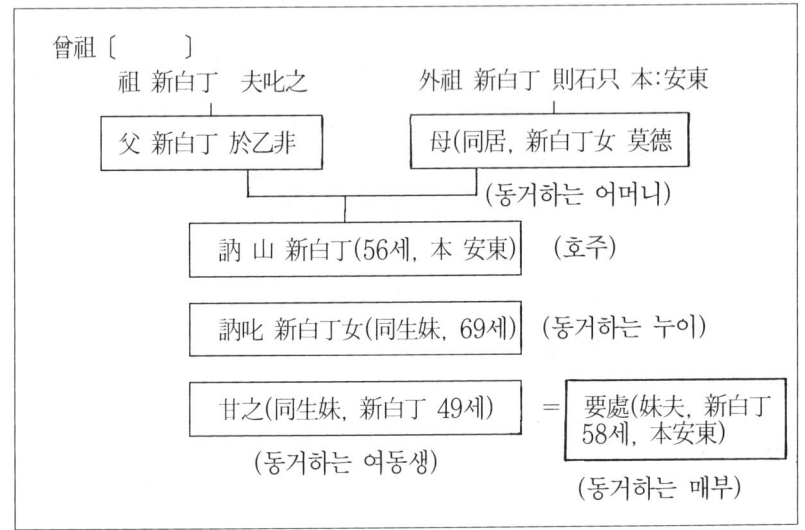

　호적에서 짚고 넘어가야 할 사실은 노비와 결혼한 양녀의 문제이다. 이 양녀는 신분적으로는 양인이었지만 그의 남편과 자식들이 노비가 되었기 때문에 사실상 노비의 처지와 다를 바 없었다. 더구나 경제적으로도 남편, 자식과 함께 상전에 의존적일 수밖에 없었다. 더구나 솔거노비의 경우는 더욱 심했을 것으로 보인다. 조선 중후기 양반 호적에는 대부분 반노·반비(班奴·班婢)가 나타난다. 이때의 반노·반비는 상당부분 그 집의 노와 혼인한 양녀였다. 이 경우 평민의 삶의 형태와 관련하여 매우 주목되는 현상이다.
　위 호적에서 빈번히 보이는 노비도망은 노비에게만 국한된 것이 아니라 노비와 결혼한 양녀의 문제와도 직접적으로 관련이 되기 때문에 신중히 살펴볼 필요가 있다. 노비도망이란 노비가 주인의 영향권에서 벗어나 다른 지역으로 주거지를 옮기는 것을 말한다. 주인은 부단히 이들을 호적과 분재기 등에 기록하고, 공적·사적으로 추쇄하지만, 16세기 이래 노비도망의 대세를 막을 수는 없었다. 이리하여 16~17세기는 우리나라 신분제도사상 유례없는 재편기가 되었다. 일견 호적

상으로는 노예제사회로 보일 정도로 노비의 비중이 높았지만, 노예제 혹은 서양의 농노제 사회와는 그 성격이 달랐다.

　호적과 관련하여 평민들의 본관과 족보에 대해서 약간 언급할 필요가 할 것 같다. 1527년의 호적에는 양반뿐만 아니라 양인이면 누구나 본관을 기재하고 있다. 이것은 고려 말기 과거 합격자 가운데서도 상당수가 본관이 기재되어 있지 않은 상황과 비교해 매우 변화된 양상이다. 본관은 대대로 양반의 가세를 이어온 성씨 집단과 일반 백성이나 신백정의 경우를 구분해보아야 할 것이다. 위의 호적에서 양반 이훈은 그의 거주지가 안동 주촌인데, 본관을 진보라 칭하였다. 이것은 요즈음의 본관 개념과 비슷하다고 볼 수 있다. 서울에서 벼슬살이할 때도 물론 본관을 진보라 했을 것이다. 그러나 앞의 호적에서 보여주듯이 백정이나 신백정의 경우 성을 가지지 않았으면서도 본관을 기록하고 있다. 따라서 이때까지만 하더라도 평민들의 본관은 곧 거주지였음을 알 수 있다. 이렇게 본다면 평민의 경우 성(姓)이 먼저 있었던 것이 아니라 본관부터 생기고 성은 뒤늦게 생겨날 수도 있었던 것이다.

　위 1호에서 양녀는 모두 본관을 가지고 있는데, 이 양녀의 본관지인 안동, 의성 등은 그 아버지의 거주지였다. 예를 들면 ②에서 양녀 모란은 본관이 안동이고 그 아버지는 신백정 이영기이다. 이때 이영기의 본관이 물론 안동이다. 즉 이영기의 본관이 안동이라는 것은 곧 거주지가 안동이라는 의미이다. 또 ⑦에서 김손의 처 양녀 옥금의 본관은 의성이고 아버지는 김명이이지만 이들은 요즈음의 의성 김씨는 아니다. 양반들이 대대로 사용하는 본관 개념과 거주지 중심으로 기록된 평민들의 본관 개념과는 다르다고 여겨진다.

　평민들은 16세기 이전만 하더라도 성 자체를 가진다는 것이 매우 드문 일이었다. 성은 과거에 응시하거나 관료로 진출하거나 그러한 가능성이 있는 세습적 양반층에게나 의미가 있었을 뿐이다. 평민에게는 성보다는 이름이 더 의미가 있었다. 따라서 평민 혹은 노비들의 경우, 부모의 이름자를 적절히 혼용하여 자식 이름을 짓는 것이 일반적인 양상이었다. 성을 붙인다 하더라도 주위의 유명한 양반 혹은 본인과의 이해관계 등으로 부단히 접촉하는 양반의 성을 그대로 쓰는 경우도 있다. 16세기 이전까지만 하더라도 평민들은 본관이나 성이 요즈음과 같은 의미를 지니는 것이 아니었고, 호적 등 양반 위주의 문서 양식을 그냥 메우는 차원에 불과했다.

성과 본관이 이러한 차원에 머물렀기 때문에 평민이 족보를 만든다는 것은 상식밖의 일이었다. 족보란 대대로 가계를 이어온 양반들의 전유물이었기 때문이다. 그런데 현재 모든 사람이 본관을 가지고 있는 것은 어째서이며, 언제부터 족보에 자기이름이 올려졌겠는가. 이 점은 사실 조선사회를 이해하는 데 대단히 중요하다.

아마 18세기 중엽 이후 19세기에 오면서부터 가계가 뚜렷한 양반은 물론이거니와 평민들의 사회적 지위가 높아지고 경제적으로 넉넉해지면서 가장 먼저 하는 일은, 족보를 만들거나 조상의 선산을 만들어 꾸미는 등 위선사업에 눈을 돌리는 것이었다. 세상에서 제대로 대접받으려면 가장 먼저 언급되기 마련인 성과 본관 및 족보를 구비하지 않으면 안되었기 때문이다. 이러한 영향으로 인해 한말과 일제시기를 거치는 사이에 대대로 족보가 발간되었다. 아마 이 시기 출판물의 상당 부분은 족보임에 틀림없을 것이다.

이 과정에서 흥미로운 것은 그 어디에도 평민을 시조 혹은 중시조, 파시조로 내세운 집안이 없다는 점이다. 혹 중인 족보가 찾아지긴 하지만 그것은 보통 양반보다 월등히 나은 경우에나 떳떳이 중인임을 밝히고 있을 뿐이다. 그리하여 우리나라 족보는 모두 양반족보가 되고 말았다. 이러한 과정에서 위보 시비가 일어나고 문중에서 인정해주지 않는 족보도 등장하게 된 것이다. 족보의식이야말로 한국사회를 알 수 있는 중요한 관건이 된다 하겠다.

〈표 2〉 18~19세기 노비소유주의 신분별 구성

지역	기(期)	양반	준양반	중인	상민	천인	계
丹城	I (1717)	467(69.2)	68(10.1)	25(3.7)	94(13.9)	21(3.1)	675(100.0)
	II (1786)	898(76.9)	200(16.9)	11(0.9)	72(6.1)	·(·)	1181(100.0)
彦陽	I (1711)	169(65.8)	39(15.2)	4(1.6)	40(15.6)	5(1.9)	275(100.0)
	II (1798)	667(87.2)	62(8.1)	14(1.8)	22(2.9)	(·)	765(100.0)
	III (1861)	899(90.6)	41(4.2)	32(3.2)	20(2.0)	(·)	992(100.0)

* 朴容淑, 『朝鮮後期의 鄕村社會硏究』, 경북대 박사학위논문, 1986.

노비·토지의 소유와 매매

평민은 양반, 중인 등에 비해 경제적으로 열등하였다는 것이 지금까지의 연구 결과이다. 그러나 조선시대에는 양반은 물론이거니와 평민, 노비들도 노비와 토지를 소유하고 있었다. 특히 노비는 토지와 함께 2대 재산의 하나였기 때문에 경제적 부를 헤아릴 수 있는 척도였다. 1630년의 산음현 호적과 18~19세기의 단성·언양현 호적을 통해 평민의 노비소유 상황을 알아보자.

17세기 초의 경우, 위의 표에서 보는 바와 같이 노비소유 신분은 양반이 절대 다수를 차지하고 있지만, 평민과 천인들도 각각 17.86%, 14.29%의 노비를 소유하고 있었다. 그러나 평민과 천민의 경우, 노비소유 규모 혹은 노비 없는 정도에서는 거의 비슷한 수치를 보여주고 있다. 여기서도 양천교혼에서 살펴본 바와 같이 평민과 천민 사이의 경제적 동질성을 엿볼 수 있다. 즉 노비보유 경향에서는 평민이나 천민을 막론하고 거의 차별성을 찾을 수 없다. 18~19세기의 경우를 살펴보자.

지금까지 전반적인 연구경향에서 보면 17~18세기는 무엇보다 양반층의 증가현상이 두드러진다. 상대적으로 평민과 천민층은 그 수가 미미하여 사실상 그들의 경제적 의미가 매우 축소되었음을 알 수 있다. 19세기로 시대가 내려오면서 그러한 양상이 심화된다. 특히 양반

〈표 3〉 1630년 노비소유 유무별로 본 가족

유별	양반	상민	천민	계
노비소유 가족	95(63.76)	70(17.86)	17(14.29)	182(27.58)
노비없는 가족	54(36.24)	322(82.14)	102(85.71)	478(72.42)
계	149(100.00)	392(100.00)	119(100.00)	660(100.00)

* 崔在錫, 『韓國家族制度史硏究』, 일지사, 1983, 366쪽

대 비양반의 노비소유 규모의 격차는 시대가 내려올수록 점점 심화되고 있다. 그러면 우리의 주인공인 평민들은 어디로 간 것이며, 그 이동의 의미는 무엇일까. 이것이 일제시기 이래 사회경제사 연구자들의 관심사이기도 했다. 시기별로 그 변화양상을 유기적으로 살펴보아야 할 것이다.

토지 명문(明文)은 토지매매 사실을 증명하는 계약서를 말한다. 이 명문을 통해 평민들의 경제행위의 일면을 짐작할 수 있다. 그러나 이 명문 또한 양반가에 소장되었던 것들이 대부분이고 평민가에 소장된 매매문서는 거의 찾아볼 수 없다. 하지만 토지를 매도할 때 그전의 문서, 이른바 구문기(舊文記)도 함께 넘겨주기 때문에 그 가운데 가끔씩 평민이 매입한 문서가 섞여 있는 경우도 있다.

반면 평민이 토지를 내다판 문서는 허다하게 남아 있다. 이때 대부분은 평민이 양반에게 파는 경우이다. 양민이 토지를 파는 이유는 대개 국가에 대한 신역(身役) 부담, 환자가(還上價) 마련, 그리고 부채와 상장제례(喪葬祭禮) 때의 비용을 마련하기 위해서였다. 즉 국가에 대한 각종 역가의 부담과 상·제례를 치르는 일이 평민에게는 가장 비용이 많이 들고 부담스러웠던 것이다. 이 경우에 해당하는 두 가지 예를 보자.

1) 봉족(奉足)[5]인 동생에게 봉족가를 받지 못해 전답을 파는 경우[6]

---

5) 군역을 비롯한 각종 국역의 편성 조직으로 16~60세까지의 正丁 1명에 한하여 助丁을 내어 입역한 한 사람의 재정을 돕게 한 제도이다. 奉足價란 조정으로 책정된

연대 : 1547년(명종 2)
소재 : 경주시 강동면 양동리 경주 손씨 종택
방매 사유 : 봉족인 동생 승려 천옥이 1개월의 당번가도 해마다 납부
하지 아니하므로, 동생을 원래 관해 고발해야 하나 일이 부득이하여
민망하다. 가난하고 외로운 정병 정군으로 군장과 마필이 없어, 그 비
용을 마련하기 위함.

嘉靖二十六年丁未八月二十二日忠義衛孫光曙前明文
右明文爲臥乎事叱段 矣身亦艱難爲乎分不喻 奉足同生弟僧人千玉〔 〕是去向入 一朔當番置 年年
對答不冬爲去等 同生元皆告官 不得事意 問望〔 〕□□寒獨支正兵正軍以 無軍狀無馬匹 出處無
由乙仍于 父身故時 矣徒同生等〔 〕文記內 頭蘭員薑字二十六畓二十四卜八束壹石落
只一夜庫乙 同生弟僧人千玉課 班分明二〔 〕置爲乎等乙用良 矣衿得拾貳卜四束柒斗伍升落只量
(庫)庫乙 同宅價折木綿參同貳拾伍疋交易九承(升)細木參疋常木壹同貳拾伍疋依數捧上爲遣 永永
放賣爲去乎 幸有後□(次)他餘同生中 爭望隅有去等 此明文內貌如大小官辨正爲乎事亦在
 畓主 正兵喪人李班 〔左寸〕
    三寸金甫銀 〔右寸〕
 證 同生僧人 千玉 〔左寸〕
 筆執 學生曹邦善 〔手決〕

2) 상장제례 비용 마련을 위해 전답을 파는 경우[7]

연대 : 1549년(명종 4)
소재 : 경주시 강동면 양동리 경주 손씨 종택
방매 사유 : 나의 의자식, 족속들이 병이 전염될까 두려워하여 〔남편을〕
매장하기를 원하지 않거늘 내가 부부된 정의로서 애처럽고 불쌍하기
때문에 관곽(棺槨) 및 상례물품을 마련할 길이 없기 때문.

嘉靖二十八年己酉二月〔 〕光曙前明文
右明文爲臥乎事叱段 女矣□□今年正月分合家時 病以身死爲去乙 女矣儀子息族類等□ 恐懼病氣
不願 埋葬爲有叱乙 女矣身亦 夫婦情意 哀矜乙仍于 棺槨及喪需□物乙 出處無由爲乎等用良
有今員□字一百卅六田卅八卜六束庫 及民字一百七十七內畓十八束 伐字二百十五內 畓七卜二
束等庫乙 折木綿貳拾同依數捧上爲遣 永永放賣〔 〕 後次 儀子息等亦 爭望隅有叱去等 此明文
內乙 用良 告官辨正爲乎事
 田畓主 故正兵李承宗妻 召史 〔右寸〕
 證保 前參奉 全 英 〔手決〕
    司正 李德培 〔手決〕
 筆執 幼學 孫 纘 〔手決〕

사람이 부담하는 비용을 의미한다.
6) 전답명문 352번, 『慶北地方古文書集成』, 영남대학교 출판부, 1979, 648~649쪽
7) 전답매매 명문 373번, 『경북지방고문서집성』, 652쪽

병작인으로서의 평민의 처지

 남의 땅을 경작하여 그 수확물을 지주와 일정하게 분배하는 제도를 소작이라 한다. 하지만 우리의 전통적인 고유의 용어는 소작이 아니라 병작(竝作)이었다. 소작이란 일제시기에 들어온 용어로, 우리의 병작 개념과는 차이가 있다. 일본에서 소작이란 '오야가다〔親方〕' 아래에서 분립된 분가(分家), 하인이 그 '오야'의 토지를 경작하는 것을 '고사꾸〔子作〕'이라 하는데, 그 '고사꾸'를 음이 같은 '고사꾸〔小作〕'로 발음한 데서 비롯된 것이다. 자작과 소작은 똑같이 '고사꾸'라 읽으며, '小'도 '子'와 마찬가지로 종속성을 상징하기 때문에 일본에서는 소작이란 말을 일반적으로 사용하였다.[8]

 우리 사서에 나오는 '병작'이란 말은 땅을 가진 지주와 노동력을 가진 경작자가 함께 농사를 짓는다는 의미이다. 병작 대신에 병식(竝食), 병경(竝耕), 병농(竝農), 반작(半作), 타작(打作), 도지(賭地) 등으로도 사용하기도 했으나, 어느 시기 어느 지방이나 통용되는 말은 병작이었다. 병작은 순수한 우리말로는 '배베기' 혹은 '어우리', '어부리' 등으로 불리었으며, 그 뜻은 땅을 소유한 자, 지주와 농사를 실제 짓는 자, 즉 경작자가 '공동 경작'한다는 의미였다. 따라서 경작자의 입장에서 볼 때 일본의 소작보다는 예속적 성격이 약한 용어라 하겠다. 즉 병작이란 용어에는 신분적 예속성보다는 경제적 평등성이 내포되어 있다.

 고문서에는 평민들의 병작에 관한 내용이 양반가 지주문서에 가끔씩 나오고 있다. 그러나 양반 지주들은 경작인들에게 매우 권위적이고 위압적이었다. 경작자의 토지 경작의 여탈권을 자신들이 가지고 있다고 보았기 때문일 것이다. 간혹 지주의 부당한 처우에 대하여 반

---

8) 金柄夏,『韓國農業經營史硏究』, 한국정신문화연구원, 1993

〈도판 2.〉 평민이 전답을 매득한 사례

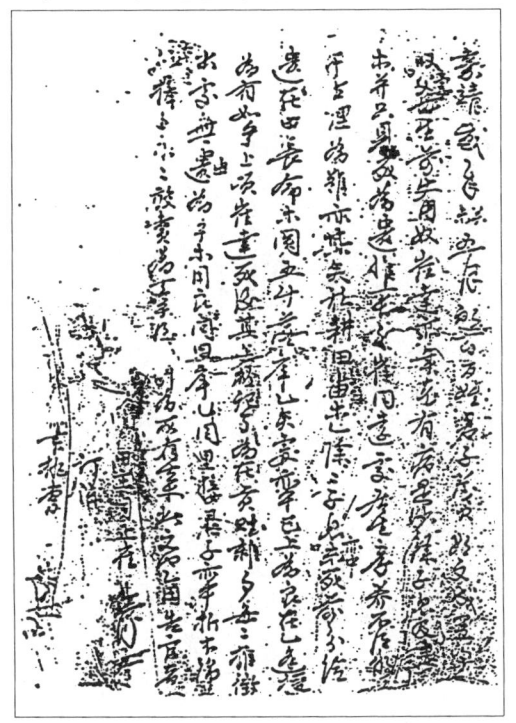

* 평민으로서는 드물게 백성인 군자(君子)가 품관인 사정(司正) 최아무개에게서 밭 5마지기를 목면 7필을 주고 매입하였다(경북 경주시 양동리 경주 손씨 소장)

발하는 경우도 있으나, 이때도 병작자들은 관가와 가깝고 소유권을 앞세운 양반 지주에게 법적으로는 늘 불리한 입장에 있었다. 간혹 항조운동을 벌이는 때는 누대에 걸쳐 농사를 지어 소위 경작권이란 것이 일정하게 확보되어 있거나 혹은 지주가 어리거나 미약한 때일 경우가 많았다.

대부분의 지주들은 경작자들에게 병작 그 자체에 머무르지 않고 지주경영과 가정생활에 필요한 물품과 노역 제공을 요구하였다. 항상적으로 경작자 교체의 위험에 있었던 경작자들은 지주의 부당한 요구에 따를 수밖에 없었다. 해남 윤씨 가문 전답안(田畓案)에 다음과 같은 예가 있다.

〈도판 3〉 수세문기 (收稅文記)

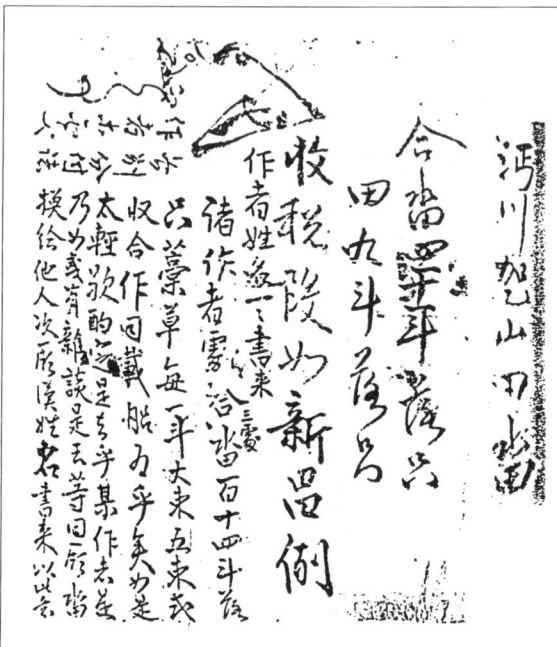

* 지주가 각 지역의 병작인에게 지세 및 추가세 등을 거두고 그 원칙을 적시한 문서. 수세 원칙과 운반, 불만자에 대한 조치, 추가세 (짚) 등에 대한 내용이 실려 있다(전남 해남군 연동리 해남 윤씨 소장).

1) 면천가을산전답(沔川加乙山田畓)[9]

> 수세(收稅)는 신창(新昌 : 지명)의 예와 같게 하되, 경작자의 성명은 일일이 써서 가지고 온다. 모든 경작자에게 3곳의 논 114마지기는 매년 마른 짚(藁草)을 1두락에 큰 묶음(大束)으로 5속씩 수합·작동(作同)하여 배에 싣고 오되, 이같이 가볍게 작정(酌定)하였는데도 어떤 경작자라도 잡담(雜談)하는 자가 있거든 그 사람의 논은 빼앗아 타인에게 넘기며, 그 사람의 성명을 적어온다. 이같은 뜻으로서 모든 경작자에게 각별히 분부하는 일이다. 주인 (手決)

위 문서는 17~18세기에 작성된 것으로 면천 갈산에 있는 해남 윤

---

9) 『古文書集成』 三(海南尹氏 篇), 한국정신문화연구원, 1986., 797쪽. 田畓案 No. 13 참조. 이 문서는 작성된 연대는 기록되지 않았으나 17~18세기의 문서로 판단된다.

씨 가문 소유의 전답안이다. 여기서 지주는 경작자에게 다음과 같은 사항을 요구하거나 지시하고 있다.

① 수세기준 제시, 경작자의 명단 작성과 납부
② 지세 이외의 1두락 당 5속에 해당하는 볏짚의 납부와 운반
③ 불만자의 경작지 환수와 타인에게 이전

위와 같은 예는 특수한 예가 아니다. 당시 지주와 소작자의 관계는 신분적 불평등과 토지환수 조치라는 여탈권을 동시에 쥐고 있었기 때문에 엄밀한 의미에서 경제적 계약관계로 존재했던 것은 아니었다. 이러한 의미에서 특수한 경우를 제외하고는 평민이 부농으로 성장하여 양반들과 어깨를 나란히 한다는 것은 매우 어려운 일이었다. 다음 예는 더 구체적인 상황이다.

18세기 초 경작자 이만기(李萬紀)는 지주가 파견한 수노(首奴)의 횡포에 시달리다 못해 수노 몰래 지주에게 직접 편지를 보내어 억울한 사정을 직소했다. 다음은 그 정황과 계속 경작하게 해줄 것을 애원한 내용이다.

2) 소록(小錄)[10]

> 참의댁의 전답은 모두 죄인(罪人)[11]의 문전(門前)에 있으며, 죄인의 할아버지와 아버지는 해마다 경작하여[耕食] 수세해왔습니다. 일전에 마름인 감룡(甘龍)이 와서 농사를 간검(看檢)한 후 그 [전답을] 여탈(與奪)함에 정해진 원칙도 없었으며, 혹은 수세한 것을 팔아먹기도 하고 혹은 빚진 사람에게 전당(典當)을 잡히기도 했습니다. 때문에 죄인이 갈아먹던 논은 모두 빼앗겼으니 어떻게 손쓸 겨를도 없었습니다. 이같은 사정을 달려가 주인께 읍소(泣訴)하려 했으나 300여 리의 길에 쫓아다닐[跋涉] 길이 없어 중지하지 않을 수 없었으니 탄식하니 어찌하겠습니까.

10) 小錄 : 어떤 사항에 대해 짧게 적은 글.『古文書集成』三. 海南尹氏篇, 883쪽, 雜文記 42번
11) 罪人 : 아랫사람이 윗사람에게 자기를 낮추어 일컫는 말. 특별히 죄를 지어서 이르는 말은 아니다.

또 완악한 노비의 위령(威令)에 속아 먼 곳 상전이 계시는 곳까지 알리지도 못하고 한갓 농장(農庄)의 소출만을 헛되이 버렸습니다. 서울의 양반은 모두가 한 가지이니 어찌 말로 다할 수가 있겠습니까. 진사댁 농장(農庄)은 예전부터 지금에 이르기까지 인심이 오히려 두터웠습니다. 채노(債奴) 감룡이 와서 점검함에 크게 속인 것은 없습니다. 다만 현재 인심이 크게 나빠졌는데도 또 감룡이 너무 심하게 상전의 일을 빈번히 속이니, 죄인이 개연한 마음이 들지 않겠습니까. 진사댁 논 가운데 등초동(登草洞) 아래 위 2곳과 쉰수리(酸酒洞) 1곳, 몽동동(夢東洞) 1곳은 죄인이 갈아먹으면서 수세해왔습니다. 수년 전에 감룡에게 빼앗겼는데, 감룡이 지금 이미 수세한 것을 팔아 버렸습니다〔賣稅〕.

풍문에 듣건대 금년에는 을용(乙龍)이 점검하러 내려온다고 하는데 을용이란 자는 양순한 사람입니다. 그래서 죄인으로 하여금 수세한 곡식의 수와 주인에게 상납한 숫자의 액수가 동일한지 간검(看檢)하면서 왕래할 때 서신이 끊이지 않았으니 속임을 당하는 일은 면할 수 있을 것 같습니다. 바라옵건대 등초동 논 2곳, 쉰수리 1곳, 몽동동 1곳, 강충의 밭 4두락지를 모두 죄인의 종〔奴〕 돌선(乭先)의 명자(名字)로 일신에 한해서 경작케 해주신다면 수세의 상납은 가볍게 하지 않을 것입니다. 엄히 배자(牌子)[12]로 명하셔서 채노(債奴)의 자의적인 여탈을 어떻게 해서든지 면하게 해주신다면, 죄인이 채노가 수세할 때 진심을 다해서 마음속으로 깊이 헤아려 드릴 것이니 어찌 일조(一助)가 되지 않겠습니까.

또 듣건대 을용은 감룡과 더불어 반노(班奴) 사촌 사이라고 하니 여기 올리는 소록(小錄)을 을룡에게 새어나가지 않게 하는 것이 어떻겠습니까. 감룡은 마음 쓰는 것이 선하지 못하고 또한 박하디 박한 사람이니 죄인이 행사(行事)한 이 소록을 보면 극히 좋지 않게 여기고 부득이하게 쫓겨날 것입니다.

갑신(甲申 : 1704) 9월 초 3일 죄인 이만기(李萬紀)

병작인 이만기는 노비까지 소유한 비교적 유족한 편에 속한 평민이었다. 그리고 그의 경작지는 자신이 경작하지 않고 남에게 다시 세를 주어 수세한 것으로서 이익을 취하고 있었다. 그러나 그 또한 토지

---

12) 牌子 : 위임장, 주로 상전이 노비에게 토지 또는 노비의 매매행위를 위임할 때 그 증표로서 사용하는 경우가 많다. 따라서 각종 명문에 함께 붙어 있는 경우가 많다.

소유자의 입장에서 보면 한낱 경작자에 불과하였다. 이 때문에 그는 신분적으로는 그보다 못한 천인 감룡에게 부단히 시달려야 했다. 그 중 가장 겁나는 것은 경작지를 더이상 그에게 주지 않고 다른 사람에게 넘기는 일이었다. 참다못한 이만기는 마지막 수단인 듯 수노 감룡의 비리를 열거하여 지주에게 고발하였다. 고발 내용은 수노의 비리에 초점이 맞추어지고 있었다. 하지만 이만기가 궁극적으로 바란 것은 기존 세 곳의 토지를 계속해서 경작토록 허락해달라는 것이었다. 그렇게만 해준다면 지세도 충실히 내는 등 주인에게 성의를 다할 것이라 하였다. 그러면서도 한편으로는 이 편지 내용이 들통이 날까봐 걱정이 태산이었다. 이 편지를 감룡이나 을룡 등 추수를 감독하는 수노들에게 보여주지 말 것을 부탁하는 것은 바로 이 때문이었다. 조선시대 병작자의 처지를 짐작케 해주는 문서이다.

경제적 빈곤과 신분하락 - 구활비(口活婢)

조선시대에는 흉년이 거듭되면 사방에 굶어죽는 사람으로 뒤덮이던 때였다. 국가에서 진휼미를 마련하거나 환자(還上)를 푸는 등 대책을 세우지만 대부분 역부족이었다. 그래서 생겨난 것이 '구활노비(口活奴婢)'제도였다. 구활노비 제도는 양반이나 경제적 여유가 있는 사람이 죽어가는 평민을 구해 먹여살려주는 경우 쌍방이 합의만 한다면 살려준 사람의 소유노비로 인정해주는 것으로서, 국가에서 평민을 노비로 삼는 것을 법적으로 인정한 제도였다. 원래 평민을 노비로 삼는 것은 압량위천(壓良爲賤)이라 하여 법에 저촉되었다. 그러나 흉년으로 인해 사람이 죽어가는 상황에서는 우선 사람을 살려놓고 볼 일이었다. 이같은 일이 비일비재했고 광범위했기 때문에 국가의 힘으로서는 어찌할 수 없었다. 결국 개인에게 그 인명을 구하는 길을 위임할 수밖에 없었다. 노비제가 붕괴되는 시기에(1801년 공노비 해방) 또 다른 한편에서는 노비가 창출되고 있었던 것이다. 다음의 고문서가 바로 그러한 내용을 담은 것이다. 문서의 성격과 내용을 요약하면 다음과 같다.

1815년(순조 15) 경상도 의성 장동(長洞)에 사는 양녀 점낭(占娘)이 그 남편이 사망함으로써 생계가 곤란해졌다. 여자의 몸으로서 혼자 살기 어려웠던 점낭은 자신 및 두 여식(윤점, 제심)과 함께 몸을 안동 일직에 사는 양반 남시학(南時學)에게 투탁하였다. 이러한 경우를 흔히 자신의 몸을 판다고 하여 '자매(自賣)'라 하는데, 여기서는 돈을 받고 파는 것이 아니라 의지·의탁하는 내용이다. 즉 여기서는 본인과 자식들을 남씨 양반에게 '증여(許與)'할 뿐 몸값을 받지는 않았다. 따라서 여기서는 '자매'한 것으로 보기 어려우며 구활(口活)문서로 보는 것이 타당할 듯 하다.

구활노비(口活奴婢)는 관에 신고하여 확인을 받아야 그 소유가 인정되었다. 이것은 노비를 매매했을 경우 입안을 받아두는 것과 같은 이유에서였다. 그 입안신청 소지가 뒤에 첨부되어 있다. 이 구활비 명문은 한글로 되어 있다. 물론 글쓴이는 당사자가 아니라 대필이었다. 그 자신이 글을 모르기 때문이었다. 명문을 가급적 직역하여 소개하면 다음과 같다.

구활비 한글 명문

연대 : 1815년(을해, 순조 15) 4월 10일

지역 : 안동군 일직면

가경 이십년(1815) 을해 사월 초십일 남생원댁 전 명문(明文 : 契約書)

이 명문을 작성하는 것은 나의 신세가 가련 불행하여 임자년(1792, 정조 16)에 부모가 염병에 다 죽고 나만 남아 나이 7세에 참혹한 흉년을 당하여 삼촌이 동리로 이사해 흉한 계세(季世 : 돌아가심)를 당하오니 저의 살아갈 길이 더욱 한심했으므로 부쳐주지[함께 살게 해주지] 않고 구축했기 때문에 의지하여 보명(保命 : 목숨을 보존함)할 도리가 없었습니다.

초인(招引)되거나 집집마다 빌어먹느라 어린 배를 채울 곳이 없고 여러 달이 됨에 바깥 혹은 부엌이나 길가에서 밤을 새우고 배주림과 추위를 이기지 못해 거의 죽을 지경을 당했으나 아무 사람도 거두어 구하는 일이 없고 마을

〈도판 4〉 구활비 명문

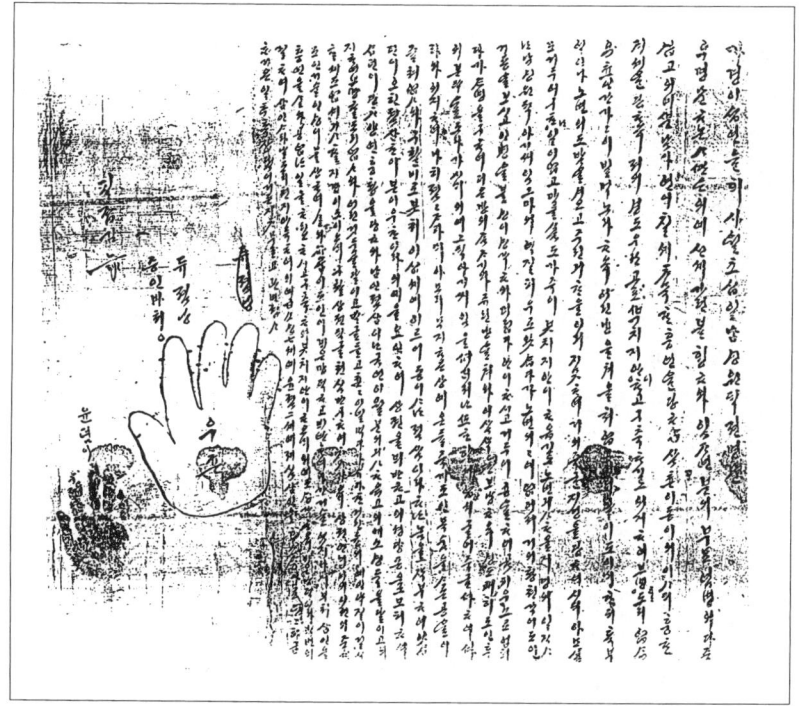

* 평민인 세 모녀가 남편이 죽자 거지처럼 떠돌다가 결국 양반가에 몸을 의탁, 목숨을 구하는 문서. 양반은 즉시 이 사실을 관에 입안(立案)을 받았고 세 모녀는 영원히 노비가 되었다[1815년 (순조 15) 작성. 경북 안동군 일직면 영양 남씨 소장].

사람도 부쳐주지 아니하옵기에 길가에서 굶어죽을 지경이었는데 안동 일직(一直)에 사는 남생원댁 아기씨님이 그 마을의 역질을 피하여 왔다가 길가에 내가 엎어져 거의 황천갈 때가 된 거동을 보시고 인명을 불쌍히 생각하여 더럽다 아니하시고 거두어 종으로 하여금 피우소(避寓所: 전염병 등 질병이 돌 때 임시로 대피해 있던 곳)로 업어다가 잔명을 구하여, 더운 방에 잠을 재우고 주린 배를 채워 두세 달을 보양하여 생도(生道)가 쾌히 된 후 본댁으로 돌아가셨습니다. 제가 그댁 아기씨님을 떠나서는 또한 할 수 없이 굶어죽을까 하여 (그댁에) 따라와 의지하였습니다. 나이가 점점 먹음에 아무리 무지한 상녀(常女)인들 죽게 된 목숨을 살린 공을 잊을 곳이 없어 구활비(口活婢)로 부쳐 살았습니다.

20세에 이르러 동리사람 '점삼'이라 하는 놈을 작부(作夫: 남편으로 삼음)하였더니, 이 점삼이란 놈이 본디 어리석은 놈이라 저를 유인하여 상전을 배반하고 의성 장동(長洞)으로 모피(冒避)하여 살았는데, 두 해에 걸친 흉년을 당하여 남편 점삼이는 금년(1815) 2월에 굶어죽었고, 내가 소생들을 데리고 의지하여 보명할 도리가 없사와 어린 것 둘을 데리고 바가지를 들고 마을마다 빌어먹다가 수다한 걸인들로서 여인 약질의 몸으로 걸식할 데도 없어 굶어죽을 지경이 되었으되, 구휼해주었던 상전댁을 천신만고하여 찾아가니 상전 말씀 내에 '너희가 이전에 죽게 된 것을 인생이 불쌍하여 산 사람이 되었는데, 배은망덕하고 배반하여 나간 것을 어찌 다시 부쳐주어 흉년에 세 사람을 살게 하여 공없는 일을 하리오' 하시고 구축하여 부쳐주지 아니하였으되, 저희들이 생각하오니 배은망덕이라 백번 애걸하여 3인이 살아날 도리가 막막하여 저 자신 및 소생 7세 아이 윤점, 2세 아이 계심의 3인을 후소생(後所生)[13]과 아울러 영영 드리오니 뒷날 혹 잡담하거든 이 명문을 가지고 관(官)에 고해 바로잡을 일입니다.

  주(主) 점낭(우촌)[14]
  증인 바회
  필집 김(수결)
  윤점 (우촌)

사회·법률생활

조선시대 법은 양반 및 평민, 천민들에게도 개방되어 있었으나 문자를 파악할 수 없었고, 경제적 부담이 대단했기 때문에 법을 집행하는 수령의 관아는 실제로는 대단히 높은 문턱이었다. 따라서 평민들은 살인이나 신분판정, 산송(山訟) 등 그들의 생존권이 걸려 있는 문

---

13) 後所生 : 뒤에 태어날 아이. 노비를 상속·매매할 때는 앞으로 태어날 아이의 처리문제까지 규정하여 문서를 작성해두었다. 이것은 뒷날 소유권 분쟁을 예방하기 위한 조치였다. 처분 후 아이가 태어날 때는 그 소유권을 두고 전 소유주와 현 소유주가 각기 권리를 주장할 수 있기 때문에 이같은 조건을 명시하여 처분했다.
14) 右寸 : 오른쪽 손마디. 조선시대에는 서명을 할 경우 양반·상인(천인) 등 신분에 따라 달랐는데, 양반 남자는 着押, 着署名이라 하여 署名했는데 오늘날의 사인(Sign)과 같았다. 양반 여자는 '圖署'라 하여 도장을 찍었다. 평민과 노비를 비롯한 천인은 손마디 모양을 그려 서명했는데, 이를 手決이라 한다. 그러나 본 명문에서와 같이 먹을 묻혀 직접 指章을 찍거나 손가락 모양을 그려 서명하는 경우도 있다. 이때 여자는 右寸, 남자는 左寸을 사용했다.

제가 아니면 법에 호소하기란 대단히 어려웠다. 더구나 소송이 양반과 이루어질 경우 서로 대등한 위치에서 재판하기란 신분적 경제적으로 매우 어려운 처지에 놓일 수밖에 없었다. 이러한 불평등 요소를 제거하기 위해 국가에서는 여러가지 조치를 취했지만 그대로 시행되기는 어려운 실정이었다. 빈번하게 파견되었던 암행어사도 이같은 불평등한 재판으로 말미암아 생기는 민원을 해소하기 위한 경우가 많았다.

평민의 일상생활에서 향약, 동약, 계 등은 법보다 더 밀접한 관련이 있었다. 이러한 것들은 모두 양반이 만든 것이었다. 양반들은 자치규범을 만들 때 일반 평민, 천민과 함께 조직하는 경우도 있었으나 규범 자체를 상·하로 나누어 하계(下契)에 평민을 포함시켰다. 하계를 통해 양반들은 신분 및 법질서 유지를 비롯한 사회안정을 꾀하였다.

평민들의 요구사항이나 원하는 바를 일정하게나마 해결해주는 곳은 관아였다. 따라서 관부(官府) 문서인 진정 및 청원류가 비교적 많이 남아 있는 편이다. 진정 및 청원의 종류로는 가장 흔한 산송 관계 혹은 농사, 천방 등 수리시설, 방수, 방풍림 보호 등 다양하지만, 여기서는 관에 대한 민원과 송계(松契)를 둘러싸고 벌어지는 사건의 예를 들어보겠다.

땔나무(柴)·풀(草)·소나무(松) 등을 둘러싼 주민들간의 갈등[15]

삼가 이 진정을 올리는 것은 땔나무·풀·소나무는 백성들이 가장 긴요한 것과 관련되는 것인데, 인심이 옛날과 달라 서로간에 다투기 때문에 지난 무신년에 관가에서 친히 조사한 뒤 '가서(加西) 상현촌(霜峴村) 주민들과 아울러서 함께 송계(松契)를 결성하고 경계를 정해 벌목을 금하고 소나무를 길러 살아나가라'는 뜻으로 관에서 입안을 결급하고 도장을 찍은 후 문서를 만들어주었으며, 그 후 양산(養山) 규정을 합록(合錄)해두었습니다.

작년에 상현촌 사람들이 그들 마을의 앞·뒷산의 무한히 많은 송추(松楸)를

---

15) 1866년에 만들어진 것으로 추정되는 等狀(여러 명이 연명으로 진정을 올리는 청원서의 일종)으로, 제출자는 居昌 下加南面의 大楚里 一基洞 二基洞 廣城里 住民이며 소송지역은 현재의 경상남도 居昌郡 加祚面 일대이다.

결급(決給)받은 입안도 없이 사사로이 점인(店人)[16]에게 발매해 80량을 받아 전부를 모두 도둑질해 먹었고, 그 나머지 80~90량 정도의 소나무도 독차지해 사사로이 기르고 있습니다. 우리 4개 동의 옛날부터 내려오는 금양지(禁養地)를 날로 남벌해 남김없이 베어버리기 때문에 저희들이 분통함을 이기지 못하고 올해 봄 옛날 경계를 찾아 불을 놓아(경계를 정해) 금지시켜서 저희들의 생활대책을 도모하였사온즉, 소위 상현촌 사람들이 동 송계에서 공동으로 금지하는 뜻을 알지 못하고 몰래 관전(官前)에다 무소(誣訴)를 올려 그들의 불법을 숨기고 밝히지 않았습니다.

관의 지시에 '양면(兩面)의 집강(執綱)이 함께 가서 조사해 보고하라'고 했으되, 가서면 집강은 본면[가서면]에 살고 있어 조사시간에 맞추어 내려갔으나 (저희) 하가남면 집강은 먼곳에 살고 있어 급히 독촉하여 그다음날 내려갔으나, 4개 동의 수많은 거주민들은 미처 알지 못하고 겨우 5~6인만이 내려갔은 즉 이미 한편만의 말을 가지고 보고해버렸고 '방화인을 잡아오라'는 관령도 이제와서 전하니 저희들의 유죄 무죄는 오직 사또님의 통촉함에 달려있사오니 이전에 관에 올린 소지 및 결재한 입안을 첨부하여 아울러 관에 바칩니다.

그들의 소나무를 사사로이 팔고 소나무값을 모두 삼켜버린 죄를 특별히 엄하게 다스려주시거나, 이미 (松楸를) 사매(私賣)해 버렸으니 저희들이 옛날부터 금지시켜오던 지역을 다시는 침범해 벌목하지 못한다는 뜻으로서 엄하고 분명한 명령을 내려주십시오.

사또님 처분
사(使) 수결(手決) 병인 이월 일   박문득(朴文得) 등 25인
〔제사(題辭) : 관의 판결·지시·결정사항〕 이미 양측의 두 면임(面任)에게 함께 조사하도록 했으니, 원·피고측의 소장을 참작해서 공론에 따라 보고할 일이다.

이른바 동민들 사이의 송계를 둘러싼 분쟁이다. 산은 사람들에게 땔나무, 풀, 소나무 등 목재를 공급해주기 때문에 위의 내용에도 언급되고 있듯이 평민들의 이해관계가 첨예한 곳이었다. 때문에 이웃주민과 그 이용권을 두고 빈번히 다툼이 벌어졌다. 이른바 집단민원인 셈이다. 이 경우 담당 수령은 어느 한편만을 편들 수 없어 대개는 적당한 선에서 경계를 그어 쌍방의 이해를 절충하는 선에서 마무리하는

---

16) 店人 : 옹기 굽는 사람.

것이 보통이었다. 위의 경우도 이전에 이미 사건이 일어난 지역에서 문제가 발생했던 것이다. 수령은 이번에도 제음에서 보는 바와 같이 공동 조사를 통해 공론에 따라 결정할 것임을 천명하고 있을 뿐, 명확한 판결은 유보하고 있다. 예나 지금이나 다수의 이해관계가 걸린 문제는 풀기 어렵다는 것을 알 수 있다.

향약에서 평민들이 지켜야 할 조약

조선 초기부터 양반들은 기존 체제를 유지하기 위해 양반 자신뿐만 아니라 양인, 천인 등 하층민에게까지 유교이념을 보급시키고자 부단히 노력했다. 향약보급이 그 대표적 예였다. 향약은 신분적 질서를 고착시키고 사회를 보수화·안정화시키는 데 절대적인 역할을 했다. 그리하여 향약은 평민에게는 법보다도 한층 더 일상생활을 규제하는 작용을 했다. 여기서 규제란 물론 양반들 입장에서는 교화(敎化)였다.

다음 향약을 보자. 아래의 향약은 소위 하인향약(下人鄕約)이다. 이 때 하인이란 노비 등 천인뿐 아니라 평민 이하 모든 계층을 의미한다. 즉 양반의 입장에서 양반 아닌 모든 사람을 하인(下人)이라 여겼던 것이다. 하인향약은 평민·천민들이 스스로 만든 것이 아니라 양반들이 만들어 배포한 것이었다. 따라서 양반의 구미에 맞도록 만든 조목이 많지만 평민들의 삶의 다양한 모습을 살펴볼 수 있다.

하인향약금조(下人鄕約禁條)[17]

- 양반을 능욕하는 자 (凌辱兩班者)
- 큰 말로서 곡식을 사고 작은 말로서 곡식을 파는 자 (以大斗買穀 以小斗賣米者)
- 싼값으로 기물을 빼앗고 또 값을 주지 아니한 자 (廉價奪物 又不給價者)
- 혐의를 지니고 불을 지르며 탈잡고 솥을 빼앗는 자 (含嫌衝火 執頉鼎者)

---

17) 이 자료는 경주 동국대 법대 김재문 교수가 소장하고 있으나, 출처, 작성년대 등은 정확히 알 수 없다. 국어사용법 등을 살펴보건대 19세기에 작성된 것으로 추측된다.

- 관가의 제사를 소장을 낸 자에게 부쳐주었으나 거역하고 대변하는 데 오지 아니하며 혹 가서 부치지도 아니하고 와서 거역한다고 칭하는 자 (官題付狀者 拒逆不就辨 而或初不往付 而來稱拒逆者)
- 말을 만들어 흥정한다고 시장의 가전(價錢)을 토색질하는 자 (稱以成語 索價場市者)
- 남의 논농사를 게을리하고 도리어 땅을 빼앗는다고 (관에) 아뢰는 자 (惰農他畓 而反訴奪耕者)
- 경작하는 사람이 아무 폐단이 없는데도 농사 지을 때가 되어 땅을 빼앗는 자 (作者無弊 而臨農奪耕者)
- 나라 부세를 두려워하지 아니하고 도망하고 피하여 납부를 거부하는 자 (不畏公賦 逃避拒納者)
- 이미 전답과 소를 팔고 까닭없이 되물림하려는 자 (旣賣田畓牛隻 而無端救退者)
- 혹 군역을 모피하기 위해 살아있어도 죽었다고 하고, 있는 사람을 도망했다 하고, 혹 군의 장비를 가만히 취하여 새 군인에게 전하지 아니한 자 (或謀避軍役 以生謂死 以存爲逃 或偸取軍裝 不傳新軍者)
- 혹 幼學을 함부로 칭하고 공신자손이라 일컬고 이름을 고치고 자취를 숨겨 신역을 모피하는 자 (或冒稱幼戶勳裔 改名藏蹤 謀避身役者)
- 남의 묘와 사람의 집 근처에 투장하고 분묘가 있다고 의탁하면서 남이 기른 산림을 빼앗는 자 (偸葬他山 及人家近處 而或托以有墳 欲奪他人養藪者)
- 금하는 것을 무릅쓰고 솔나무를 범하고 풀있는 산등을 도적하여 깎는 자 (冒禁犯松 及偸伐草嶝者)
- 행동거지가 수상한 사람을 머물러 묵게 하는 자 (行止殊常人留接者)
- 환자미를 나눌 때 균등하게 나누지 않고 악함을 믿고 구걸하는 자 (還分時 不均分俵 及恃惡求乞者)
- 탈 것을 외람되이 타고, 입는 것을 외람되이 입는 자 (濫乘濫着者)

위 조항은 평민들의 일상생활과 밀접하다는 데서 일반적인 향약과 차이점이 있다. 즉 이 조항들이 평민들에게는 사회의 기초질서에 해당하는 원칙이었던 것이다. 특히 양반능욕 등 사회질서 문란행위, 시장의 가격 등 유통질서 파괴행위, 토지임대, 경작 등 농사에 있어서 질서 문란행위, 기타 산송문제, 거동수상자, 분수에 넘치는 행위 등을 규제대상으로 삼고 있다. 모두 평민들의 생활과 밀접한 것들이었다.

법률생활-고부간의 갈등으로 비관 자살한 며느리

인간사회는 어느 시대에나 갈등이 있게 마련이다. 조선시대의 경우 지역단위로 향약이나 계와 같은 자치규약이 있었다. 그래서 나라에서는 예치(禮治)를 표방하고 교화(敎化)를 그들 정치의 이상으로 여겼다. 그러나 교화란 이상이었다. 실제 생활에서는 어느 시대에나 도난과 상해, 살인이 일어나지 않는 곳이 없었다.

조선시대에도 살인을 비롯한 형사사건에는 사건조사, 검시, 증언 등 철저한 조사를 하였다. 이것은 해당 수령의 책임하에 이루어지고 있었으나 결코 수령 자신의 임의적인 판단에 의해 이루어진 것은 아니었다. 『무원록(無冤錄)』은 바로 이러한 때 사용된 법의학서였다. 이 책은 조선 초기부터 사용되어온 시신의 부검 부위와 위치 등 관리가 살인사건을 처리하는 데 필요한 지침서였다.

살인에 대한 고발의 경우 관에서는 피살자의 사인을 치밀하게 조사할 필요가 있었으며, 현감, 군수 등 지방수령들은 이 지침서에 따라 검시하였다. 먼저 원고, 피고 및 두인(頭人),[18] 삼절린(三切隣)[19]을 비롯한 주변인물, 그리고 호장(戶長), 이방(吏房), 형방(刑房)을 비롯한 행정실무자들의 초사(招辭)[20]와 확인을 거쳐 종합보고서를 작성하고, 이것을 상관에게 첩정(牒呈)을 통해 보고하였다. 보고서에는 시신을 검시한 내용을 신체 부위별로 적은 검시보고서와 신체

---

18) 頭人 : 그 洞里의 우두머리. 요즘의 洞長 혹은 里長과 비슷한 역할을 했으며, 행정처리뿐만 아니라 風俗敎化, 紛爭解決 등 동리의 제반 문제를 담당하였다. 頭人의 역할에 대해서는 本文에서도 나오고 있다.
19) 三切隣 : 가장 가까운 이웃의 세 집을 말하며, 이 경우와 같이 이웃에 일이 생겼을 경우에 증인으로 출두하는 등의 의무를 지니고 있었다.
20) 招辭 : 원고, 피고, 증인을 비롯해 소송에 관련된 인물들에 대해 官에서 審問을 통해 사실을 확인하였는데, 이를 招辭라 하였다. 요즈음의 진술서와 비슷한 성격을 갖는다.

부위를 그린 도판 등을 첨부하였다.

다음은 시집간 지 석 달도 안되어 목을 맨 평민 여인에 관한 서글픈 이야기이다. 십대 중반의 이 여인은 시부모의 구박과 남편의 무관심에 삶의 의욕을 잃고 있었다. 그러던 어느날 사소한 문제로 시어머니가 손찌검을 하자 뒷산에 올라가 소나무에 목을 메어버렸다. 옹기집 딸의 이 처절한 삶에 대해 관에서는 그 시부모와 남편에게도 어떤 조치를 취할까.

신해년이라는 간지만 나와 있어 이 문서의 정확한 작성 시기는 알 수 없다. 정황으로 보아 1851년 혹은 1791년인 것으로 추측된다. 사건이 일어난 지역은 경상도 거창의 적대(赤大)지역이다. 따라서 담당관은 거창 현령이었다. 관련자의 신문 부분은 모두 8건이 있으나, 여기서는 검시결과 문안만을 발췌해 소개한다.

검시 결과 보고서

신해(辛亥) 6월 초 2일

　모든 사람들이 초사하였다. 동 시신은 그곳에 그대로 두고 회(灰)로 5곳을 봉하고 답인(踏印)하고는 이에 주위를 봉표(封標)하여 이정(里正) 등에게 인계하여 수직토록 했고, 본현 운자호(雲字號)의 시장(屍帳)에 3건을 작성해서 1건은 현(縣)에 올리고, 1건은 시친[고발인]에게 주고, 1건은 첨부하여 감영에 올려보냈다. 이 옥사는 고부간의 다툼에서 비롯되어 인명이 치사하는 데까지 이르렀으니 그 시친으로서는 반드시 이 부검을 한 연후에 옥사를 행하고자 한 것인즉 목매달아 죽은 것이라도 그 목맨 흔적과 더불어 명확히 하지 않을 수 없다.

　동 시체가 매달린 곳에서 그 방으로 옮긴 지가 5일이 되어서 몸 전체가 변색되어 분별하여 검사할 길이 없고 빛에 노출시켜 지게미[糟]와 식초[醋]로 세척하여 상세히 문질러도 앞·뒷면 여러 곳에 다른 상처나 흔적이 없고, 얼굴 및 우측 무릎 위에 약간 피부가 벗겨진 곳이 있는데 이는 필시 매달 때 자빠졌기 때문이며, 명을 앗아갈 만한 치명적인 상처는 아니고, 단지 목 부위에 부어오른 목맨 자국이 2개 있는데, 하나는 목구멍 위에 있고 하나는 목구멍 밑에 있어서 가운데로 나뉘어 합쳐지지 아니하였고, 좌측 귀로부터 뒤로 우측 귀 뒤까지 가로로 띠가 둘러지고 색깔이 자주빛으로 뚜렷했다. 혀쪽으로 똥물

이 나오니 이는 필시 스스로 목을 졸라 매달린 흔적이다. 또 참증(參證)한 사
람들의 초사에서 모두 소나무에 목을 맨 것이 확실하다고 말하였고, 실제 사
인도 스스로 목을 졸라 치사했다고 기록했다.
 소위 김조이는 마을에서는 무식한 여인으로 그 며느리를 박대하여 참을 수
없게 했으며 종종 실로 절통한 바 있어 며느리를 본 지 3개월도 되기 전에 매
사를 책망하고 꾸짖으니, 이는 인정상으로 할 수 없는 바이고 27일에 서로 다
툴 때도 그 며느리의 순종 여부는 알 수 없으나 순종했든지 어떠했든지간에
꾸짖고 독려함이 부족하여 분을 못이겨 구타하여 그 며느리가 나가서 통곡하
게 한 그 요망하고 나쁜 정상은 불문가지이다. 한 차례 뺨을 때렸다고 했는데
간증(看證)한 두 여자의 초사에는 두 차례 뺨을 때리는 것을 눈으로 보았다고
하니 그 며느리는 분을 이기지 못하고 끝내 목을 맨 연유가 이와 같으니 그 죄
상을 가히 알 수 있다. 그 며느리 대악지도 상놈(常漢)들이 말하는 이른바 '예
부(預婦)'[21]로서 이미 부부의 즐거움이 없었다고 하며 고부간에도 서로 즐거움
을 얻지 못하여 종종 비정하게 꾸짖고 책망한즉 그 말로써 조아린 상황을 가
히 짐작할 수 있다.
 27일 서로 다툴 때 그 시어미가 뺨을 때리고 꾸짖은 것은 극히 요악(妖惡)
하며, 비록 상인(常人)이나 천인이라도 엄연히 고부간에는 구분이 있는 것인
즉 뺨을 맞고 밖으로 나가서 우는 것은 가히 맹랑함이 극에 달한 것이며 끝내
그 분을 참지 못하고 나가서 목을 매고 죽은 것은 그 성품이 흉악하고 맹랑하
여 죽음도 족히 애석할 것이 없으니 만약 죽은 자의 죄악을 논할 것 같으면 산
자보다 더할 것이며, 피고는 그 시어미가 두 차례 뺨을 때린 것이 비록 반드시
그를 죽이고자 하는 의도에서 나온 것이 아닌데도 그 며느리가 이로 인해 스
스로 목을 매니 만일 치사의 근원을 논해서 우리의 율로서 시행한다면 그 시
어머니가 어찌 책임을 말할 수 있을 것인가. 이는 비록 용의주도하게 죽인 정
범(正犯)과는 차이가 있으나 고발인이 이미 그 시어미를 지적하여 고발했으므
로 피고는 김조이로 기록해둔다.
 대저 이 옥사는 그 시어미가 범한 것은 뺨을 때린 것에 불과하고 며느리가
죽은 것은 스스로 목을 맨 것이니 옥사가 되지만(成獄) 상명(償命)[22]같은 것으
로 가히 논할 수 없다(중략) 김조이의 남편 박상문은 가장으로서 집안을 다스
리지 못하고 사람이 목매달아 죽을 지경에까지 이르게 했으니 무죄라고 할 수

---

21) 預婦 : 여자가 집안의 경제적 사정 등으로 인해 시집갈 나이가 차지 않았는데도
　　미리 시집간 여자. 이 경우 나이가 어려 철이 없을 뿐 아니라 이 글에서 보는 바와
　　같이 부부간의 즐거움을 모르고 지내는 경우가 많았다.
22) 償命 : 남을 죽인 사람은 살인에 해당하는 죄, 즉 죽음을 당함.

없으며, 간련(干連 : 관련인) 등의 사람들은 별로 죄가 될 만한 것이 없으며, 시 친 박선봉은 그 여동생이 목매달아 죽었다는 기별을 듣고 그 곡절을 살펴 누 일이 경과한 후에 소장을 냈다고 하는바 가히 죄가 될 단서가 없다.

상문의 아들 귀손은 처음 초사에서는 비록 예에 따라 봉초(捧招)했으나 그 어미가 다투고 뺨을 때렸다는 말을 한 후에는 그 아들을 증인이 되어 어미에 게 다시 초사를 받고 그는 봉초하지 않았으며, 박대악지의 목매달아 죽은 기 별은 박오십동으로 하여금 알리게 했다한즉, 이치상 마땅히 한 번 취조해야 하는데 그가 이미 도망했으므로 취조하지 못하고 상항 피고 김소사를 잡아다 칼을 씌우고[着枷] 기타 관련된 사람들도 아울러 가두어 처분을 기다릴 것이 며, 목을 맨 줄은 이미 매듭을 풀어버렸으므로 턱 주변[套頤]은 그림으로 그리 지 못했고 몸의 앞 뒤 양쪽은 모두 그림으로 그려 올림. 순영(巡營)에 보고함.

(안승준, 한국정신문화연구원 자료조사실 전문위원)

노비 생활

노비 발생 배경

 한국역사에서 노비 발생의 기원은 기자(箕子)의 팔조법금(八條法禁)에 나타나고 있지만, 이는 다분히 상징적인 의미를 지닌다. 다만 여기에서는 범죄자를 노비로 삼았던 사실을 명백하게 밝히고 있는 것이다. 노비의 발생은 범죄 이외에도 노비의 소생, 사여, 증여, 매매, 상속, 탈점, 양민의 몰입, 압량위천(壓良爲賤), 육매(鬻賣), 투속, 부로(浮擄), 자매(自賣) 등으로 매우 다양했다.
 이 가운데 가장 중요한 발생경로는 출산과 범죄, 전쟁포로 등에 의한 것이라고 생각된다. 후삼국시대 쟁패기까지만 하더라도 이민족과의 전쟁 혹은 한민족 상호간의 주도권 쟁탈전이 빈번하게 일어났으며, 그로 인해 전쟁포로가 대량으로 발생했다. 이들을 노비화함으로써 최하층 신분을 구성하고 있던 노비계층의 공급원은 고갈되지 않았다.
 그러나 고려 왕조 개창 이후 승평으로 말미암아 범죄 등 특수한 경우 양민이 노비화하는 것을 제외하고는 새로운 노비의 발생이 매우 저조했다. 이에 고려 정종 5년(1039)에는 한국 신분사에 큰 획을 긋는 이른바 '천자수모법(賤者隨母法)'이 제정되었다. 이것은 출산을 통해 객관적 가시적으로 어머니는 알지만 아버지는 모른다는 점에서, 또한 고려시대 솔서혼속(率婿婚俗), 재산의 자녀균분이라는 관습에서 어머니 쪽이 중시되므로 해서 생겼다. 천자수모법은 노와 비가 혼인하는 경우 그 소생이 모의 신분을 따르고 그 소유권이 모주(母主)에게 귀속되는 것을 골자로 하고 있다. 국가에서는 양천교혼을 금지하고 있었지만 천류의 개별적 혼인에 국가가 일일이 간여할 수는 없었으며, '일천즉천(一賤則賤)'의 노비세전법에 의해 이익을 볼 수 있었던 사노비 소유주들의 강제에 의해 자기 노비의 배우자로 양남, 양녀를 맞게 하는 경우도 많았다.

양천교혼도 비가양부(婢嫁良夫)인 때는 천자수모의 종모법에 의해 그 소생이 비주(婢主)의 소유물이 되므로 묵인이 가능했지만, 노취양녀(奴娶良女)의 소생이 노비가 되는 것은 종모법에 위배되므로 매우 엄격하게 금지했다. 따라서 노가 양녀를 취하면 도(徒) 1년 반, 여자는 도 1년이며, 노가 양인이라고 속여 양녀를 취하면 도 2년, 노주가 알고도 묵인하면 장(杖) 1백에 처하도록 규정하였다.

이와 같이 고려시대에는 일천즉천이라는 엄격한 규정에 의거하여 노비가 증가했다. 그리고 한편에서는 기진, 투속, 사패, 매득, 압량 등으로 노비를 늘렸으며 심지어 노취양녀·비가양부를 통한 노비증식도 서슴지 않았다. 이로 말미암아 합법, 불법적으로 양역 인구의 노비화가 활발하게 전개되었다.

더욱이 고려말에는 홍건적의 침입으로 개경의 호적이 소실되면서 양천불명자가 많아 원종 10년(1269) 이래 우왕 14년까지 6회에 걸쳐 「전민변정도감」을, 공양왕 4년(1392)에는 「인물추고도감」을 설치하여 신분의 혼효를 바로잡기 위해 노력했지만 끝내 해결을 보지 못한 채 조선 왕조의 개창을 맞게 되었다.

조선시대에 들어와서도 초기에는 양천교혼을 금지했으나 양인 확대를 겨냥한 종부법(從父法)이 구체화되어 태종 14년에는 거의 확정되었다. 그러나 종부법은 개인의 재산 증식에 막대한 지장을 초래하고 부수적으로는 공천의 양민화를 가져온다 하여 세조 14년에는 그 대신 종천법(從賤法)이 만들어졌다. 이 법은 『경국대전』 형전 공사천

(公私賤)조에 실리게 되었고, 그 후 영조 7년(1731) 종모법(從母法)이 실시될 때까지 준수되었다.
 그러나 종천법이 장기적으로 실시되면서 노비인구는 증가했으나 양역 인구가 급격히 감소했다. 특히 양란을 겪으면서 많은 전사자와 기아·질병·유망 등으로 인한 인물 손실이 컸는데, 이로 말미암아 노양처 소생 종모종량법이 거론되었으며, 현종 10년(1669)에는 처음으로 종모종량법이 실시되었지만 여러 차례 양·천이 호환되다가 결국 영조 7년(1731)에 종모종량법으로 굳어져서, 노비제 혁파 때까지 유효했다. 이같은 법 개정과 달리, 실제로 노비소유주에게 현실적인 이득이 있는 '일천즉천'의 관행이 줄곧 계속되었는데, 그 증거가 호적분석이나 개별 가문의 분재기, 호구단자 내용을 통해서 뚜렷이 나타난다.

노비의 혼인 형태

 노비의 혼인은 양반, 중인, 양민의 경우와 매우 달랐다. 노비의 경우 주인이 혼인을 통제했으므로 정상적인 부부생활이 불가능한 경우가 많았다. 잡혼의 형태로 자녀가 출생했고 주가에서는 이를 묵인했는데, 호구단자 등에 보이는 허다한 '부부지(父不知)'는 바로 이들 사생아의 대량 출산을 주인이 묵인했음을 반증하는 것이다.
 신분별 혼인의 특징을 보면 귀한 신분일수록 신분내혼, 귀혼(貴婚), 부혼(富婚)을 위해 원거리 혼인을 많이 했으나,[1] 중인→상민→노비로 내려올수록 사회경제적 여건이 나빠 근거리 혼인이 많아진다.
 특히 노비의 경우는 동내혼이 많았는데, 이는 주가에 신분적 경제적으로 예속되어 있어 거주지 이동이 그만큼 어려웠고, 주가에서 노비노동력을 그대로 이용하기 위해 동내혼, 가내혼(家內婚) 등을 선호

---

1) 물론 명문의 동성집단이 가까이 있으면 근거리 혼인도 했지만 경제적으로 부유한 가문은 신분상승을 꾀하기 위해 의도적으로 遠婚을 하기도 했다.

했기 때문이기도 하다. 혹 양반이나 중인의 첩이 되는 경우는 이와 양상을 달랐다고 보지만 노비의 전체 혼인에서 이것이 차지하는 수치는 매우 낮았다. 양반이나 중인의 경우, 비를 정식 첩으로 삼아 동거했다 하더라도 문집, 족보 등에서는 빼버렸으며 분재기를 비롯한 고문서나 일기류 등에 조금 나오는 정도이다. 대개 비는 유희의 대상이었으며 혹 자녀가 출생하더라도 체면을 위해 그 아버지를 밝히지 않는 것이 통례였다. 노에 비해 비는 혼인의 범위가 매우 넓어 전 신분층에 걸쳐 있었다.

　이러한 혼인의 범위는 신분이 귀한 쪽으로 올라갈수록, 특히 여성의 혼인 폭은 좁아지는 특징을 갖고 있었다. 양인 여성의 경우 노와 혼인한 경우도 있었지만, 대체로 양남과 혼인을 많이 했고 양반이나 중인의 첩이 되기도 했다. 중인 여성은 신분내혼이나 양반의 첩으로 들어갔으며, 양반 신분의 여성은 특별한 경우를 제외하면 대개 신분내혼으로 양반 가문의 정식 부인이 되었다.

　혼인 절차나 격식에서도 신분이 귀한 양반은 정혼하고 일년 정도를 묵혔다가 혼례를 거행하는 등 복잡한 과정을 밟았지만, 신분이 내려올수록 사회경제적 여건이 마련되지 못해 격식을 생략할 수밖에 없었다. 특히 노비 등 최하천의 경우는 아주 간단한 음식을 마련하거나 그것도 어려우면 소반에 물 한 그릇을 떠놓고 혼인 당사자 둘이서 혹은 가족이나 이웃 앞에서 부부가 됨을 알렸다.

　대체로 이러한 특징을 가진 노비의 혼인이 호적에는 어떻게 반영되어 있는지 살펴보면, 1609년 울산부 내 7개 리에 592명의 사노비가 주가에 동거하고 있었는데, 이들 솔거노비의 혼인율은 노가 14%, 비가 21.7%였다.[2] 총 결혼건수를 보면 노는 37.4%, 비는 65.3%로서 비의 경우가 압도적이었다.

　이러한 노비의 혼인은 매우 비정상적인 것이라고 할 수 있다. 물론

---

2) 한영국, 「조선 중엽의 노비결혼 양태」, 『역사학보』 75·76합집, 77집, 1977·1978

개별 노비소유주는 솔거노비를 모두 혼인시킬 수도 없었으며, 혼인시킬 바에는 재산증식에 가장 유리한 쪽을 택했을 것이다.

 울산 지방의 호적에 의하면 솔거노의 배우자는 양녀가 압도적으로 많아서 58~74%나 되며 사비가 38~4%이고 미상이 24.2~3.8%로 나타난다. 이것은 물론 사노 소유자의 입장에서 그 소생을 자기 소유로 하기 위한 혼인통제의 결과로 보인다. 특히 미상으로 처리된 것 가운데는 그 소생을 차지하기 위한 의도적 은폐도 상당히 포함되었다고 볼 수 있을 것이다.

 이에 비하여 솔거비의 배우자로는 사노가 36~26%, 정병이 22~11%, 수군이 17~6%로 나타나며, 나머지는 다양한 전 신분층이 망라되어 있다. 배우자 미상은 5~34%로 뒷시기로 올수록 그 비율이 높아지고 있는 데, 그 이유는 솔거비의 소유주는 비가 어떠한 배우자를 만나든지 그 소생은 거의 자기 몫이 되기 때문에 다양한 배우자를 얻는 것을 허용하였기 때문이다.

 그러면 울산, 단성 지역의 외거노를 예로 검토해보자. 먼저 울산의 경우 양녀와의 혼인이 53~49%, 사비(私婢)가 37~28%, 시비(寺婢)가 17~12%로 나타나며, 나머지 역녀(驛女)와 미상이 극히 일부를 차지하고 있다. 솔거노와 양녀의 혼인은 58~74%로서, 이는 외거노보다 주가로부터 배우자 선택에 대한 통제를 더 받았던 데 원인이 있다고 볼 수 있다. 한편 솔거노와 사비의 혼인은 각각 4%, 4%, 38%로 외거노와 상당한 차이를 보이고 있다. 울산 지역의 외거비는 배우자로서 사노(私奴)가 37~25%, 시노(寺奴)가 15~11.5%, 정병이 21~13%, 수군이 14~5%, 양인류가 4~5%이며, 나머지는 내노, 향화, 백정, 두모악(豆毛惡), 봉군, 보인, 정로위, 우림위, 겸사복, 수문장, 부장, 관속, 역리, 한량, 학생(學生), 품직자(品職者), 항왜(降倭), 양반류(兩班類) 등이었다.

 단성 지역 외거노의 경우도 이와 유사한 경향을 보이는데, 사비와의 혼인이 90~75%, 양녀가 23~8%, 시비가 0.7~0.5%로 나타나며, 나머지로는 역비·역녀·속량·면천이 극소수로 나타난다. 외거노의 배우자로는 사노가 72~68%, 양인류 14~11%, 정병 5~2%로 절대 다수를 차지하며 나머지는 공노, 수군, 봉군, 보인, 겸사복, 관속, 역리, 품직자, 어영군, 유황군, 역보, 업무, 무학, 별장, 면천 등이 극히 소수를 차지했다.

이를 통해서 사노는 주로 사비, 시비·양녀와 혼인하며 그 대상이 매우 제한된 반면, 사비는 사노·양인과 주로 혼인했지만 거의 전 신분층에 걸쳐 다양한 배우자를 얻고 있었다. 다만 중인 이상 양반과의 혼인은 정식 부인으로서가 아니라 주로 첩의 형태나 일시적 야합으로 봐야 할 것 같다. 그러한 야합도 자녀가 출생한 경우 기록에 남을 수 있지만 자녀 출생이 없는 경우 전혀 기록에 남지 않는 일도 있었다. 말하자면 비는 뭇 남성들의 배우자요 유희의 대상이었던 것이다.

노비의 가족 구성

솔거노비는 양반가옥의 구조로 보았을 때 행랑채 등에 가족단위 혹은 개별적으로 거주하거나 같은 마을에 초가를 짓고 살았다. 안동의 하회 마을이나 경주의 양동(良洞)에 있는 양반가의 가옥구조와 양반가옥 주변의 초가 분포를 통해 그같은 생활모습을 엿볼 수 있다. 외거노비는 가족 전체 또는 일부가 지역단위로 산거하고 있었고, 주가와 멀리 떨어져 있는 타도(他道) 노비들은 자기들끼리 집단을 형성하여 누대에 걸쳐 거주하는 것이 보편적이었다. 이는 노비의 거주 이전에 대한 국가·노비주의 강제에 의한 것일 수도 있고 외거노비 본인들의 사회경제적 한계로 말미암아 이미 확보한 생활 터전을 떠날 수 없었던 데도 원인이 있었다. 그러나 극심한 흉년이나 질병 등으로 말미암아 유리걸식하거나 신분상승을 위해 도망하는 것은 모두 비상시의 거주지 이전이라고 볼 수 있다.

노비는 양반·중인과는 달리 사회경제적으로 최하층·최빈층에 속했으므로 대가족을 유지할 수 없었다. 단성현의 경우 숙종 4년(1678)부터 정조 13년(1789)까지 11건의 통계에서 호당 인구수는 최저 3.98명 최고 4.15명으로 4구(口) 내외였다(박용숙,『조선후기 향촌사회연구』). 이와 함께『조선왕조실록』의 내용을 정리한 것을 보면, 숙종 19년(1693)부터 정조 23년(1799)까지 28차에 걸친 통계 결과 호당 인구수는 최고 4.7명 최저 4.1명이었다.

한편 단성현의 경우 신분별 호당 인구수를 보면 숙종 43년(1717)에는 양반호가 평균 3.3명, 상민호가 3.8명, 노비호가 3.2명으로 나와 있다. 또 대구 지역 호적 분석에서도, 노비 독립호의 경우 1690년에 3.7명, 1729·1732년에 3.2명, 1783·1786·1789년에는 2.6명, 1858년에는 2.1명으로 극단적인 핵가족화 현상을 보여주고 있다. 이러한 가족수는 조선후기 내지 말기의 노비제 해체과정을 나타내주는 것이라 할 수 있으며 따라서 정상적인 가족수로 보기 어렵다(다만 미성년자의 기록이 호적에서 빠지거나 의도적인 등재 기피에서 오는 수치의 감소가 이러한 결과를 낳게 되었다고 볼 수도 있다).

이와는 대조적으로 언양현의 경우 숙종 37년(1711)~철종 12년(1861)까지 여섯 차례에 걸친 통계에서 호당 평균구수는 5.32명, 8.16명, 8.36명, 8.69명, 9.21명, 9.29명으로 점차 증가하고 있다. 신분별 호당 평균구수는 양반층이 8.77명, 준양반층이 7.49명, 중인층이 9.08명, 상민층이 6.44명, 노비층이 5.33명으로 신분이 상위일수록 대가족을 구성했고, 상민·노비층은 열악한 사회경제적 여건으로 말미암아 중소가족이 주류를 이루었다고 볼 수 있다.

그러면 이와 같은 노비가족은 어떤 형태로 주가에 소속되었는지 살펴보기로 하자. 노비 일가족은 대체로 여러 주인에 의해 분할소유되고 있었다. 말하자면 노비는 개별적으로 소유주가 정해지기 때문에 외형상 한 가족을 이루고 있지만 실제에서는 가족구성원 개개인의 소유자가 다 다를 수도 있었다. 노비의 절대다수를 소유했던 양반층은 노비를 상속·매매·기증할 때 노비가족을 1~2명씩 분할하는 것이 대체적인 경향이었다. 노비소유주는 노비 일가족을 분할소유함으로써 노비의 통제, 즉 도망 예방을 위한 공동 감시와 도망시 공동으로 추쇄할 수 있었으며 평소의 사환이나 신공 징수도 철저하게 강제할 수 있었던 것으로 보인다. 노비 일족의 분할소유는 노비에 대한 인신지배의 강도를 그만큼 높임으로써 국가적 사회적 양반 지배체제의 기반을 견고하게 유지할 수 있었다고 생각한다. 노비 일가족의 분할소유와 같은 차원에서 동일 지번(地番)의 토지를 2~3필지로 나누어 분할상속하여 연대적으로 토지를 관리하려 하였다.

다음으로는 노비의 혼인 연령과 첫 소생 획득 연령 그리고 자녀의 연령차에 대하여 살펴보기로 하자. 1717년 단성현 노비의 혼인 연령은 노가 26.4세, 비가 22.7세로 전인구의 평균 혼인연령인 25.9세와 20.7세보다 다소 늦은 것으로 나타난다. 실제 광산 김씨(禮安派, 金緣) 가문, 해남 윤씨(尹善道) 가문, 안동 권씨(權橃) 가문, 재령 이씨(李璦) 가문 등 16~17세기 분재기 자료를 종합적으로 추적 분석하여 노비의 첫 출산연령과 자녀간 연령차를 정리해보면, 사노비가 첫 소생을 얻는 나이는 매우 분산되어 있지만 사노[良妻幷産]의 경우 혼인 연령은 평균 26세이며, 대체로 25~32세에 반 정도가 집중되어 있고, 사비의 첫 소생 획득 연령은 평균 22세로 사노보다 빨라 18~27세에 76%가 분포되어 있다.

그리고 사노비의 자녀수는 자료의 한계, 즉 유아사망률이 높았을 뿐만 아니라 의도적인 은폐 혹은 주가가 외거노비의 생사나 자녀출산을 정확히 파악하지 못하는 등의 복합적인 원인으로 말미암아 구체적으로 알 수는 없지만, 대체로 3~6명의 자녀를 두었으며, 드물게는 9~12명까지도 기록에 나타난다. 자녀간의 연령차는 총 337건 가운데 1~4세 간격이 전체의 약 64%를 차지하고 있다. 터울이 5~6세 이상 차이가 나는 것은 유산·질병·사고 등으로 사망했거나 노비가 정상적인 혼인관계를 유지하지 못하고 있는 경우 불특정 배우자와의 사이에서 자녀가 태어난 때문이기도 했을 것이다.

노비가족은 여러 주인에 분산소유되어 사환·신공의 과중한 부담과 통제를 받았지만, 오히려 여기에 대처하기 위해서 혈육간의 결속을 다지고 고통을 분담했으며 극한 상황에서는 태업·신공거납이나 동반도주 등 집단행동도 불사했던 것으로 보인다.

노비들의 거주 형태와 역할

노비들의 거주형태와 역할은 밀접한 관계를 가진다고 볼 수 있다. 노비는 크게 솔거와 외거로 나누어진다. 솔거노비는 주가 행랑채에 거주하거나 같은 마을에 있으면서 가내 사환·농사와 길쌈·상업활동 등에 종사했다.

가내 사환의 종류는 시대나 가문에 따라 차이가 있지만 대체로 유사한 직역을 맡았다. 먼저 사당속노비(祠堂屬奴婢:廟直奴婢·齋舍奴婢)는 15세기 중엽 이후 가묘(家廟)·재실(齋室)의 설치가 점차 보편화되면서 생겨난 직역으로, 사당과 재사의 관리는 물론 일체의 잡역을 담당했다.

땔나무나 식수의 조달·공급은 솔거노비의 가장 기본 입역에 속했다. 땔감 조달은 취사와 난방에 필수불가결한 물품이었으며 물도 음식을 만들거나 목욕·청소·세탁 등에 소용되었으므로 다른 사환에 우선하는 것이었다. 양반 신분으로서 체면을 지키는 데는 이같은 노비의 역할이 필수적으로 요구되었다.

취사와 방아찧기도 매우 중요했다. 상전의 가족과 솔거노비의 식사는 물론 손님접대, 길흉사 음식준비 등에 많은 시간과 노력이 소요되었다. 특히 취사는 비의 일로서 주인의 감시하에 고된 노동을 해야 했다. 문중이나 외부인사로부터 찬사를 듣기 위해서는 많은 비용을 들여 재료를 마련하고 조리에도 갖은 노력을 기울여야 했다. 방아찧는 일에는 말방아나 물레방아 등 가축이나 수력을 빌리기도 했지만 디딜방아를 이용하기도 했다. 평소 가용(家用)은 물론, 시사(時祀)·

세미(稅米)에 쓰기 위해 노비 1인당 할당량은 적은 경우 3두 내외, 많은 경우 1석이나 되었다.

유모(乳母)는 중소지주로서의 양반층에 있어 사치노비의 한 부분으로 존재했으며, 노비소유주가 자녀별로 재산을 나누어주면서 1자녀 1유모 혹은 2자녀 1유모가 책정되었다. 유모 선정에는 연령·건강·성격 등이 고려되었던 것으로 보이며, 수유·보모로서의 역할에 전념케 하면서 여타 잡역을 면제시켰다. 따라서 유모는 상전과 긴밀한 인간관계에 있었고 자신이 기른 상전의 자녀가 혼취·분가할 때 따라가는 것이 보통이었다. 사대부 가문의 부인들은 유모에게 육아를 전담시켰으므로 자신은 양반으로서 체통을 유지하고 여유있는 생활을 영위했다. 유모는 출산 직후 수유기에 있는 자신의 자녀에 우선하여 상전의 아이를 키워야 했으므로 혹 자기자녀를 돌보지 못하거나 남편이나 다른 가족과의 가정생활에도 적지 않은 영향을 끼쳤다. 사실 육아는 고역이었으며, 상전의 아이가 병에 걸리거나 다칠 경우 내지는 사망할 경우 엄한 문책을 당하기도 했을 것이다.

시종노비(侍從奴婢)는 상전이 관료로 임명되어 상경하거나 다른 도·군·현에 목민관으로 근무할 경우 수행하였다. 또 간노(幹奴)·마름노(舍音奴)로서 집안의 대소사와 외지의 토지 관리를 맡았다. 수노(首奴)는 노비의 우두머리로서 전체 노비를 총괄했고 상전은 이를 통해 용이하게 노비를 관리할 수 있었다. 특히 수노는 토지나 노비매매시 주인의 패지(牌旨 : 각종 매매 위임장)를 통해 매매에 대한 형식상의 권리를 위임받아 이를 대행하기도 했다.

그밖에도 노비는 가마꾼〔교군〕, 편지 전달, 농기구 제작, 청소, 세탁 등 잡무도 담당했다. 특히 비의 경우 상전이나 그 족류의 첩이 되거나 단순 야합에 의한 자녀의 출산이 많았으나 이는 여러 형태로 은폐되었다. 첩의 존재와 그 소생은 분재기 등 고문서에는 나타나지만 문집·족보에는 거의 기록되지 않으며, 단순 야합은 어느 기록에도 잘 보이지 않고 그 소생은 호구단자 등에 '아버지 모름(父不知)'이라

하여 '사생아'로 처리되는 것이 보통이었다. 그것은 귀한 신분으로서의 양반의 체통이나 그들이 그토록 표방했던 가정윤리 강상문제와 정면으로 배치되었기 때문이다.

솔거노비의 생산활동

솔거노비의 경우 각종 사역을 담당했지만 주가의 직영지 경작이 주된 역할이었다. 1년을 주기로 하는 농경에 있어 그 구체적 사실을 기록한 자료는 사족계층의 농사일지류가 핵심이다. 그러한 자료로는 오희문(吳希文)의 『쇄미록(瑣尾錄)』, 이담명(李聃命)의 『일록(日錄)』, 이황(李滉)의 『퇴계가서(退溪家書)』 등이 있다. 이 가운데 이담명의 『일록』을 보면 1682년 정월부터 1684년 12월까지의 직영지 경영과정이 구체적으로 기록되어 있다.

이 기록에 의하면 1년 농사의 시작은 음력 정월 하순으로 전답을 갈아 2월에는 마늘·부추·보리 등을 파종하고 맥전(麥田)에 조를 간종(間種)했다. 그외에 들깨, 과일류도 파종했다. 3~4월에는 전답의 김매기, 누에치기, 병아리 부화 등이 있고, 6월 초에는 보리 수확과 전답의 김매기가 계속되었다. 7~8월에는 퇴비용 풀을 베어 동물이나 사람의 분뇨와 섞어 두엄을 만들고 9월에는 추수가 본격적으로 이루어졌다. 이때는 일시에 많은 노동력이 필요했으므로 노비 외에 용인(傭人)을 썼으며 당연히 품삯이 지급되었다.

오희문의 『쇄미록』에 의하면 1595년 6월 10일에는 운초(芸草)에 동원된 용인에게 두 끼의 식사와 모(牟 : 大麥) 5승씩을 지급했다. 1596년 3월 19일에는 용뢰경답(用耒耕畓)한 고용인에게 벼(租) 1두씩을 주었다. 혹 정해진 용가(用價) 이외에 별도의 음식이 제공되기도 했다. 『쇄미록』 1596년(丙申) 5월 5일조에 보면, 25명의 품인(品人)을 얻어 4곳의 15두락지의 김매기를 마치고 이들에게 탁주 한 단지와 삶은 콩을 내놓았다는 기록이 있다.

노동단위는 풀베기 등 간단한 일에는 3~4명, 김매기에는 7~10명, 타작·개간 등에는 15명 내외가 집단으로 노동했다. 이러한 고용노동자의 이용과 품삯 지급은 점차 노비소유주의 자기노비에 대한 무상노동을 유상노동으로 변하게 만들었으니, 17~18세기 노비의 고공화(雇工化)는 이것과 밀접한 관련을 갖는다고 볼 수 있다. 이것이 결국은 노비의 경제적 자립과 신분해방을 가져오게 했던 것이다.

농경 이외의 생산활동으로는 양잠과 면작(綿作)이 보편적이었다. 이담명의 『일록』에 의하면 음력 4~5월에는 누에 관리〔양잠〕에 많은 노력이 요구되었다. 추수가 거의 끝나게 되면 가내의 솔거비가 대거 동원되어 베를 짰다. 베는 일차적으로 가족의 옷감으로 필요했지만 상당한 교환가치가 있었으므로 잉여생산물을 얻기 위해 많은 노동력이 동원되었다.

솔거비의 경우 주가의 통제하에서 거의 모든 노동력을 상전에게 제공했지만, 주가로부터 제공되는 의식주가 너무나 열악했으므로 갖은 통제에도 불구하고 자기 몫의 양잠이나 방직에 골몰했다. 특히 질병이나 기근 등에 대비하기 위해 따로 자신의 재산을 마련하고자 했다. 기록에 의하면 호환(虎患)을 두려워하지 않고 밤잠을 참으면서 문밖에 불을 밝혀놓고 둘러앉아 방적했다고 한다. 이처럼 고생스럽게 모은 재산을 설사 주인에게 빼앗긴다손치더라도 우선은 자신과 가족을 위해 갖은 노력을 기울였던 것이다. 양반가 분재기에 기록된 노비의 기상(記上 : 재산을 주인에게 헌납)이나 매매명문에 보이는 사노비의 방매재산은 바로 이와 같은 과정을 통해 획득된 재산이었음을 알 수 있다. 실제로 사노비의 재산소유는 상전으로부터 방역(放役)을 얻어낼 수 있는 기반이 되기도 했고 나아가 신분상승의 기회를 얻기 위한 근거였다고 볼 수 있다.

이담명 『일록』에 의하면 솔거노비를 이용한 양반가의 상업활동도 볼 수 있다. 1682년~1684년에 7명의 노비를 동원하여 하도(下道)나 동해안의 어염을 구입하여 수로·육로를 통해 운반해와서 내륙 각지에 등짐이나 우마차로 돌아다니면서 장시 등을 통해 미(米)·미모(米牟)·직(稷)·소두(小豆)·목(木)·실과(實果) 등과 교역했던 것이다.

소금과 청어를 구입하기 위해 1~3명의 노가 하도(下道)·낙동내포(洛東內浦) 등 남해안이나 울진·영덕·임천 등지에 갔으며, 판매처는 주가 소재지인 칠곡(漆谷)을 위시하여 풍산·안동·하회·두음현·명곡·제천·풍기·월암·대죽·화산 등지였다. 이러한 상업활동은 주로 농한기에 많이 이루어졌으며, 따라서 상업을 전업으로 하는 솔거노는 없었지만 6~7명의 상업활동 노가 정해져 있었던 것 같다. 아마도 이들은 먼 거리를 왕래해야 하기 때문에 강건하고, 물건과 돈을 취급하기 때문에 계산에도 밝고 대인관계나 상술에도 능했던 것으로 보인다.

솔거노비를 이용한 상행위는 양반가가 농업생산에서 얻는 수확에 만족하지 않고 별도의 이익을 추구했다는 점에서, 양반층에 대한 통념이 바뀌어야 한다고 본다. 별도의 이윤획득은 양반으로서의 체모유지나 사치생활에 크게 기여했다고 볼수 있다.

솔거노비들은 상전의 자본과 계획에 의해 상행위를 했지만 직접적인 경험을 축적할 수 있었고 자기 몫도 가질 수 있어서, 결과적으로는 생활수준의 향상이나 기상(記上)·납속 등을 통해 국가나 주가의 통제로부터 벗어나게 되었다고 보인다. 조선후기 상공업의 발달은 이러한 상·천민의 적극적인 경제활동에 기인한다고 볼 수 있으며 17~18세기 노비도망과 신분제의 해체도 이와 밀접한 관련을 갖는다고 볼 수 있다.

외거노비의 직업은 주로 농업이었던 것으로 보이지만 여타의 다양한 직업을 가지기도 했다. 주가에 대한 의무인 신공(身貢)은 직접 노동력을 제공하지 않고 일정한 양의 물품을 대신 국가나 주인에게 바치는 것이다. 노동력을 제공할 경우 그 한계가 불분명하여 무제한적 사환을 당하기 쉽지만, 신공을 내는 경우 그 양이 정해져 있어 상대적으로 국가나 노비주의 속박이 약했다고 볼 수 있다.

『경국대전』 호전 요부(徭賦) 조에 따르면 신공액은 노는 면포 1필 저화 20장이고, 비는 면포 1필 저화 10장으로 규정하고 있다. 면포 1 필은 정포 2필이었으며, 정포는 5승포 35척을 기준으로 했다. 또 저화 1장은 미 1승으로, 20장은 미 2두였다. 대개 포는 원공(元貢)이었고 저화는 여공(餘貢)이었다.

　신공액은 인조 25년(1647)에는 노 2필, 비 1필 반이었으나 현종 원년(1660)에는 공천 및 양민의 보보자(補保者) 모두 5승포 2필을 내는 것이 보편적이었으며, 사천도 역시 이 정도 수준이었다. 현종 8년부터 노는 2필, 비는 1필 반으로 바뀐 뒤, 영조 31년(1755)에는 내시노비(內寺奴婢)・사노비(私奴婢)의 「감포급대윤음」이 발표되어 노는 1필, 비는 반 필이었다가 동왕 50년에 공사 비공이 폐지되었다.

　이러한 국가적 차원의 신공액과 그 변화는 하나의 절대적인 기준이 되었지만 실제에서는 그것이 철저히 지켜지지 않았다. 1745~1770년 의성 김씨 가문의 신공관계 자료를 보면, 등재된 노비는 40명이지만 일정시점에서 신공을 납부한 수는 20명 내외였으며 신공량도 개인별로 차이가 많았다.

　국가나 주가에 대한 신공 납부도 18세기 중반이 되면 점차 정상적인 수준을 유지하지 못하는 것으로 나타난다. 신공미납은 납공노비의 경제적 열악성에 기인하는 바 컸다고 하겠지만, 이것이 주가(혹은 국가)로부터의 경제적 예속에서 벗어나는 계기가 되었다는 점도 매우 중요한 사실이다. 이러한 신공납부의 저조는 주가(혹은 국가)의 경제적 기반을 취약하게 만들어 때로는 신공을 일부 감해주거나 전액 면제하는 등의 후속조치가 취해지기도 했으나, 그럴수록 노비도망은 격화되고 신공거납은 보편화되었다. 이와 같은 노비의 독립 노력은 결국 노비의 고공〔머슴〕화를 가져왔다. 노동의 무상제공이 유상제공으로 바뀌면서 근대적 성격의 노동자가 출현하는 계기를 만들어갔던 것이다.

주인과 노비의 관계

　노비에 대한 국가와 노비주의 인식은 명분론적 측면과 법제적 측면으로 나누어볼 수 있다. 국가의 노비에 대한 인식은 명분상으로는 천민(天民)이요 보호의 대상이었지만 다른 한편으로는 고대 이래 노비제를 고수하고자 하는 의지의 공고한 표현이었다. 기본적으로 조선 왕조는 상전과 노비를 존비·귀천·천지·군신의 관계로 보았고, 『경국대전』 형전, 호전에 치밀하게 공사노비 관계법을 정리해 놓았다. 사노비에 대한 주인의 인식도 명분론적 측면에서 주인은 노비와의 관계를 부모-자식으로 보고 시혜의 대상으로 인식하려 했다. 그런 반면 국가의 대노비 법제나 사회적 인식에 바탕을 두면서 노비를 사회경제적 효용성에 그 가치를 두고 사환·신공의 의무를 부과했다.
　먼저 노와 주가 상호 보완적 입장을 취한 경우를 살펴보자. 회재 이언적의 별업이었던 독락당(獨樂堂)에 소장된 자료를 보면 노와 상전이 함께 결성한 노주계(奴主契)가 나와 있다. 그런데 노비와 그 주인이 함께 계를 했던 것은 조선시대에는 매우 희귀한 사례로서 매우 특별한 경우라고 볼 수 있다. 옥산파 종가에 소장된 이희성대의 문서에 보면, 이희성은 영조 17년경 노 일선(日先)·차봉(次奉)·화리동(禾里同) 등 10명과 상의하여 4명의 조곡(租穀)을 내어 계를 만들었는데 이희성이 2석을 내고 노배가 2석을 내어 노주계라 했다. 여러 해 동안 화식(貨殖)한 것은 노속(奴屬)을 보호하며 종가를 위하려는 의도였다. 즉 종가의 담장을 수리하거나 기타 잡역·사환을 하는 날에는 모두 계의 곡식을 내어 요긴한 곳에 쓰고 흉년이 들면 계중에서 곡식을 나누어주었다.
　이 계는 노비제가 해체되어가는 18세기 중엽에서 말기까지 존재했다는 점에서 또다른 의미를 갖는다. 양반가문의 경우도 이 시기가 되면 재산의 규모가 점차 영세해지는 경향을 보이며, 따라서 소유노비에 대한 의식주 제공이나 종가 유지가 어렵게 되어 노비들의 협조가 그만큼 절실했다고 볼 수 있다. 아무튼 노비와 주인이 공동 출자하여 역경을 이겨나가고자 노력했다는 것으로 18세기 후반의 신분제 내지 사회경제적 상황이 크게 변화하고 있었음을 알 수 있다. 종전과 같은 신분적 상하·귀천의 강조만으로는 격변하는 시대적 상황에 대처하기가 어려웠음을 극명하게 보여준다.

퇴계 이황도 노비를 부림에 있어 원탄(怨憚)을 품지 않도록 하라고 당부하고 있으며, 유성룡도 『서애집』에서 사천을 백성의 일원으로 파악했다. 사노비에 대한 이러한 류의 인식은 일견 노비를 인격체로 보아 시혜를 베푼 것으로 생각할 수 있지만, 다른 한편으로는 노비를 잘 이용하기 위한 회유 혹은 선심의 정도로도 볼 수 있다. 15~16세기에는 유교적 명문하에서 원칙적으로 군신·부자와 같은 상하관계에 묶여 있었다 하더라도 군의신충(君義臣忠)이요 부자자효(父慈子孝)라는 상호간의 역할구조가 내재해 있었듯이, 상전과 노비 사이에도 긴밀한 협조체제가 존재했던 것이 사실이다. 말하자면 임금이 백성들의 충성을 유도해내기 위해 인정을 베풀듯이 상전도 노비의 사환·신공을 얻어내기 위해 최소한의 사람 대접을 했으며, 경우에 따라서는 방역(放役)·면공(免貢)·방량(放良) 등의 시혜를 주었다.

이와는 반대로 신분제에 입각하여 철저한 상하·귀천의 명분과 법적 규정을 고수한 주인도 있었다. 노비 발생과정이나 이들을 관리하기 위해 제정된 법규를 보면 노비들은 재산소유, 거주지 선정, 배우자 결정, 가장권 행사 등 가장 기본적인 권리마저 제한되고 있었다. 그들은 주가의 요구에 의해 자신의 재산, 심지어는 자녀까지도 빼앗겼으며, 거주지역도 거의 주가의 농업경영이나 편의에 의해 정해졌다. 배우자 선정도 주가에 이익이 되는 혼인이 강요되었다. 솔거노비의 경우 가족 개념이 희박했으며, 독신의 노나 비가 많았다.

따라서 비정상적인 남녀관계에 의한 자녀출산으로 인해 호적상 '아버지 모름(父不知)'으로 기록된 소생이 많았던 것도 이들의 처지를 극명하게 보여준다. 국가나 노비주의 입장에서는 노비의 이러한 면을 들추어 이들을 생구(生口) 또는 별종(別種)으로 취급하는 한편, 유교윤리의 보급 범주에서 제외시키고 오로지 복종만을 강요했다. 이러한 착취와 질곡을 정당화했던 노비법제와 그 시행에 대해 노비층은 개별적 혹은 집단적으로 저항했다. 즉 신분제적 모순에 대한 정당한 시정 요구였다. 그러나 사소한 태업이나 불복종에 대해서도 가혹한 형벌이 가해졌다.

오희문의 일기를 통해서 보면, 신공을 미납한 노비에 대한 장벌(杖罰)은 물론 의무수행에 태만한 노비에 대해서도 처벌했다. 노비의 태만에 대해 상전이 통분을 이기지 못하고 즉시 명령하여 두 명의 비(婢)의 머리카락을 끌면서 사형(私刑)을 혹독하게 가했다. 『쇄미록』에 일관하고 있는 분위기는 자기 노비의 마지못한 노동력 제공이나 신공체납에 늘 불만이었다. 그때마다 엄한 처벌을 하고 싶지만 혹 부상을 입거나 죽을까 두렵고 그나마의 사환·신공이라도 제공받기 위해 통분을 참는다는 것이었다.

이러한 태도를 견지했던 주인이 흉년, 전란 등 극단적인 상황에서는 자기 노비의 생계는커녕 생명마저도 거의 보호하지 못했다. 어떤 가문에서는 평상시에도 비가 음식을 훔쳐먹을까봐 안채에서 다 볼 수 있도록 부엌문을 달지 않았으며, 농한기에는 전체 솔거노비 가운데 사환시키는 노비에게만 두 끼 정도의 식사를 제공하고 나머지 노비는 굶기는 사례도 많았다. 춘궁기에는 노비에게 드는 곡식을 아끼기 위해 송피(松皮)를 벗겨 식량에 보태기도 했으며, 병들어 몸져누워 있어도 의복·난방·음식을 거의 제공해주지 않는 비참한 상황도 많았다.

충노와 역노

그러면 소위 상전의 입장에서 가장 바람직한 노비인 충직한 노는 어떤 부류일까? 「충노김말산행실(忠奴金末山行實)」(『고문서집성』 9, 창원 황씨 편)을 통해서 보면, 충노(忠奴)는 갖은 고통 속에서도 자기생명이 다할 때까지 주인을 위해 모든 노력을 아끼지 말아야 되며, 자신의 이익을 구하지 않으며 양반의 기준으로 보아도 손색이 없는 예의범절을 갖추어야 했다. 실제로 이러한 노비는 극히 희소했다고 보이며, 읍지류 등에 보이는 충노 혹은 충비는 대체로 전란 등을 당하여 주인의 목숨을 구했거나 함께 죽는 경우가 많이 나타나고 있다. 이러한 노비의 존재는 노비 스스로가 주어진 여건을 숙명으로 받아들이고 복종한 경우이거나 주인에 대한 인정적 가족적 유대에서 나왔다고 보인다.

경북 칠곡 지천에는 임란시 주인가(영천 이씨)의 식구들이 왜군에 죽임을 당하고 어린 상전이 살았는데, 그를 잘 돌보아 대를 잇게 하는 등 가문을 위해 많은 기여를 했기 때문에 노를 충노로 삼아 묘소 앞에 비를 세우고 상전가 후손들이 계속 벌초하고 있는 사례가 있다. 경북 경주시 양동에도 충노의 비가 서 있다.

이와는 정반대로 역노(逆奴)도 존재했다. 역노는 주가나 그 통제로부터 벗어나기 위해 도망치거나 주인가의 가족을 살해하거나 상해를 입히는 경우 등이다. 이러한 행위는 근본적으로 신분제가 갖는 모순의 표출이라고 생각된다.

『조선왕조실록』에 나타나는 16~19세기 노비의 살주사건(殺主事件)은 모두 43건으로[3] 전국에 걸쳐 발생했다. 실록의 기록 가운데는 살해된 사노비 상전의 신분, 성명이나 살주사유가 상세하게 나타나 있지 않은 경우가 많았다. 사유가 밝혀진 사건을 보면, ① 1556년(명종 11) 원주의 충순위 원영사(元永思)가 자신의 비 충개(忠介)를 첩으로 삼아 여러 해 동거하다가 후처(後妻)를 들이게 되었는데, 이에 충개가 사노 복수(福守)와 개간(改奸)함에 영사가 이를 미워하여 신공을

---

3) 김용만, 「조선시대 17~18세기 민중의 동향」, 『국사관논총』 37, 1992

지나치게 징수했다. 복수가 이를 분하게 여겨 원영사의 가족 5명을 죽였는데 뱃 속의 아이까지 꺼내어 죽였다. ② 1625년(인조 3) 용천에서는 사노 영립(永立) 등이 신공을 거두기 위해서 온 홍안세(洪安世) 등 6명을 방에 가두고 방화하여 태워죽였으며, ③ 1648년(인조 26)에는 전라도 나주의 사노가 상전 이황(李潢)의 전가족이 죄로 말미암아 의주로 옮겨가게 되었는데 이를 틈타 주인을 사살하고 칼로 난자했다.

 노비와 상전 사이의 갈등은 경우에 따라 천차만별이었다고 생각되지만, 기본적인 모순구조는 동질적인 것이었다. 실제로 노비가 주인을 살해하는 경우는 광범하게 행해졌던 상전의 노비구타·살해보다 더 절박한 상황에서 일어났다고 볼 수 있으며, 다른 대안이 없는 극한 상황에서 자신의 생명을 내던진 행위였던 것이다.

 살주(殺主)노비에 대한 국가의 대응은 단호하여 존속살인이나 그 이상의 중죄로 보아 극형에 처했다. 뿐만 아니라 사건발생 지역의 수령을 파면하고 읍격(邑格)을 강하시키기도 했다. 이러한 처벌이 두려워 의도적으로 사건을 축소·은폐하기도 했으며, 혹은 수령·감사·추관 등이 뇌물을 받고 죄수를 석방하거나 보고를 태만히 하는 일도 많았다.

 역노의 다른 형태로 사족에 대한 구타가 있다. 이것은 살주에 버금가는 강력한 저항으로, 발생한 사건에 비해 기록이 매우 희소한데, 그 까닭은 구타당한 양반이 고관치죄하기 전에는 실록에 기록되지 않았을 것이며 사가(私家)의 고문서 등에도 가문의 수치스러운 일을 기록으로 남기지 않았을 것이기 때문이다. 이를 뒤집어보면 양반의 노비 구타는 보편화되어 있었지만 극히 일부만이 양반의 일기류 등에 구체적인 내용이 나오는 것과 같은 것이다.

 유교윤리를 지배이념으로 했던 양반 지배체제에 대한 도전으로서 노주상간(奴主相奸)이 있다. 양반의 자기 비나 타인의 비에 대한 작첩(作妾)·상간(相奸)을 정상적이라고 보는 반면, 노의 안상전(內上典)

상간, 사족부녀자 상간(강간, 겁탈)은 강상(綱常)과 관련한 중죄로 보아 극형에 처했다.

조선후기에 발생한 몇 개의 사례를 보면, ① 광해군 10년(1618)에 수원의 사노 종남(從男)이 과부가 된 상전의 처를 몰래 간하고 데리고 도망한 사건, ② 현종 5년(1664)에 파주의 사노 충헌(忠獻)은 사족의 처녀를 겁탈하여 자기 아내로 삼고자 하다가 일이 알려질까 두려워 강에 빠뜨려 죽인 사건, ③ 현종 7년(1666)에 공주 사노 승세(承世)가 상전의 처 의향(義香)을 오랫동안 간하고 남편인 안국(安國)을 몰래 죽인 사건 등이 실록에 나온다.

이러한 노주상간(奴主相奸), 천간귀(賤奸貴)의 사건도 피해자가 관에 알린 경우에만 해당되는 것으로, 대개의 경우 양반 체면이 손상될까봐 은폐하거나 혹은 사건을 일으킨 노에게 사형(私刑)을 가하는 방법을 택했다고 생각한다. 또 문제해결에 도움이 된다고 볼 경우 상간한 양자를 몰래 먼 지역으로 보내기도 했다.

노비의 사망과 매장

주인의 입장에서 노비의 죽음에 대해 어떻게 생각했으며, 사후 처리는 어떻게 했는지 살펴보자.

오희문의 『쇄미록』(1594년 12월 12일)에 기록되어 있는 내용을 통해 노비의 병환→사망→매장에 이르는 과정과 주인의 솔직한 심정을 알아볼 수 있다. 물론 이 일기는 임진왜란 기간에 씌어진 것이어서 평상시와는 다소 다르다고 할 수 있으나, 그 대강을 통하여 주노관계의 한 단면을 본다는 데 의미가 있다.

> 비(婢) 열금(悅수)의 병이 중하여 흙집에 거처했는데 음식만은 평소와 같았다.… 전란으로 인한 곡식의 부족으로 아침저녁 죽도 잇기 어려운데 하물며 주육(酒肉)을 갖추어 죽음에 임박한 늙은 비에게 먹이겠는가? 병이 비록 위중

하나 일찍 죽지 않을 것 같으면 우리집을 침곤(侵困)함이 많을 것이다"라고 하여, 어차피 죽게 될 늙은 비가 곡식을 덜 축내고 빨리 사망하기를 바라는 솔직한 심정이 피력되어 있다.

이로부터 사흘 후 비 열금이 죽었다. 이에 대해 주인은 "비록 죽었으나 족히 애석하지는 않다. 다만 어릴 때 데려와 부렸는데 나이 70이 넘도록 한 번도 도망하지 않았으며 방적을 잘했고 집안일을 근면 검소하게 하여 조금이라도 속이는 일이 없었으니 이런 것들은 취할 만하나 타향을 떠돌아다니는 처지에서 비의 관을 마련치 못했다

고 했다. 이를 통해서 비에 대한 상전의 생각은, 자신에게 복종하고 경제적으로 봉사한 데 대해서는 고맙게 여겼지만 그의 죽음에 대해서는 그리 슬프게 생각하지 않은 것 같으며 장례를 위한 준비도 거의 하지 않았다.

열금은 사망한 다음날 매장되었다. 오희문은 노 2명과 이웃에 있는 피난민 한복(漢卜)을 시켜 새벽에 시신을 들것에 얹어 5리 밖에 있는 한산(韓山)의 길가 양지 바른 곳에 매장케 하고, 주인은 겨울이라 춥다는 이유로 장지에 가지 않았다.

또 다른 사례를 보면『쇄미록』기미(1595)년 12월 18일에 오희문의 노 막정(莫丁)이 죽자 덕노(德奴)와 한복(漢卜), 이웃사람 3명을 시켜 집 앞 수산도(水山島) 남변 양지 쪽에 매장케 하고, 허찬(許鑽)을 시켜 가보게 했다.

노주관계는 귀천의 구분을 명백히 함으로써 명분론상으로 주장하고 있던 군신·부자의 윤리는 찾아볼 수 없고, 다만 사회경제적 봉사에 대해 최소한으로 보답하는 것이라고 볼 수 있다. 솔거노비는 최소한 임종 절차나마 주인이 마련했지만, 외거 사노비 및 공노비는 집단으로 거주하는 일족 내지 동리, 근처 주민들이 상호간 부조로 매장했다고 보아야 할 것이다(그러나 실제로 솔거노비도 나이가 들어 부리기 어려우면 주인이 依止奴婢로 放役하여 외거토록 조치하는 경우도 많았다).

사사노비 혁파 이후 노비의 존재

 사사노비(寺社奴婢) 혁파는 조선왕조의 전체적인 노비제에 일대 변혁을 가져온 커다란 전환점이 되었음에 틀림없다. 사실상 이 시기에는 이미 공노비 체제가 더이상 유지될 수 없는 지경에 이르렀다. 이러한 정부의 조치로 조선후기 이래 서서히 진행되어오던 봉건적 신분질서가 크게 변질되는 계기가 되었다.
 이러한 상황하에서는 양반가의 노비소유 형태도 크게 바뀌었지만 신분제 와해의 대세에도 불구하고 이를 유지하려는 끈질긴 노력이 20세기 전반기까지도 계속되었다. 19세기 양반가문의 호구단자에 나타나는 내용을 보면, 광산 김씨 예안파의 경우 1801년 솔거 2구, 외거 128구이고, 1828년 솔거 3구, 외거 119구이던 것이 1834~1890년까지는 솔거노비만 8~19구 보유했다. 이를 통해서 1801년 사사노비 혁파가 사노비 소유에 직접적 영향을 끼치지는 않았다 하더라도 형식적으로나마 기록해오던 외거노비 100여 구를 아예 포기해버리는 결단을 내리게 했다고 생각된다. 그리고는 얼마 안되는 규모이지만 솔거노비를 확보하여 그나마 양반의 체모를 유지하는 데 진력했음을 엿볼 수 있다.
 이와는 달리 점필재 김종직 가문의 경우에서 보듯이 솔거노비를 최소화하고 외거노비를 유지하는 가문도 있었다.
 한편 박용숙의 호적분석 내용을 통해서 보면 공노비 혁파조치 직전인 1798년과 그 60여 년 뒤인 1861년의 언양현의 호적을 비교했을 때, 솔거노비는 1,379구에서 1,300구로 그 수가 소폭으로 줄기는 했으나 거의 유지된 반면, 외거노비 127구는 소멸하고 있다. 이는 노비제 말기에 와서 노비소유자들이 소규모나마 솔거노비를 유지하여 사치생활 내지 가내 잡역을 시키고자 했음을 알 수 있다. 언양 호적에 나타난 신분별 노비소유주의 증감은 〈표 2〉와 같다.

〈표 1〉 점필재 김종직 가문의 노비 상황

연도	솔거 노비	외거 노비	연도	솔거 노비	외거 노비
1801	7	15	1831	2	7
1804	2	17	1837	1	5
1807	2	16	1840	1	6
1810	2	19	1843	1	5
1813	3	14	1846	1	6
1816	2	9	1849	1	6
1819	2	12			

〈표 2〉 언양 호적의 신분별 노비소유주의 증감

연도	양반	준양반	중인	상민	천민	계
1711	169	39	4	40	5	257
1798	667	62	14	22		765
1861	899	41	32	20		992

노비소유자의 신분이 양반에 집중되며 준양반, 중인은 대체로 비슷한 수준이지만, 상민·천민의 노비소유가 감소하는 것을 볼 수 있다. 이는 양반 이외의 신분으로 노비를 소유했던 계열이 점차 상위 신분으로 옮겨가면서 나타나는 현상으로 이해될 수 있을 것이다.

그러면 갑오개혁 이후 20세기의 노비제는 어떠한 형태였는지 개관해보기로 하자. 실제로 이 시기에는 기록으로 남아 있는 노비가 없기 때문에 이 시대를 살았던 사람들, 특히 양반가의 연로한 종손(宗孫)·종부(宗婦)·문장(門長) 등의 경험담을 통해 그 일면을 가늠해볼 수밖에 없다.

구한말·일제 초기 유명 종가에는 대체로 세전노비의 후예 수명과 머슴 3~4명이 있었고, 이들 외에 다수의 소작인을 두었다. 당시 솔거노비의 거주공간은 주가의 행랑채 등이었다. 이들은 아침 일찍부터 저녁까지 주가의 각종 노역을 담당했다.

비나 머슴의 아내는 평소 식사준비와 세탁 등 일상적인 일은 물론 봄(가을)에는 누에치기, 여름에는 삼베, 가을에는 목면 등 옷감을 얻기 위해 노역을 담당했다. 실제로 명주는 실을 뽑은 뒤 돈을 주고 솜씨 있는 사람에게 맡겨 직포하여 주가에서 사용했고 삼베도 주인가에서는 양질의 것을 구입하여 옷을 해 입었다.

노는 평소에는 바깥일을 담당했는데 비보다 일찍 일어나 불을 지피고 물을 데우면 비가 나와서 식사준비 등의 일을 했다. 평상시와 달리 농번기에는 노비들이 본가의 일을 하면서 여유를 보아 이웃 양반가의 일을 함으로써, 노동력이 집중적으로 필요한 모내기, 타작 등에 타가 노비나 소작인의 품을 얻을 수 있도록 했다. 그러나 머슴은 계속 주인집의 일만 하는데, 이것이 양자의 차이점이었다.

노비의 일은 대개 농사, 소먹이기, 나무하기 등이었으나 그외에 다른 일도 많았다. 방아찧기는 대개 집안의 디딜방아나 마을의 말방아, 물레방아를 사용했다. 디딜방아는 서너 명이 한 조가 되어 벼를 찧었는데 백미가 되려면 3벌을 찧어야 했고, 따라서 하루종일 일해야 겨우 반 가마니 정도 얻을 수 있었다. 말방아, 물레방아를 이용할 경우 노동력이 절감되었다.

대개 작업은 아침 일찍 시작하여 저녁까지 했으며 아주 바쁠 때는 밤에 불을 켜놓고 계속하기도 했다. 그러나 20세기에 들어서면서는 가급적 야간작업을 시키지 않고 쉬게 했고 밤중에는 사소한 일이 있어도 주인가에서 직접 했다. 또 주인의 출입할 때 근거리에는 말을 이용했고 원거리에는 가마를 이용했는데, 이때 가마꾼은 세전노나 소작인이었다.

노비의 혼인은 중매를 통해 주가에서 배우자를 정해주는 것이 보통이었으며 얼마간의 음식을 마련하여 치러졌다. 비의 출산은 자기들끼리 도와서 짚을 깔고 물을 끓여 태를 가르고 산모의 음식을 준비하여 조리를 도왔으며, 주가 식구는 가보지 않았으나 산모를 위해 곡식이나 옷감을 주어 사용케 했다. 태어난 자녀에 대해서는 대개 그들 스스로 이름을 짓거나 주인이 지어주기도 했는데, 갑오개혁 이전과 별로 달라진 게 없었다. 대개 노비 이름은 동식물이나 생활용구, 더럽고 천한 것을 의미하는 것이 많았으며 혹 좋은 의미를 가진 부귀·진주 등도 드물게나마 존재했다.

세전노비의 후예들은 늙은 부모를 스스로 봉양하면서 주가의 일을 못하게 했고, 주가에서도 여기에 대해 간섭하지 않았다. 사회적, 법적 규제를 가할 명분을 갖지 못했기 때문이다. 늙은 세전노비나 그 후예가 죽게 되면 주가에서는 매장에 따르는 비용의 일부를 주었지만, 매장지에는 가지 않았고 자기들끼리 하도록 했다. 혹 자녀없이 평생 주인을 위해 봉사한 노비가 사망하게 되면 주가의 선산 맨 아래에 묻어주고 주가의 벌초 때나 묘제 후에 남은 떡을 놓고 술 한 잔 부어놓아 생전의 노역에 대해 감사의 뜻을 표했다.

노비의 조상제사는 평소 주가에서 하는 제반 절차를 눈여겨봐두었다가 제삿날이 되면 주가에 일하러 가기 전 새벽에 떡과 술 등 음식을 정성껏 마련하여 제사를 지내고 그 음식을 주인에게 맛보게 했다.

이러한 노비에 대해 주가에서는 머슴에게 주는 대가보다는 적지만 약간의 사전(賜錢)을 주어 최소한의 생활의 여유를 갖게 했다. 이러한 주가의 배려에도 불구하고 노비층의 주가이탈은 계속되었다. 이미 법적으로는 아무 문제가 없었던 것이다. 다만 조상대대로 섬겨오던 주인을 떠나기가 인정상 미안하기도 했으나 경제적으로 더 나은 생활과 자녀의 혼인문제 등을 해결하기 위해 몰래 가버리는 것이 보통이었다. 가족의 일부가 먼저 가서 자리를 잡으면 나머지 식구가 따라가기도 하고, 어떤 경우에는 식구 전체가 한꺼번에 떠나기도 했다. 그러나 주인가의 소식이 궁금하여 10여 년이 지난 후에 돌아와 주인가에 인사를 하기도 했다.

주인에 대한 호칭도 갑오개혁 이전과 거의 같아서 도련님, 서방님, 새서방님, 나으리, 애기시, 새악시 등으로 불렀으며, 주가 식구들은 노비의 연령에 관계없이 비칭으로 하였다. 1970년대까지만 해도 이러한 실상을 확인할 수 있었으나, 현재는 거의 없어졌다.

20세기의 노비문제는 법제 외적인 관습적, 경제적 상호관계로 보여지며, 그것은 갑오개혁 이전의 상하·귀천의 관계가 매우 완화된 형태로 존재했다고 생각된다. 이러한 관계는 세전노비들이 조선(祖先) 이래 거주해오던 지역을 떠나지 않고서는 지속적으로 작용할 수밖에 없었다.

실제로 안동 지역의 경우 1960년대 이래 국가의 경제발전이 급속하게 이루어지면서 구래의 상하관계에 의한 제약을 벗어나기 위해 세전노비의 후예인 젊은이들이 거의 외지로 떠나고 남아 있던 노인들이 점차 사망함으로써 끈질기게 남아 있던 신분제의 잔영이 그 자취를 감추게 되지만, 유명 동성촌락 등에 끝까지 남아 있는 부류도 있었다. 이들은 종래 주가의 토지를 소작하거나 특수작물, 상업에 종사하면서 생활하고 있다. 비록 이들이 유명 본관의 성을 가지고 주가의 후손들과 상부상조하는 관계를 유지하고 있지만, 자녀의 혼인문제나 동리에 거주하는 주가의 문중인들과는 소원한 관계는 아직도 그들이 해결하지 못하는 과제로 남아 있다.

오늘날 노비는 없어졌지만 양반의 후예들은 과거 노비제에 대한 향수를 가지고 있으며, 그 향수는 양반문화의 유지를 위한 노력으로 혹은 그들 상호간의 혼인이나 모임의 결성 등으로 나타나며 그들이 여타 하위신분의 후예에 비해 우월하다는 긍지를 가지고 있는 것이 21세기를 바라보는 현 시점의 봉건적 신분제의 잔영이라고 할 수 있다.

(김용만, 경상북도 문화재 전문위원)

제4부 제도와 생활

교육 제도
과거 제도
법률 생활
호적 제도

교육 제도

조선왕조는 유교를 건국이념으로 삼고 유교정치를 표방했다. 그런데 유교정치를 실행한다는 것은 유교의 이념에 따라 백성을 다스린다는 것이며, 이는 곧 백성들에게 유교의 교리를 가르쳐 삼강오륜을 알게 하고 이를 실천하도록 하는 것이었다. 따라서 정치는 교육과 불가분의 관계를 가질 수밖에 없었으며 그랬기 때문에 건국자와 그 뒤를 이은 집권자들은 무엇보다도 교육에 대해 지대한 관심을 가졌다.

그래서 그들은 중앙과 지방에 성균관(成均館)과 사부학당(四部學堂) 및 향교(鄕校) 등 관학(官學)을 설치하여 이를 지원했으며, 서원(書院)과 서당(書堂) 등의 사학(私學)에 대해서도 여러 측면에서 지원을 아끼지 않았다. 또 유교의 경전 등을 가르치는 직접적인 교육활동 이외에 선현(先賢)에게 제사를 지내는 일과 향음주례(鄕飮酒禮)와 향약(鄕約)을 실시하는 것도 교육의 일환으로 생각하여 매우 중요시했다. 성균관과 향교 및 서원에 문묘(文廟)와 대성전(大成殿) 및 재(齋)를 설치하여 매월 삭망(朔望)에 공자 등의 선현에게 제사를 지냈으며 향약과 향음주례를 향교와 서원에서 실시하도록 하여 간접적으로나마 유교의 의식(儀式)과 교리를 널리 보급시키려고 노력했다.

관학의 기능과 역할

정부에서는 관학을 육성하기 위하여 여러 측면에서 많은 지원을 했다. 우선 넓은 강당과 학사(學舍)를 건립해주고 유교 교리에 밝은 사람을 교관(敎官)으로 임명하여 학생들을 가르칠 수 있도록 했다. 또 교재로 사용할 수 있도록 사서삼경 등의 유학 경전들을 간행·배포하고 학전(學田)과 노비를 지급해주었다. 또 향교의 경우에는 각 고을의 수령들에게 '학교의 흥성'을 임무의 하나로 부과하고 수령들이 재임기간중에 얼마만큼 향교를 지원하여 유교 보급에 노력했는가를 평가하여 이를 근무성적에 반영하도록 했다. 정부의 이러한 지원과 시책으로 말미암아 관학은 유교이념을 백성들에게 널리 보급시키고 인재를 양성하는 데 매우 중요한 역할을 수행했다.

그러면 조선 전기에 커다란 역할을 수행한 관학에 대해 구체적으로 살펴보자. 편의상 지방에 설치되었던 향교부터 살펴보면, 향교는 지방민을 교육시키기 위해 설치했으므로 각 고을마다 하나씩 두었다. 원칙상 양반과 서인(庶人)의 자제로서 15세 이상이면 누구나 입학할 수 있었지만 대부분 양반의 자제들이 입학했다.

정원은 고을의 크기에 따라 달랐는데 『경국대전』에 의하면, 부(府)와 목(牧)은 90명, 도호부(都護府)는 70명, 군(郡)은 50명, 그리고 현(縣)은 30명이었다. 교관도 고을에 따라 차등을 두어 큰 고을에는 문과 출신인 종6품의 교수(敎授)를, 작은 고을에는 생원진사 출신인 종9품의 훈도(訓導)를 파견했다. 생도들은 교관으로부터 강경(講經)과 제술(製述) 등을 배웠는데, 이때의 교재는 대개 『소학』, 『가례』, 사서오경, 『근사록』, 『심경』 등으로 알려져 있다.

서울에 설치했던 관학으로는 사부학당과 성균관이 있다. 사부학당은 서울의 동·서·남부와 중부 등 4부에 학당이 각 1개소씩 설치되어 있었기 때문에 붙여진 명칭이다. 원래 북부까지 포함하여 5부에 학당을 설치하려 했으나 여러가지 형편으로 북부에는 설치되지 못했다. 사부학당은 사학(四學)이라고도 했는데, 서울에 거주하는 양반과 서인의 자제 중 8세 이상의 아동은 누구나 입학할 수 있었다. 정원은 각 학당마다 100명씩이었다. 교관은 초기에는 각 학당마다 2명, 즉

〈도판 1〉 유안절목(儒案節目)

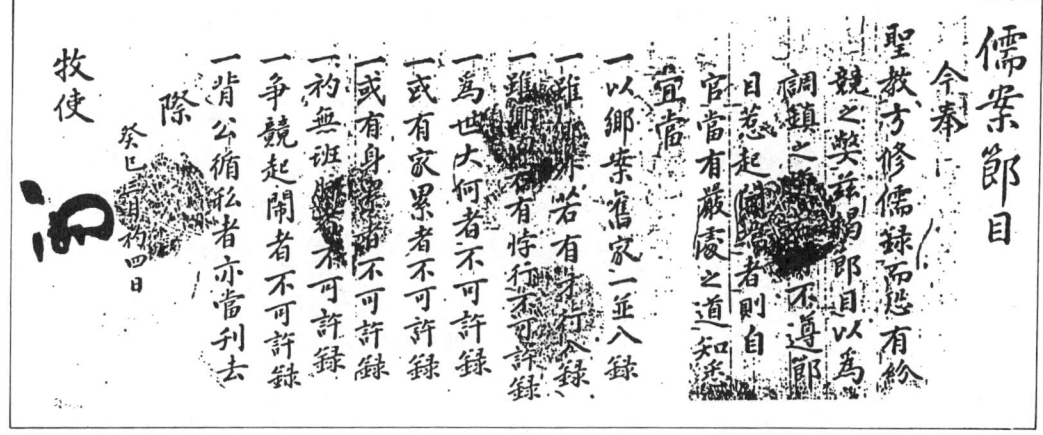

* 조선 후기에는 유생(儒生, 즉 生徒)으로 향교에 등록하기가 매우 까다로웠다. 가계에 하자가 있거나 신상에 문제가 있을 경우는 가입하기가 더욱 어려웠다. 『유안절목』은 그러한 사실을 잘 보여준다(상주향교, 1773년).

교수와 훈도 각 1명을 두도록 하되 성균관원이 겸직하도록 되어 있었으나, 후에는 1명으로 감원되었다. 교육 과정은 향교의 그것과 비슷했으나 사부학당의 생도에게는 여러가지 특전이 주어졌다. 예컨대 성적이 우수한 생도들은 승보시(陞補試)를 거쳐 성균관에서 수학하거나 혹은 초시(初試)를 거치지 않고 곧바로 생원진사시의 회시(會試)에 응시할 수 있었다.

성균관은 관학 체제상 최고의 교육기관이며 향교나 사부학당의 상급기관으로 간주되었다. 물론 향교나 사부학당과 성균관은 오늘날의 중고등학교와 대학교처럼 연계가 확실한 것은 아니었다. 그러나 초기에는 대부분 향교와 사부학당 등에서 수학한 생도들이 소과(小科)에 응시했으며, 소과에 합격한 생원진사만이 원칙상 성균관에 입학했기 때문에 성균관은 향교나 사부학당의 상급 교육기관으로 간주되었다.

성균관에서는 생원진사를 대상으로 중견관리 채용시험인 문과시험에 대비하는 교육을 중점적으로 실시했기 때문에 유교의 보급보다는 관리 양성에 더 큰 비중을 두었다. 성균관의 입학 정원은 200명이었으며, 입학 자격은 원칙상 생원진사였다. 그러나 정원이 미달될 경우에는 승보시에 합격한 사학(四學) 생도나 문과 초시에 합격한 자들에게도 입학이 허용되었다.

성균관생에게는 상당한 특전이 베풀어졌다. 왕이 수시로 성균관에 행차하여 관생(館生)을 대상으로 관시(館試)를 치르기도 하고 문묘에 배향하고서 알성시(謁聖試)를 치르기도 했는데, 이러한 시험에서 합격한 관생들은 매 3년마다 설행된 식년시(式年試)나 국가나 왕실에 경사가 있을 때 실시했던 증광시(增廣試)의 문과 급제자와 동등한 자격을 부여받았다. 또 성적이 우수한 관생들은 시험을 거치지 않고 곧바로 관리로 채용되기도 했다.

그러나 관학을 통한 유교의 보급과 인재 양성이라는 조선정부의 의도는 곧 심각한 난관에 부딪치게 되었다. 관학에 대해 매우 많은 지원과 특전이 베풀어졌음에도 불구하고 관학 운영과정에서 여러가지 어려움이 발생했기 때문이다. 우선 생도들의 숙식이 문제였다. 향교나 사부학당의 경우 학생들이 대부분 멀리 떨어진 곳에 거주하고 있었으며, 교통수단이 발달하지 못했기 때문에 통학에 어려움이 많았다. 따라서 이들이 학업에 전념하기 위해서는 향교나 사부학당 내의 숙소 또는 그 인근에서 숙식해야 했으나, 당시 숙소로 이용되던 향교의 동재(東齋)나 서재(西齋)는 몇십 명에 이르는 생도들이 기거하기에는 너무 좁았다. 더군다나 생도가 100여 명이나 되는 사부학당의 경우에는 말할 것도 없었다.

또 숙식에 드는 비용도 막대했기 때문에 중앙정부나 지방 군현에서 이를 전적으로 제공할 수 없었다. 성균관의 경우에도 어려움은 마찬가지였다. 전국 각지에서 올라온 관생들이 성균관에서 거처하기가 매우 불편했으며, 또 그곳에서 제공되는 식사가 좋지 않았기 때문에 관생들이 자주 질병에 걸렸다.

또 다른 어려움은 학풍과 관련이 있었다. 조선시대 유림들은 사제(師弟)관계를 매우 중요시했으며, 학통과 학설을 매우 민감하게 구분

〈도판 2〉 하첩(下帖)

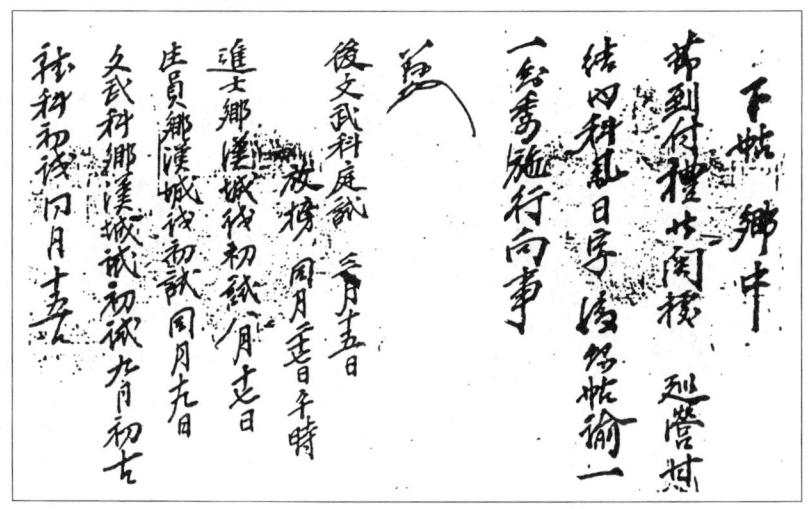

* 조선 후기에 관학이 부진해지자 그 진흥책의 일환으로 향교에 유생으로 등록해야만 과거시험에 응시할 수 있도록 했다. 이 문서는 과거시험 일정이 정해지자 영양군수가 이를 영양 향교의 유림들에게 알리기 위해 작성한 하첩이다(영양향교, 연대미상).

했다. 일단 사제관계를 맺으면 어떠한 일이 있어도 평생 동안 제자로서의 예를 다하며 스승의 학통을 따르고 그의 학설을 신념과 같이 신봉하는 풍조가 있었다. 따라서 정기적으로 2~3년 만에 교체되는 교관들에게, 더구나 학통과 학설이 서로 상반될 수도 있는 교관들에게 배우도록 되어 있는 관학교육은 유교가 점차 보급되고 그에 대한 학설이 심화되면 될수록 더욱 어려움에 봉착할 수밖에 없었다.

그런데 향교의 경우에는 교관조차 확보하기가 쉽지 않았기 때문에 어려움이 더욱 컸다. 유교적 지식을 갖춘 관리, 예컨대 문과에 급제하거나 생원진사에 합격한 관리들이 교관을 한직(閑職)으로 간주하여 이에 임명되어 지방으로 파견되는 것을 기피했기 때문이다. 그 결과 유교적 지식과 소양이 부족한 무과 출신이나 문음 출신의 관리가 교관으로 파견되었으며, 이로 말미암아 자연히 교육수준이 떨어지게 되었다.

〈도판 3〉 청금록완의(靑衿錄完議)

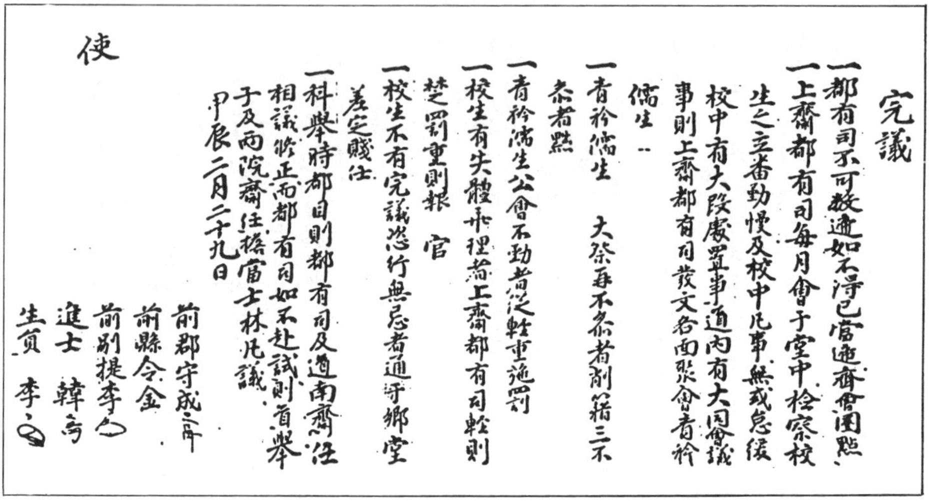

> 完議
> 一. 都有司不可數遞 如石浮已當遞者會圈點
> 一. 上齋都有司每月會于堂中 撿察校生之立番勤慢及校中凡事 無或怠後校中有大段處置事 則有大同僉議 事則上齋都有司發文 各面聚會靑衿儒生一
> 一. 靑衿儒生 大祭每不叅者 削籍三不叅者黜
> 一. 靑衿儒生公會不動者 泛輕重施罰
> 一. 校生有失體 不理者 上齋都有司輕則 楚罰 重則報官
> 一. 校生不有完議 恣行無忌者 通呼鄕堂 嚴定賤役
> 一. 科擧時都目則都有司及逌南齋任 相議修正 而都有司如不赴試 則首擧于及兩院齋任 撝富士林凡議
> 甲辰二月二十九日
> 前郡守成□□
> 前縣令金□□
> 前別提李○
> 進士韓○
> 生員李○

* 상주 향교의 임원과 유생들이 관학의 부진을 극복하기 위해 마련한 일종의 규약이다. (상주향교, 1664년).

이렇게 어려움을 겪으면서도 교육기관으로서 커다란 역할을 해오던 관학은 임진왜란을 계기로 크게 쇠퇴하기 시작했다. 왜란으로 말미암아 전국 각 고을의 향교가 대부분 소실되었으며 중앙의 사부학당도 역시 소실되었다. 따라서 향교와 사부학당의 건물이 복건될 때까지 관학을 통한 교육은 중단될 수밖에 없었다. 그러나 이보다 더 큰 문제는 재정적인 궁핍을 이유로 중앙정부가 관학에 대한 지원을 크게 줄이고, 향교에 교관의 파견을 중단하였던 것이었다. 물론 정부는 후기에도 여전히 각종 지원을 계속 하였으며, 관학의 부흥을 위해 갖가지 정책을 시행하였으나, 전기에 비하여 지원이 크게 줄어들었다. 그리하여 교육기관으로서의 주도적인 역할은 점차 사학으로 넘어가게 되었으며, 관학은 점점 쇠퇴하여 갔다.

서원의 확대와 사학의 흥성

 관학이 교육기관으로서 제 역할을 수행하지 못하게 되자 이를 대신하여 서원과 서당 등의 사학이 점차 흥성해졌다. 조선시대 최초의 서원은 중종 38년(1543)에 풍기군수 주세붕(朱世鵬)이 설립한 백운동서원(白雲洞書院)으로 알려져 있다. 주세붕은 이 서원을 세워 우리나라에 처음으로 성리학을 소개한 안향(安珦)을 봉안하고 유생들을 교육시켰다. 물론 이 서원의 설립 목적은 선현에 대한 제사가 위주였으며 자제에 대한 교육은 부수적이었다.
 이러한 서원이 교육기관으로서 새로운 전기를 맞이하게 된 것은 백운동서원이 명종으로부터 '소수서원(紹修書院)'이라는 이름의 현판을 하사받게 되면서부터이다. 이와 같이 현판을 하사받은 서원은 '사액서원(賜額書院)'이라 불리는데, 이러한 서원은 사학임에도 불구하고 관학과 마찬가지로 정부로부터 토지와 노비 및 서적 등을 하사받았으며, 제사 때는 제물(祭物)을 받는 등 여러가지 면에서 각종 지원을 받았다.
 사액서원이 이와 같이 정부로부터 지원을 받아 유생들의 강학소(講學所) 혹은 장수처(藏修處)가 되자, 사림들은 이전보다 더욱 서원 건립에 열성을 기울여 이미 선조대(1567~1608)에 100여 개가 넘는 서원이 존립했다고 전한다. 서원이 가장 성행했던 영조대(1725~1776)에는 사우(祠宇)를 포함하여 무려 1,000여 개가 넘는 서원이 있었다는 것으로 보아 각 군현마다 평균적으로 3~4개 이상의 서원이 있었던 셈이며, 10여 개가 훨씬 넘는 서원이 있었던 군현도 상당수였던 것으로 알려져 있다.
 서원은 대부분 이름이 널리 알려진 명현(名賢)이 사망한 후 그의 문하생이나 후손들이 그를 기리고 그의 뜻을 이어받아 후생(後生)들을 교육시키기 위해 설립했다. 따라서 서원은 명현의 출생지나 거주지

〈도판 4〉 강안(講案)

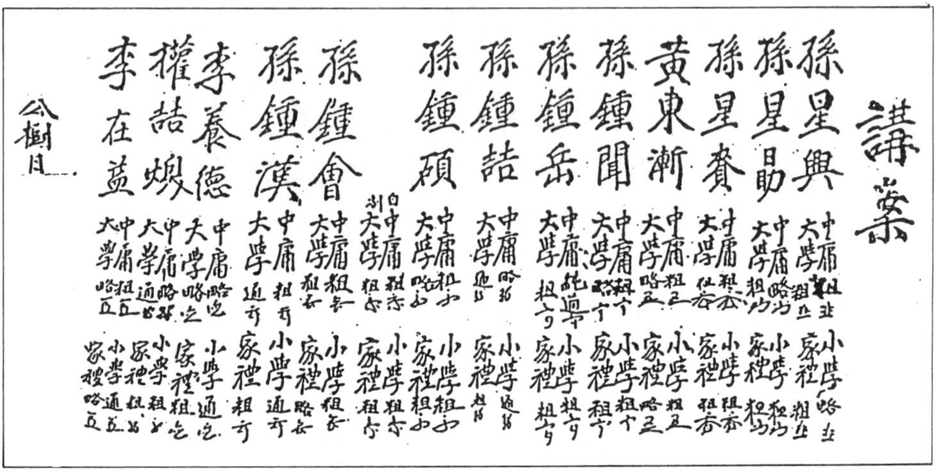

* 옥산서원(玉山書院)에서 강경(講經) 시험을 치르는 유생들의 명단과 성적이다. 강경시험 성적은 통(通), 약(略), 조(粗)로 구분하여, 경서의 내용을 통달한 경우에는 통을, 문의(文意)를 파악한 경우에는 약을, 그리고 문의를 제대로 파악하지 못한 경우에는 조를 주었다(옥산서원, 1811~1813년).

혹은 강학소(서당)에 세워졌다. 입학 자격은 서원에 따라 각기 달랐으나, 대개는 학문에 뜻이 있는 사람이면 누구나 입학할 수 있었다. 『속대전』에 의하면, 정원은 문묘종사유현(文廟從祀儒賢)이 봉안된 서원에는 30명, 사액서원에는 20명, 그리고 미사액서원에는 15명으로 제한되어 있었다. 그러나 이를 지키는 서원은 많지 않았던 것으로 보인다. 서원의 교육내용은 향교의 그것과 대동소이했다.

이와 같이 정부로부터 각종 지원을 받고 또 숫적으로 크게 팽창했던 서원은 당쟁과 관련을 맺으면서부터 교육기관으로서의 역할이 크게 감소되어갔다. 서원은 이제 유생의 강학소라기보다는 오히려 사회적이며 정치적인 기구로 변모하여 당쟁의 후방기지 역할을 담당했다. 영조대에 1,000여 개가 넘는 서원이 설립될 수 있었던 것도 사실은 집권당파의 적극적인 지원이 있었기 때문이었으며, 또 서원 설립과 훼철이 자주 반복되었던 것도 집권당파가 자주 바뀜에 따라 자기 당파를 지지하는 서원을 설립하고, 반대하는 서원을 훼철했기 때문이었다.

사학으로서 서원 다음으로 거론할 수 있는 것은 서당이다. 서당은 대부분 소규모이고 정부의 허가를 받지 않고도 설립할 수 있어서 조선 후기에 가장 널리 퍼져 있던 교육기관이었다. 문중이나 마을에서 자제들의 교육을 위해 인근의 학자를 훈장(訓長)으로 초빙하여 서당을 설치하기도 했으며, 훈장 스스로 서당을 열어 인근 마을의 자제를 가르치기도 했다. 또 몇 개의 문중이 연합하여 서당을 설립하기도 했으며, 이와 반대로 부유한 가정에서 오로지 자기 집안 자제들의 교육을 위해 이름있는 학자를 모셔다 서당을 세우기도 했다.

따라서 서당은 입학 자격이나 정원이 매우 유동적이었으며, 교육내용도 훈장과 생도들의 수준에 따라 천자문을 가르치는 초보적인 단계에서부터 『성리대전』 등을 강독하는 고급단계까지 천차만별이었다. 그러나 대부분 초급과정과 중급과정이었는데, 초급과정에서는 『천자문』, 『사자소학(四字小學)』, 『동몽선습(童蒙先習)』, 『격몽요결(擊蒙要訣)』 등을 익혔으며, 중급과정에서는 『통감』, 『고문진보』, 사서오경, 『당송팔대가문(唐宋八代家文)』 등을 강독했다.

조선시대에 서당이 얼마나 있었는지에 대해서는 조사된 것이 없어 자세한 것은 알 수 없으나, 조선시대 말기의 상황을 반영하는 1911년의 조사에 의하면, 전국에 1만 6,540개의 서당이 있었으며 그 후에도 계속 증가하여 1920년에는 2만 5,602개의 서당이 있었던 것으로 보고되어 있다. 이러한 조사결과로 미루어보면 시기와 지역에 따라 차이가 있겠지만, 조선 후기에는 각 고을마다 아무리 적게 잡아도 약 30여 개가 넘는 서당이 있었던 것으로 추정된다. 실제로 반촌(班村)뿐 아니라 민촌(民村)에도 서당이 세워졌으며, 그래서 평민과 천민의 자제들도 교육을 받아 문자를 해독할 수 있었다. 조선 후기에 작성된 토지매매 문서 등을 보면 평민이나 천민이 작성한 문서들이 상당히 눈에 띄는데 이는 바로 그러한 교육의 결과였다.

〈도판 5〉 서당 예목전 자문(書堂禮木錢尺文)

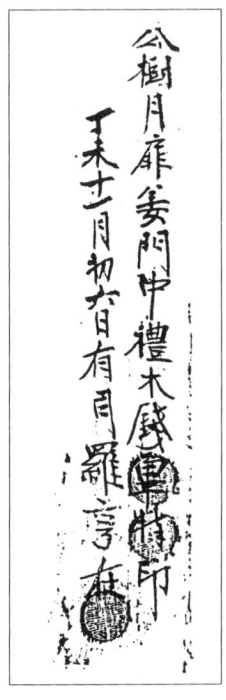

* 전라도 나주목 공수면 월비리에 있은 여러 문중에서 자제 교육을 위해 서당을 설립했는데, 강씨 문중에서 훈장에게 지급할 예목전(禮木錢)을 납부하고서 받은 자문(일종의 수업료 납입증)이다(개인소장, 1907년).

어느 교육기관이나 마찬가지이지만 서당이 지속적으로 운영되려면 재정적인 어려움이 해결되어야만 했다. 이를 위해 각 문중과 마을에서는 서당계(書堂契)가 조직되었는데 조선 후기의 민간인들 사이에 널리 퍼져 있던 계의 조직과 운영원리가 서당 운영에도 도입되었던 것이다. 이와 같이 계를 조직하여 계원들로부터 기금을 갹출하고 이를 식리(殖利)하여 여기에서 얻어지는 수입금으로 서당을 운영토록 했으며, 이에 따라 서당을 통한 교육이 지속적으로 이루어질 수 있었다.

기타 교육기관

한편 조선 후기에는 반관반민(半官半民)의 교육기구가 설립되기도 했다. 향교와 서원이 교육기관으로서 제 역할을 수행하지 못하게 되자 수령과 유림(儒林)들이 인재를 양성하기 위해 공동으로 출자하여 설립했던 양사재(養士齋)가 바로 그것이다. 물론 지역에 따라서는 양사재를 수령이 단독으로 설립하거나 또는 유림들만의 힘으로 설립한 경우도 있었으나 대부분은 양자가 공동으로 설립했다.

양사재의 교육내용은 기존 교육기관의 그것과 대동소이했으나 생도들의 거접을 기본방침으로 했다. 즉 생도들은 양사재에 머무르면서 훈장의 지도하에 매일 강경(講經)과 제술(製述)을 반복했다. 그러나

〈도판 6〉 양사재절목(養士廳節目)

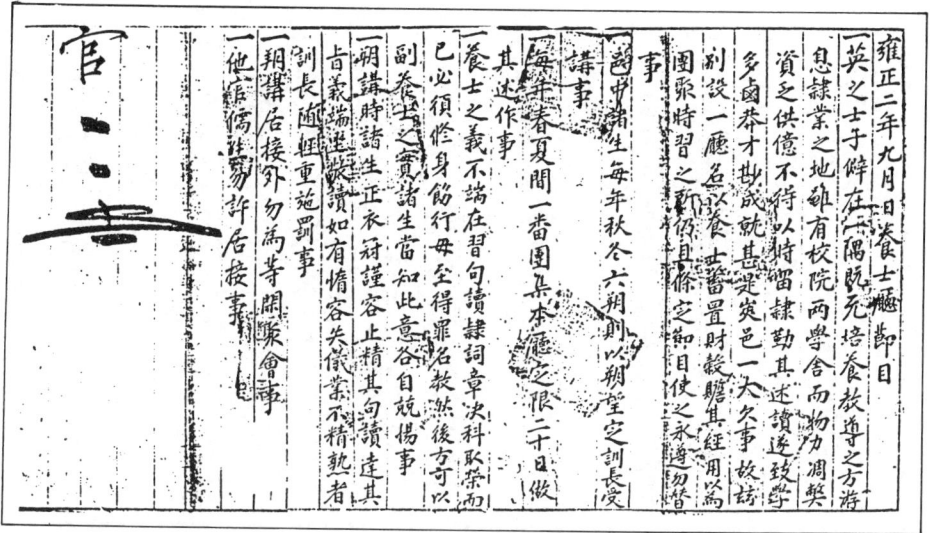

* 양사청의 설립 취지와 거접(居接), 강독 및 제술의 규칙 등을 기록한 절목이다
 (영양향교, 1724년).

 일년 내내 거접할 수는 없었으므로 대부분 혹한기와 혹서기를 피하여 기온이 온난한 봄과 가을에 주로 수학하였다. 양사재에는 수학 능력이 있는 사람이면 신분에 구애되지 않고 입학할 수 있었으며, 정원은 당시의 재정 여건에 따라 유동적이었다.
 그러나 양사재를 통한 교육도 재정적인 어려움 때문에 영속적이지는 못했다. 수령이나 유림들이 마련한 기금이 고갈되면 자연히 교육이 중단될 수밖에 없었으며, 그 후 기금이 마련되면 다시 실시되곤 했다. 그러나 지역에 따라서는 서당계처럼 학계(學契)가 조직되어 양사재의 재정을 지원하는 경우도 있었으며, 생도들로부터 수업료를 받아 운영함으로써 재정적인 문제를 해결하는 경우도 있었다.
 이상에서 살펴본 교육기관 이외에도, 엄밀한 의미에서는 교육기관이라고 할 수 없지만, 생원진사시에 합격한 사람들이 모여 공부하는 사마재(司馬齋)가 있었다. 사마재는 조선 후기에 설립된 기구로서 각

〈도판 7〉 사마재헌(司馬齋憲)

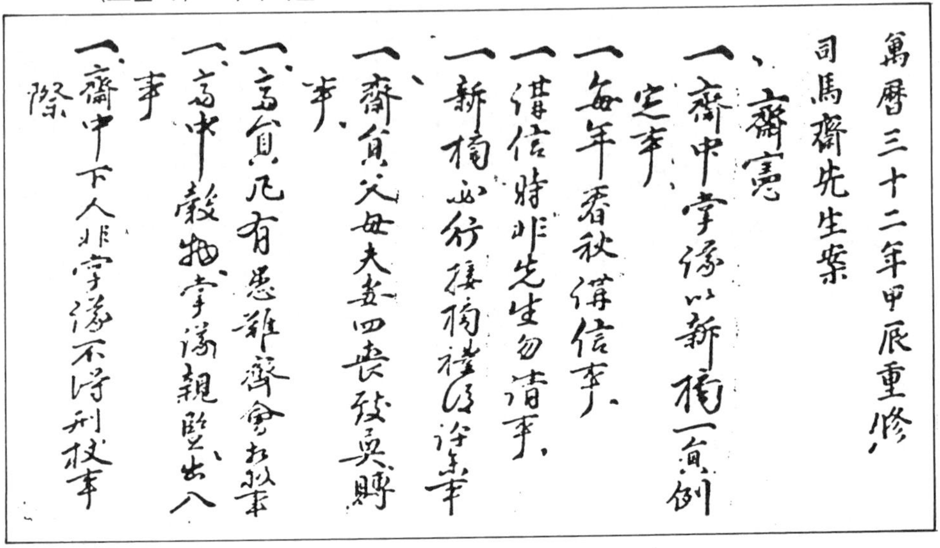

萬曆三十二年甲辰重修
司馬齋先生案
、齋憲
一、齋中掌儀以新榜一員例
定事
一、每年春秋偉信事
一、偉信時非先生勿請事
一、新榜必行謁禮隨例
一、齋員父母夫妻四喪致奠賻
事
一、高員凡有患難齊會扶救
事
一、高中毀抑掌儀親墊出入
事
一、齋中下人非掌儀不得刊杖事
祭

* 사마재의 규약 등을 기록한 문서이다(영암향교, 1664년).

고을마다 있었는데, 그 고을 출신의 생원진사들이 대과(大科), 즉 문과시험에 대비하기 위해 시험에 관한 정보를 교환하고 함께 수학하기 위해 설립했다. 앞에서도 살펴본 바와 같이, 생원진사는 원칙적으로 서울의 성균관에 입학하여 그곳에서 숙식을 하면서 수학해야만 대과에 응시할 수 있는 자격이 주어졌다. 그러나 생원진사들이 모두 성균관에서 거관수학(居館修學)하기가 불편했기 때문에 점차 이에 대한 규정이 완화되어 갔으며, 마침내는 성균관에서 수학하지 않아도 대과에 응시할 수 있는 자격이 주어졌다. 그러나 그에 따라 지방 출신의 생원진사들이 수학할 만한 곳이 없다는 또다른 문제가 발생했다. 이러한 문제를 해결하기 위해 각 고을에 설립된 것이 사마재였다.

무술 교육과 기술 교육

조선시대에는 중견관리 채용시험으로서 문과와 함께 무과가 설행되었다. 그래서 중견 무반이 되려면 무과에 합격하여야 했는데, 무과에서는 병서(兵書)에 대한 지식과 무예를 시험했다. 따라서 전문적으로 병서를 익히고 무예를 수련할 수 있는 교육기관이 응당 설치되어야 했다. 그러나 조선시대에는 무예를 경시하는 정책으로 말미암아 이를 가르치는 별도의 교육기관이 설립되지 않았다. 『경국대전』에 의하면, 훈련원(訓鍊院)에서 무예를 수련시키고 무경(武經)을 가르쳤으나, 이는 군사를 대상으로 한 것이지 무과에 응시하려는 일반 백성을 대상으로 한 것이 아니었다. 1894년 갑오경장으로 과거제도가 철폐되기까지 무과가 문과와 함께 설행되어 중견 무관을 계속 선발했음에도 불구하고 무예를 습득할 수 있는 별도의 교육기관이 없었다는 것은 특이한 사실이다.

한편 국가를 운영하려면 문무 관료 이외에도 전문적인 지식과 기술을 갖춘 전문관료와 기술관료가 있어야만 했다. 외국어, 의학, 천문학, 지리학, 산학(算學), 및 율학(律學) 등에 종사하는 관료가 이에 해당하는데, 이들에 대한 교육은 해당 업무를 담당하고 있는 각 기관에서 실시했다. 외국어는 사역원(司譯院)에서, 의학은 전의감(典醫監)과 혜민서(惠民署)에서, 천문학과 지리학 등은 관상감(觀象監)에서, 산학은 호조(戶曹)에서, 그리고 율학은 형조(刑曹)에서 각각 실시했다. 국가를 운영하는 입장에서는 이들의 전문적인 지식과 기술이 매우 필요했으나, 이러한 직종에 종사하는 사람들은 당시에 매우 천시되었다. 이들이 관료로 진출하기 위해서는 과거시험에 합격해야 했는데, 시험의 명칭도 다분히 천시하는 의미에서 '잡과(雜科)'라고 했고 합격자에게도 문무과 합격자에 발급되는 홍패(紅牌)보다 격이 낮은 백패(白牌)를 수여했다. 그것도 왕이 직접 하사하지 않고 예조에서 왕명을 받들어 발급했다. 조선 중기 이후에는 이러한 직종에 종사하는 사람들은 '중인(中人)'이라는 하나의 신분계층을 이루고 전문지식과 기술들을 세습하며 독특한 문화를 창출했다.

교육에 대한 열의와 교육관

조선시대 교육을 언급하면서 한 가지 주목할 점은 교육에 대한 백성들의 집념과 열의가 대단했다는 것이다. 앞에서 살펴본 바와 같이, 조선시대에는 양반은 말할 것도 없고 평·천민들까지도 교육에 대해 커다란 관심을 가졌으며 그래서 어떻게 해서든지 자제들을 가르치려고 노력했다. 양반과 평·천민들이 어려운 살림 속에서도 기금을 마련하여 학계와 서당계 등을 조직하고 훈장을 초빙하여 자제들을 교육시킨 것은 바로 교육에 대한 이러한 열의와 집념의 산물이었다. 이와 같은 교육열과 집념으로 말미암아 양반은 말할 것도 없고 평·천민 중에서도 상당히 많은 사람들이 문자를 읽고 쓸 줄 알았으며 민원과 관련하여 관에 소지(所志)를 제출하거나 혹은 토지 등을 매매할 때 직접 문서를 작성할 정도로 문자해독력이 크게 높아졌다. 유교권 삼국, 즉 한국의 조선시대와 중국의 명·청시대 및 일본의 막부시대에 살았던 백성들의 문자해독력을 비교해 본다면 조선의 백성이 중국이나 일본의 백성보다 월등히 앞섰다고 말할 수 있다.

앞에서도 언급한 바와 같이, 조선시대의 교육목표는 백성들에게 삼강오륜 등의 예의를 가르쳐 이를 실천하게 하는 것이었다. 조선시대에는 백성을 다스리는 일[治民]은 곧 백성을 기르는 일이요[牧民], 백성을 기르는 일은 곧 백성을 가르치는 일[敎民]이었으며, 백성을 가르치는 일은 곧 백성에게 예의를 알게 하는 일이었다. 백성을 직접 다스리는 수령을 '목민관(牧民官)'이라고 부른 것이나 정약용이 『목민심서』에서 "목민관의 직책으로서 가장 중요한 것은 백성을 교화하는 일이며… 교화는 예속, 즉 예의를 가르치고 권장하는 일"이라고 말한 것은 이러한 생각을 단적으로 보여주는 한 예이다. 위정자들은 백성들이 충과 효를 바탕으로 한 예의에 대해 알게 되면 자연히 왕에 충성하고 부모에 효도하며 어른을 공경하고 가난하고 외로운 이웃을 돌보게 되어 사회는 안정되고 정치는 스스로 이루어진다고 믿었다. 왕을 위시한 집권자들이 교육에 대해 커다란 관심을 가졌던 이유가 바로 여기에 있었던 것이다.

  교육의 목표가 이처럼 백성에게 오로지 예의를 가르치고 이를 실천하도록 하는 데 있었기 때문에 그로 인한 문제점도 적지 않았다. 우선 무예교육을 너무 소홀했다는 점을 지적할 수 있다. 앞에서 무과 응시자를 위한 별도의 교육기관이 설립되지 않았다는 점을 언급한 바 있는데, 이러한 점은 두 차례의 외침(外侵)을 겪은 이후에도 시정되지 않아 군사력이 거의 증강되지 않았으며 그 결과 개항기에 열강의 침탈에 대해 적절히 대처할 수 없게 하는 주요한 요인이 되기도 했다. 또 각종 기술교육을 경시하고 이에 종사하는 관료들을 천대했기 때문에 조선시대 내내 이렇다할 기술적 진보를 이루지 못했으며 조선 말기의 근대화과정에서도 많은 어려움을 겪어야 했다는 점도 지적되어야 할 것이다. 이것은 예의를 중시했던 조선시대의 유교적 교육관으로 인하여 빚어진 어두운 측면이었다.

(전경목, 전북대 박물관 학예연구사)

과거 제도

과거 관련 고문서의 종류

　과거(科擧)와 관련된 고문서로는 시험지인 시권(試券)과 합격증서인 홍패(紅牌)·백패(白牌)와 합격자 명단인 방목(榜目)이 있었다.
　시권을 작성하기 위한 시지(試紙)는 응시자 본인이 마련하되 일정한 규격에 맞도록 하여야 했으며, 서울은 4관(四館 : 예문관·성균관·승문원·교서관) 관원이, 지방은 입문관(入門官)의 검사를 받아야만 했다.
　홍패는 문과·무과 급제자에게, 백패는 생원진사시·잡과 합격자에게 주었으며, 고려시대에는 무과와 생원·진사시가 없었고 문과와 잡과 합격자에게 다 홍패를 주었다.
　문과방목은 조선시대 전시기에 걸쳐 정리되어 있으나 다른 시험의 방목은 다 정리되어 있지 않고 무과방목도 문과방목과 함께 용호방목(龍虎榜目)으로 정리된 것도 있으나 무과 부분은 소홀하며 단회방목(單回榜目)도 남았으나 임진란 이후 대량 시취하여 천시되었으므로 없어진 것이 많다. 잡과방목은 연산군 4년(1498) 이후 한 차례 정리되기는 했으나 완전한 것은 아니다. 방목은 시험별·전공별로 발급해 주었기 때문에 단회방목들이 남아 있다. 생원·진사방목〔소과방목〕은 꽤 많은 단회방목이 전하고 있으나, 잡과방목의 단회방목은 그리 많이 남아 있지 않다.

과거 응시 자격과 절차

시지는 명지(名紙)라고도 한다. 시지는 붓[筆]·먹[墨]과 함께 응시자가 마련하게 되어 있었다. 시지를 국가에서 주었던 중국과는 이 점에서 달랐다. 그런데 서울의 문벌가문 자제들은 두껍고 좋은 자문지(咨文紙)나 창호지를 사서 쓰는 경우가 많았다. 시험지를 역서(易書: 글씨체를 보고 채점에 영향받을 것을 우려하여 서리가 답안 내용을 다시 베껴 쓰는 것)하지 않고 그대로 채점하는 생원·진사시의 경우 더욱 그러했다. 이에 시험지는 하하품의 도련지(擣鍊紙)를 쓰도록 제한했다. 금령을 어기고 좋은 종이를 제출하는 자는 시험 자격을 박탈하고 시지를 불살라버렸다. 이 규정은 『경국대전』에는 보이지 않는 것으로 보아 조선 초기에는 제한이 없었던 것으로 보인다.

응시자는 시험지 윗 부분이나 끝 부분에 본인의 관직, 이름, 나이, 본관, 거주지와 아버지·할아버지·증조할아버지·외할아버지의 이름과 본관을 다섯 줄로 쓰고 관원들이 응시자의 이름을 알아볼 수 없도록 그 부분에 종이를 붙이거나 원통처럼 말아올렸다. 이를 피봉(皮封) 또는 봉(封)이라 한다. 피봉에는 상·중·하 3곳에 '근봉(謹封)'이라 썼다. 그런데 응시자들 중에는 재상이나 명사들에게 '근봉'을 써받기도 했다. 이를 복수(福手)라 한다. 그리하여 효종 1년(1650)부터는 4관원이 녹명(錄名)할 때 '근봉'이라고 색인 도장을 찍어주게 했다. 본초(本草: 원래의 시험지)만을 가지고 채점하는 생원·진사시·춘당대시·알성시 등에서는 이것이 성적에 영향을 미칠 것을 우려해서였다. 그리하여 효종 2년(1651)부터는 피봉을 대나무통과 같이 좁게 만들도록 했다. 한편 응시자들이 본인이나 4조의 기록을 격식대로 적지 않거나 틀리게 적는 경우에는 합격하더라도 명단에서 빼버렸다가 오래 지난 뒤에 복과(復科)시켜주었다.

시험지는 시험이 있기 열흘 전에 서울은 4관 관원이, 지방은 입문관이 접수하여 기록사항을 검토한 다음 '근봉'이라는 도장을 찍어 되돌려주었다. 만일 부탁을 받고 좋은 시험지를 냈는데도 도장을 찍어주는 경우에는 그 관원을 파직하고 시험장에서 이를 적발해내지 못한 시관도 파직되었다. '근봉'이라 도장 찍은 것을 외타인(外打印)이라 한다.

응시자의 이름을 알아볼 수 없게 하는 방법으로는 호명법(糊名法)과 봉미법(封彌法)이 있었다. 호명법은 이름 위에 종이를 붙여 가리는 것인데, 종이(糊名紙)를 들추고 이름을 볼 수 있는 흠이 있었다. 이를 개선하기 위하여 생긴 것이 봉미법이다. 봉미법은 본인과 4조의 인적사항이 적힌 부분을 오른쪽에서 왼쪽으로 말아올려 상·중·하 3곳에 세로로 구멍을 뚫어 끈으로 묶는 방법이다.

봉미법은 송나라 태종 3년(992)의 전시(殿試)에서 처음 시행되었고, 호명법도 송나라에서 도입된 제도인 것 같다. 한국에서 호명법이 처음 실시된 것은 고려 현종 2년(1011) 예부시랑(禮部侍郎) 주기(周起)의 주청에 의해서였으며, 봉미법이 처음 실시된 것은 고려 문종 16년(1057) 중서사인(中書舍人) 정유산(鄭惟産)의 건의에 의해서였다. 그러나 호명법이나 봉미법이 완전히 정착된 것은 아니었다. 고려 원종 14년(1273)에 호명법이 처음으로 실시되었다는 기록을 보아도 알 수 있다.

조선시대에는 봉미한 부분과 답안 부분에 감합(勘合 : 두 부분을 합친 부분에 동그라미를 그리는 것)을 하고 그 중간을 칼로 오려내어 따로 보관하는 방법을 썼다. 그러나 이 방법은 매우 번거롭고 이를 합칠 때 부정이 생기기 쉬워 각종 과거시험의 복시(覆試)와 전시(殿試)에서만 시행했다. 특히 응시자들이 많은 지방의 향시에서는 다만 인적사항을 오른쪽 윗 부분에 작게 적도록 하여 오른쪽으로 말아올려 끈으로 묶는 방법을 썼다.

봉미법이 시행되기 이전에는 중국 수나라 때 통방(通榜)이라는 제도가 있었다. 통방은 응시자의 평소 실력이나 인물을 참작하여 명망

있는 인사가 시험을 주관하는 지공거(知貢擧)에게 추천서를 써주어 인재 선발에 참작케 하는 방법으로, 지방관이 추천한 사람을 조정에서 간단한 시험을 보여 관리를 뽑는 한나라의 향거이선제(鄕擧里選制)의 유풍이다. 고려 초기의 향공(鄕貢)제도도 향거이선제의 일종이었다. 당나라 때는 통방과 아울러 응시자들의 가장(家狀)·행권(行券)·공권(公券) 등을 내게 하여 과거시험에 반영하는 제도로 발전했다. 가장은 응시자의 가족사항을 적은 것이고, 행권은 고급관료나 문장가에게 응시자가 평소에 지은 글을 보여주고 추천서를 받아내게 하는 것으로 송나라의 공권과 비슷한 제도이고, 공권은 응시자가 평소에 지은 글을 공식적으로 공원(貢院)에 내게 하는 것이었다. 즉 응시자의 가격(家格)이나 능력을 드러내놓고 시험을 치르는 일종의 귀족적 유풍이었다. 고려 문종조에 가장과 행권을 내게 한 기록이 보이는 것으로 보아 고려전기에는 이러한 제도가 실시되었음을 알 수 있으나, 공권을 받았다는 기록은 보이지 않는다. 다시 말하면 고려 초기에는 한나라 향거이선제의 유풍인 향공진사(鄕貢進士)제도가 실시되다가 중기 이후에는 당나라의 가장·행권제도가 유행하게 되었다고 할 수 있다.

그러나 가장·행권을 제출케 하는 과거시험 방법에는 사정(私情)이 개입되기 쉬워 공정한 공개 경쟁시험이 될 수 없었다. 송나라의 사대부들이 봉미법을 창안해낸 것도 공정한 인재 선발을 위해서였으며, 이는 과거제 운영의 일보 전진이라 할 수 있다. 호명법·봉미법은 이미 고려전기부터 논란되어오다가 원종 14년(1273)부터 본격적으로 실시되었다. 원나라로부터 주자학과 함께 송나라의 과거제가 수용된 것이었다.

조선시대의 응시자들은 시험보기 전에 녹명소(錄名所)에 필요한 구비서류를 내게 되어 있었다. 응시자의 구비서류는 본인 이름과 본관, 거주지 등의 인적사항과 아버지·할아버지·증조할아버지·외할아버지의 이름·본관·관직을 적은 4조단자(四祖單子) 및 보증인의 신원

〈도판 1〉 시권의 4조단자

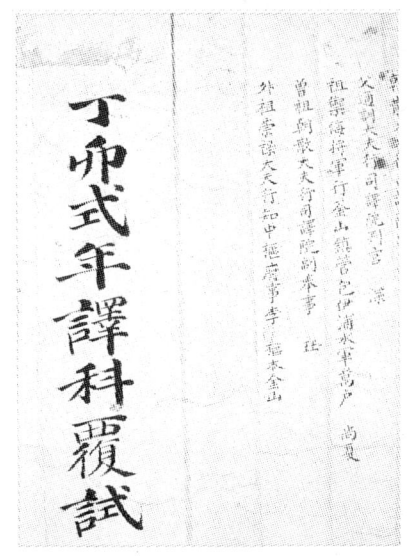

* 1747(정묘)년 현경제(玄敬躋)의 역과 복시 시험답안지의 4조단자이다.

보증서인 보단자(保單子. 保結이라고도 했음)였다. 본인의 인적사항과 4조의 인적사항은 시험지(名紙)의 오른편 윗부분에 기록하고, 보단자는 6품 이상의 관료가 서압(署押)하여 신원을 보증하게 되어 있었다. 그러나 중종조 이후에는 4조 안에 누구나 알 수 있는 현관(顯官 : 9품 이상의 문무 관료)이 있으면 보단자를 내지 않아도 되었고, 그렇지 않은 경우에는 서울은 해당 부(部)의 관원 세 명, 지방은 경재소(京在所) 관원 세 명의 추천서를 내는 것으로 바뀌었다. 이는 양반 응시자에게 유리한 규정이었다.

　녹명관은 서울의 경우 4관 관원이, 지방은 감사가 임명하는 입문관이 접수하였다. 녹명관이 구비서류를 검토하고 과거응시에 결격사유 여부를 알아본 다음, 이상이 없으면 앞서 지적한 대로 시험지에 '근봉'이라는 도장을 찍어 돌려주었다. 이때 인적사항이 적힌 피봉(皮封)을 따로떼어 보관했다.

　응시자의 결격사유는 『경국대전』 예전 제과조에 제시되어 있는데,

그 내용은 ① 국가관료가 될 수 있는 자격을 박탈당한 범죄자, ② 국가재산을 횡령한 자의 아들, ③ 두 번 시집갔거나 행실이 나쁜 여자의 아들과 손자, ④ 문과, 생원·진사시의 경우 서얼(庶孼) 자손 등은 과거에 응시할 수 없었다. 또한 향시에는 본도 거주자가 아닌 사람이나 현직 관료는 응시할 수 없었다. 현직 관료는 한성시에만 응시할 수 있었다. 조선중기 이후에도 서얼허통(庶孼許通)의 경우 허통 여부를 확인하기도 했다. 한편 응시자의 인적사항을 확인하는 데는 호적이 이용되었다.

입문관은 시험보는 날 새벽 녹명책을 보고 응시자를 호명하여 들여보낸다. 수협관(搜挾官)은 문 밖에서 좌우로 갈라서서 응시자의 옷과 소지품을 검사했다. 만일 책을 가지고 들어가는 자는 금란관(禁亂官)에게 넘겨 처벌하는데 시험장 밖에서 걸리면 1식년(3년), 안에서 걸리면 2식년(6년) 동안 시험볼 자격을 박탈당했다. 입장이 끝나면 응시자들을 6자[尺] 간격으로 떼어 앉히고 금란관은 시험장의 문을 걸어잠근다.

시험의 종류와 내용

시관(試官)이 시험문제[試題]를 내걸면 시험이 시작된다. 시제 중에 명나라에 저촉되는 내용이나 집권자를 비방하는 내용이 들어가면 시관을 벌했다. 식년시(式年試)나 증광시(增廣試)와 같은 정규 과거시험은 밤 9시[人定]까지 답안지를 내었으며, 정시(庭試)·알성시(謁聖試)·춘당대시(春塘臺試)와 같이 당일로 합격자를 발표해야 하는 특별시험에는 그때마다 시험종료 시간을 정하여 알려주었다.

시험의 종류도 크게 세 가지가 있었다. 경서를 강독하는 강경(講經), 시(詩)·부(賦)·송(頌)과 같은 문학이나 경서 내용을 바탕으로 논술하거나 정책을 논의하는 시무(時務) 등을 글로 쓰는 제술(製述), 외국어를 베껴 쓰거나 번역하는 사자(寫字)·역어(譯語)가 그것이다.

〈도판 2〉 1885년 초시(初試) 시권

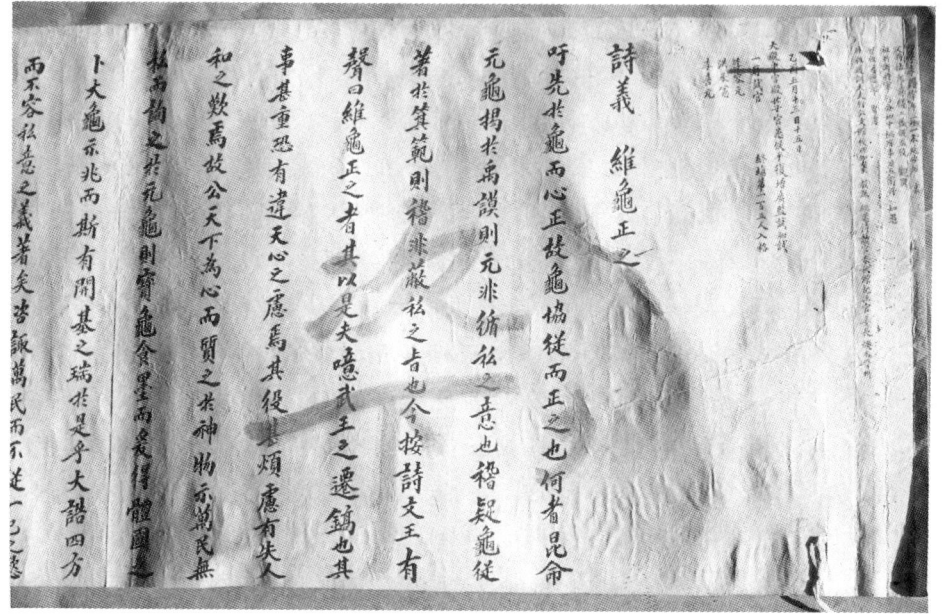

* 1885(을유)년 5월 유학(幼學) 이찬재(李纘宰)의 증광진사시의 초시 답안지이다.

강경은 구술시험이요 제술은 필답시험이었다. 필답시험은 의의(疑義)라고도 했는데, 의의란 4서의(四書疑)와 5경의(五經義)를 합친 말이다.

강경을 시험하는 방법에는 본문을 보지 않고 물음에 답하는 배강(背講), 본문을 보지 않고 외우는 배송(背誦), 본문을 보고 물음에 답하는 임문고강(臨文考講)이 있었다. 배송이나 배강에는 대나무통 속에 경서 대문(大文)의 첫 자만 적어놓은 대나무가지[竹栍]을 뽑아 외우거나 물음에 답하게 하는 방법을 쓰기도 했으며, 임문고강에는 본문의 앞뒤를 가리고 중간만 보여주면서 문답하게 하는 방법을 쓰기도 했다.

응시자들은 또한 4서의와 5경의 중 더 자신있는 문제를 상편(上編 또는 原編・主編)으로 먼저 작성하고, 다른 것은 하편(下編 또는 神編・

備編)으로 작성했다. 상·하편을 다 작성하는 것을 성편(成編)이라 하는데 성편에 이르지 못하면 실격되었다. 그러나 조선후기에 오면 하편은 형식에 흘러 결국 4서의·5경의 중 한 편만을 쓰거나 통동하여 한 문제만 내기도 했다.

　문학시험에는 시·부가 주로 출제되었으며, 표(表)·전(箋)·잠(箴)·송(頌)·명(銘)·조(詔)·제(制)·논(論)은 잘 출제되지 않았다.

　시는 고시(古詩)와 근체시(近體詩)로 대별되는데 고시는 자구(字句)와 운율에 비교적 구애받지 않는 고체시(古體詩)인 데 비하여, 근체시는 평측(平仄)·운율·대구(對句)를 따지는 중국 제(齊)·양(梁) 이후의 시체이다. 근체시는 글자수에 따라 5언시·7언시·장시(長詩)로 나뉘고, 구수(句數)에 따라 절구(4구)·율시(8구)·배율(10구)로 나뉘는데, 고려시대에는 10운시(十韻:10聯 20句 排律)가 많이 유행했다. 10운시는 글자수가 100자였으므로 100자과(百字科)라고도 불리었다. 부(賦)는 고부(古賦)·배부(排賦)·율부(律賦)·문부(文賦)로 나뉜다. 고풍스러운 고부는 한나라시대에, 수사(修辭)와 대우(對偶)를 갖춘 배부는 6조와 삼국시대에, 여기에 성조를 가미한 율부는 당나라시대에, 또 철리(哲理)를 중시한 문부는 송나라시대에 많이 유행했다. 그러나 당·송·고려에서 가장 많이 유행한 부는 율부였다.

　고려시대에는 문장시험[詞章]과 5경이 중시되었으나 조선시대에는 경서시험[講經]과 4서가 중시되었다. 과거시험은 초장·중장·종장 세 차례 보게 되어 있었는데, 초장에 강경, 중장에 제술, 종장에 책(策)을 보는 것이 보통이었으며, 때로는 제술론자들의 주장에 따라 초장에 제술을 보기도 했다.

　잡과에는 전문서적을 강론하는 강서(講書), 외국어를 베껴쓰는 사자(寫字), 이를 번역하는 역어(譯語)와 산수시험인 산(算)이 있었다. 역어에서는『경국대전』을 보고 해당 외국어로 베껴쓰게 했다. 또한 무과시험에는 무경7서(武經七書)와 각종 병서(兵書)를 강론하는 강서

(講書)와 실기시험인 무예(武藝) 두 가지가 있었다.
 과장문자(科場文字)에는 일정한 정식이 있어서 이를 어기면 합격할 수 없었다.

① 생원·진사시나 전시의 시권은 반드시 정자인 해서(楷書)를 써야 한다.
② 도교·불교·법가·음양가 등 이단서(異端書)를 인용해서는 안된다.
③ 색목(色目)을 언급해서는 안된다.
④ 국왕이나 선대왕의 이름자를 써서는 안된다.
⑤ 신기하고 기괴한 문자를 써서는 안된다.
⑥ 책문(策問)에는 시험문제를 베껴쓰고 초·중·종장의 허두(虛頭)에 '신복독(臣伏讀)' 세 글자를 써야 한다. 출제된 문제와 자획이 다르거나 한자라도 빠뜨리면 안된다. 국왕과 관련되는 글자는 두 자 올려쓰고〔擡頭〕, 국가와 관계되는 글자는 한 자 올려써야 한다. 책문의 답안지는 한 줄에 스물네 자, 본문은 두 자 내려써야 한다.

 시험이 끝나면 시험지를 거두어들인다. 시험지를 제출하는 것을 정권(呈券)이라 한다. 이때 예조좌랑이 타인관(打印官)이 되어 시폭(試幅)과 시폭 사이에 예조인(禮曹印)을 찍었는데, 이를 내타인(內打印)이라 한다. 그러다가 응시자가 많아지자 숙종 39년(1713)부터는 회시에 한하여 4관원이 시험지를 100장씩 묶은 다음 도장을 찍도록 했다. 시험지를 100장씩 묶는 것을 작축(作軸)이라 하고, 매축마다 천자문 순서대로 천축(天軸)·지축(地軸)·현축(玄軸)…의 순으로 자호(字號)를 매기되, 시간이 넘어서 낸 시험지는 따로묶어 난축(亂軸)이라 했다.
 작축한 시권은 봉미관(封彌官)에게 넘어간다. 봉미관은 답안지〔製文〕를 응시자의 인적사항이 적힌 피봉과 붙여 시험지와 같은 자호를 매기고 감합(勘合)을 그린다. 천축의 첫째 답안지를 일천(一天), 둘째 답안지를 이천(二天) 등으로 불렀다.
 봉미관은 피봉을 잘라 보관하고 답안지만 등록관(謄錄官)에게 넘긴다. 등록관은 서리들을 시켜 붉은 글씨로 베껴쓰게 하는데, 이를 역서(易書)라 한다. 본래의 시험지를 본초(本草), 사본(寫本)을 주초(朱草)라 했다. 역서는 정규 시험인 식년·증광 문과만 하고 생원진사시에는 하지 않았다. 문과 중에서도 정시·알성시·춘당대시·친임시와 같은 특별시험은 역서하지 않았다. 역서법은 등록법이라고도 했는데 고려 공민왕 14년(1765)부터 실시되었다.

〈표 1〉 제술점수표

등 급	4서의(四書疑)	5경의(五經義)	합 계
거수자	5분(分)	5분	10분
상상	4.5	4.5	9
상중	4	4	8
상하	3.5	3.5	7
중상	3	3	6
중중	2.5	2.5	5
중하	2	2	4
하상	1.5	1.5	3
하중	1	1	2
하하	0.5	0.5	1

역서가 끝나면 본초와 주초는 사·지동관(査·枝同官)에게 넘어간다. 사동관은 본초를, 지동관은 주초를 보면서 틀린 데가 없는지 대조해보고, 이상이 없으면 주초만 시관에게 넘긴다.

시관은 주초를 가지고 채점하는데, 주초가 의심스러우면 장 밖의 감시관 앞에서만 본초를 꺼내볼 수 있다. 채점은 먼저 참시관(參試官)이 나누어 하고, 이를 분고(分考)라 한다. 참시관이 좋은 답안을 발견하면 상시관(上試官)에게 보여주어 취사선택케 한다. 분고가 끝나면 상시관이 모든 시관을 불러모아 1차 합격자(初考入格者라 함)를 다시 채점하는데, 이를 합고(合考)라 한다. 합고 때는 자기 시험장[試所]에서 1등을 내려하거나 의견이 달라 다투기도 했다.

제술시험은 채점할 때 1등한 사람[居首者]과 상상·상중·상하·중상·중중·중하·하상·하중·하하는 합격이고, 차상(次上)·차중·차하·갱(更)·외(外)는 불합격이었다. 때로는 거수자와 일지상(一之

上)·일지중·일지하·이지상·이지중·이지하·삼지상·삼지중·삼지하로 표시하기도 했다. 합격권 내에 드는 10등급의 제술 점수는 〈표 1〉과 같다.

4서의와 5경의뿐 아니라 시·부·송·책·잠·기·표·전 등의 제술시험도 마찬가지였다.

강경시험은 따로 답안지를 쓰지 않고 구술시험으로 보였으나 채점을 위하여 답안지를 본인이 들고다니다가 시험이 끝나면 제출했다. 강경은 각 경서 과목마다 대통(大通)·통(通)·약(略)·조(粗)·불(不)로 표시했는데, 구두(口讀 : 토를 달아 끊어 읽는 것)와 훈석(訓釋 : 해석)이 완벽한 자를 대통, 구두와 훈석이 모두 분명하고 대의에 통하나 변설에 의심할 여지가 있는 자를 통, 구두와 훈석이 틀린 데가 없고 강론에 통달하지는 못하나 일장의 대의를 대강 아는 자를 약, 불합격자는 불이라 했다. 각 강경과목의 점수는 〈표 2〉와 같다.

〈표 2〉 강경점수표

등 급	점 수
대통	3.5분(分)
통	2
약	1
조	0.5

제술점수표

무과시험 중 강서(講書)의 채점은 문과나 생원·진사시와 같은 기준이었으나, 무예(武藝)는 다음과 같이 채점했다. 즉 목전(木箭)의 경우 240보 거리의 표적을 화살 3개를 쏘아 다 맞히면 9분, 더 멀리서 쏘면 5보마다 1분을 가산했다. 철전(鐵箭)은 80보 거리의 표적에 6양중(六兩重) 화살을 쏘아 맞히면 7분, 넘으면 5보마다 1분을 가산해주었다. 편전(片箭)은 130보 거리의 표적을 쏘아 맞히면 15분, 표적의 중앙 흑점(黑點)을 맞히면 그 두 배를 주었다. 뒤에는 편전을 없애고 5개의 허수아비를 각각 20보 거리로 세워놓고 말을 달리면서 쏘게 하는 기추(騎芻)로 바뀌었다. 기창(騎槍)은 3개의 허수아비를 각각 25보 거리에 세워놓고 말을 달리면서 15척 5촌(寸)짜리 창으로 찌르게 하여 맞출 때마다 5분씩을 주었다.

격구(擊毬)는 말을 달리면서 숟가락 모양의 지팡이로 50보 거리에 놓여 있는 공을 쳐서 200보 전방에 있는 넓이 5보의 구문(毬門)에 넣으면 15분, 옆으로 지나가면 10분을 주었다. 이상을 무예 6기(武藝六技)라 했다.

그런데 『속대전』에는 120보 거리의 표적에 8인전중(八人錢重) 화살을 쏘게 하는 유엽전(柳葉錢)과 150보 거리의 표적에 화살을 쏘게 하는 관혁(貫革), 조총(鳥銃) 과목이 있었는데, 조총은 100보 거리의 표적에 3방을 쏘아 맞히면 7.5분, 관(貫)을 맞히면 그 두 배를 주었다. 그외에 6개의 허수아비를 각각 28보 거리로 세워놓고 말을 달리면서 철편(鐵鞭)으로 치게 하여 맞출 때마다 5분씩 주는 편추(鞭芻)를 추가하고 기사(騎射)를 기추(騎芻)로 바꾸는 한편 격구를 폐지했다.

잡과의 사자(寫字)의 경우 베껴쓸 원전의 부분을 어디서부터〔自〕 어디까지〔止〕로 표시했고, 채점방법은 문과의 제술시험과 같았다. 다만 『경국대전』이나 『대전회통』을 해당국 말로 번역하는 역어(譯語) 시험은 임문고강이었으므로 강경시험과 같이 채점했으나 사자시험지 말미에 함께 붙어 있는 것이 특징이다.

일단 합격자 발표〔放榜〕가 난 후에는 시권은 입격시권(入格試券)과 낙방시권(落榜試券 : 일명 落幅)으로 분류되었다. 입격시권은 홍패나 백패와 함께 본인에게 돌려주고 낙방시권은 호조에 보내어 다른 용도로 썼다. 낙방시권은 종이로 재생되거나 변방 군사의 방한복 등으로 이용되었다. 입격시권은 입격자의 자손들이 아직도 보관하거나 고문서로 각 도서관에 수집되어 있으나 역서(易書)한 주초(朱草)는 역시 다른 용도로 쓰였는지 전혀 남아 있지 않다.

과거 합격인원과 합격증서

조선시대의 식년문과·증광문과에서는 33명, 식년무과·증광무과에서는 28명을 뽑는 것이 보통이었다. 그러나 식년·증광문과의 경우 적게는 24명부터 많게는 74명까지 뽑았으며, 식년·증광무과에서는 적게는 28명부터 많게는 813명까지 뽑았다. 대증광시의 경우는 증광시의 두 배를 뽑았으며, 각종 별시에서는 대중없이 뽑았다. 특히 각종 별시무과의 경우는 만과(萬科)라 하여 수천 명에서 만여 명을 뽑은 적도 있다. 가장 많이 뽑은 경우는 숙종 2년(1676) 무과정시(武科庭試)에서 1만 8,251명을 뽑았을 때이다.

잡과는 46명(역과 19명, 의과 9명, 음양과 9명, 율과 9명)을 뽑았는데 대체로 정원을 지키거나 그보다 적게 뽑았다. 양반을 위무하기 위해 증액하여 뽑은 문·무과와는 달리, 잡과는 꼭 필요한 인원만 뽑은 것 같다.

고려시대에는 문과와 잡과만 실시되었는데 다 함께 성적에 따라 갑과(甲科), 을과(乙科), 병과(丙科), 동진사(同進士)로 구분되었으며, 뽑는 인원도 들쑥날쑥했다. 조선시대에는 명나라와의 사대관계를 의식하여 갑과는 없고 성적에 따라 을과, 병과, 동진사로 합격자를 분류하다가 태종 14년(1414)에는 을과 1, 2, 3등으로, 세종 9년(1427)에는 원상복구되었다가, 세종 20년에는 동진사를 정과(丁科)로 바꾸었다. 그러나 세조 12년(1467) 갑·을·병과로 구분하게 되었다. 갑과 3명 중 1등을 장원(壯元), 2등을 방안(榜眼), 3등을 탐화(探花)라 하여 우대했다.

고려시대에는 과거합격자에게 전공을 불문하고 국초부터 홍패를 주었다. 그리고 새로 급제한 자에게는 홍패와 아울러 등과전(登科田)과 백은(白銀)·말(馬)·홍정(紅鞓: 붉은 가죽띠)·남포(藍袍: 남색 도포)·서대(犀帶)·금화모(金花帽: 금색 꽃모자)·개(蓋: 일산) 등을 주

예 1) 1205년 장양수 홍패

```
右人張良守
 貢院所
  制次點
  教可丙科
  及第牒至准
  敎故牒
 泰和五年乙丑七月日牒
 金紫光錄大夫叅知政事太子少傳王(手決)
 門下侍郞平章事寶文閣太學士同修國史柱國判戶部任
 門下侍郞同中書門下平章事吏部尙書上柱國上將軍判兵部御史臺事崔
 門下侍郞同中書門下平章事上柱國上將軍監修國史判禮部事奇
 門下侍郞同中書門下平章事修文殿太學士監修國史上柱國判吏部事崔
```

었으며, 유가(遊街 : 시가행렬)하도록 하고 연회를 베풀어주었다 그리고 아들을 세 명 이상 급제시킨 아버지에게는 벼슬을, 어머니에게는 매년 쌀 30석(石)을 내려주었다.

한편 고려시대에는 홍패를 급제자의 집에 가서 직접 전달해주었는데, 급제자를 영광스럽게 하기 위함이었다. 그러나 빈한한 선비집에서는 손님접대가 어렵다하여 왕궁에서 홍패를 주도록 하자는 주장도 있었으나 오랜 관습이고 급제자를 낸 마을을 영예롭게 하는 뜻이 있다하여 이 관행은 바뀌지 않았다.

홍패에는 급제자의 성명과 전력(前歷), 급제등급, 발급 연월일, 발급책임 관원의 인적사항 등이 기록되어 있다. 고려시대의 홍패로 지금 전해지는 것은 장양수(張良守) 홍패(1205), 우탁(禹倬) 홍패(1290), 장계(張桂) 홍패(1305), 이자수(李自脩) 홍패, 양이시(楊以時) 홍패(1355), 양수생(楊首生) 홍패(1376) 등 6건이 있는데, 이 중 장양수·장계(이상 仁同 張氏)·양이시·양수생(이상 南原 楊氏) 등 4건의 홍패는 실물이요, 우탁·이자수 등 2건의 홍패는 전사(傳寫)된 것이다. 특히 희종 1년(1205)의 장수량 홍패는 남아 있는 것 중 가장 오래된 것으로 국보 181호로 등록되어 있다. 그리고 이자수 홍패는 잡

예 2) 1305년의 장계 홍패

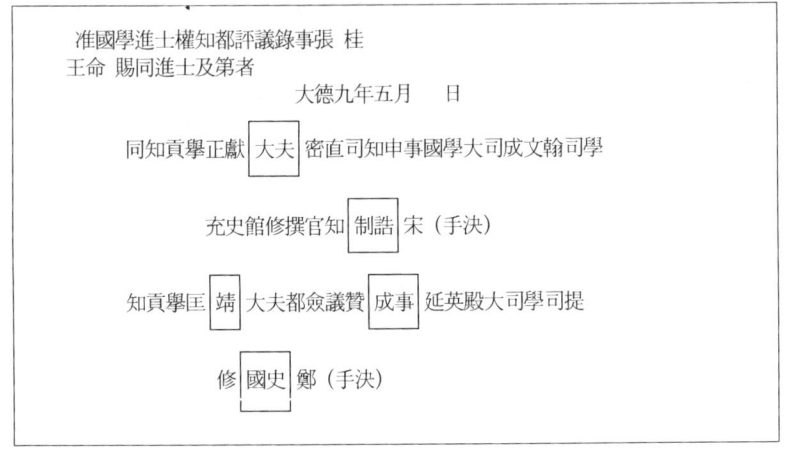

과 급제자의 홍패라는 데서 주목을 끈다.

고려시대 홍패의 특징은 급제자의 이름과 급제등급 이외에 급제자의 전력이 기록되어 있고, 끝에 발급자인 재추(宰樞)나 지공거(知貢擧)·동지공거(同知貢擧)의 관직·성씨·수결(手決)이 있는 점이다. 조선시대의 홍패가 국왕이나 이조·병조가 발급자로 되어 있는 것과 대조된다. 특히 13세기 초에 발급된 장양수 홍패는 그 뒤에 발급된 홍패와 구별되는 점이 많은데, 장양수 홍패의 서식은 예 1)과 같고, 그 뒤에 발급된 것 중 장계 홍패를 소개하면 예 2)와 같다.

이 두 홍패를 비교해보면 앞에 지적한 차이가 확실히 드러난다. 이것으로 미루어보아 양자의 투식이 달라지고 과거가 지공거 중심의 공거제(貢擧制)로 이행되고 있었으며, 투식도 간소화되면서 조선시대 홍패에 접근하고 있음을 알 수 있다. 조선시대에는 공거제가 폐지되고 다시관제(多試官制)로 바뀌면서 홍패 발급은 국왕이나 국왕의 명령을 대행하는 인사 부처인 이조와 병조에서 하는 것으로 정착되어갔다.

태조 3년(1394)까지만 해도 문과와 잡과 합격자에게 모두 홍패를

예 3) 문·무과 홍패식

```
教  旨
    具官某文科(武科則稱武科)某科(稱甲乙丙)
    第幾人及第出身者`
    年  寶   月    日
```

예 4) 생원·진사 백패식

```
教  旨
    具官某生員(進士則稱進士)幾等第幾人入格者
    年  寶   月    日
```

주었고, 다만 문과 홍패는 전폭(全幅)을, 잡과 홍패는 반폭(半幅)을 썼다. 그러다가 태종 1년(1401)부터 잡과 합격자에게는 백패를 주었다. 국초까지는 생원·진사시 합격자에게는 아무런 증명서도 주지 않다가, 세종 20년(1525)부터 잡과와 마찬가지로 반폭의 백패를 주기 시작했다. 다만 잡과 백패에는 왕의 대보(大寶: 科擧寶)를 찍어주지 않았는 데 비하여 생원진사 백패에는 대보를 찍어주는 점에서 달랐다. 생원진사시는 문과의 예비시험이었으므로 합격증서가 없으면 문음(門蔭)과 다를 것이 없다는 이유에서 합격자에게 백패를 주게 된 것이다. 『경국대전』에 수록되어 있는 문·무과 홍패식과 생원진사시, 잡과의 백패식은 예 3), 예 4)와 같다.

이 서식에 의하면 문과, 생원진사시 합격자에게는 왕의 교지로 홍패나 백패를 내리고, 잡과 합격자에게는 이조나 병조가 왕명을 받아 백패를 주게 되어 있었다. 따라서 전자에는 왕의 대보를 찍지만 후자에는 이·병조의 인장(印章)을 찍고 이·병조의 판서·참판·참의·정랑·좌랑의 이름을 적게 되어 있었다. 이는 고려의 홍패가 교지에 의하여 발급되지 않고 대신이나 시험관인 지공거·동지공거가 왕명

〈도판 3〉 홍패

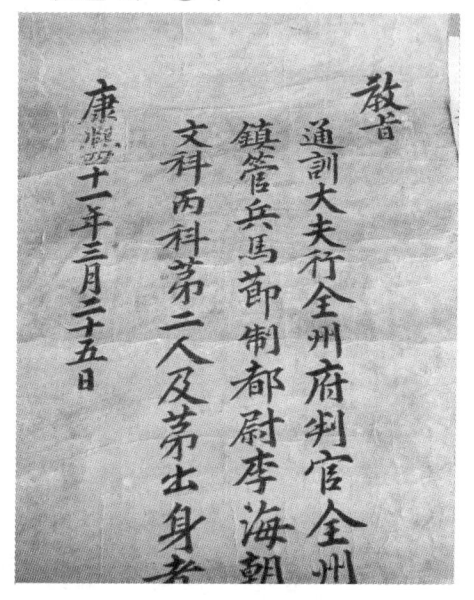

* 1702년 이해조(李海朝)가 문과 병과(丙科) 제2인으로 합격하여 내려준 것이다

을 받아 발급했던 것과 차이가 있다. 그리고 생원진사시 백패는 새로 생긴 것이지만, 잡과 합격자에게 홍패 주던 것을 백패로 바꾸고 교지로 발급하지 않는 것은 기술관이 중인 신분으로 격하되는 것과 무관하지 않다. 문서 양식도 아주 간소화되었다. 발급 관원의 긴 관직명이나 수결이 빠진 것도 한 특징이다.

문·무·잡과는 관료나 관리로 곧 등용했으므로 합격자를 출신(出身)이라 하고 생원진사시는 문과의 예비시험에 불과했기 때문에 입격(入格)이라 했다. 특히 문·무과 합격자는 급제라고 하여 우대했다.

문·무과 급제자에게는 정부에서 축하연을 베풀어주었는데, 이를 은영연(恩榮宴)이라 했다. 은영연의 압연관(押宴官)은 영의정이, 부연관(赴宴官)은 이·호·예·병조판서가 맡았다. 압연관·부연관·시관이 당상에 앉고, 그 동쪽에는 문과급제자, 서쪽에는 무과급제자가 갑·을·병과 순으로 앉았으며, 주악이 울리는 가운데 기생들이 술을 권하고 광대들이 여러가지 재주를 보여주었다. 은영연은 의정부나 예

〈도판 4〉 백패

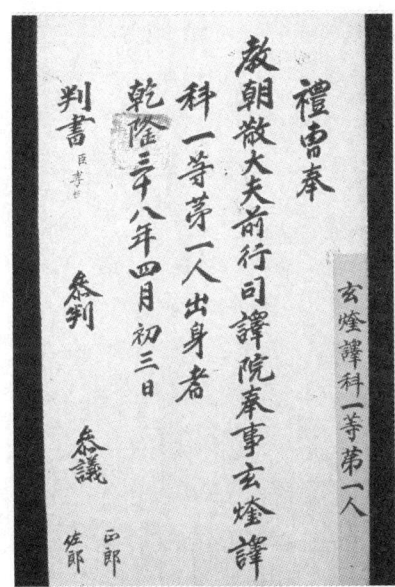

* 1773년 행사역원(行司譯院) 봉사(奉事)인 현규(玄煃)가 역과에 1등으로 합격하여 받은 것이다

조에서 행했다.

　은영연이 끝난 다음날에는 문·무과 급제자들이 모두 문과 장원 집에 모여 왕에게 사은례를 드리고, 또 그 다음날에는 급제자가 함께 무과 장원 집에 모여 성균관 문묘에 나아가 알성례(謁聖禮)를 드린다. 생원진사시 입격자는 생원 장원 집에서 사은례를, 진사 장원 집에서 모여 알성례를 행했다.

　또 문희연(聞喜宴)이라 하여 개인적으로 친척친지들을 불러 잔치를 열기도 하고, 회문연(回門宴)이라 하여 선배들 집을 찾아다니면서 평소의 지도에 감사하고, 은문연(恩門宴)이라 하여 자기를 뽑아준 시관을 찾아뵙고 대접하기도 했다.

　대·소과를 막론하고 합격자들에게는 3~5일간의 시가행진을 하게 했다. 이를 유가 또는 성행(成行)이라 했다. 시가행진을 할 때는 천동(天童)이 앞에 서서 어사화를 꽂은 급제자들을 인도하고 악대가 음악

〈도판 5〉 3일 유가

* 김홍도가 그린 〈평생도〉 중에 보이는 과거급제자의 3일간의 시가행진 장면

을 연주하며, 광대가 춤을 추고, 재인(才人)이 여러가지 재주를 부렸다. 세종 11년(1429)부터는 시골 출신의 급제자들을 위하여 영친의(榮親儀)를 행하였다. 급제자들이 고향에 내려가는 날 그곳 수령과 향리들의 환영을 받고 시가행진한 다음, 향교의 문묘에 가서 알성례를 마치면 수령이 급제자의 부모를 공관에 불러 주연을 베푼다. 부모가 없는 사람은 관가에서 제물(祭物)을 주어 부모의 묘를 참배케 했다.

또한 아들 다섯을 급제시킨 부모에게는 매년 쌀 20석을 주었으며, 부모가 죽고 없을 경우에는 벼슬을 추증(追贈)했다. 그리고 등과한 지 60년이 되면 회방(回榜)이라 하여 조화(造花)와 식물(食物)을 내렸으며, 정조 10년(1786)부터는 이들에게 관품 하나씩을 올려주었다.

과거에 같이 합격한 사람들끼리는 동방(同榜) 또는 동년(同年)이라 하여 형제처럼 가까이 지냈고, 동년의 아들이 나이가 많아도 아버지의 동년에게는 아버지 대우를 하였다. 동년은 봄·가을로 방회(榜會)

를 열어 정의를 두텁게 했다.

합격자 기록〔방목〕

　과거 합격자에게는 1·2소(所) 급제자(국초에는 새로 급제한 자를 先達이라 했음)의 성명·자·생년간지(生年干支)·본관·거주지·관직과 부모형제·외조의 인적사항을 기록하고 시관의 관직·성명, 초시연월일, 장원성명, 시제(試題)를 부기(附記)하여 방목을 만들어 나누어주었다. 문·무과 급제자에게는 문·무과방목을, 생원진사시 입격자에게는 사마방목(司馬榜目)을, 잡과 합격자에게는 잡과방목을 만들어주었다. 과거 합격자들에게는 각각 과거시험의 단회방목을 만들어주었으나, 뒤에 역대 방목을 모아 때때로 단과방목이나 종합방목을 만들기도 했다.
　문·무과 단회방목은 같이 붙어 있는 것이 보통이며, 잡과방목이 함께 붙어 있는 것도 있다. 문과방목과 잡과방목은 완전치는 않으나 종합방목으로 남아 있는 것이 있는 데 반하여, 무과방목과 사마방목은 종합방목이 없다. 무과는 조선후기에 대량시취를 하는 만과(萬科)로 전락하여 희소가치가 없어졌고 생원·진사시는 문과의 예비시험이었기 때문이 아니었는가 한다. 현재 남아 있는 문·무과, 사마시, 잡과의 종합방목과 단과방목·단회방목의 현황은 부록을 참고하기 바란다.
　조선시대의 문과는 조선왕조가 건국된 1392년부터 과거제가 폐지된 1894년까지 502년간 848회에 15,137명을 뽑았다. 이 중 식년시가 167회 6,123명, 증광시가 60회 2,447명, 각종 별시가 621회 6,567명을 뽑았다. 송준호의 『이조 생원·진사시 연구』(국회도서관, 1970)에서는 조선시대 문과급제자 총수가 744회 1만 4,620명이었다고 했으나, 여기에는 중시(重試)에 준하는 발영시(拔英試)·등준시(登俊試)·진현시(進賢試)·탁영시(擢英試) 등 54회 464명을 제외한데다

〈도판 6〉 사율방목(詞律榜目)

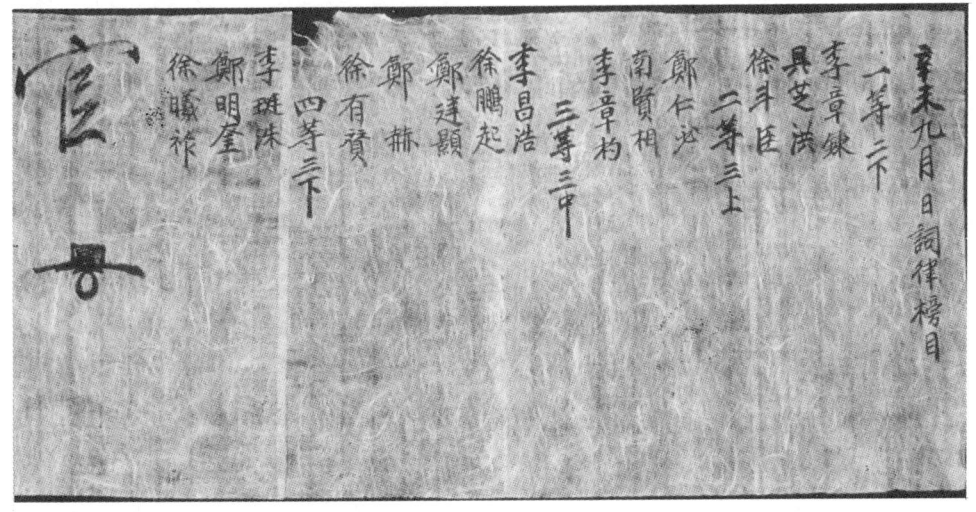

* 신미년에 만들어진 방목이나 정확한 연대는 알 수 없다.

가, 삭과(削科)·복과(復科)를 고려하지 않고 원방(原榜)대로 계산한데서 차이가 난 것이다.

무과는 문과와 거의 같은 횟수로 실시되었으나 식년시 외에 각종 별시에서 수천 수만 명씩 뽑았으므로 급제자 총수는 수십만 명이 되었다. 그러나 무과방목이 다 남아 있지 않고 기록도 부실하여 그 정확한 숫자는 알 수 없다.

생원진사시는 진사식년시 163회, 진사증광시 67회 도합 230회, 생원식년시 160회, 생원증광시 67회 도합 227회가 실시되어 진사 2만 3,776명, 생원 2만 4,221명 도합 4만 7,997명을 뽑았다. 그런데 지금 남아 있는 사마방목은 186회분으로서 진사 2만 974명, 생원 1만 9,675명만을 확인할 수 있다. 그러니 227회의 단회방목 중 원본이든 필사본이든 지금 186회의 단회방목이 전하고 있는 셈이다.

잡과는 역과 172회 2,920명, 의과 170회 1,553명, 음양과 86회 673명, 율과 119회 730명, 주학 142회 1630명을 뽑았다. 그러나 이것은 지금 남아 있는 방목을 기준으로 한 숫자이지 전체 잡과 설행 횟수와 시취 인원은 아니다.

　지금까지 시지·시권·홍패·백패·방목 등 과거 관련 고문서들에 대해 살펴보았다. 이러한 고문서들은 한국의 과거제도를 연구하는 데 일차자료들이다. 특히 시권은 과거제도뿐 아니라 문치주의를 수행해 온 고려·조선시대 지배층의 의식과 사고방식을 아는 데도 좋은 자료가 된다. 물론 연대기 자료나 각종 문집·사서(史書)를 통해 과거제도의 발달과정을 추적할 수는 있다. 그러나 시험주의를 일관해온 관리선발 기준이나 구체적인 시험내용을 알아보는 데는 시권의 분석이 중요하다. 이는 비단 역사학에서뿐 아니라 한문학·서지학 등 여러 분야에서 함께 관심을 가질 부분이다.

　또한 홍패·백패 서식의 변천을 통해 왕권과 관료제의 실상을 파악하는 데도 도움이 된다. 그리고 방목은 지배층의 가족·문벌사항을 구체적으로 파악하는 데도 필수적인 자료이다. 족보·호적·지방지·인물록 등과 방목을 대조하여 당시 지배층의 족적 기반을 파악하는 방법이 요즈음 유행하고 있다. 이는 당시의 사회구조와 사회의식을 밝히는 새로운 연구방법이기도 하다.

　그러나 과거 관련 고문서는 문·잡과방목처럼 국가에서 편찬한 것도 있지만 대부분은 과거합격자 개인 문중에서 소장하고 있었기 때문에 많은 부분이 소멸되거나 쉽게 발견될 수 없는 흠이 있다. 문과방목을 제외한 모든 과거 관련 고문서들이 그러하다. 따라서 각 도서관이나 문중에 보관되어 있는 이들 고문서를 샅샅이 뒤져내어 가능한 한 수집·정리하는 것이 급선무이다. 아직도 이러한 고문서들이 사가(私家)나 해외에 더 남아 있을 수 있다. 민족문화의 재정립을 위해서도 과거의 고문서뿐 아니라 각종 고문서·고전적은 국가적인 규모로 철저히 수집·정리되어야 할 것이다.

(이성무, 한국정신문화연구원 교수)

380 제4부 제도와 생활

부록 : 각종 방목 목록

문과 종합방목

방목명	책 수	소장처	수록 기간	편자	편찬연대	비고
國朝文科榜目	16권 8책	규장각 (규.106)	태조1년~영조50년 (1392~1774)	미상	미상	필사본
〃	5책	서울대 (古.4650-26)	태조1년~영조19년	〃	〃	〃
國朝榜目	12책	규장각 (규.11655)	태조1년~고종31년 (1392~1894)	〃	고종31년 (1894)	〃
〃	10책	규장각 (규.5202)	고려충렬왕~고종		미상	〃
〃	1책	서울대 (상백古351.306)	태조2년~성종25년 (1393~1494)	〃	〃	24방 445인 필사본
文科榜目	4책	규장각 (규.34)	선조32년~고종22년 (1599~1885)	〃	〃	필사본
國朝文榜	7책	서울대 (古4650~33)	태조~순조	〃	〃	〃
國朝榜目	13권 13책	서울대 (古4650~97)	태조2년~고종26년 (1393~1889)	〃	고종26년 (1889)	〃
〃	8책	장서각 (고서2~3538)	고려조~정조20년 (~1796)	〃	정조 21년 (1797)	사본
〃	5권 4책	장서각 (고서2~3539)	정조~고종	崔在 允 등	1930	필사본 (1~8권결)
〃	11권 11책	규장각 (규.2~3540)	태조~순조	편자 미상	순조년간	필사본
〃	3책	장서각 (고서2~3541)	고려충렬왕16년~효 종7년(1290~1656)	〃	효종년간	〃
〃		장서각 (고서B13LB15)	효종~경종	〃	미상	〃
〃	13권 13책	국립 (고서.한26~47)		〃	고종년간	
〃	1책 (105장)	국립 (승계고6024~110)	중종~인조(160차)	편자 미상	인조년간	
國朝文科榜目	18권 10책	연세대	태조~정조	〃	〃	〃
國朝榜目	10책 (6,8책결)	연세대		〃	〃	〃

잡과 종합방목과 단과방목

방목명	책수	소장처	수록 기간	편자	편찬연대	비고
雜科榜目	4책	서울대 (고.465205~16)	1, 2책(司譯院榜目) 연산군4년~고종4년 (1498~1867) 3책(觀相監榜目) (1713~1867) (律科榜目) (?~1861) 4책(醫榜) 연산군4년~고종7년 (1498~1870)		고종7년 (1870)	필사본
譯科榜目	2권2책	장서각 (고서 2~3458)	연산군4년~고종7년 (1498~1870)	司譯院	〃	목활자본
〃	〃	국립 (일산 고6024~98)	연산군4년~고종28년 (1498~1891)	미상	미상	〃
"		서울대 (古.4650~4)	고종28년 (1891)	司譯院	〃	활자본
〃	2권2책	규장각 (규.12654)	연산군4년~고종28년 (1498~1391)	미상	〃	〃
象院科榜	2책	하버드옌칭 (K2291.7~1750.2)	연산군4년~고종17년 (1498~1867)	〃	〃	필사본
醫科榜目	2권2책	국립 (한 26~19)	연산군4년~고종11년 (1498~1867)	〃	〃	활자본
〃	〃	고려대 (B8~A52)	영조32년~고종22년 (1756~1885)	〃	고종22년 (1885)	목활자본 (1책 零本)
〃	〃	국편 (中~13B~21)	영조32년~고종22년 (1756~1885)	校書館	고종28년 (1891)	철자본
〃	1책	하버드옌칭 (K2291.7~1749.2)	연산군4년~고종17년 (1498~1880)	미상	미상	필사본
〃	2권2책	천리대 (627871)	연산군4년~고종31년 (1498~1894)	〃	〃	활자본
雲科榜目	1책 (51장)	국립 (한 57~가45)	숙종39년~고종16년 (1713~1879)	〃	〃	필사본
〃	1책	하버드옌칭 (K2291.7~1751)	숙종39년~고종11년 (1713~1874)	〃	〃	〃
雲觀榜目	1책	서울대 (古.5120~130)	숙종39년~고종11년 (1713~1885)	觀象監	〃	〃
律科榜目	1책	하버드옌칭 (K2291.7~1751)	?~철종12년 (?~1861)	미상	〃	〃
律榜		서울대 (古.4652.15~16.3)	?~순조27년 (?~1827)	〃	순조27년 增(1827)	〃

籌學入格案	2권2책	서울대 (古.4650~5)	?~고종25년 (?~1888)	戶曹	미상	〃
籌學入格案	2권2책	장서각 (고서 2~3555)	弘治~고종16년 (?~1879)	미상	미상	목활자본
〃	〃	규장각 (고서 12642)	弘治~고종16년 (?~1879)	〃	〃	활자본
〃	〃	고려대 (B8~A54)	성종~정조7년 (?~1783)	〃	〃	목활자본 (1책零本)
〃	〃	국립 (한57~가48)	弘治~고종16년 (?~1879)	〃	〃	〃
〃	〃	국립 (한26~54)	弘治~고종16년 (?~1879)	〃	〃	〃
〃	〃	국립 (일산古 2513~39)	弘治~고종16년 (?~1879)	〃	〃	〃

잡과 합격자의 팔세보(八世譜)

책이름	책 수	소장처	수록기간	편자	편찬연대	비고
譯科譜	1책	장서각(2~1768)		미상	미상	필사본
譯科八世譜	1책	규장각(4650~34)		〃	〃	〃
譯科類輯	1책	장서각(2~3549)	1531~1874	〃	고종년간	〃
譯科類輯	2권2책	국립(위창古2517~6)		〃	고종19년 (1882)	〃
醫科八世譜	1책	규장각(12641)		〃	미상	〃
醫等第譜	1책(33장)	국립(한68~11)		〃	〃	〃
醫譯籌八世譜	1책	장서각(2~177) 규장각(15186)		〃	〃	〃
籌學八世譜	1책	서울대(古4650~36)		〃	〃	〃
籌學譜	1책	서울대(古4650~135)		〃	고종년간	〃
姓源錄	10권	고려대				60姓 194本貫

문·무과 단회방목

1519년　正德己卯4月薦擧別試文武科榜目 (延大 353.003)
1583년　萬曆11年癸未9月初3日別試榜目 (國立 한~26~28~6)
1594년　萬曆22年甲午正月日別試武科榜目 (延大 353.003/6)
1603년　癸卯年式年榜目 (誠庵文庫 2~712)
1606년　丙午式年榜(文武科) (誠庵文庫 2~713)
1615년　乙卯式年文武科榜目 (高麗大 B8~A2)
1630년　崇禎更午文武科榜目 (高麗大 B8~A2)
1633년　崇禎6年癸酉11月日式年文科榜目 (國立 한~26~28~12)

1637년 丁丑庭試文武榜目 (서울大 想白古 351.306~B224m)
1644년 仁祖甲申庭試榜目 (國立 한~26~28~14)
1649년 己丑庭試文武科榜目 (國立 일산古 6024~5)
1652년 壬辰10月24日增廣別試及第榜目 (高麗大 B8~A2)
1660년 庚子式年文武科榜目 (誠庵文庫 3~714)
1678년 戊午增廣別試文武科榜目 (서울大 想白古 351.306~B224m)
1684년 甲子庭試文武榜目 (서울大 古4610~14)
1684년 甲子式年文武科榜目 (高麗大 B8~A2)
1686년 丙寅別試榜目 (서울大 想白古 351.306~B224m)
1687년 謁聖親試文武科榜目 (서울大 想白古 351.306~B224m)
1689년 今上15年己巳元子定號增廣別試文武殿試榜目 (國立 한~26~28~21)
1694년 甲戌謁聖別試文武科榜目 (延世大 353.003)
1699년 己卯式年文武科榜目 (서울大 想白古 351.306~B224m)
1702년 壬午謁聖文武科榜目 (서울大 想白古 351.306~B224m)
1706년 丙戌庭試榜目 (精文硏 B13LB~9)
1707년 丁亥文武科別試榜目 (서울大 想白古 351.306~B224m)
1708년 戊子式年文武科榜目 (國立 한~26~28~27)
1710년 庚寅上候平復王世子平復合二慶增廣文武科別試榜目 (國立 일산古 6024~87)
1713년 癸巳上之卽位40年稱慶及上尊號合二慶大增廣別試文武科殿試榜目 (國立 한~26~28~30)
1714년 上之40年甲午聖候平復稱慶增廣別試文武科殿試榜目 (서울大 想白古 351.306~B224m)
1717년 丁酉龍虎榜 (국편 寫B13KB~24)
1718년 上之44年戊戌庭試別試文武科榜目 (서울大 想白古 351.306~B224m)
1723년 上之3年癸卯討逆廷試別試文武科榜目 (國立 한~26~28~34)
1723년 癸卯式年文武榜目 (延世大 353.003)
1725년 乙巳增廣別試文武科榜目 (서울大 古 4650~12)
1725년 乙巳王世子冊禮及痘患平復合二慶庭試別試文武科榜目 (國立 일산古 6024~82)
1726년 (英祖)丙午式年文武科榜目 (國立 한~26~28~49)
1727년 雍正5年丁未閏三月增廣別試文武科殿試榜目 (國立 일산古 6024~83)
1728년 戊申別試文武科榜目 (延世大 353.003/7)
1730년 (英祖)庚戌庭試文武榜目 (精文硏 B13LB~27)
1733년 (英宗)癸丑謁聖文武科榜目 (國立 한~26~28~52)
1736년 丙辰文武科庭試別試榜目 (延世大 353.003)
1740년 庚申孝宗大王追上尊號大王大妃殿加上尊號大殿中宮殿上尊號合慶大增廣別試文武科榜目 (國立 한~26~28~57)
1750년 (英祖)庚午式年文武科榜目 (國立 한~26~28~37)
1763년 癸未大增廣別試文武榜目 (國立 일산古 6024~75)
1765년 乙酉文武科榜目 (奎章閣 1322)
1767년 崇禎3丁亥謁誠庭試榜目 (國立 일산古 6024~73)
1776년 崇禎3辛卯式年殿試文武科榜目 (서울大 想白古 351.306~B224m)
1773년 癸巳合6慶大增廣文武科榜目 (國立 일산古 6024~71)
1783년 崇禎3癸卯增廣別試文武科殿試榜目 (서울大 고 4650~77)
1784년 王世子冊封慶龍虎榜 (奎章閣 2206)
1789년 崇禎3己酉式年文武科殿試榜目 (國立 한~26~28~68)
1790년 崇禎3庚戌增廣別試文武科殿試榜目 (奎章閣 1061)
1792년 崇禎3壬子式年文武科殿試榜目 (國立 일산古 6024~66)

1794년 崇禎3甲寅春謁聖文武龍虎榜目 (奎章閣 3300)
1800년 崇禎3庚申慶科庭試別試文武科殿試榜目 (國立 일산古 6024~60)
1801년 崇禎3辛酉增廣別試文武科殿試榜目 (서울大 想白古 351.306~B224m)
1801년 崇禎3辛酉夏以正宗大王弟享世室慶科庭試文武殿試榜目 (國立 일산古 6024~6
         2)
1805년 崇禎3乙丑冬大殿痘候平復慶科別試增廣文武科殿試榜目 (高麗大 B8~A2)
1809년 崇禎後3己巳元子誕降慶科別試增廣文武科殿試榜目 (國立 한~26~28~79)
1827년 崇禎4丁亥增廣別試文武科榜目 (奎章閣 1454의1)
1835년 乙未增廣別試文科殿試榜目 (서울大 想白古 351.306~B224m)
1844년 崇禎紀元後4甲辰增廣別試文武科別試榜目 (奎章閣 1086)
1848년 崇禎紀元後4戊申慶科增廣文武科殿試榜目 (國立 일산固 6024~2)
1859년 崇禎紀元後4己未元子誕生慶科增廣文武科殿試榜目 (연세대 353.003)
1874년 崇禎紀元後5甲戌慶科增廣文武科殿試榜目 (國立 일산古 6024~11)
1880년 崇禎後5庚申慶科增廣文武科殿試榜目 (國立 일산古 6024~11)
1882년 崇禎後5壬午慶科增廣文武科殿試榜目 (奎章閣 1289)

* 새로 조사된 사마 단회방목

1) 太宗 14년 (1414) 甲午式年
2) 世宗 29년 (1447) 丁卯式年
3) 燕山 1년 (1495)   己卯增廣
4) 燕山 2년 (1496)   丙辰司馬榜目
5) 燕山 10년 (1504) 甲子式年
6) 中宗 17년 (1522) 壬午式年
7) 中宗 38년 (1543) 癸卯式年
8) 仁祖 13년 (1635) 己亥增廣
9) 肅宗 31년 (1705) 己酉式年

잡과 단회방목

방목명	연대	소장처
1) 冲齋先祖府君進士榜目	중종2년(1507)	한국정신문화연구원(MF 16~1344)
2) 正德癸酉文武雜科榜目	중종8년(1513)	한국정신문화연구원(MF16~1449)
3) 文武雜科榜目	중종20년(1525)	고려대 (晚松 貴 388)
4) 嘉靖己酉式年試雜科榜目	명종4년(1549)	宋俊浩, Wagner
5) 丙辰增廣司馬榜目	선조9년(1576)	고려대 (晚松 B8~A1~1616B)
6) 萬曆二十八年庚子式年退行於辛丑夏榜目	선조33년(1600)	하버드엔칭 (TK 2291.7~1748)
7) 崇禎癸酉增廣試雜科榜目	인조11년(1633)	宋俊浩, Wagner
8) 崇禎癸酉式年試雜科榜目	인조11년(1633)	한국정신문화연구원 MF
9) 康熙己卯式年試雜科榜目	숙종1년(1675)	宋俊浩, Wagner
10) 康熙甲子式年試雜科榜目	숙종10년(1684)	고려대 (石朝文庫)

잡과 선생안과 천거안

책이름	책수	소장처	수록기간	편자	편찬연대	비고
醫科先生案	1책	규장각(7606~1)	연산군4년~고종7년 (1498~1870)	미상	미상	필사본
醫科先生案	1책	三木榮	연산군4년~고종7년 (1498~1870)	미상	미상	필사본
雲觀先生案	3권3책	서울대(古5120~131)	미상	觀象監	미상	필사본
籌學先生案	1책	규장각(4650~154)	미상	미상	고종년대	필사본
司譯院別薦案	1책	연세대(고서귀 353.063)	미상	司譯院	미상	필사본
完薦記	1책	국립(MF 81~256)	1800년대 후반	司譯院	미상	필사본
典醫監別薦案	1책	연세대	미상	典醫監	미상	필사본
三曆廳完薦案	1책	서울대(古5120~134)	미상	미상	미상	필사본
三曆廳完文	1책	서울대(古5120~134)	미상	미상	미상	필사본
別薦案	1책	서울대(古5120~143)	고종22년~30년 (1885~1893)	미상	미상	필사본
完薦節目	1책	서울대(古5120~142)	고종28년?(1891?)	미상	미상	필사본

법률 생활

재판의 개념

 재판은 송사(訟事)라고 하며, 오늘날과 같이 민사재판과 형사재판으로 완전히 나뉘어 있지 않았다. 모든 재판은 경중의 차이는 있으나 형벌이 과해지는 가능성이 있다는 의미에서 형사재판적이었다고 할 수 있다. 그러나 전혀 구별이 없었던 것은 아니고, 재판은 옥송(獄訟) 또는 상언(詳讞)과 사송(詞訟) 또는 소송(訴訟)으로 구별된다. 옥송은 오늘날 형사법상의 범죄를 다루는 재판을 뜻하며, 그 목적은 오로지 형벌을 과하는 것이고, 사송은 개인 상호간의 권리나 재산에 관한 분쟁을 다루는 것이며, 그 목적은 분쟁을 해결하는 것이었다.
 사송의 뜻은 문서로 고소하고 말로써 다투는 것인데, 결국 당사자가 서로 문서와 구술로 분쟁 사실의 진상을 남김없이 주장하고, 관사가 이를 처리하는 것을 뜻한다. 사송은 청송(聽訟) 또는 청리(聽理)라고도 하며 상속·부동산·노비·소비대차 등에 관한 것인데, 흔히 전토송(田土訟)·전택송(田宅訟)·노비송(奴婢訟)·채송(債訟)·산송(山訟) 따위가 그것이고, 이외는 모두 잡송(雜訟)이라 했다.
 옥송을 재판하는 것을 결옥(決獄) 또는 절옥(折獄)이라고 하며, 사송과 옥송은 절차면에서 구별되었으나 민사분쟁, 예컨대 상속재산을 균등하게 분할하지 않는다든가 토지·가옥을 침탈한다든가 채무를 이행하지 않는다든가 하는 경우의 행위는 법률이나 도의에 반하는 반

사회적 행위로 취급되었다. 그러므로 이에 대한 사송이 진행중이거나 또는 끝난 뒤에는 재산이나 권리를 회복시켜줌과 동시에 그 행위의 반사회성을 형벌로 다스리는 결과도 가져오므로 민사재판이 순수한 민사로만 그치지 않았다.

따라서 제도나 사건의 내용이 민사를 포함하지 않은 순수하게 형사적인 것이 있고, 형벌과 관계없는 순수하게 민사적인 것으로 크게 나뉘어 있었다. 그러나 사송이라는 하나의 절차에서 민사적인 면과 형사적인 면이 완전히 분리되지 않고 함께 처리될 수 있었다는 점에 특색이 있었다.

이러한 특색은 근대적 제도와 다른 전근대적이라고 말할 수 있으나 근대적 소송제도의 결점으로 나타나는 소송절차와 재판 강제력의 비능률성 및 비경제성과 비교해보면, 당시로서는 훨씬 효과적이었다. 예컨대 사기행위가 있으면 그때마다 처벌함으로써 관령(官令)의 위엄을 세우고, 또 승소자는 같은 소송과 절차에서 민사적인 구제를 받음과 동시에 형사처벌을 받게 함으로써 다음의 분쟁을 예방할 수 있는 유리한 점이 있었다.

재판기구

중앙집권적 전제적 관료통치제도가 확립된 조선의 재판기구는 행정조직의 정비에 따라 확고한 제도로서 정착되었다. 관료기구의 말단으로서 직접 국민과 접하는 지방수령인 목사·부사·군수·현령·현감이 일체의 사송과 태형(笞刑) 이하에 해당하는 형사사건을 직결했다. 수령은 원칙적으로 양반 출신으로서, 행정과 사법의 실제에 대한 경험과 지식을 습득해야 했으나, 그렇지 못한 경우가 많았으므로 구체적인 실무는 아전이 담당했다. 사송은 형방(刑房)을 경유했으므로, 아전이 재판에 많은 영향을 미쳤다.

수령의 재판에서 패소한 경우 각 도(道)의 장관인 관찰사[감사]에게 항소할 수 있었다. 감사에 대한 항소는 의송(議送)이라 한다. 감사 밑에는 검률(檢律)과 아전인 형방서리(刑房胥吏)가 있어 감사를 보좌했다. 감사는 의송에 대해 직접 재판하지 않고 수령으로부터 사건과 판결이유를 보고받아 자기 나름대로 사실과 증거에 대한 조사 지시를 내리고 판결 방향을 수령에게 지시했으며, 수령은 대체로 감사의 지시에 따라 다시 판결을 내렸다.

의송에 의한 판결에서 패소하면 중앙의 형조에 상소할 수 있었다. 형조는 법률·형사소송·민사소송을 관장하는 사법행정의 감독기관인 동시에 수령이 관장하는 일반사건의 상소심으로서 합의제로 재판했다. 이외에 노비소송을 관장하는 장예원(掌隷院)이 따로 있었으나, 영조 40년(1775) 형조에 합병되었다.

사헌부(司憲府)도 상소심의 역할을 했다. 사헌부는 원래 행정규찰과 시정논핵(時政論劾) 등 일종의 검찰사무를 관장했을 뿐 재판기관은 아니었다. 즉 판결이 심히 부당한 경우, 예컨대 수령이 권세나 금력 때문에 편파적이고 불공정한 재판을 한 경우 사헌부에 상소할 수 있었다. 따라서 사헌부는 사건 그 자체를 심리하는 것이 아니라 재판관을 규탄하면 그 규탄에 따라 왕의 명령에 의해서 특별히 지정된 관청 또는 관리가 재판했다.

한편 한성부는 수도 서울의 일반 행정기관인 동시에 사법기관이었지만, 한성부 이외의 토지가옥에 관한 사건에 대해서는 전국에 걸쳐 관할권을 행사하는 제1심이었다. 실제로는 재심도 하여 차차 본래의 심급관할(審級管轄)을 넘어 형조와 대등한 기관이 되었다.

이와 같은 기구 위에 모든 권한의 근원인 국왕이 있었다. 최고 최종의 재판권은 국왕에 속했으며 국왕에 대한 상소를 상언(上言)이라 한다. 또한 필요에 따라 특별재판기관을 설치하는 일도 있었으며, 병사(兵使)·수사(水使)를 비롯한 각 관청에서도 각자 관할에 관계되는 사소한 형사재판과 민사재판을 맡기도 했다.

이와 같이 대체로 특별재판관청과 형조만이 고유한 의미의 사법기관이며, 지방관 한 사람이 행정·사법을 모두 처리했다. 형조가 사법기관이기는 하나, 이는 사무의 분담이라고 하는 일반적 현상의 한 예에 불과하다. 즉 이조(吏曹)가 인사(人事)를, 호조(戶曹)가 재정을 분장하는 것과 같이 형조는 사법을 분장(分掌)할 뿐이었다. 그러므로 재판기구는 행정기구의 한 측면일 수밖에 없었다.

이와 같이 재판권은 일반 행정기관에서 관장했지만, 그 기구와 심급구조(審級構造)는 법전상 명확히 규정되어 있었다. 따라서 이를 위반한 경우 월소(越訴)라고 해서 다시 수리하지 않았으며, 후기로 내려올수록 계통을 무시하고 월소하는 사례가 많아졌다. 위에 말한 한성부도 위법적으로 재판한 것이었으나 그것이 당연한 관례였다.

소송 당사자와 능력

원고는 원고인(原告人) 또는 원고(元告)라 하고 피고는 피론(被論)·원척(元隻)·척(隻)이라 하며, 원고와 피고를 말할 때는 원·척(元·隻)이라고 했다.

계급적 신분사회이면서도 양반·상민·천민의 구별없이 소송상의 능력이 법률상 인정되었으며, 상민이 사대부를 상대로 소송할 수도 있었다. 왕족·양반 혹은 노비를 가진 자는 자신이 직접 관청에 출정하는 것을 싫어하여 아들·사위·아우나 조카 혹은 노비로 하여금 대신 소송케 하거나 타인을 고용하여 소송하는 관습이 있었다. 이것을 대송(代訟)이라 했다. 다만 양반인 부녀자만은 아들·손자·사위·조카·노비로 하여금 대송할 수 있도록 법전에 규정되어 있었다.

여러 사람이 당사자로서 소송을 제기할 수도 있었는데, 그 소장을 등장(等狀)이라고 하고, 공동으로 소송하는 것을 동송(同訟)이라 했다. 그리하여 등장을 제출하여 동송할 경우 끝까지 동송하지 않은 자는 승소의 이익을 받을 수 없었다.

누구나 자유롭게 서로 소송할 수 있으나 특히 4촌 이내의 형제·숙질간의 소송은 자칫하면 친목을 망각하고 미풍을 해치게 되므로, 특히 근친간에 이유없이 소송을 제기하여 그 간사함이 드러날 경우 엄벌에 처했다. 또한 소송 진행중의 변론 때 장유유서의 질서를 문란케 한 자는 먼저 그 점을 다스린 뒤에 소송을 심리했다. 근친간의 소송은 대개 토지·노비 등 분재(分財)의 불평에 기인하는 경우가 많았으며, 재판관도 가급적이면 이를 꾸짖어 화해나 취하를 권장함으로써 근친소송을 금하는 데 노력했다.

소송의 제기와 정소 기한

소송제기 방식에서 소송은 구술로 하거나 서면으로 했다. 서면인 소장을 소지(所志) 또는 소지단자(所志單子)라고 하고, 소지를 제출하는 사연을 발괄(白活)이라 하며, 양반이 직접 제출하는 소장은 단자(單子)라 했다. 소지와 단자는 소장의 서두와 끝의 문투가 각각 다른데, 그 서식은 먼저 주소·성명과 수결 또는 수촌을 적고, 본문으로서 소송 취지[청구 원인]와 증거를 제시하고, 끝으로 연월일을 기재했다.

정소 기한(呈訴期限)이란 분쟁이 발생한 경우 소송을 제기할 수 있는 기한을 말하며, 송한(訟限)이라고 했다. 분쟁이 발생한 경우 무한정하게 소송할 수 있게 하면 소송이 번잡하고 권리관계가 항상 불안하므로 일정한 기한 안에 소송을 제기하게 했다. 만약 기한 내에 소송을 제기하지 않으면 그 상태가 그대로 합법적인, 누구도 다툴 수 없는 법률관계로 하려는 뜻이었다. 특히 토지·가옥·노비에 관한 소송은 분쟁 발생으로부터 5년 안에 소송을 제기하지 않으면 안되며, 5년 안에 소지를 제출했다 하더라도 다시 5년 안에 소송을 진행시키지 않으면 안되었다.

다만 그 예외로서 ① 토지·가옥을 도매(盜賣)당한 경우, ② 토지·가옥에 관한 소송에서 아직 확정 판결이 없는 경우, ③ 상속재산은 모든 자녀가 균분(均分)해야 되는데 분재하지 않고 독점하는 경우, ④ 소작인이 지주에게 토지를 돌려주지 않고 자기 것으로 만든 경우, ⑤ 셋집에 든 자가 집주인에게 집을 비워주지 않고 자기 것으로 만든 경우와 같은 중대한 사건은 5년 기한의 적용을 받지 않고 언제든지 소송을 제기할 수 있었다. 그러나 부조(父祖) 때 분쟁이 없었는데 자손대에 분쟁을 일으켜 소송하는 폐단이 있었으므로, 중종 13년 (1516) 11월에는 위의 ①과 ②의 경우를 제외하고, 30년 이전의 사실을 다투는 소송은 수리하지 않게 했다.

만약 기한이 지났음에도 불구하고 소송을 제기하는 자는 비리호송죄(非理好訟罪)로서 전가사변(全家徙邊)에 처하고, 기한이 지났음을 알면서도 재판한 관리는 지비오결죄(知非誤決罪)로서 파면하여 영구히 관리등용을 하지 않는 등 엄벌에 처하는 규정을 두었다. 그러나 실제로 처벌되는 일은 거의 없었고 기한이 지난 소장은 각하하든가 재판하더라도 패소판결을 내렸다. 그러나 재판관이 권세가의 위세에 눌려 오판하는 등 특별한 경우에는 기한이 지났더라도 특히 재심을 허용한 일이 있었다. 이 정소 기한은 오늘날 사법상의 시효와 같은 것으로, 증거가 있건 없건간에 분쟁 사실의 시비곡직을 불문하고 권리관계가 그대로 인정되는 것이다.

피고의 소환

원고가 소장을 제출한 다음에 피고가 출정하여 원고의 소장에 대해 응소(應訴)하는 답변서를 제출함으로써 소송이 시작되었는데, 이것을 시송(始訟)이라 하고, 피고가 제출하는 답변서를 시송다짐(始訟侤音)이라 했다. 피고가 출정하는 것은 오늘날과 같이 소환장을 발송하는 것이 아니라, 원고가 제출한 소장의 끝에 '피고를 데려오라'고 하는 제사(題辭) 또는 데김〔題音〕을 써서 원고에게 주면 원고가 그것을 피고에게 보이고 출정케 했다. 즉 원고로 하여금 피고를 데려오도록 되어 있었으므로, 피고가 이에 응하지 않을 경우 소송 개시가 오랫동안 이루어지지 못했다.

이런 경우 원고는 두 번 세 번 피고가 출정에 응하지 않는다는 사실을 소장으로 내면서 관청에서 잡아와 달라고 요청했다. 그러면 '성화같이 잡아오라', '당일 안으로 잡아오라'는 제사를 내려 관청 직원으로서 범인 체포를 위해 사역하는 차사(差使)를 보내어 잡아오게 했다. 한성부에서는 외방(外方)에 거주하는 피고 또는 증인을 소환할 경우에는 해당 관청에 공문을 보냈다. 또 농번기에는 일정기간 동안 소환을 금지하는 때도 있었다.

변론과 증거

피고가 출정하여 시송다짐을 내면 본격적으로 소송이 시작된다. 원고와 피고는 각각 자기주장의 정당성을 다투기 위해 제한없이 변론할 수 있으며, 변론은 구술로도 할 수 있으나 대개는 서면으로 해야 했다. 원고가 소장을 제출하고 피고가 다짐을 내면, 다음에 원고와 피고가 다시 각자의 주장을 적은 최초의 서면을 냈는데, 이것을 원정(原情)이라 한다. 이 원정이 최초의 변론서가 되는 셈이었다. 그리하여 각자가 원정에서 주장한 사실을 증명하는 일체의 증거를 제출하는데, 그것은 어디까지나 당사자간의 자유이었다.

그러므로 소송은 당사자 진행주의였다고 할 수 있다. 증거에는 인증(人證)과 서증(書證)이 있는데, 서증이 결정적인 역할을 했다. 이 점은 당시의 거래관습과도 밀접한 관계를 가지고 있다. 분재(分財)나 매매에는 반드시 문기(文記)로 작성했는데, 그것은 후일의 분쟁에 대한 증거로서의 대비(對備)로 생각했으며, 그만큼 권리의식이 강했다고 볼 수 있다. 그러므로 부자·형제·숙질과 같은 지친간에도 반드시 문기를 주고받았다.

당시 '종문권시행(從文券施行)'이라는 법언(法諺)이 있었는데, 이는 재판을 하거나 백성의 진정을 처리할 경우 반드시 문권에 따라서 승패 가부를 결정해야 한다는 뜻이다. 흔히 우리의 옛 선인들은 소화(小華)니 동방예의지국이니 하여 계약을 체결할 경우 계약서를 작성하지 않고 구술계약만으로 능히 신의를 지켜 계약을 준수하는 착한 관습을 지켜왔다고 자랑하는 사람들이 있다. 실상 구술계약만으로 아무런 분쟁이나 후환없이 약조가 지켜진다면 이상적인 근대시민사회가 부러울 것이 없겠고 그야말로 준법정신이 투철했다고 하겠다. 관청이 필요없고 재판이 있을 수 없다. 그러나 우리는 어느 민족 못지 않게 증서를 소중히 여기고 계약의 종류에 따라 형식이 다른 각종의 증서를 애용했다.

　문권은 문서라고도 하며 권리-의무 관계를 입증하는 넓은 뜻을 지니며 주로 사법적 용어로 사용했다. 매매계약서는 명문(明文) 또는 문기(文記)라고 하고 임대차·소비대차·전당계약서를 표(標) 또는 표문(標文) 혹은 수기(手記)라고 하고, 위임장을 배지(牌旨) 또는 배자(牌子), 증여나 유산 분할에 관한 것을 성문(成文), 조부모, 부모의 유언을 유서(遺書)라고 하고 이들 문서는 각기 일정한 형식이 있으며 거의 어김없이 그 형식에 따라 작성되었다. 부자 조손간, 형제 자매간, 숙질간의 계약은 구술로써 족하겠지만 권원(權原)을 확실하게 하기 위하여 반드시 문서를 작성했으며, 설사 구술로 했다 하더라도 후에 반드시 문서를 작성하고 그 취지를 부기했다.

　또한 중요한 문서에는 반드시 증인을 세우고 당사자나 증인 이외의 사람이 문서를 썼는데 이를 필집(筆執)이라 한다. 필집은 그 법률행위의 진정한 성립을 보증하기 위함이었다. 다만 조부모·부모·외조부모의 유서나 증여에만은 증인·필집이 필요하지 않다고 법전에 규정하고 있다.

　이처럼 모든 법률행위에는 반드시 문서를 작성하게 함으로써 권원이나 권리를 확보케 했다. 그리하여 예컨대 토지를 매매하는 경우 매도인은 최초의 소유자로부터 현재까지의 권리이동을 입증하는 모든 문서, 즉 권원문서를 매수인에게 인도했는데, 이를 구문기(舊文記) 혹은 본문기(本文記)라고 하고, 그 토지의 최후의 매매계약서를 신문기(新文記)라 한다. 갑·을·병·정·무에 이르기까지 네 번 매매되었다면 반드시 3장의 본문기와 1장의 신문기, 도합 4장의 계약서가 있는 셈이며, 무의 소유권은 이것으로 확보·입증되는 것이다. 그래서 전란을 당하여 피난할 경우 가재도구는 모두 버리더라도 땅문서, 집문서, 종문서, 신주, 족보는 어떠한 일이 있더라도 간직하고 다녔다.

그리하여 분쟁이 발생하면 서로 문서로써 자기권리의 정당성을 주장하여 재판하게 되며, 서증의 유무, 진정의 여부에 따라 그 승패가 좌우되었다. 종문권시행(從文券施行)은 재판에 절대적인 지침이었다. 그 때문에 자료를 남기거나 기록해두었다가 권리관계의 분쟁이 발생할 경우 이를 관청에 제출하면 그에 기해서 판결된다고 하는 관념이 뿌리깊이 박혔고 여기에서 권리의식의 보편화 현상이 생긴 것이다. 따라서 서증은 사람들의 권리의식을 일반적으로 나타냄과 동시에 권리관계의 존부에 대해서 결정적인 증거력을 가진다. 재판의 세부지침으로서 준용되었던 청송식(聽訟式)에는 이 서증의 위조, 변조를 막고 가려내기 위한 16가지 세칙이 적혀 있다.

서증 외에 인증도 중요했다. 인증의 경우 증언을 진술하고 그것이 진실이며 만약 허위일 때는 처벌을 감수하겠다는 다짐도 문서로써 제출해야 했다. 그것은 인증의 객관성에는 한계가 있고 일반적으로 객관성이 적기 때문이다. 따라서 인증은 보충적 2차적이었고 서증이 우위였다. 『치군요결(治郡要訣)』이라는 책에도 무릇 재판을 함에 있어서는 한쪽의 말만 듣고 노하여 오결해서는 안되며 반드시 양쪽의 문서를 참고하여 시비곡직을 가린 연후에 판결해야 한다고 강조하고 있다.

그리하여 당시의 민사판결서인 결송입안(決訟立案)에는 당사자가 제출한 모든 서증을 날짜순에 따라 그 전문을 기재하도록 되어 있으며, 실제로 그렇게 했으므로 누구나 그 판결의 객관적 정당성을 판단할 수 있었다. 민사재판이 당사자 변론주의를 기조로 했음은 예나 지금이나 다름이 없으며, 문서생활 또한 20세기에 비롯된 새로운 것이 아니다.

재판회피의 방지 – 친착결절법

원고와 피고가 원정을 제출하고 소송을 진행시키는 동안 형세가 불리하게 되면 소송을 중단하고 출정하지 않으므로 소송이 한없이 지연될 수 있었다. 그러므로 소송이 개시되어 50일 안에 이유없이 30일이 지나도록 출정하지 않으면, 계속 출정한 자에게 승소 판결을 내리도록 했다. 50일의 기한 중에 관청이 개정하지 않은 날은 빼고, 출정한 경우 자기의 성명과 수결(手決) 또는 수촌(手寸)을 하도록 했다. 이것을 친착(親着)이라 했다.

이 법에 있어서 50일, 30일 등의 계산방법은, 예컨대 갑이 30일이 지날 때까지 출정하지 않으면 을의 출정 일수가 만 30일이 되지 않더라도 을이 승소하는 것이다. 즉 을의 친착 일수가 반드시 21일이 되고 갑의 불출정이 만 30일이 된 경우에는 을이 승소하는 것이다. 그리하여 을의 21일과 갑의 30일은 갑·을이 다같이 출정하지 않은 일수도 포함해서 계산한다.

또한 갑이 변론에서 패하여 퇴장한 경우 을의 출정 일수가 근 21일이 되면, 설령 갑이 하루이틀 출정했더라도 그 일수를 을의 출정 일수에서 제외하지 않았다. 이러한 법은 소송의 지연을 막는 데 그 목적이 있었다.

재판의 중지

농번기에는 농민이 실농(失農)하지 않게 하기 위해서 외방에서의 소송 제기를 금하고 또 진행중인 소송을 중지하는 것이 조선시대 건국 초부터의 정책이었다. 즉 춘분일부터 추분일 사이는 농번기이므로 소송을 중단했는데, 이 기간을 무정(務停)이라 하고 추분일부터 춘분일까지는 농한기로서 소송을 접수하거나 중단되었던 소송을 진행시켰는데, 이 기간을 무개(務開)라 했다. 무정의 제한을 받지 않는 한성부에서도 무정이 되면 당사자 중 한 사람이 외방에 거주하는 자로서 농사를 위해 귀향할 것을 청구하면 이를 허가했다.

그러나 농민이라도 판결에 임박하여 형세가 불리하기 때문에 귀농하려는 경우는 이를 허가하지 않았다. 그러나 무정 동안에도 중대한 사건, 즉 민사사건으로서 타인의 토지를 도매(盜賣)하거나 횡점(橫占)한 사건은 무정의 제한을 받지 않았다. 형사사건으로는 십악(十惡)·간도(奸盜)·살인사건 등은 무정의 제한을 받지 않았다. 이 정송법은 조선 말엽에 이르기까지 대체로 그대로 시행되었다.

판결

언제 생긴 속담인지 알 수 없으나 "원님 재판하듯 한다"는 말이 있는데, 아마 일제 때 아니면 해방 직후일 것으로 짐작된다. 이는 경위 없이 마구잡이로 처리하는 것을 뜻하는 말이겠는데, 옛날 과거의 재판은 일정한 절차 없이 원님(守令) 마음 내키는 대로 처리했다는 의미로서, 절차가 없는 재판이니 판결이 제대로 될 수 없고 판결문도 없이 원님이 한마디만 외치면 판결이 난다는 뜻일 것이다. 그런데 『경국대전』 예전 「입안식(立案式)」조에는 민사판결문의 형식이 규정되어 있다. 그것은 먼저 판결 연월일, 관사명을 쓰고 다음에 무슨 일로 입안한다는 판결 내용을 적고, 끝으로 담당관이 사인(署押)하는 형식으로 되어 있다.

원고와 피고가 남김없이 증거를 제시하고 변론을 다했다고 생각하는 경우 서로 합의하여 연명하고 판결해줄 것을 청구하는 서면을 제출하면 비로소 판결을 내렸는데, 경우에 따라서는 직권으로 판결한 일도 있었다.
 판결은 한성부와 형조는 합의에 의해, 외방 수령은 단독으로 결정했다. 판결 사항은 법전에 규정된 형식에 따라 문서로 했는데, 작지(作紙)를 납부하면 정식 판결문을 작성해서 승소자에게 주었다. 이 판결을 입안(立案)·단결입안(斷決立案)·결송입안(決訟立案) 또는 결절입안(決折立案)이라 했다. 한성부와 형조는 당상관·당하관이 서압(署押)하고 수령은 단독으로 서압했다.
 입안 내용으로는 사건에 대한 판결사항만 기입하는 것이 아니라, 최초의 소장에서부터 마지막에 이르기까지 원고와 피고가 제출한 일체의 소장과 서증의 전문(全文)을 제출된 날짜순으로 모두 기입하고, 마지막에 판결사항을 기입했다. 즉 소송에서 당사자가 제출한 모든 문서와 관청에서 내린 모든 제사(題辭)의 문자를 한 자도 빠짐없이 기록했으므로, 한 통의 입안으로 사건의 자초지종을 알 수 있으며, 그 판결의 당부(當否)를 객관적으로 알 수 있게 되어 있었다.
 그러므로 오랜 시일에 걸쳐 많은 문서가 동원된 사건의 입안은 부피와 길이가 상당했다. 지금 우리나라에 현존하는 입안 가운데 가장 긴 것은 현종 2년(1661) 6월 19일의 한성부 결송 입안으로 가대(家垈)에 관한 사건이다. 3개월여에 걸친 이 사건의 입안은 7천여 자에, 백지의 폭이 약 42cm, 길이가 10.3m에 이른다. 오늘날의 판결문에 비해도 손색이 없다.
 판결은 먼저 구술로 내리고 다음에 입안을 내주었다. 그러므로 구술 판결과 입안 작성 사이에는 시간의 간격이 있게 마련이다. 즉 구술 판결 후 입안 작성 전에 재판한 결송관(決訟官)이 경질되고 신임관(新任官)이 새로 부임했을 경우 신임관은 구관(舊官)이 내린 판결 그대로 입안을 작성해주었으며, 패소자는 억울한 경우 신임관에게 다시 처음부터 소송을 제기했다.
 입안은 승소자가 신청한 경우에만 발급했는데 입안받으려면 수수료로 작지를 납부해야 했다. 작지는 백지(白紙) 또는 포목(布木)인데 사건 소송물의 가격에 따라 달랐다. 와가(瓦家) 한 칸이면 백지 2권, 초가 한 칸이면 1권, 토지 10부(負)는 2권, 노비 1명당 3권씩이며 아무리 많더라도 20권을 넘지 못하게 했다. 토지·가옥·노비에 관한 사건 이외의 잡송(雜訟), 예컨대 채무에 관한 소송 등에는 입안을 받지 않는 것이 보통이었고, 입안 대신 간단한 입지(立旨)로 대신했다. 입지는 따로 발급하는 것이 아니라 소장 끝에 적어주는 것이었다.

판결이 내려지면 그 사건은 종결되는 것이다. 따라서 판결은 강제력을 갖고 있었다. 즉 판결이 내려지면 패소자는 다시 승소자의 권리나 이익을 침범하지 못하며, 침범할 경우 어떠한 처벌이라도 달게 받겠다는 다짐을 문서로 제출해야 한다.

소송의 제한 — 삼도득신법

부질없는 소송을 막고 빨리 해결하기 위한 방법으로는 기한을 정하는 법과 함께, 무한정한 소송을 제한하기 위해 한편이 세 번 승소하면 패소자는 억울하더라도 다시 제소하지 못하고 판결이 확정되는 것이 삼도득신법(三度得伸法)이었다. 고려말에 다섯 번 판결한 것은 세 번 승소한 자를 승소자로 확정하고(五決從三), 세 번 판결한 것은 두 번 승소한 자를 승소자로 확정하는 법(三決從二)이 있었는데, 법질서가 문란했던 고려 말기에는 무한정하게 소송을 제기할 수 있었던 것 같다.

『경국대전』편찬 이전에는 이도득신법이 있었는데 두 번 다투어서 두 번 승소하면 확정되는 것이었다. 그러나 청송관(聽訟官:재판관)이 시비를 제대로 가리지 못하여 오결(誤決)하거나 사정에 끌려 불공정한 재판을 한 경우 끝내 구제받지 못하면 원통하고 억울하다 하여 세 번 승소케 하는 삼도득신법을 만들고, 삼도득신 사건은 다시 심리하지 못하도록 규정했다. 그러나 간사한 자들이 이것을 교묘히 악용하여 남의 토지나 노비가 탐나면 일부러 소송을 제기하여 요행을 바라고, 승소하지 못하더라도 삼도득신법에 기대어 소송을 지연시키거나 수대에 걸쳐 다투게 되므로 개중에는 옳은 자가 패소하는 사례가 많았다. 그래서 명종 때는 삼도득신된 사건을 가지고 계속 다투는 자는 비리호송죄(非理好訟罪)로 전가사변에 처하고 이 사건을 다룬 관리는 지비오결죄(知非誤決罪)로 영불서용(永不敍用)에 처하도록 했다.

그러나 삼도득신은 한편이 세 번 승소한 경우를 뜻하는 것인지 혹은 한편이 두 번 승소하고 다른 편이 한 번 승소한 경우를 뜻하는 것인지 명백하지 못했다. 전자로 해석하면 패소한 다른 편은 상대방이 두 번 승소한 후 한 번 제소할 수 있는 것으로 되고, 후자로 해석하면 제소하지 못하는 것으로 되어 그 운용에 통일성이 없었다.

그래서 효종 2년(1651)에는 통산하여 세 번의 소송에서 한편이 두 번 승소하는 것으로 하고 두 번 패소한 자는 다시 제소할 수 없는 것으로 단정지었으며, 숙종 37년에는 단송, 즉 간단한 소송은 『경국대전』의 뜻대로 연 3차 승소하는 것으로 했다. 이렇게 해서 민사소송에서 삼판양승법(三判兩勝法)이 확립되었다.

또한 당시는 심급법(審級法)이 명확하지 못했다. 1심은 지방수령이 내리고 여기에 불복하는 자는 수령을 경유하여 감사에게 의송(議送 : 항소)할 수 있었는데, 감사는 사실심으로 재판하지 않고 자기 나름대로 사실과 증거에 대한 조사를 지시하거나 판결 방향을 지시했으며, 수령은 그 지시에 따라 판결했다. 의송에 의한 판결에 불복할 경우 형조에 상소할 수 있었으며, 최종적으로는 국왕에게 상언[상고]할 수 있었다.

이처럼 심급제도가 있어서 한 사건을 몇 번 다루었는지를 심급에 따라 계산할 수 있게 되어 있었으나 그대로 지켜지지는 않았다. 즉 수령이 바뀌면 새 수령에게 제소하기도 하고, 감사를 거치지 않고 직접 형조에 직소하거나 사헌부에 제소하기도 하고, 후기에 와서는 한성부가 전국에 걸쳐 2심의 권한을 사실상 행사하기도 했다. 사헌부는 일종의 검찰기관이지 재판기관은 아니었으나 판결이 심히 불공정한 경우 당해 관리를 규탄하게 되며 그에 따라 국왕의 명령으로 특별히 지정된 관사가 재판하기도 했다. 그러므로 지극히 억울한 자는 사헌부에 호소하는 일이 많았다. 이렇듯 심급에 따른 재판의 확정이라는 제도가 없었기 때문에 수령 선에서 삼판 양승하는 경우도 있을 수 있었다.

재판의 기능과 의식

재판은 지금까지 적은 바와 같은 절차로 진행되었는데 큰 사건일수록 법이 정한 절차대로 되었고, 작은 사건이나 잡송은 절차를 생략하는 일도 있었다. 분쟁이 일어나면 대개 당사자간에 또는 유력한 사람의 중재로 해결되었으나 화해되지 않으면 재판에 이르게 된다. 그러나 이미 이때는 인간관계가 깨어지고 소장에도 치열하게 인신공격을 했으며, 노여움과 분에 가득 차서 헐떡거리며 관청에 오는 일이 많았다. 오늘날에도 '척사지 말라', '척사는 일은 하지 말라'라는 말이 전해지는데, 여기서 '척(隻)'은 피고가 된다는 말이다. 당시 피고가 된다는 것은 원수처럼 된다는 오랜 경험에서 나온 말이며, '척(隻)'이 원수의 대명사로 된 것이다.

반상간(班常間)에도 차별없이 소송할 수 있었으므로, 양반이라 할지라도 문벌이나 힘이 약한 경우 상민에게 능욕당하는 일이 흔히 있었다. 이 경우 상민의 양반능욕죄를 먼저 다스리고 재판했으며, 오로지 사리(事理)에 따라 다투도록 했다. 양반에 대해 인신공격할 수 없는 것을 상민의 도리로 보았던 것이다. 재판 당사자 중 한편이 권세가이거나 권세의 배경을 갖고 있거나 금력이 있는 경우 재판이 지연되거나 공정하지 못한 사례는 흔히 있었다. 그렇다고 해서 재판을 포기하지 않은 억울한 자나 힘없는 자는 그나마도 재판의 힘에 의지하여 권리를 주장했다.

한편에서는 공정치 못한 재판이 행해지는 일도 있었으나, 억울한 일은 끊임없이 제소되어 그런대로 권리의식이 성장해가고 있었다. 송사(訟事)를 하면 패가망신한다는 속담이 있는데, 그것은 불공정한 재판이 행해짐과 동시에 시일이 많이 걸리고 비용이 많이 들게 되므로, 승소한다 하더라도 끝내는 지치고 남는 것이 없는 경험에서 나온 말이다. 이러한 사례는 오늘날에도 경험하고 있다.

외지부(外知部)의 변론

중요한 거래행위나 소송은 반드시 모두 문서를 작성해야 하며, 이 문서제도는 고려시대부터 많이 활용되었다. 문서는 법률행위의 종류에 따라 일정한 형식이 있으므로 그 형식에 따라야 했다. 특히 소송문서의 대표적인 소지[소장]는 유식하다고 해서 아무나 작성할 수 없었다. 일정한 형식이 있고 기술을 요하였기 때문에 적어도 법률이나 소송기술에 조예가 깊은 자만이 작성할 수 있었다. 따라서 무식한 자나 유식하더라도 소송에 조예가 없는 자는 타인에게 의뢰할 수밖에 없었으며, 대개 고로(古老)·유생·아전에게 의뢰를 받아 대서(代書)하였다. 그러나 이들은 직업적인 대서인은 아니었다.

문서 작성에 대한 지식과 편의를 위하여 약 50여 종의 각종 문서형식과 용례를 소개한 『유서필지(儒胥必知)』라는 책이 전해져 오는데, 그 책을 보면 소지 형식이 매우 복잡하다. 소송절차는 모두 문서에 의한 방식주의이고 복잡했기 때문에 조언이나 협조를 받지 않고는 성공적으로 진행하기 어려웠다. 따라서 관청 주변에는 타인에게 소송을 교사·유도하는 것을 업으로 삼는 자들이 있었다. 소송에 밝은 자들의 협력을 받지 않을 수 없었으므로 이들을 고용하여 대송(代訟)하는 일이 많았다.

외지부(外知部)란 관행상 속칭되었던, 변호사와 유사한 직업적 법조인이라고 할 수 있다. 이들은 관사 주변에 서성거리면서 민사적 분쟁사건으로 난처해진 사람이나 사송(詞訟)을 제기하러 온 사람들에게 소송기술을 가르쳐주거나 소장을 작성해주거나 혹은 고용되어 소송대리인으로서 소송을 진행하는 것을 업으로 삼는 자들이었다. 이들은 당시의 실정법이나 절차법에 밝았을 뿐 아니라 소송기술에도 능통했으므로, 승소한 경우 약정에 따라 감정료나 변호료를 받았다. 승소하기 위해서는 증거의 위조는 물론 상대방을 곤경에 빠뜨리기 위해서 각종 소송기한을 교묘한 방법으로 연장하거나 절차의 진행을 지연시켜 당국으로서는 매우 골치거리였던 모양이다. 그리고 이들의 활동무대는 서울에 있는 형조·한성부·장예원이었다.

외지부라는 명칭은 장예원을 도관지부(都官知部)라고 칭했던 데서 속칭된 것이다. 장예원은 노비에 관한 문서와 소송을 다루는 관청으로, 당시에는 토지와 함께 노비가 재산의 가장 중요한 부분을 점했으므로 노비에 관한 분쟁도 그만큼 많았다.

당시 중앙이나 지방의 재판관청에서는 폭주하는 소송을 신속히 처결함으로써 체송(滯訟)의 폐를 없애는 것을 이상으로 했기 때문에 분쟁 당사자 아닌 외지부가 소송을 유도하거나 대송하면 사건의 속결에 방해가 되었다. 그래서 조정에서는 이 외지부업을 근절시키기로 결정하여 성종 9년(1478) 8월부터는 외지부를 붙잡아 장 1백형에다 전가족을 함경도의 오진(五鎭)으로 보내는 전가사변형에 처할 뿐 아니라 이를 붙잡아 신고한 자에게는 강도를 붙잡은 상례에 따라 1인당 면포 50필을 상급하기로 하는 법령을 공포했다. 당국에서는 이들을 '무문농법(舞文弄法)'하여 '변란시비(變亂是非)'와 같은 '간위(奸僞)'를 일삼는 '무뢰지도(無賴之徒)'라고 규정지었으니 이때부터 외지부 업자는 숨어서 영업하거나 차차 자취를 감추게 되었다. 직업적 법조인의 싹이 끊기게 된 것이다.

지방에도 외지부와 유사한 직업인이 없지 않았을 것이나 서울에서처럼 직업화되어 있지 않았기 때문에 거론되지 않은 것으로 보인다. 대개는 고로나 유생 또는 이서(吏胥)에게 의뢰하여 소지를 대서받거나 소송기술에 관해서는 특히 관아의 아전의 조력을 받았는데, 송뢰

(訟賂 : 소송에 관한 뇌물)를 주어야 했다. 한편 계약문서나 소송문서 작성의 지식과 편의를 위하여 앞서 지적했듯이 약 50여 종의 문서형식 용례를 소개한 『유서필지』라는 법률문례집이 많이 이용되었다.

상피제도

재판을 공정히 하고 또 정실이 개입되었다는 혐의를 피하기 위해서 재판관이 소송 당사자와 친족관계가 있는 경우 그 사건을 담당하지 않거나 또는 다른 관청에 옮기는 제도를 상피(相避)라고 한다. 이 제도는 중국에서 받아들인 것으로 고려시대부터 행해졌으나, 상피하는 친족의 범위는 중국의 그것과 달랐다.

고려시대는 친가, 즉 부족(父族)으로는 부(父)·자(子)·손(孫)·형제·백숙부·사촌형제·사위·손녀사위·자매부(姉妹夫)·종자매부(從姉妹夫)이고, 외가 즉 모족(母族)으로는 외조부모·외삼촌·이모부·외종형제·이종형제이며, 처가 즉 처족(妻族)으로는 처부모·처남·동서·처삼촌·처고모부·처질(妻姪)·이질(姨姪)·처질녀서(妻姪女婿)이었으며, 부계·모계는 4촌, 처족은 3촌의 범위였다. 조선시대에서도 유복친의 범위로 하고 있는 대명률을 따르지 않고 고려시대의 범위를 대체로 따르고, 모족·처족은 오히려 고려시대보다 확대되었다. 즉 고모부·처모·처고모부·이질을 제외하고, 동모이부 형제자매(同母異父 兄弟姉妹 : 씨다른 형제자매)·이모·생질·질녀·질부·처조부·처숙모·사촌처남이 추가되었다.

곧고 바른 명판결의 사례

민사재판이든 형사재판이든 반드시 법조문을 적용해서 재판해야 하며, 특히 민사재판은 조문의 적용보다도 조리나 구체적 타당성을 고려해서 재판해야 하는데, 원래 공정한 그리고 누구나 승복할 수 있는 재판을 하기란 쉬운 일이 아니었다. 옛 속담에도 "송사에는 졌어도 재판은 잘하더라"라는 말이 있다.

신응시(辛應時 : 1532~1585)는 조선 중종 말부터 선조 초에 걸쳐 예조참의, 병조참지를 거쳐 대사헌에 이르고 지방수령을 역임할 때는 재판시에 서리들에게 종일토록 각종 장부와 서류를 들고 서 있게 하고, 소장이 들어오는 대로 즉시 재판하며 폐스러운 법례는 과감히 없애며 행정과 교육에 힘썼으므로 백성이 모두 그를 칭송하며 따랐다. 그는 성혼, 이이와도 친분이 두텁고 매우 청렴결백한 사람이었다. 그가 호남어사가 되어 전라도 남원에 이르러 한 사건을 다루었다.

어떤 부자가 불교를 광신하여 재산을 모두 만복사(萬福寺)에 시납했으며 전답도 문서까지 몽땅 바쳐서 성의를 표했다. 그런 후로 필경 굶어죽게 되었고 그의 자식도 고아가 되어 떠돌아다니며 구걸하여 역시 굶어 쓰러질 정도로 되었으므로, 전후 사정을 자세히 적어 남원부사에게 전지를 돌려줄 것을 호소하는 소지〔소장〕를 냈으나 번번이 패소했다. 마침 신응시가 그곳에 들렀으므로 다시 소장을 냈는데, 신응시는 "전지를 내놓아 시주한 것은 본래가 복을 구하려 한 것인데 몸은 벌써 굶어죽고 아들이 또 빌어먹고 있으니 부처의 영험이 없음을 알 수 있다. 전지는 임자에게 돌려주고 복은 부처에게 바치라"고 판결하니 도내에서 통쾌한 명판결이라고 칭송이 자자했다.

불교를 좌교(左敎)라고 규탄하던 때일 뿐 아니라 『경국대전』 형전 금제조에는 "사노비나 전지를 사사나 무격에게 시납한 자는 논죄 후에 그 노비와 전지는 국가에서 몰수한다"는 규정이 있기 때문에 이 사건의 전지도 국가에서 몰수해야 할 것이나 그 아들이 딱하므로 그에게 돌려주게 한 것이다. 필경 이 조문을 적용한다면 국가에서 몰수해야 했으나 법조문을 적용치 않고 구체적 타당성을 고려한 것으로 짐작된다.

이보림(李寶林)은 고려 말기 사람으로 익제 이제현(李齊賢)의 손자이며 사람됨이 근엄하고 곧으며 남원과 경산의 수령을 지냈는데 잘 다스려서 인망이 높았다. 그가 경산부(지금의 성주) 수령이 되었을 때의 재판례가 있다.

　어떤 백성이 와서 이웃집 사람이 자기 소의 혀를 잘랐다고 고소했는데 이웃사람을 데려다 심문했더니 그런 일이 없다고 부인했다. 이보림은 그 소를 목마르게 한 다음 간장을 물에 타놓고 마을사람들을 모두 모이게 한 다음 명령하기를, "차례로 돌려가며 간장 탄 물을 소에게 마시게 하되 소가 마시려 하면 곧 물통을 떼라"고 했다. 마을사람들이 명령대로 하는데 피고가 앞에 오자 소가 깜짝 놀라 달아났다. 그를 잡아 다시 심문하니 "소가 우리 벼를 뜯어먹었기 때문에 그 혀를 끊었습니다"라고 자백했다.

　또 어떤 사람의 말이 남의 밀밭에 가서 밀을 다 뜯어먹었으므로 말 주인이 가을에 가서 갚아주기로 약속했다. 그런데 여름이 되어 말이 뜯어먹은 밀에서 다시 싹이 돋아나자 말주인은 싹이 돋아나니 수확할 수 있다고 하면서 그것을 갚아줄 수 없다고 하므로 밀밭 주인이 이를 고소했다. 이보림은 말 주인은 앉히고 밀밭 주인은 서 있게 한 다음 "두 사람이 함께 뜀박질을 하되 뒤진 자에게는 벌을 준다"고 하며 뛰라고 명령했다. 말 주인이 뒤떨어지게 되자 "저 사람은 서서 뛰고 나는 앉아서 뛰니 어떻게 따라갈 수 있겠습니까. 불공평합니다"라고 불평하였다. 이보림이 말하기를 "밀도 역시 그렇다. 말이 먹은 뒤에 다시 싹이 나서 자라기는 했으나 수확이 제대로 되겠느냐"고 하면서 형장으로 때리고 변상케 했다.

　권엄은 18세기 말엽인 영·정조시대 사람으로 한성판윤을 거쳐 병조판서를 지냈으며 위세에 굴하지 않고 바른대로 재판한 인물이었다. 그가 한성판윤 시절에 어의(御醫)인 강명길(康命吉)이 왕의 은총을 믿고 매우 방자하므로 모든 사람들이 그를 미워했다. 강이 그의 부모를 이장하기 위해 서대문 밖에 산지를 사고, 산 아래에 살고 있던 민가 수십 채도 사서 10월 추수가 끝나면 집을 비워주고 나가기로 약정했는데 그해에 흉년이 들어 민가에서 약속을 이행치 못하게 되었다.

이에 강명길은 종을 동원하여 민가를 내쫓기로 작정하고 한성부에 제소했으나 권엄이 이를 들어주지 아니했다. 강이 이 사실을 왕에게 말하고 부탁하자 왕은 승지인 이익운(李益運)을 불러 강이 다시 한성부에 제소하면 이졸을 시켜 민가를 몰아내게 하도록 판윤인 권엄에게 이르라고 했으므로 이승지가 권판윤에게 왕의 부탁을 전했다. 다음날 강이 왕의 부탁을 믿고 다시 제소했으나 권판윤은 이전과 같이 불허하는 판결을 내렸다. 왕은 이 사실을 듣고 노하여 이승지를 불러들여 일이 잘못된 것을 책망하는데, 왕의 노여움이 어찌나 무서운지 모두 무서워 떨었다. 이승지가 권판윤에게 가서 왕의 노여움을 전하니 권판윤은 "백성들이 당장 주리고 추위가 뼈에 사무치는데 쫓아내면 모두 길에서 죽을 것이니 내가 죄를 지을지언정 차마 내쫓아 백성들로 하여금 나라를 원망하게 할 수는 없다"고 했다.

그 다음날 강이 다시 제소했으나 전대로 판결하여 조금도 변동이 없으니 사람들이 듣고 권판윤이 화를 당하지 않을까 걱정했다. 수일 후 왕은 이익운에게 말하기를 "내가 가만 생각하니 판윤의 처사가 참으로 옳다. 권판윤은 참으로 얻기 어려운 인재이다. 경〔이익운〕은 그렇게 못할 것 같다"고 했으며, 권판윤은 왕이 했다는 말을 전해듣고 감격해서 울었다고 한다.

숙종 때의 이세재(李世載)도 맑고 곧은 인물로 동래부사, 경상·평안관찰사를 역임했으며 훌륭한 치적을 쌓아 그 역량을 높이 평가받았다. 그가 동래부사로 있을 때 근친간에 서로 제소하는 자가 있으면 두 사람을 모두 처벌하고, 산송(山訟)이 있으면 먼저 지사(地師)를 벌하며 소를 밀도(密屠)하는 자는 물건으로 속죄함을 허용하지 않고 치도법(治盜法)으로 다스림으로써 소의 밀도살을 근절하기에 힘썼으며 동래부사로 있는 3년 동안 쇠고기를 먹지 않았다고 한다.

명종·선조시의 홍혼(洪渾)은 성품이 강직하며 병조·형조참의·강원감사, 성주·양주목사를 역임했다. 양주목사 때 임해군의 노자가 방자하고 행패가 심하여 백성들이 감히 얼씬하지 못했는데 홍목사가 이를 체포하여 옥에 가두고 매질하여 거의 반죽음에 이르게 했다. 또 후궁인 김소용(金昭容)이 왕의 총애를 독차지하게 되자 세력을 믿고 그의 조모를 다른 사람 소유의 산에 투장(偸葬)했다. 산주가 제소하자 홍목사는 즉시 법에 의하여 파내게 하니 경기감사가 듣고 크게 놀랐으며 원근 사람들이 무서워했다.

(박병호, 서울대 법대 교수)

호적 제도

 조선시대 우리 조상들은 국가권력에 의하여 어떻게 파악되고 통제되며 살아왔는가? 현재 남아 있는 많은 호적대장과 호구단자, 준호구, 호패 등을 통하여 우리는 조선시대 국가권력에 의한 백성 통제의 여러 면을 볼 수 있다.
 중세 봉건국가는 백성들을 몇 개의 신분층으로 나누어 통제하였다. 이에 따라 호적을 작성하는 방법이라든가 호패의 재질, 모양, 크기도 각각 달랐다. 조선시대에는 "예는 서민에 내려가지 않고 형벌은 사대부에 올라가지 않는다(禮不下庶民 刑不上大夫)"는 말에서 보다시피, 신분에 따라 적용되는 규범이 엄격히 구분되는 신분제 사회였다. 이는 신분에 따른 사회통제 방식의 차이를 말해주는 것이다.
 호적은 일반 민중생활에 가장 필수적인 법적 장치였다. 어떤 형사, 민사사건이 일어나서 사건을 심리할 때도 먼저 그 사람의 호구가 제시되지 않으면 접수가 되지 않았다. 과거시험에 응시할 때도 그 지역의 호적에 올라 있지 않으면 응시할 수 없었다. 이만큼 호적은 백성들의 일상생활을 규제하는 장치였다.
 이 글을 통하여 우리는 국가가 인민을 통제하는 장치였던 호적제도를 통하여 어떻게 백성들을 규제하였고, 이를 통하여 백성들의 일상생활은 어떻게 규제되었는가를 이해해 보기로 한다.

〈도판 1〉 신라촌락문서

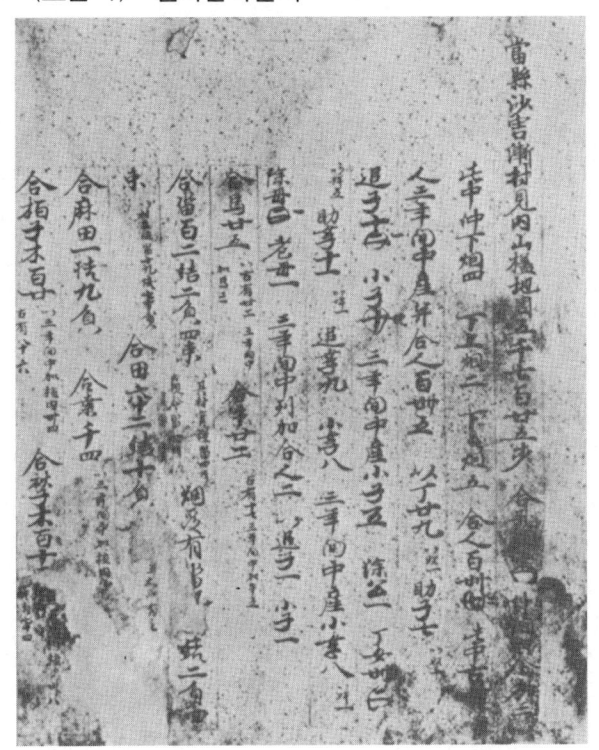

호적제도의 역사

국가에서 인민을 파악하기 위한 수단으로 만들어진 호적은 우리나라에서도 일찍부터 도입되어 작성되었다. 우리나라에서 가장 오래된 호구 파악 문서는 잘 알려져 있다시피 '신라장적'이다. 신라장적은 '신라촌락문서'라고도 불리는데, 1930년대에 이 문서가 발견된 이래, 이 문서를 이용하여 신라시기의 사회구조나 경제관계를 밝히는 논문은 많이 나와 있다. 그런데 아직 이 문서의 성격 자체를 규명한 글은 보이지 않는다.

필자는 여러가지 정황으로 보아 이 신라장적을 '계장(計帳)'으로 보고싶다. 이 시기 신라에서는 중국 당나라의 율령제의 영향을 받아 여러가지 제도가 시행되고 있었는데, 당나라의 균전제는 북위에서부터 시행되었던 것으로 위나라의 계장문서(計帳文書)에는 호구(戶口)와 노비(奴婢) 및 우마(牛馬) 등이 기재되어 있었다. 이러한 점으로 보아 우마(牛馬), 상목(桑木) 등까지 파악하여 기록한 신라장적은 위나라의 영향을 받은 '계장(計帳)' 문서라고 해야 할 것이다.

원래 중국의 호적은 이처럼 호구와 전택(田宅)을 함께 파악하고 있었다. 인구와 토지의 균등한 조절에 의한 균전제의 시행이 목적이기 때문이었을 것이다. 따라서 토지와 인구를 동시에 파악하고 족정(足丁), 반정(半丁) 등 토지의 단위 자체가 정(丁)과 밀접히 관련된 고려 전기의 제도하에서 호적 비슷한 문서들은 역시 호구와 토지를 동시에 파악한 자료였을 것이다. 그러나 고려전기의 호적 자료는 실물로 남아 있는 것이 없어 구체적인 운영방식을 알 수가 없다.

고대국가가 성립된 이래 국가권력은 인민을 지배하기 위한 방법으로 토지와 인민을 정확히 파악할 필요가 있었다. 특히 인민에 대한 파악은 국가의 노동력과 군역 확보를 위해 필수적인 조치였다. 우리나라에서도 일찍부터 토지와 인민을 파악하는 제도적 장치가 있었던 것으로 보인다. 통일신라 시기에 만들어진 촌락문서는 국가에서 촌락마다 호를 단위로 하여 토지와 인구 및 가축수, 유실수 등에 대한 정확한 파악을 통하여 호등(戶等)을 구분하여 파악하고 있음을 말해주고 있다.

고려시기에도 족보에 수록된 호적 자료를 통하여 그 시기에도 국가의 인민 파악과 직역의 구별이 엄격히 이루어지고 있음을 알 수 있다. 특히 고려말 이른바 '이성계호적'으로 알려진 국보호적을 통하여 고려시기의 호구 파악 방식을 알 수 있다.

조선 왕조에 들어와서도 국가제도의 정비에 따라 호적제도도 더욱 엄격하게 정비되었다. 고려시기와 조선시기의 호적기재 방식은 크게

⟨도판 2⟩ 이성계 호적

다를 바가 없으나, 호처(戶妻), 병산(幷産), 모(母), 외조(外祖), 본관(本貫) 등의 기재 방식에 약간의 차이를 보이고 있는데, 이는 부계와 모계의 양측적 친속관계가 조선시기에 들어와서 부계친을 중심으로 한 친족관계로 호적기재의 형식에서도 바뀌고 있음을 말해준다.

조선시대의 호적제도는 호구 파악을 통한 군역, 요역의 부과와 신분의 변별, 노비소유권의 확인 등 여러가지 기능을 하는 것이었다. 광무개혁 이후 호적기재 방식은 호적단자에서 호적표로 양식이 크게 바뀌고 있다. 이는 근대적 호적제도의 정비를 반영한 것이라고 생각된다.

호구 파악을 위한 호적제도의 보조적 제도는 인보정장제, 오가작통제, 호패제 등을 통하여 강화되었다. 1711년 이정법의 실시는 이정(里正)을 중심으로 한 부역의 촌락 공동책임제라고 할 수 있겠는데, 이는 한편으로는 자영소농의 성장에 따른 촌락의 발달을 반영하는 것이기도 하였지만, 다른 한편으로 호적제도의 측면에서 볼 때는 호적파악의 이완현상이 나타나는 계기가 되었다. 전반적으로 조선후기의 호구 파악의 수준은 실제 인구의 40% 정도로 매우 불완전한 것으로 알려지고 있다.

호적제도의 운용

호적대장은 국가에서 종합적으로 호구의 현황을 파악한 장부였다. 조선시대의 호적대장은 대개 크기가 매우 커서, 규장각에 소장된 현존 최고의 호적대장인 선조대의 산음호적(山陰戶籍)은 가로×세로가 91×37cm, 숙종·영조대의 대구호적은 78×58cm, 연도 불명의 삼척(三陟)호적은 87×56cm이다. 즉 숙종대의 장적이 손으로는 들기 어려운 화물 같은 것인데 비하여 후대의 그것은 수진본(袖珍本)이라고 할 정도로 가볍고 조그만 것이라고 하겠다. 즉 후기로 갈수록 크기의 축소와 함께 제본도 가볍고 편하게 되었다.

초기의 호적대장이 표지에 포의(布衣)를 사용하고, 책자의 우단(右端)을 철판으로 묶고[布衣鐵粧] 또 쇠고리를 달아 매달도록 되어 있는데, 후기의 호적대장은 보통 후지(厚紙)를 표지로 하고 면사(綿絲)로 묶어 장황(粧䌙)하였다.

보통 호적대장은 그 표지의 좌측에 묵필로 "○○道○○縣○○式戶籍臺帳"이라고 크게 쓰고, 표지의 오른편 위쪽의 여백에 약간 작은 글씨로 '동면(東面)', '읍상(邑上)'이라고 묵서(墨書)하였다. 이는 동면의 호적대장을 읍의 호적고(戶籍庫)에 보관한다는 의미이다. 예컨대 한성부에 보관하는 것이라면 '경상(京上)', 감영에 보관하는 것이라면 '영상(營上)'이라고 기재해야 할 것이다.

외제(外題)에는 간지만의 성책연차(成冊年次)가, 내제(內題)에는 「乾隆○○年○月○日○○道○○縣○○式戶籍臺帳」이라고 씌어 있다. 호적대장은 자(子)·묘(卯)·오(午)·유(酉)의 식년(式年)마다, 즉 3년에 한 번 작성이 되는데, 그것은 태종 3년(1403)에 처음 정해져, 『경국대전(經國大典)』과 『속대전(續大典)』의 호전(戶典) 규정에 따른 것이다. 호적대장을 식년마다 작성하는 것은 사실 이보다 훨씬 더 위로 신라시대까지 거슬러올라가리라고 생각한다. 즉 신라장적에 3년

〈도판 3〉 16세기 안동부 주촌 호적대장 단편

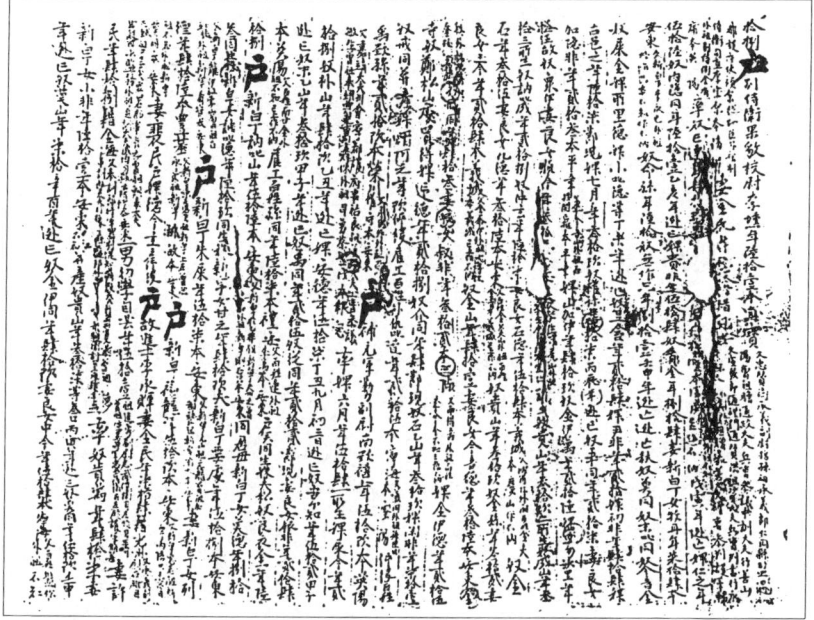

간 변동한 내용을 추기한 사실에서 우리는 일찍부터 호구의 변화를 3년마다 작성했다는 것을 알 수 있다.

식년마다 작성된 호적대장은 먼저 읍에 보관되고, 그 외에 2부가 더 등사되어 소관의 감영과 서울의 호조(혹은 한성부)에 보내어졌다. 즉 각 호적대장의 표지에 '읍상(邑上)', '영상(營上)', '경상(京上)'이라고 쓴 것은 그 호적대장의 소장처를 말해준다.

〈도판 3〉에 제시한 경상도 안동부의 호적대장의 단편은 경상도 안동 주촌 퇴계 이황의 종손가에서 발견된 것인데, 아마도 오래된 안동부 호적대장 가운데 자신의 선조의 이름이 기재된 부분을 잘라서 족보 편찬에 참고한 후 보관하였던 것으로 보인다.

어쨌든 조선전기의 호적대장이 거의 남아 있지 않은 상황에서 호적대장의 단편이나마 발견된 것은 이 시기의 사회를 이해하는 데 매우 중요한 사료라고 할 것이다.

호적대장을 통하여 우리는 조선시대에 대한 많은 정보를 얻을 수 있다. 이를 통하여 우리는 조선전기의 호구 파악 방식은 어떠하였는가, 호의 구성은 어떠하였는가, 신분구성은 어떠하였는가, 인구 구성은 어떠하였는가, 가족구성은 어떠하였는가 등등 많은 사회사적인 주제를 규명할 수 있다.

조선시대 호적 작성 절차

전통 양반가문이나 박물관, 도서관 등에 현재도 많이 남아 있는 호구단자나 준호구, 호패 등은 어떠한 절차를 거쳐 작성되었는가? 이들 호적자료는 대개 조선후기의 것이다. 조선초기의 호적대장이나 준호구는 거의 남아 있지 않다. 다만 조선전기의 준호구 원본으로 남아 있는 것은 함경도 단천의 심양(沈洋) 등의 준호구 정도로 손가락으로 헤아릴 정도로 희귀하다. 이와 같이 고려시대나 조선초기의 준호구가 남아 있지 않은 것은 시기가 오래된 데도 기인하겠지만, 준호구를 성급해주는 관행이 아직 확립되지 않은 데서 비롯된 것이 아닌가 생각된다.

호적 발급 절차를 살펴보면 백성이 호구단자를 작성하여 자신의 호구를 신고한다. 그러면 각읍에서는 제출된 호구단자가 사실에 맞는가를 확인하여 호구를 호적대장에 등재한 후, 호구수를 확인하고 제출한 호주에게 돌려준다. 그 후 각 읍에서는 호적대장을 3부 작성하여 호조(또는 한성부), 본도에 올려보내고 한 부는 읍에 남겨 군역 차출, 신분 확인, 노비 추심 및 소송자료로 이용하였다. 또한 백성이 역시 위와 같은 목적에서 문서를 발급받아 증명할 필요가 있을 때는 호적대장에 근거하여 수령의 관아에서 준호구를 발급해 준다.

조선 초기에 호구를 작성해주는 방법으로는 각 사람의 장고(狀告)에 의거하여 성급해주는 것이 일반적이었다. 세종 10년 5월 계축조에 의하면 "각 사람의 호구는 경중(京中)에서는 한성부, 외방(外方)에서는 각 관의 수령이 그 사람의 장고(狀告)에 의하여 성급해준다.…
한 부는 점련(粘連)하여 입안(立案)하고, 한 부는 장고한 호수(戶首)
에게 주되 첩급(疊給)하지 않도록 한다"고 하였다. 장고에 의해 발급
해주는 규식은 "모년 모월 일 모부(또는 군현)에 있는 모년에 성적한
호구장(戶口帳) 내에 모부 모방 제 몇 리(외방은 모면 모리)에 거주하
는 어떤 직 성명 나이 본관 4조(祖 : 아버지, 할아버지, 증조할아버지, 외
할아버지), 처 무슨 씨 나이 본관 4조, 솔거자식 누구누구 노비 누구
누구 등 준급하는 것. 한성부(외방은 모주현) 모두 서명, 지우거나 끼
어넣어 쓴 것의 자수 및 유무를 횡서하고 답인한다"고 되어 있다. 이
렇게 작성된 준호구는 한 본은 점련(粘連)하여 입안(立案)하고, 한 본
은 장고호수(狀告戶首)에게 준다. 이러한 호구식(戶口式)은 『경국대
전』 예전에 수록된 호구식 또는 준호구식(准戶口式)과 같다.

그러나 조선 전기의 호적제도의 실상을 충분히 이해하기는 어렵다.
즉 법전의 규정에 따라 호적대장이 매 식년마다 작성되었는지, 호적
대장을 작성할 때마다 호구단자를 제출하고, 그에 따른 준호구가 발
급되었는지 알 수가 없다. 아마도 법전에 규정된 대로 시행되지 않았
을 가능성이 더 많다. 왜냐하면 현재 임란 이전의 호적대장이 한 건
도 남아 있지 않고 호구단자나 준호구도 거의 남아 있지 않기 때문이
다. 이것은 시기가 오래 되어서 사료가 인멸되었다고 보기는 어렵다.
임란 전의 경우에도 토지매매 문서나 노비입안 문서는 현재 많이 남
아 있다. 임란 이후 광해군, 인조대에 호패법을 실시하고 인구를 파
악하는 정책이 강화됨으로 말미암아 17세기 이후의 호적대장과 호구
단자, 준호구 등이 대량으로 생산되었고, 그 결과 오늘날에도 그러한
사료들이 많이 남아 있게 된 것이라고 생각된다. 요컨대 사실상 호적
제도가 제대로 시행된 것은 호적대장과 호구단자, 준호구가 많이 남
아 있는 조선후기 이후부터라고 해야 할 것이다.

호구 파악의 보조수단

조선후기의 호적제가 제대로 정비되는 것은 호적제의 보조적 역할을 한 호패제도와 오가작통제의 정비와 실시에 의하여 가능한 것이었다. 조선전기의 호적제를 뒷받침해주는 보조적 제도로서 국가에서는 인보정장법(隣保正長法)과 호패법을 들 수가 있겠다. 인보정장법은 뒤에 오가작통법으로 발전하여 『경국대전』에도 수록되어 있지만, 실제로 조선전기에 오가통제가 실시되지는 않은 것으로 보인다. 오가작통제가 실제로 시행된 것은 숙종대 이후이다. 조선전기에도 오가작통제도가 대전에도 실려 있고 조신(朝臣)들도 누차 시행하려 하였지만 실행되지 않았고 또 성종 21년의 실록 기사에 따르면 실행하기도 어렵다고 하고 있다.

조선후기에 들어와 효종대에도 『경국대전』의 호적제에 따라 5호 1통, 이정(里正), 권농관(勸農官)제도를 시행하도록 사목(事目)을 정하여 시행하자는 건의가 있었으나, 국가에 일이 많은 때이니 천천히 의논하자고 하여 이때도 오가작통제 및 면리제가 제대로 실시되지 못하고 있음을 알 수 있다. 또 선조 39년 실록 기사에 따르면 식년마다 작성토록 되어 있는 호적 작성 규칙도 임란 후에는 제대로 지켜지지 않은 것으로 보인다. 오가작통제가 실제로 시행되지 않았던 것은 숙종대 이전의 호적대장, 즉 산음장적이나 1609년 울산 호적대장을 보면 알 수 있다. 산음 호적대장에서는 리단위로 호만 구별하여 대장을 작성하고 울산 호적대장에서는 10호를 단위로 작통(作統)하고 있다.

숙종대에 들어와서 오가통제는 본격적으로 실시되었다. 숙종 원년에 실시된 '오가작통사목'은 21개 조항으로 되어 있다(『增補文獻備考』 권161, 戶口考). 이 21개 조항의 오가작통사목은 처음 윤휴(尹鑴)가 관자(管子)의 오가통제를 받아 만들었으나 허적(許積)이 김석주(金錫胄), 유혁연(柳赫然)과 윤휴의 법을 증손(增損)한 것이다. 이 오가작통사목은 그대로 시행되지는 않았으나 호적대장의 오가작통이 시행된 결정적인 계기가 된 것으로 보인다. 특히 향약을 행정기구 속에 넣어서 시행해보려 한 점은 당시 사림 수령들에 의하여 널리 향약이 실시되고 있었던 점으로 미루어보아 시의적절한 것이었다고 하겠으나, 지식층이 부재한 군현에서는 그러한 계층을 확보하기가 어려웠을 것이다.

호패법은 조선전기 중에도 강력한 전제군주였던 태종대와 세조대에 실시된 적이 있으나 이 제도의 가혹한 인신구속적 성격으로 인하여 오래 지속될 수는 없었다. 임란 후에도 흐트러진 기강을 바로잡고 호구수를 제대로 파악하기 위하여 광해군대에 호패청을 설치하고 호패제를 실시하려 하였으나 역시 제대로 실시되지 못하였다. 조선후기에 호패법이 제대로 실시된 것은 반정으로 광해군의 뒤를 이은 인조대였다. 인조는 반정을 한 군주임에도 호패제도만은 광해군의 시책을 그대로 계승하였다고 하겠다.

인조 3년의 '호패사목'은 전문 1조에 본문 35조, 단자식(單子式) 14조, 성책식(成册式) 1조, 패식(牌式) 14조 총 67조로 되어 있고, 호패도(號牌圖)가 첨부되어 있다. 14조로 된 단자식은 현직 관료, 전직 관료, 생원·진사, 문무과(文武科) 출신(出身), 가설직(加設職)·영직(影職) 및 잡직(雜職), 유학(幼學), 위속(衛屬), 한량(閑良), 유역인(有役人), 양정(良丁), 여정(餘丁), 사노(私奴), 향화(向化) 등 호패 지급 대상자를 13류(類)로 분류하여 단자를 기재하는 요령을 제시하고 있다. 즉 각 직역에 따라 먼저 직역명(職役名)을 쓰고 성명, 생연, 용모파기(容貌疤記 : 용모의 특징과 흉터) 및 기타 사항을 쓰도록 하였다. 호구단자는 각 호마다 1단(單)을 내는데, 동거남정(同居男丁)과 노(奴)의 성명, 직역, 용모파기의 기재 방식은 호주의 기재 방식과 같다. 이 단자식을 보면 호패법은 기본적으로 국역의 확보를 위해 남정 위주의 파악 방식이라는 것을 알 수 있다.

다음 성책식은 단자를 거두어 성책하는 방식을 서술하였고, 패식은

〈도판 4〉 호패

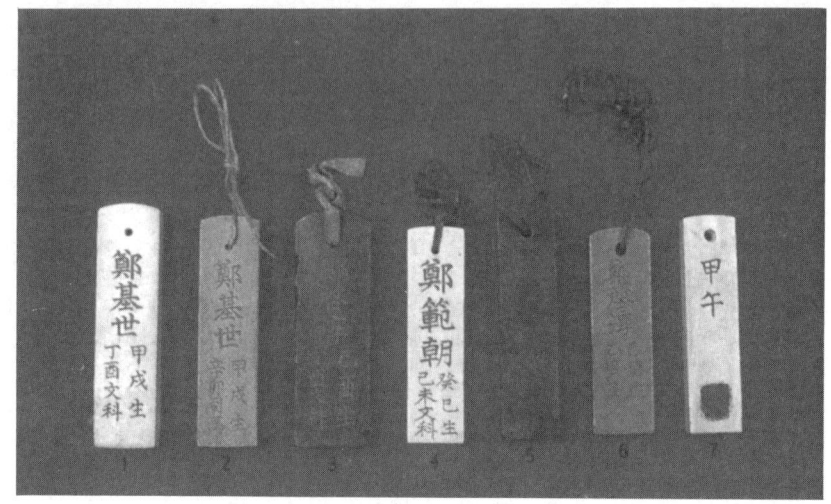

* 1·4 아패(牙牌), 2·6 목패(木牌), 3·5 각패(角牌), 7. 황양패(黃楊牌) 국립박물관 소장

패의 종류, 패자의 전색과 작패 공장 및 조역군의 요포, 작패 장소, 감독관 및 담당 관료 등에 대하여 구체적으로 16개 항에 걸쳐서 기술하고 있다. 마지막으로 호패도를 그려 상단부는 원형이고 하단부는 방형(方形)으로 천원지방(天圓地方) 사상을 상징하는 호패 모양을 보이고 있다.

이와 같이 호패법과 오가작통법을 통하여 어느 정도 양역 인구가 확보되고 임진왜란과 병자호란 등 전란을 겪은 후 이른바 국가를 '재조(再造)'하는 기초를 마련한 것으로 보여진다. 17세기에 작성된 호적대장의 직역 기재의 정밀성은 18, 19세기의 호적대장과는 비교할 수 없을 정도로 정밀한 것인데, 이러한 결과는 바로 호패법과 오가작통법의 시행으로 가능했다고 생각된다. 호적제에서 보조적 역할을 한 이러한 제도를 바탕으로 이제 '호적사목(戶籍事目)'이 마련되고 있다.

이 호적사목은 누호(漏戶), 누정(漏丁) 등 호적에 누락된 자들에 대한 처벌 조항 위주로 만들어져 있다. 정확히 언제 작성되었는지 확인되지 않은 '호적사목' 27조의 내용은 그러한 사정을 설명해주고 있다.
 호패제, 오가작통제(인보정장법) 이외에도 국가에서 인민을 파악하고 통제하는 장치로서 실시된 제도로 면리제, 향약 등을 들 수가 있겠으나 여기서는 생략하기로 한다.

호적의 기재 내용

 다음 호적에 어떠한 내용들이 기재되어 있는가를 검토해 보자. 예를 들면 경상도 경주부 부북면 안강현 양좌동의 유학(幼學) 손익의 호구단자이다.
 이 호구단자는 먼저 ① 읍(邑)·면(面)·리(里)를 기재하고, ② 호주와 호주의 처를 기재하며, ③ 솔거인(率居人), 즉 자(子), 자부(子婦), 질(姪) 등을 기재하였고, 마지막으로 ④ 노비와 고공(雇工) 등을 기재하였다. 호주와 호주의 처의 경우에는 호주의 나이, 본관, 4조(부, 조, 증조, 외조)를 기재하였으며, 솔자(率子)의 경우에는 직역과 이름, 연령을, 자부(子婦)의 경우에는 성씨, 나이, 본관[양반인 경우에는 '적(籍)'이라고 쓰고, 평민 이하인 경우에는 '본(本)'이라고 씀]을 기재하였다.
 노비의 경우에는 이름, 나이, 부모의 이름과 신분 및 부(夫), 처(妻)의 이름과 도망 여부를 기재하였다. 마지막으로 호구단자의 제출년도와 신고인인 호수(戶首)의 성명을 쓰고 마지막에 수결(手決)하였다.
 이렇게 신고된 호구단자는 관에서 향리(호적리)가 사실과 맞는가, 남녀 각각 몇 명인가를 확인하고 이를 토대로 호적대장을 작성한 후 신고인에게 돌려주었다.
 호구단자에서는 호주의 부처(夫妻), 솔거인구(率居人口), 솔거노비(率居奴婢)를 각각 행을 달리하여 기재하였다. 그러나 호적대장에서는 통과 호를 구분하여 행을 바꾸어 기재하였으나 신분에 따라 행을 달리하지는 않았고, 준호구에서는 호주의 부처, 솔거인구, 솔거노비의 구별없이 계속 이어서 기재하였다.

〈도판 5〉 유학 손익의 준호구

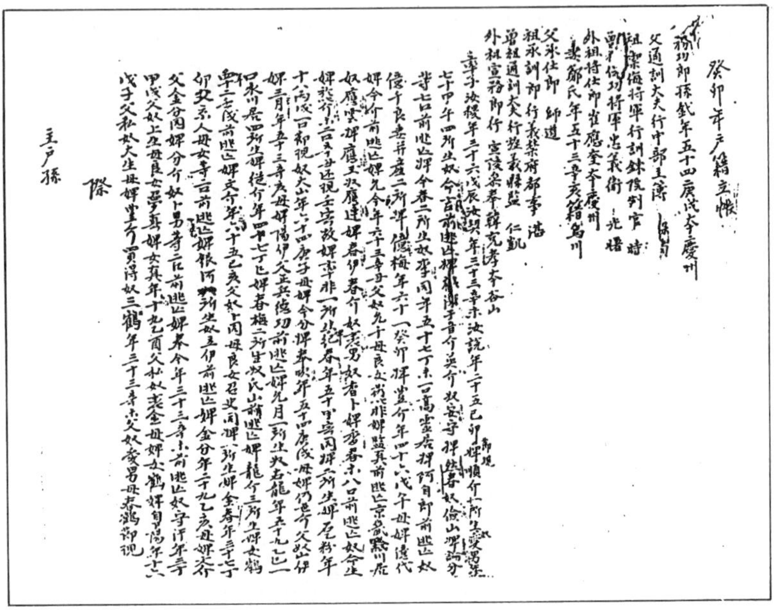

호적의 용도와 기능

호적은 앞에서 말한 바와 같이 신분의 변별, 가계의 파악, 군역 징발, 요역 차출 등 여러 가지 목적에서 작성되었다. 다산 정약용은 "호적은 여러 부세의 원천이요, 여러 요역의 근본이다. 호적이 있은 연후에야 부역이 균평해진다"(『牧民心書』 戶典 6條, 호적조)라고 말하고 있는데, 이는 호적의 근본목적이 부역 징발에 있다는 것을 말해준다. 이외에도 호적은 노비소유권의 확인에도 사용되었을 것으로 보인다. 호적에는 노비의 가계라든가 나이, 현재의 상태 등 여러가지 정보가 기록되어 있는데, 이는 주인이 노비소유권을 확인하기 위한 장치에 다름 아니었다. 또한 노비에 대하여서는 도망 여부가 자세히 기록되어 있고, 많은 부분이 도망으로 기록되어 있는데, 이는 호적을 통하여 노비의 추심을 가능하게 하기 위한 장치였기 때문으로 보인다.

〈도판 6〉 광무년간의 호적표

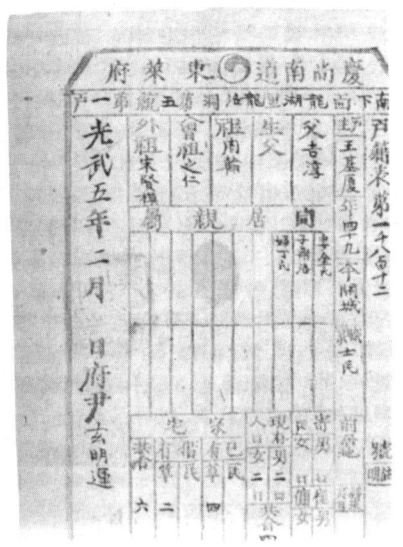

　호적이 신분을 변별하는 데도 사용되었다. 호적 등록 방식은 신분에 따라 달리 기재되었는데, 이는 호적이 양천론(良賤論)의 입장에서 고대국가의 제민적(齊民的) 인구 파악에서 유래되었다 하더라도, 신분이 분화되면서 신분에 따른 기재 방식의 차이를 보이게 된다고 생각된다. 그 중 가장 전형적으로 나타나고 호적대장의 신분구분에도 많이 이용되었던 것이 호주 처의 성씨, 본관의 표현방법이다. 즉 양반의 처인 경우에는 "무쓴 씨(氏), 적(籍) 어디"라고 기재되는 반면, 상민 이하인 경우에는 "무슨 조이(召史) 또는 성(姓), 본(本) 어디"라고 기재된다. 노비인 경우에는 대개 성씨와 본관을 칭하지 않았다.
　조선시대의 호적법은 근대적인 개혁과정에서 그 면모가 크게 바뀌게 된다. 1896년 '호구조사규칙급세칙(戶口調査規則及細則)'이 만들어지고, 1908년 그 사무는 경찰관서로 옮겨갔다. 다음해에는 민적법(民籍法)이 제정되어 신고사항도 크게 바뀌게 된다.

(김현영, 국사편찬위원회 교육연구사)

제5부 경제 생활

농업 경제
서울 상업
지방 상업

농업 경제

　조선시대는 물론, 불과 한 세대 전까지 우리 민족의 경제생활의 중심은 농업에 있었다. 그래서 토지가 기본적 생산수단이 되고, 토지야말로 부(富)와 신분의 상징이 되는 그러한 사회였다. 토지를 많이 소유한 계층은 부유한 양반 신분이었고, 토지가 없는 하층은 양반의 지배를 받는 노비나 작인이 될 수밖에 없었다.
　국가의 재정도 토지와 농업에 기반하였다. 토지로부터 국가가 수취하는 세제(租稅)는 재정수입에서 가장 큰 비중을 점하였다. 국가는 조세의 안정적 수취를 위하여 농업의 발전을 장려하였다. 재해가 발생하면 국가는 조세를 감면하였으며, 심한 흉년의 경우에는 직접 빈민을 구제하기도 하였다. 국가는 조세를 일방적으로 수취하기만 했던 것이 아니라, 농업사회가 안정적으로 재생산해가기 위해 필요한 사회적 제조건을 정비하고 제공하였다.
　국가의 이같은 정책에서 가장 기초가 되는 자료가 다름아닌 양안(量案)이다. 국가는 모든 토지의 면적・비옥도・세량(稅量)과 소유자를 파악하여 양안에 등록하였다. 이 양안을 기초 자료로 하여 매년 경지의 작황이 조사되고, 또 개별 호(戶)에 대한 징세기(徵稅記)가 작성되었다. 양안은 조선 농업사회에 대한 국가의 지배와 통합을 상징하고 있다. 이하에서는 우선 이같은 역사적 의의를 지닌 양안과 징세 관련의 고문서 3종을 소개하도록 한다.
　한편 16세기 이후 민간의 사적 토지소유가 크게 발전하면서 토지매매가 활성화되어 갔다. 그 과정에서 작성된 문기(文記)는 소유권의 법적 근거가 되었기 때문에 민간에서 소중히 보관되어 왔다. 현존하는 고문서 가운데 토지매매 문기가 가장 큰 비중을 점하는 것도 이같은 이유 때문일 것이다. 이하 2종의 문기를 소개한다.

문기 이외에 농업 관련의 고문서로서 추수기(秋收記)를 들 수 있다. 대토지소유자인 양반 전주(田主)가 작인을 통제하고 도지(賭地) 수입을 관리하기 위해 추수기를 작성하였음은 합리적인 경제적 계산이 농업에 작용하고 있었음을 의미한다. 이러한 추수기를 작성한 가문은 그리 많지 않았다고 보인다. 그나마 종이가 귀했던 당시에 일정 기간이 지나면 문서 내용의 가치와 시효가 감소하는 이런 고문서가 지금까지 보존되어 오기는 더욱 힘들었다. 그렇지만 근년 한국정신문화연구원을 비롯한 각 연구기관의 활발한 수집과 정리로 수종의 귀한 자료를 접하게 되었다. 그 가운데 하나를 뽑아 마지막으로 소개한다.

양안

오늘날의 토지대장과 유사한 조선시대의 대장을 가리켜 양안(量案)이라 한다. 오늘날 국가가 토지대장을 통해 국민의 토지재산을 파악하고 그것을 바탕으로 국민의 소유권을 보장하고 또 토지세를 부과하는 것과 비슷하게, 조선시대에는 양안이란 대장이 그와 같은 기능을 담당했다. 이 대장을 만들기 위해 국가가 토지의 등급·면적·소유자 등을 조사하는 작업을 양전(量田)이라 한다. 양안이란 이 양전의 결과로 만들어진 안(案), 곧 대장이라는 뜻이다. 원래는 전안(田案)이란 말로 많이 불리었는데, 점차 시대가 내려오면서 양안이란 용어가 일반화되었다.

조선시대에 국가가 토지를 조사하는 양전의 방식은 오늘날과 여러모로 다르다. 오늘날에는 평(坪) 내지 평방미터와 같은 절대면적의 단위를 사용하여 면적을 재지만, 조선시대에는 결(結)-부(負)-속

(束)이라는 상대면적의 단위를 채택했다. 1결은 100부이고 1부는 10속이다. 속은 한 묶음, 가령 벼라면 볏단 하나라는 뜻이다. 부는 볏단 10개를 모은 것인데 '짐'으로도 불리었다. 이 볏짐이 100이 되면 곧 결이 되는데, 이를 가리켜 '먹'이라고 했다. 이렇듯 결-부-속은 수확량을 기준으로 하여 토지의 크기를 표시하는 방식이다. 가령 같은 면적의 토지라 하더라도, 비옥하여 수확이 많으면 결이 커지고, 척박하여 수확이 적으면 결도 작아지게 된다.

좀더 구체적으로 설명하면 다음과 같다. 양전에 사용하는 자를 양전척(量田尺)이라 한다. 대략 1미터 정도의 길이인데, 일상생활에서는 사용하지 않고 양전의 용도로만 만들어진 자이다. 이 자로서 토지의 면적을 측량한 다음, 그 토지의 비옥도를 6등급으로 나누었다. 그 결과 어느 토지가 1등급에 1만 평방양전척의 크기라 하자. 대략 1정보에 해당하는 면적이다. 그러면 그 토지는 1결=100부가 된다. 그런데 그 토지가 2등급으로 판정되면 85부가 되며, 같은 방식으로 3등급이면 70부, 4등급이면 55부, 5등급이면 40부, 6등급이면 25부를 부여받게 된다. 같은 면적의 토지라도 비옥도에 따라 1등급의 100부에서 6등급의 25부까지의 차이가 있으며, 마찬가지로 같은 1결이라 해도 6등급의 토지는 1등급보다 절대면적이 4배나 넓었던 것이다.

국가는 매 토지마다 이러한 방식으로 결부(結負)를 책정했으며 그것을 기준으로 각종 세(稅)를 부과했다. 18~19세기의 경우, 국가는 1부(負)에 대해 대체로 1두(斗)의 세를 부과했다. 결국 결부제란 국가가 토지에 대한 세를 부과하기 위하여 면적과 비옥도를 종합적으로 고려하여 산정한 상대면적의 크기를 이야기한다. 다른 한편 일반 민간에서는 두락(斗落) 또는 일경(日耕)이란 면적 단위를 사용하고 있었다. 두락이란 1두의 종자를 파종할 수 있는 경지의 면적이며, 일경이란 소 한 마리의 하루갈이 면적을 가리킨다. 두락 또는 일경의 크기도 지방마다 반드시 같지 않았지만, 결부제에 비한다면 그것은 절대면적을 표시하는 방식이라 할 수 있다. 조선시대에는 이처럼 국가에 의한 결부제와 민간에 의한 두락·일경제라는 두 종류의 토지파악 방식이 있었던 셈이다.

 대략 이 정도의 예비지식을 전제한 다음, 이제 양안이 실제로 어떠한 모습을 하고 있었는지 살펴보도록 하자. 현존하는 조선시대의 양안은 그리 많지 않다. 가장 오래된 것이 겨우 18세기 전반의 것으로 서울대학교 규장각에 전라·경상도의 10여 군현의 것이 보존되고 있다. 조선왕조가 마지막으로 양전을 시행한 1898~1904년 당시의 것은 그보다 많은 40여 군현의 것이 남아 있다. 주로 경기·충청·경상·강원도의 것이다. 양안은 원래 세 부가 작성되어 한 부는 지방 군현에, 다른 한 부는 도에, 나머지 한 부는 중앙의 호조에 정중히 보관되었다고 한다. 조선 말기까지 호조에는 지방 각 군현의 오래된 양안이 수천 권 보관되고 있었는데, 일제가 토지조사사업이 끝난 뒤 모두 소각해버렸다고 한다. 그 비극의 와중에서 몇 권이 건져져서 지금 규장각에 보존되고 있는 것이다.

 그 실례로 제시된 〈도판 1〉의 양안은 1722년에 만들어진 경상도 예천군(醴泉郡) 현내면(縣內面) 양안의 최초 한 장이다. 제 1~2행에 양전 시기와 행정구역이 표시되어 있다. 2행을 보면 '한자(寒字)'라는 표기가 있는데, 이를 자호(字號)라고 한다. 자호는 5결의 토지를 단위로 하여 천자문의 순서로 부여된 것이다. 한 자호 내의 매 필지에 대해서는 양전 순서에 따라 지번(地番)을 붙인다. 이러한 자호와 지번을 통해 토지의 소재 위치가 정해지게 된다.

 3행부터는 한 행에 한 필지씩 양전의 결과를 싣고 있다. 예로서 5행의 필지를 살펴보자. 상단의 '제삼서범사등제전(第三西犯肆等梯田)'을 해설하면 다음과 같다.

 '제삼(第三)'은 방금 설명한 지번이다. 다음의 '서범(西犯)'은 양전의 방향을 나타내는데, 서쪽을 향해서 측량했다는 뜻이다. 여타의 필지에서 보이는 '동범(東犯)' '남범(南犯)' '북범(北犯)'도 모두 같은 식으로 해석하면 된다. 다음의 '사등(肆等)'은 1~6등급 가운데 4등급을 말한

〈도판 1〉 경상도 예천군 현내면 양안(1722년)

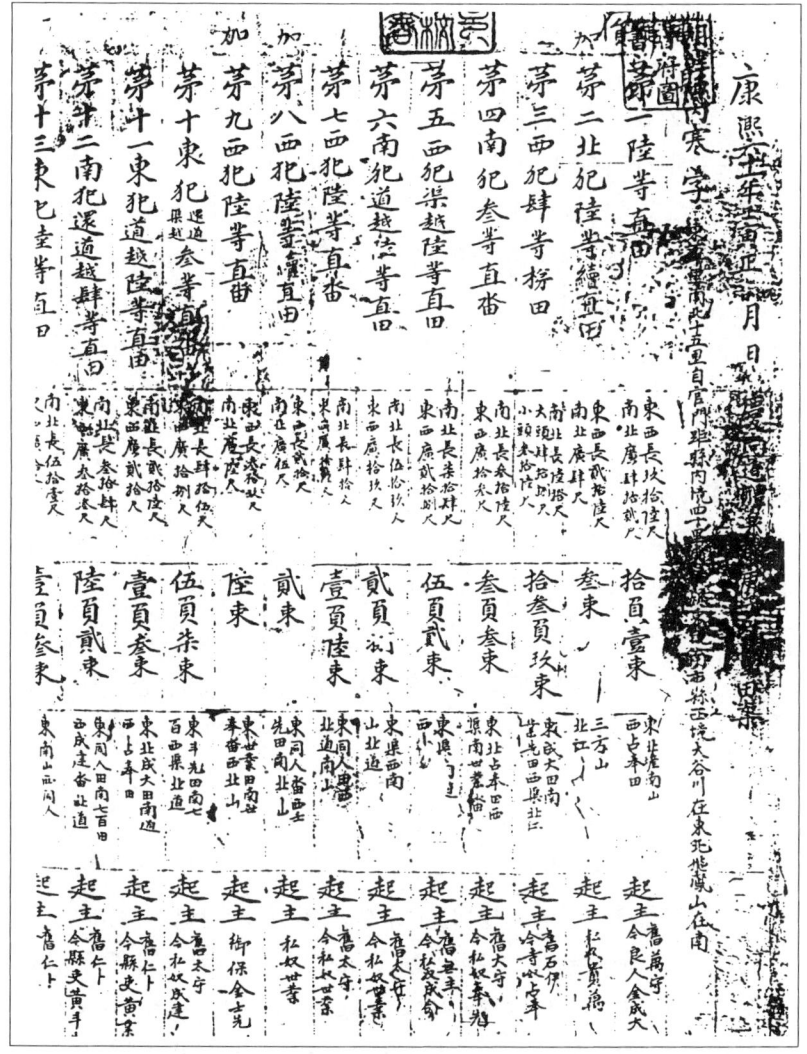

* 양안이란 조선시대의 토지대장으로, 국가는 양전을 통하여 매토지의 자호, 지번, 등급, 지목, 지형, 면적, 결부, 소유자 등을 조사, 기록하였다. 모든 토지 관련 행정의 기초자료이다(『경상북도 예천군 경자개량전안(庚子改量田案)』 奎14956).

다. 다음의 '제전(梯田)'은 동필지의 지형이 사다리꼴이고, 지목(地目)이 전(田)이라는 뜻이다. 지형은 여러가지 있는데, 나머지 필지에서 많이 보이는 직전(直田)은 직사각형이고, 구전(句田)은 삼각형을 말한다. 지형은 이외에서도 정사각형인 방전(方田), 마름모꼴인 규전(圭田)이 있다.

이러한 지형에 들어맞지 않는 형태는 위의 다섯 지형으로 재단하여 측량하도록 규정되어 있다. 지목은 크게 전(田)과 답(畓)의 두 종류로 나뉘었다. 임야는 제외되었고, 기타 가대(家垈)나 죽전(竹田)·마전(麻田) 등은 전에 포함되었다. 국가가 축조·관리에 신경을 쓴 제언(堤堰)도 조사되었다. 지목은 대체로 이 정도였는데, 1898~1904년의 마지막 양전에는 지목이 더 세분되어 나타나고 있음을 볼 수 있다.

제2단을 보면 '남북장(南北長)' '대두(大頭)' '소두(小頭)'의 척수(尺數)가 표시되어 있다. 이는 사다리꼴의 높이, 아랫변, 윗변의 길이를 나타낸다. 양전척을 가지고 매 필지의 변의 길이를 측량한 결과이다. 직사각형인 직전의 경우에는 장(長) 몇 척, 광(廣) 몇 척으로 적혀 있는데, 장은 가로, 광은 세로의 길이를 나타낸다. 이렇게 측량된 변의 길이로부터 면적이 계산되는데, 이것과 상단에 표시된 등급을 참고하여 전술한 방식에 따라 개별 필지의 결부가 산정될 수 있다. 그 결과가 제3단에 적혀 있다. 이 필지의 경우 결부의 크기는 '십삼부구속(拾參負玖束)', 즉 13부 9속이다.

제4단은 이른바 사표(四標)라 하여 동필지의 사방 경계를 나타낸다. 동쪽은 성대(成大)의 땅이고 남쪽은 업선(業先)의 땅이고 서쪽은 도랑[渠]이고 북쪽은 강(江)이라는 내용이다. 성대는 제1번의 김성대(金成大)를, 업선은 제11번의 황업선(黃業先)을 가리킨다. 서쪽으로는 도랑이고 북쪽은 강인지라 이 제3번 필지는 강과 도랑이 만나는 곳의 동남쪽에 위치한 셈이다. 도랑의 존재는 제5번의 상단 가운데 보이는 '거월(渠越)'이란 표시를 통해서도 확인 가능하다. 제3번을 양전한 뒤 바로 서쪽 도랑을 건너지 않고 남쪽으로 방향을 틀어 제4번 필지를 양전한 다음, 서쪽 도랑을 건너 5번 필지에 도달했던 것인데, 이에 5

번 필지에 도랑을 건넜다는 '거월'의 표시가 있는 것이다. 이처럼 비록 지적도(地籍圖)가 없는 시대였지만, 그에 준하는 그림을 충분히 그릴 정도로 사표의 내용은 꽤나 정확하였다. 독자들은 이를 통해 조선시대에 의해 작성된 양안이 상당히 정밀했음을 짐작할 수 있을 것이다.

마지막의 제5단에는 이 토지의 소유주가 표기되어 있다. '기주(起主)'라는 말이 보이는데, 이는 '기(起)'와 '주(主)'를 합한 뜻이다. '기'는 이 토지가 경작중인 기전(起田)임을 가리키며, '주'는 당연히 그 주인을 말한다. 만약 이 토지가 경작되지 않는 진전(陳田)이라면, '기주' 대신에 '진주(陳主)'라는 표기가 이루어지게 된다. 진전이면서 주인이 없는 토지에 대해서는 '무주진(無主陳)'으로 표기했다. 소유주에 대해 보면 '구석이(舊石伊) 금시노점봉(今寺奴占奉)'으로 되어 있다. 구주(舊主) 석이(石伊)는 이전 양안상의 주인을 가리키는데, 아마도 1634년에 시행된 양전 당시의 인물이 되겠다. 금주(今主) 점봉(占奉)은 지금, 곧 1722년 양전 당시의 주인을 말한다. 점봉에 대해서는 시노(寺奴)라는 그의 신분도 아울러 밝혀져 있는데, 시노는 중앙의 내수사(內需司)에 속한 노(奴)라는 뜻이다. 이처럼 1722년 경상도 양안의 중요한 특징 한 가지는 토지 소유주의 신분을 아울러 밝히는 데 있었다.

소유주 표기에서 구주가 보이지 않은 필지가 있다. 2, 8, 9번의 세 필지가 그러하다. 이 필지의 난외 상단에 보면 '가(加)'라는 표시가 있는데, 이는 이전의 양전에는 없었던, 그간에 새로 가경(加耕)된 즉 개간된 토지라는 뜻이다. 그러한 이유로 이들 세 필지에는 이전 소유주에 대한 표기가 없는 것이다.

이상과 같은 1722년 경상도 예천군 양안의 양식은 여타 지방의 경우에도 대체로 동일하다. 언제부터 이러한 양식의 양안이 성립했는지는 확실히 알 수 없으나, 아마도 조선시대에 들어와서부터라고 해도 좋을 것이다. 고려시대의 양안에는 자호나 지번이 없었던 것으로 이야기되고 있다. 또 고려시대에는 결부제가 앞서 설명한 바와 같은 상대면적이 아니라 절대면적을 나타내었다고 한다. 그렇다면 토지의 등급이나 장광(長廣) 척수(尺數)의 내용도 달랐을 것이다. 조선시대에 들어와서도 처음부터 위와 같은 양식으로 확립된 것은 아니었다. 소유주에 대해 '주'라는 표기를 붙이게 된 것은 아마도 1722년의 양전부터가 아닌가라는 설도 있다.

시대를 내려와 1898~1904년의 양안을 보면 또 앞서와 형태가 다르다. 거기서는 토지를 쉽게 파악할 수 있도록 필지마다 그 지형을 그림으로 그려 붙이고 있었다. 이처럼 양안은 시대별로 그 양식을 달리하면서, 차츰 근대적인 형식과 내용으로 발전하고 있었던 것이다.

조선시대에 양전은 크게 보아 건국 초기인 15세기, 그리고는 위에서 설명한 대로 17세기 전반, 18세기 전반, 19세기 말~20세기 초, 이렇게 네 차례에 걸쳐 이루어졌다. 그러나 모든 지역이 다 그러했던 것은 아니다. 특히 평안도, 함경도와 같은 북부지방에서는 17세기 이래 양전이 거의 이루어지지 않았던 반면, 남부지방에서는 군현을 단위로 빈번히 이루어진 경우도 있다. 원래 양전은 20년마다 이루어지도록 법적으로 규정되어 있었지만 이 법은 그대로 지켜지지 못했으며, 조선시대 5세기에 걸쳐 대략 네 차례 정도의 양전이 이루어졌을 뿐이다.

그렇다고 조선왕조의 토지조사나 조세부과가 흔히들 생각하는 것처럼 마냥 허술했던 것만은 아니다. 위에서 본 대로 양안은 매우 체계적이고 정밀한 조사 상황을 보이고 있다. 실은 이렇게 한 번 양전이 이루어진 다음에는 그리 큰 변동사항이 없는데 굳이 정기적으로 양전을 반복할 필요가 없었던 것이다. 중국에서도 왕조가 성립한 초기에나 양전이 집중적으로 이루어졌으며, 이후 상당한 기간 동안 중단되거나 왕조 멸망 때까지 양전이 다시 이루어지지 못한 것이 보통이었다.

행심(行審)·주판(籌版)

　조선왕조가 양전을 행하고 양안을 작성한 기본 목적은 주요 세원(稅源)이었던 토지를 정확히 파악하기 위함이었다. 양안을 토대로 어떠한 수속을 거쳐 세가 부과되고 징수되었는지, 그와 관련된 자료를 통해 검토해보기로 하자. 조선시대에 징세 업무를 담당한 자들은 군현의 서원(書員)들이었다. 서원은 보통 각 면에 한 명씩 배정되어 있으며, 군에는 이들을 감독하는 도서원(都書員)이 한 명 있었다. 이들 서원은 매년 8월 이후가 되면 자신이 맡은 구역을 돌면서 그해의 납세자인 경작농민과 작황(作況)을 조사했다. 작황 조사에서 중요한 것은 한재(旱災)나 수재(水災)로 인해 농사를 망친 진전(陳田)이었다. 진전은 원칙적으로 그해의 세를 면제받게 되어 있었기 때문이다. 물론 현실이 반드시 원칙대로 된 것은 아니다.
　그런데 조사의 기초자료가 되는 양안은 각 군현의 관아에 정중히 보관되어 함부로 이동하는 일이 불가능했다. 또 그것은 혼자서 쉽게 들 수 없을 정도로 너무 크고 무거웠다. 그래서 서원들은 실무에 간편한 모양으로 양안을 필사하여 사용하였는데, 이렇게 서원들에 의해 실무용으로 복제된 양안을 보통 행심(行審)이라 부른다. 행심의 실제 이름은 지방마다 매우 다양했다. 말을 타고 다니면서 조사했던 이유에서인지 마상초(馬上草)라고도 했고 또 들판에서 작성했다고 해서인지 야초(野草)라고도 했다.
　현존하는 행심은 매우 드물다. 우선 한국정신문화연구원에서 1994년에 발굴, 촬영한 행심 한 가지를 소개한다. 다음 〈도판 2〉는 경북 의성군(義城郡) 봉양면(鳳陽面) 귀미동(龜尾洞)의 신병철(申炳哲) 씨가 소장하고 있는 자료의 일부이다. 이 자료가 작성된 정확한 시기는 알 수 없으나 대략 16세기 말에서 17세기 초의 것으로 추정된다. 자료의 대상지역은 17세기 당시 경상도 상주목(尙州牧) 내서(內西) 단동(丹

〈도판 2〉 경상도 상주목 행심(16세기 말~
17세기 초)

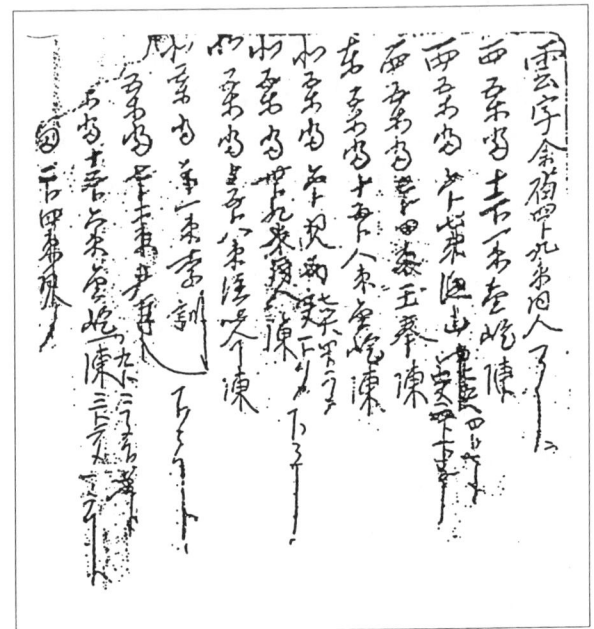

* 행심이란 토지의
경작 상태와 경작자를
조사하기 위해 양안을
필사한 장부로서, 매년
조사 결과를 첨지로 붙여
갔기 때문에 아랫부분이
불룩하다(경북 의성군
봉양면 구미동 신병철 씨
소장 자료).

東) 단남면(丹南面) 일대로 확인된다. 첫 행을 보면 '운자(雲字)'라는 자호가 나온다. 그 밑의 '여답(余畓)' 얼마는 앞의 자호에서 5결을 채우고 남은 것이 뒤로 넘어온 것을 가리킨다. 둘째 행을 보면 '서오등답십이복이속김흘진(西五等畓十二卜二束金屹陳)'으로 되어 있다. '서(西)'는 양전의 방향으로서 서범(西犯)을 말하며, '오등(五等)'은 이 토지의 등급이고, '답(畓)'은 그 지목이다. 결부는 12복 2속인데 '복(卜)'은 부(負)와 같은 뜻이다. 이 토지를 경작하고 있는 농민은 김흘(金屹)이다. 마지막의 '진(陳)'은 이 토지가 진전이라는 뜻이다. 앞서 소개한 양안과 비교하면 지번·지형·장광척수·사표 등이 생략되었다. 행심은 실무용으로 작성된 것이기 때문에, 양안의 다소 형식적이거나 번거로운 내용은 이처럼 필사 과정에서 제외되었다.

셋째 행을 보면 경지의 일부가 재해를 입었음을 알 수 있다. 여타 상당한 토지에서도 진전이 발생했음을 볼 수 있다. 진전을 제외한 모든 토지에 대해 아래 부분에다 '하지하(下之下)'라는 표기를 붙이고 있음을 볼 수 있다. 조선시대는 원래 그해의 작황을 상지상(上之上)에서 하지하까지 9등급으로 나누고, 그에 따라 1결당 거두는 전세(田稅)의 양을 미(米) 20두부터 4두까지 조정했다. 이를 연분법(年分法)이라 한다. 그런데 이 연분법은 16세기에 들어와 유명무실하게 되어 일률적으로 하지하 등급으로 고정되고, 나아가 17세기 후반 이후 대동법이 시행됨에 따라 사실상 폐지되었다. 자료에 나타난 '하지하'라는 표기는 조선시대의 연분법이 형식적이기는 하지만 존속하고 있는 상황을 보여주고 있다.

그런데 위 상주목의 행심은 어느 해인가 일회용으로 작성된 것이지만, 실은 매년 양안을 복사하여 행심을 새롭게 만들 필요는 없었다. 자주 변동하는 경작자의 이름이나 재해발생 정도의 사항만을 적어 행심 아래에 차곡차곡 붙여가면 되는 것이다. 이렇게 붙여진 종이를 '첨지(貼紙)' 혹은 마치 여인이 치마를 두른 모습과 같다 해서 '상지(裳紙)'라고도 불렀다. 이 첨지 또는 상지를 수년 동안 붙여가면 행심은 아래 부분이 불룩하여 마치 여인이 임신한 모양과 같이 된다. 더이상 붙이기 곤란하면 이전 것들은 다 떼어내고 다시 붙여가면 된다.

현재 규장각에는 이러한 모양의 행심 몇 가지가 소장되어 있다. 그런데 유감스럽게도 그 모두가 위의 상주목 행심처럼 일반 민전에 대한 것이 아니라 왕실이 소유한 이른바 궁방전(宮房田)이란 토지에서 왕실이 세를 거두는 과정에서 작성된 것이다. 가령『전라도장흥부소재육답양안(全羅道長興府所在陸畓量案)』(奎 18638, 18640, 18641)을 보면, 1870년 이후 거의 30년간의 첨지가 차곡차곡 붙어 있다. 일반 민전의 행심도 대체로 이와 같은 모양이었을 것이다.

이렇게 행심을 통해 납세자와 작황이 파악되면, 어느 한 사람의 토지를 모두 취합하여 그가 내야 할 세액이 어느 정도인지 결정하고 부과할 필요가 있다. 이러한 목적으로 작성한 문서가 바로 주판(籌版)

〈도판 3〉 경상도 언양현 남삼동면 주판 (1907년)

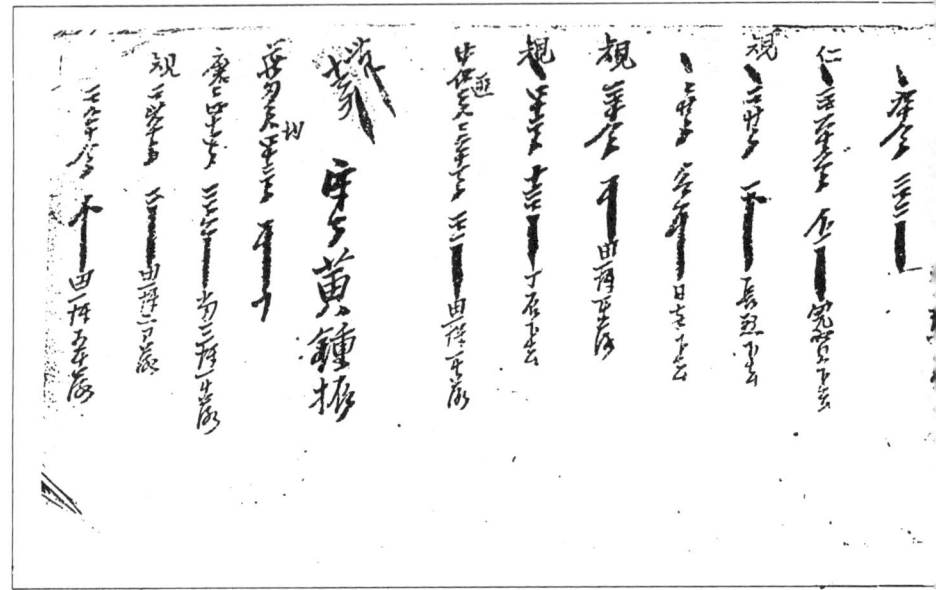

* 籌版 : 행심으로부터 한 사람의 토지를 모두 취합하여 그가 납부할 세를 계산한 장부. 깃기·유초 아니고 호명이었던 특징을 지닌다(『慶尙南道彦陽縣籌版』奎15020)

이다. 주판도 지방마다 이름이 일정하지 않아 깃기(衿記)·유초(類抄)·명자책(名字冊) 등 여러가지였다. 현존하는 주판은 규장각에 소장중인 경상도 언양군(彦陽郡)과 전라도 담양군(潭陽郡) 두 지방의 것뿐이다(『慶尙南道彦陽縣籌版』 규 15020, 15021 ; 『潭陽郡各面類抄』 규 27467). 모두 1905년 이후의 것들이다. 다음 〈도판 3〉에 소개하는 자료는 1907년 경상도 언양군 남삼동면(南三同面) 주판의 최초 1면이다.

첫 행은 주판의 연도와 지역에 관한 제목이다. 둘째 행 '조일(早日)'은 남삼동면 내의 동(洞) 이름이다. 셋째 행 '순매황도수(順每黃道水)'는 납세자 이름이다. '순매'는 호명(戶名)이고 '황도수'가 그의 본명(本名)이다. 조선시대에는 매호마다 호명이 있었다. 이 독특한 관행은 원래 양반이 국가에 대한 각종 세를 낼 때, 체면을 고려하여 자신의

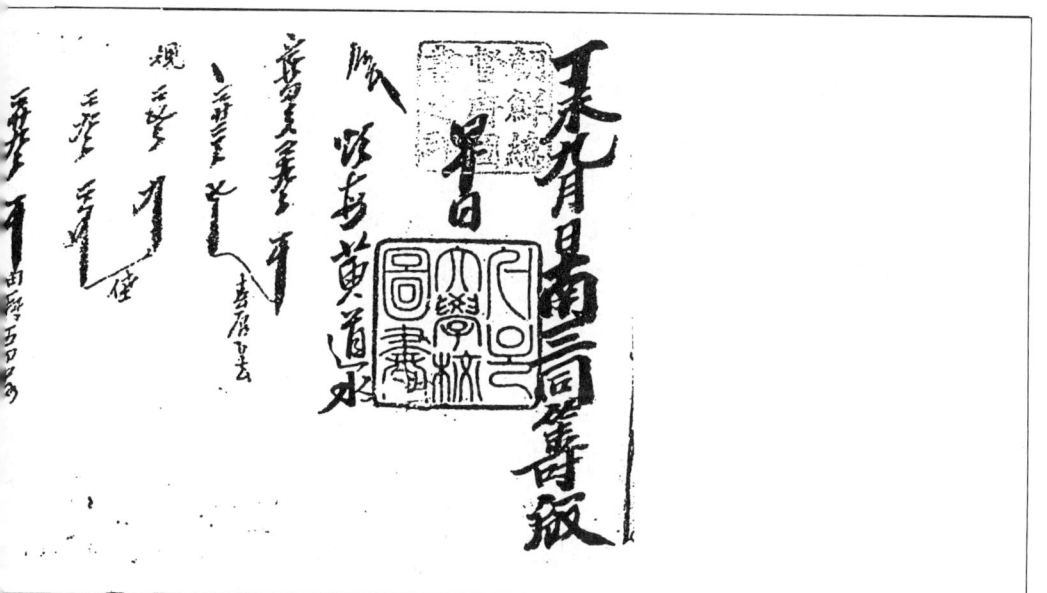

등 지방마다 이름이 다양하였으며, 사람이름이 본명이

이름으로 직접 납부하지 않고 자신의 노비 이름으로 대납했던 데 그 기원이 있다. 이미 16세기부터 그러한 현상이 확인된다. 이후 19세기 말까지 이러한 관행이 확산되어 노비를 소유하지 못한 일반 평민들도 본명과는 전혀 별개의 이름을 가작(假作)하여 그 이름으로 각종 세를 납부하게 되었으니, 바로 호명이 그것이다. 위에서는 호명과 더불어 본명도 밝혀져 있지만 이는 1906년 이후 일제 통감부(統監府)가 징세제도를 개혁하면서 반드시 본명을 적도록 강제했기 때문이다. 그 이전에는 실제 인물이 누구인지를 오직 서원들만이 알고 있는 호명만이 주판에 적혀 있었다.

 이하 13행의 13필지가 호명 순매(順每)가 세를 내야 할 토지를 모은 것이다. 필지별로 자호와 지번이 밝혀져 있고 그 아래에 결부가 적혀 있다. 세밀한 설명은 생략하고 다만 한 가지 지적해둘 것은 결부의 표기가 일반 사람이 봐서는 금방 알 수 없는 매우 독특한 방법으로 이루어져 있다는 것이다. 이 역시 징세 과정을 전담한 서원들의 고유한 특허에 해당한다. 서원은 오랜 훈련 과정에서 이러한 필체를 습득했으며, 자신들만이 쉽게 알 수 있는 필체로써 징세 과정을 자신들의 강한 세력권으로 구축했던 것이다. 앞서 설명한 호명이 서원들만이 그 실인물을 알 수 있었던 것도 마찬가지 의미였다고 하겠다. 이러한 사실들로부터 우리는 조선시대의 국가가 또는 국가가 지방에 파견한 수령들이 좀처럼 징세 과정에 효과적으로 간섭하기 힘들었음을 알 수 있다.

각 필지 아래에는 가는 붓으로 여러 사항이 적혀 있는데, 납세자의 변동사항과 필지의 지목·두락수를 밝힌 내용이다. 그런데 지목과 두락수를 밝힌 것은 1907년 당시 통감부의 징세제도 개혁에 따른 것이며 그 이전에는 없었다. 그 이전에는 납세자 변동사항만 적혀 있었다고 생각된다. 맨 처음의 두 필지를 보면 그 아래에 '춘진하거(春辰下去)'라는 표시가 있다. 그것은 주판에서 다음에 나오는 춘진(春辰)이란 호명의 인물에게 이 두 필지를 보낸다는 뜻이다. 그래서 이하의 춘진이란 호명을 찾아가면 이 두 필지와 '그 아래에 순매상래(順每上來)'라는 표기를 볼 수 있다. 앞의 순매로부터 왔다는 뜻이다. 토지가 매매되거나 작인이 바뀌거나 하여 납세자의 변동이 생길 때 서원들은 이러한 방식으로 조정했던 것이다. 이렇게 해서 납세자의 세액이 결정된다. 순매의 경우 세액이 6부 5속으로 합산되는데, 순매라는 호명 위에 알기 힘든 필체로 그와 같은 표시가 있다. 관심있는 독자들은 암호를 푸는 기분으로 한 번 계산해보기 바란다.

이상과 같은 과정을 거쳐 납세자의 세액을 결정하고 부과하는 과정을 조선시대에는 작부(作夫)라 했다. 작부를 마치게 되면 징세하기 시작하는데 대략 정월에서 2월에 걸쳐 이루어졌다. 그런데 당시는 오늘날과 달리 개별 납세가 아니라 공동 납세였으며, 이를 위해 별도의 납세 조직이 만들어졌음에 주의할 필요가 있다. 그 납세 조직과 단위를 순우리말로 '주비'라 불렀다. 하나의 묶음이란 뜻이다. 주비는 원래 8결의 규모로 결성되었으며, 그 가운데 한 명의 대표자가 지정되어 주비의 세를 거두어 대납했다. 그 대표자를 호수(戶首)라 했는데, 이 호수를 두고 주비라 부르는 일도 많았다. 그러다가 18세기 후반 이후가 되면 인위적으로 8결이란 크기의 주비를 결성하는 대신에 동(洞) 또는 리(里)와 같은 자연촌을 하나의 주비로 하고 이임(里任)을 호수로 지정하게 되었다. 동·리의 공동체적 결속력이 강화되고 그에 따라 동·리의 말단 행정단위로의 역할이 커져갔기 때문이다.

매매 문기

조선 초기에는 토지를 국유(國有)라 하여 함부로 사고파는 것을 금지하고 있었다. 그렇지만 이러한 규제는 그리 오래가지 못하고 세종 6년(1424)이 되면 토지매매는 허용되기에 이른다. 민간의 발달된 토지 사유를 언제까지나 눌러둘 수는 없는 일이었다. 물론 아직까지 여러 제한조치가 완전히 없어진 것은 아니었다. 어느 사람이 이사를 갈 경우 자신의 토지를 함부로 팔지 못하고 국가가 그 토지를 다른 사람에게 지급하기도 했으며, 특히 국가의 입장에서 중요했던 군역(軍役)을 지는 사람이 죽거나 이사할 경우 그 토지는 군역을 대신 지는 사람에게 물리도록 했다. 이러한 규정이 『경국대전』에 실려 있는 것을 보아 이 법전이 출간된 15세기 후반까지 토지매매가 완전히 자유로웠다고 보이지 않는다.

그렇지만 토지사유의 발전과 그에 따른 토지의 자유매매는 막을 수 없는 시대적 추세였다. 15세기 말~16세기 초가 되면 토지매매는 광범하게 이루어지고 있었다. 매매가 이루어질 때, 제도적으로는 100일 이내에 관(官)의 입안(立案)을 받아야 했다. 토지를 사는 사람은 매매 당사자간에 작성된 계약서 등을 갖추어 관에 신고하고 관에서는 그 사실 여부를 심사하여 인정하는, 말하자면 매매의 국가승인제도이겠다. 민간의 토지매매에 관한 현존하는 가장 오래된 고문서는 1487년의 것으로 경상도 안동에서 발견된 것이다(李樹健 편저, 『慶北地方古文書集成』, 491~492쪽 참조). 이 고문서는 생원(生員) 김효로(金孝盧)가 선군(船軍) 우령(禹令)으로부터 토지를 매입하고 관의 입안을 받고 있는 내용이다. 말하자면 15세기 말까지는 그런대로 입안제도가 지켜지고 있었음을 알 수 있다.

그러나 16세기에 들어오면 토지매매는 거의 당사자간의 자유계약으로 성사되어 입안제도는 특별한 경우가 아니면 거의 무시되었다. 당사자간의 계약으로 토지매매가 이루어질 때 작성된 문서가 바로 문기 또는 명문(明文)이다. 현존하는 토지매매의 문기는 16세기 초부터 확인되고 있으며, 이후 시대가 내려올수록 방대한 양으로 전해지고 있다. 토지만 매매된 것이 아니라, 노비·가옥·우마·염분·선척 등의 재산도 매매되었으며 그에 상응하는 문기가 작성되었다.

가장 양이 많은 토지매매 문기를 하나 소개하면 〈도판 4〉와 같다. 1638년(숭덕 3)에 작성된 것으로 전라도 해남(海南)의 윤씨 양반가에 소장중인 것이다. 첫 행은 작성 연월일과 매입자를 밝히는 내용이다. 매입자는 '윤성산택호노풍남(尹星山宅戶奴豊男)'으로 되어 있다. '윤성산택(尹星山宅)'이라 함은 성산(星山)의 수령을 역임한 윤씨 양반댁이란 뜻이다. '호노(戶奴)'란 양반가의 노 가운데 양반주를 대신하여 제반 가사나 농사를 주관하고 나아가 국가에 세를 바치거나 재판에 나아가는 등의 역할을 맡은 자를 가리킨다. 토지 매입에도 양반이 직접 나서서 명문을 작성하는 것은 체면에 손상이 가는 일로 여겨졌고, 호노가 그 일을 대신했던 것이다.

이하 본문의 내용을 요약하면 다음과 같다. "이 명문을 작성하는 것은 필요한 용도가 생겨서 자기가 매득하여 경작해온 현내(縣內) 은소면(銀所面) 어덕지원(於德只員)에 있는 답 13두락, 복수(卜數)는 44부 2속의 곳을 목면(木綿) 40필로 가격을 정하여 바꾸기로 하고 위 사람에게 영원히 방매하니 이후에 동생이나 자식, 원근의 친척들이 혹 말

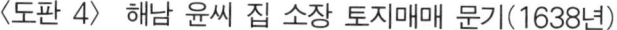

〈도판 4〉 해남 윤씨 집 소장 토지매매 문기(1638년)

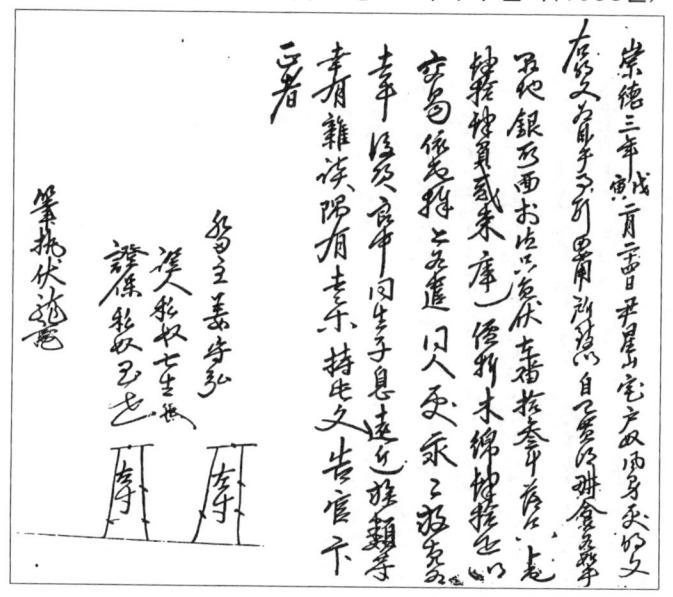

* 문기란 토지를 매매할 때 파는 사람이 증인을 내세워 토지를 소유하게 된 내력, 파는 이유, 토지 면적·결부, 토지가격 등을 적어 사는 사람에 넘겨주는 문서 (한국정신문화연구원, 『고문서집성』3, 230쪽).

쎙을 일으키게 되면 이 명문을 가지고 관에 고하여 바로잡을 일이다." 이처럼 토지를 매매할 때는 토지를 방매하는 사유, 토지를 소유하게 된 내력, 토지의 소재 위치, 토지의 면적으로서 두락과 결부, 매매가격 등을 소상히 밝혔던 것이다. 마지막 4행은 토지를 방매한 답주, 매매의 증인 2명 그리고 본 명문을 작성한 '필집(筆執)'자의 이름과 그것을 확인하는 본인들의 수결(手決)이 적혀 있다.

토지매매 문기의 내용이나 형식은 대략 이와 같지만 지방별로 또 시대별로 반드시 같지는 않았다. 참고로 토지매매 문기를 하나 더 살펴보자. 다음 〈도판 5〉는 1837년에 작성되어 지금 경상도 안동의 의성 김씨 양반가에서 소장중인 자료이다.

도광(道光) 17년(1837) 정월 19일에 임재호(林載浩)에게 작성해준 명문. 이

〈도판 5〉 의성 김씨 집 소장 토지매매
　　　　　 문기(1837년)

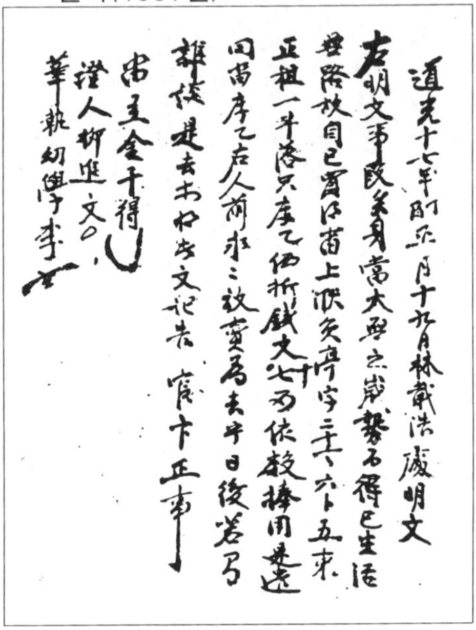

* 한국정신문화연구원,
　『고문서집성』 6, 161쪽

명문을 작성하는 것은 내가 큰 흉년을 당하여 살아갈 방도가 없어 부득이 이
전에 매득한 답으로 상보원(上洑員) 정자(亭字) 21번의 6부 5속, 정조(正租)로
1두락의 곳을 10냥으로 가격을 정하여 받고 위 사람에게 영영 방매하니 후일
에 만약 잡담이 생기면 이 문기를 가지고 관에 고하여 바로잡을 일이다. 답주
김천득(金千得), 증인 류진문(柳進文), 필집 유학(幼學) 이(李).

앞에서 소개한 17세기 전반의 문기와 대조하면 대동소이함을 볼 수
있다. 약간의 차이가 있다면 나중 것이 방매 사유를 더 자세히 밝히
고 있다는 점이다. 일반적으로 시기가 올라가는 문기일수록 방매 사
유를 자세히 밝히고 있는데, 이 두 사례의 경우는 오히려 거꾸로이
다. 여러 문기에서 보이는 방매 사유를 보면, 흉년을 당하여, 부모의
상(喪)을 당하여, 국가에 바칠 세를 마련하기 위하여, 먼 곳에 있는
토지를 팔아 가까운 데로 옮기기 위하여 등 매우 다양하게 나타나고

있다.

 두 문기에서 보이는 가장 큰 차이는 토지 가격이 앞에서는 목면으로, 뒤에서는 동전의 단위인 냥(兩)으로 책정, 지불되고 있다는 점이다. 대체로 보아 17세기 후반 숙종 연간에 동전의 유통이 보급된 다음에는 토지 가격도 동전으로 지불되고 있지만, 그 이전에는 목면・소금과 같은 다양한 현물화폐가 지불수단으로 쓰이고 있었다. 이처럼 17세기 후반 이래 농촌사회에 화폐경제가 발전해온 양상을 위 두 문기의 대조를 통해서도 살펴볼 수 있다.

 토지의 크기를 나타내는 데는 두 문기 모두 두락(斗落)과 결부(結負)를 사용하고 있다. 경우에 따라 어느 하나만을 사용하는 문기도 보이지만 대체로 양자 모두를 아울러 기재함이 보통이고, 또 16세기 이래 19세기까지 이 점에서 큰 변화는 없었다고 보인다. 토지의 절대면적을 나타내는 두락과 함께 국가에 납부해야 할 세의 양을 나타내는 결부도 토지매매에 매우 중요한 고려사항이었다고 하겠다.

 문기를 작성함에 있어서 방매주(放賣主), 증인(證人) 및 필집자(筆執者)는 신분과 성(性)에 따라 상이한 방식으로 본인임을 확인하고 있다. 일반적으로 양인 이상의 신분은 각자 고유한 형태의 수결(手決)을 고안하여 그리지만, 신분이 노비인 경우는 수촌(手寸)이라 하여 손가락을 그리고, 여성인 경우에는 손바닥에 먹물을 묻혀 찍었다. 오늘날처럼 인장을 사용하는 일은 공문서를 작성하는 경우 이외에는 없었다. 인장이 널리 사용된 것은 일본에서 그것이 도입된 20세기 이후의 일이었다.

 이렇게 작성된 문기는 토지소유권을 증빙하는 중요한 문서였기 때문에, 토지를 팔고자 하는 자는 자신이 보관하고 있는 이전의 구문기(舊文記)를 제시하여 소유권의 정당성을 입증함과 동시에 그것을 토지 매입자에게 인도해야 했다. 이러한 방식으로 토지가 수차례 매매되면 그때마다 작성된 문기들이 첨부되어 마치 하나의 책과 같은 모양이 된다. 이와 같은 문기를 점련문기(粘連文記)라 한다. 우리는 이 점련문기를 통해 조선후기의 토지매매 빈도가 어느 정도였는지, 토지 가격은 어떠한 추세를 보였는지 등과 같은 중요한 정보를 얻을 수 있다. 이러한 자료적 가치를 잘 모르는 고문서 조사자나 판매상들이 점련 상태를 풀어헤쳐서 고문서의 종수(種數)를 늘리는 경우가 많은데, 절대로 삼가야 할 일이다. 일단 헤쳐져 낱장으로 사방으로 흩어지게 되면 문서의 가치는 그야말로 아무것도 아닌 것으로 파괴되고 말기 때문이다.

  조선시대의 토지매매 문기는 소유권을 증빙하는 거의 유일한 근거였다. 국가에서 작성한 양안(量案)은 앞서 양안에 관한 해설에서 언급했듯이 조선시대 5세기 동안 네 차례 정도 시행되었을 뿐이므로, 그간에 벌어진 매매나 상속에 따른 소유자 변동을 일일이 파악할 수 없었다. 서원들이 작성한 행심(行審)이 있었지만, 행심에서의 이름은 서원들만이 알고 있는 호명(戶名)으로 된 경우가 많아 소유권 증빙자료로 그다지 소용이 없었다. 이처럼 문기는 소유권을 증명하는 거의 유일한 자료였다. 가령 소유권 분쟁이 발생하게 되면, 소송의 양측은 자신이 보관하고 있는 문기를 자료로 제출해야만 했다.

  그런데 문기는 간혹 위조될 수 있고 또 도난당하기 쉽다는 문제점이 있었다. 이렇게 해서 토지가 사기로 매매되는 것을 위매(偽賣)라 한다. 위매가 이루어지면 새로운 토지 매입자와 원소유자 사이에 소유권 분쟁이 발생하게 마련이다. 조선후기에는 이와 같은 소유권 분쟁이 빈발했다. 문서에 대한 엄격한 심사를 거쳐 공정한 판결이 나는 경우가 일반적이지만, 간혹 위매에 의한 매입자가 궁방(宮房)이거나 권세 있는 양반가일 경우엔 원소유자가 피해를 볼 수도 있었다. 이처럼 소유권을 증빙할 수 있는 국가에 의한 공적 증명제도가 확립되어 있지 않았기 때문에 조선시대의 사적 토지소유의 발전에는 일정한 한계가 있었다고 하겠다.

추수기

 조선 말기를 기준으로 보면, 전 경지의 절반 정도에서 병작제(幷作制)가 성립하고 있었다. 병작제라 함은 토지를 소유한 전주(田主)가 작인(作人)에게 토지를 대여하고 가을 추수기에 수확량의 절반 정도를 수취하는 관계를 말한다. 이후 식민지시기에 일본에서 들어온 지주(地主)와 소작농(小作農)이란 말이 널리 퍼지게 되고, 또 양자의 관계를 지주제 또는 소작제라고 부르게 되었다. 그렇지만 이러한 말들이 조선시대에는 있지 않았고, 어디까지나 지주를 전주, 소작농을 작인, 양자의 관계를 병작제로 불렀음에 주의할 필요가 있다.
 이 병작제가 언제부터 성립했는지에 대해서는 학계에서 의견이 분분하다. 10세기인 고려 초기부터라고 보는 연구자가 있는가 하면, 14세기인 고려 말기~조선 초기로 보는 연구자도 있다. 그런데 병작이라는 말이 역사적 문헌에서 처음 나타나는 것은 조선 초기부터이다. 조선 초기에는 토지는 국가의 것이라는 이념이 강하게 작용하고 있었기 때문에, 다른 사람에게 토지를 주고 지대를 수취하는 병작제는 홀아비나 과부 등과 같이 농사를 자작할 수 없는 경우는 예외로 하고 원칙적으로 금지되었다. 그렇지만 토지사유제가 발달하면서 이러한 원칙도 점차 허물어지면서 병작제는 확대되고 있었다.
 15~16세기까지만 해도 대토지를 소유한 양반가의 농업경영은 자신의 노비를 부려 농사 짓는 방식이 지배적이었다. 이러한 양반의 대토지를 농장(農場)이라 했다. 농장 노비들의 경제적 처지는 매우 열악했다. 그들은 주인으로부터 노동의 보수로서 생활물자를 달마다 지급받기도 했고 또는 그들 몫으로 약간의 토지를 떼어받기도 했으니 이를 사경(私耕)이라 했다. 이것이 나중에 음이 변하여 '새경'이 된 것이다. 새경이란 얼마 전까지 농촌사회에 존재했던 머슴들에게 지급되는 보수를 말한다.

농장에서 노비를 부리는 방식도 여러가지였다. 농장의 규모가 그리 크지 않을 경우에는 주인의 직접 감독하에 노비들이 노동하는 직영의 방식이었다고 보인다. 농장의 규모가 클 경우에는 경지를 노비들에게 할당하여 책임지고 경작케 했다. 물론 수확량은 모두 주인의 차지였다. 이러한 책임경작제를 당시에는 '작개(作介)'라고 부르기도 했다.

그런데 농장은 17세기 후반 이후 해체되어갔다. 주지하듯이 그 시기부터 노비신분제가 크게 허물어지고 있었기 때문이다. 그대신 이전부터 점차 확대되고 있었던 병작제가 양반의 농업경영의 주요한 방식으로 자리잡게 되었다. 병작제는 이러한 과정을 거쳐 이후 농촌사회의 주요한 생산관계로 확립되었다고 보인다.

병작제에는 크게 보아 두 가지가 있었다. 하나는 타작제(打作制)이고 다른 하나는 도지제(賭地制)이다. 타작제는 수확량의 절반을 수취하는 정율(定率) 수취방식인데 비해, 도지제는 대략 수확량의 3분의 1 정도의 수준으로 미리 일정액을 정하여 수취하는 정액(定額) 수취방식이다. 타작제의 경우 국가에 대한 세는 보통 전주가 부담한 반면 도지제에서는 작인이 세를 부담했다. 타작제에도 두 가지 방식이 있었다. 전주가 타작하는 마당에 직접 입회하여 반가름하는 방식이 있는가 하면, 8~9월경에 작황을 돌아보면서 작인들과 합의하여 미리 반가름해두는 방식도 있었다. 이러한 타작제는 전주가 농촌에 거주하는 이른바 재촌지주(在村地主)일 경우에 일반적으로 채택되었다.

반면에 정액 수취제인 도지제는 전주가 작황을 자세히 알기 힘든 먼 곳에 거주하는 이른바 부재지주(不在地主)일 경우에 많이 채택되었다. 또한 밭의 경우에는 작물이 다양하여 수확상태를 일일이 점검하기 곤란하기 때문에 도지제를 시행하는 경우가 많았다. 일반적으로 도지제가 타작제보다 작인에게 유리했다고 한다. 그렇지만 흉년이 크게 들 경우 작인은 전주를 대신하여 국가에 대한 세를 물어야 하는 위험성이 있었다. 도지액은 해마다 농사가 시작되기 전에 결정되기도 하고, 아예 장기 불변으로 고정되어 있을 수도 있었다. 도지액이 장기적으로 고정되어 있다면 작인들에게는 매우 유리했다. 가령 다른 사람에게 병작을 줄 수도 있었는데, 이러한 작인을 가리켜 중답주(中畓主)라 했다. 나아가서는 토지에 대한 작인의 도지권(賭地權)이 관습적으로 성립하여 매매될 수도 있었다. 그렇지만 이러한 장기 불변의 도지제는 비중이 얼마되지 않았다.

병작을 준 토지가 얼마 되지 않으면 몰라도 어느 정도 이상의 규모가 되면 작인을 선정한다든가, 지대 수취방식이나 수취량을 결정한다든가, 지대가 제대로 수취되고 있는지 확인한다든가 등의 문제가 발생하게 된다. 이러한 관리상의 문제에 효율적으로 대처하기 위해 양반 전주들은 추수기(秋收記)를 작성했다. 문서 이름은 일정치 않아 추감기(秋監記) 또는 타작기(打作記)나 도지기(賭地記)라고도 했다. 아무튼 병작을 준 토지의 위치·면적·작인 그리고 지대수취량 등을 기재한 장부가 되겠다. 그런데 추수기란 어디까지나 전주라는 사적 인물이 작성한 것이기 때문에 사람마다 그 형식과 내용이 달랐다. 궁방이나 신분이 높은 양반의 경우에는 관청에 보관중인 양안을 토대로 거기서 자신의 토지만을 필사하여 마치 양안과 같은 거창한 모양으로 추수기를 만들기도 했다. 그렇지만 보통의 양반 전주들은 그와 달랐다. 이하 그러한 보통의 추수기 하나를 열람하도록 하자.

〈도판 6〉에 소개하는 자료는 충청도 부여군(扶餘郡) 몽도면(蒙道面) 분대리(粉垈里)의 황씨(黃氏) 양반가에서 작성한 1723~1744년간의 추수기이다. 22년간의 추수기이지만 그 가운데 처음 두 장과 1723년의 것만 제시한다.

맨 처음에 보이는 '의최고(意最高)'는 이 추수기를 작성한 황상로(黃尙老)라는 양반이 임의로 붙인 제목이다. 그대로 번역하면 "뜻을 매우 높게 한다"가 되는데, 무슨 이유로 이같은 제목을 붙였는지 확실히 알기 어렵다. 아마도 이 추수기로써 재물(財物)을 관리하기는 하지만, 유학자로서 양반의 고유한 기품은 지키겠다는 취지가 아닐까 한다.

이처럼 추수기에는 작성자의 취향을 반영하는 멋있는 제목이 붙곤

〈도판 6〉 충청도 부여군 황씨 양반가의 추수기(1723~1744)

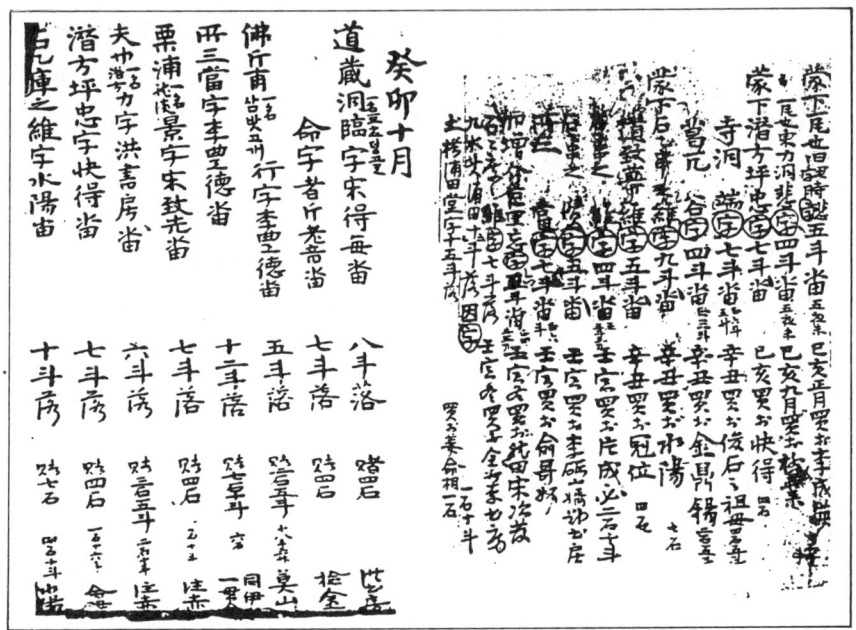

* 추수기란 양반 전주가 병작을 준 토지의 면적, 도지량, 작인 등을 해마다 기재한 장부로서, 추감기, 타작기, 도지기 등으로도 불렸다(한국정신문화연구원, 『고문서집성』 9, 638~649쪽).

했다. 오늘날의 딱딱한 금전출납부나 대차대조표에서는 도무지 찾을 수 없는 옛 조상들의 멋이 아닌가.

그다음부터 둘째 면 중간까지는 일종의 비망기로서, 어디의 토지를 언제, 누구로부터 매입했다는 내용이다. 1713년부터 1722년까지 매년 조금씩 토지를 사모았음을 알 수 있다. 이 기간 황씨 양반은 서울에 거주하고 있었다. 분대리에는 17세기 중엽경부터 일족이 거주하기 시작했고, 고조 이하 조상의 묘도 이장해둔 곳이었다. 추수기의 주인 황상노의 아버지 황하신(黃夏臣)은 1719~1722년간 전라도 김제(金堤)의 수령을 역임한 관료 출신이다. 그는 수령을 그만둔 후 서울로 돌아가지 않고 이곳 분대리에 들어와 살고 있었다. 아마도 그러할 목적으로 이전부터 토지를 사모았던 것으로 보인다.

둘째 면 중간부터가 1723년의 추수기이다. 이하 한 행씩 토지의 소재, 위치, 두락, 도지량, 실수취량, 작인의 이름이 기재되어 있음을 볼 수 있다. 셋째 행의 토지를 예로 하여 좀더 자세히 살펴보자.

토지의 위치는 '불근보(佛斤甫)'인데 순우리말로 '삼밧고개'라 했다. 그다음의 '행자(行字)'는 이 토지의 양안상의 자호(字號)를 말한다. '이풍덕(李豊德)'이란 이름은 토지의 원소유자로서 토지를 판 사람이다. 독자들은 앞의 비망기에서 그러한 내용을 확인할 수 있을 것이다. 토지의 면적은 5두락, 정액 수취방식을 택하여 도지를 2석 5두로 정했다. 그러나 그 아래에 적힌 실제의 수취량은 18두 5승에 불과한 것으로 나타나 있다. 아마 그해에 흉년이 들었는지 정해진 도지를 그대로 거둘 수 없었던 모양이다. 이하 22년간의 추수기를 보아도 도지 그대로 수취한 해는 매우 드물다. 도지가 정액제라고 하나 원칙적으로 그러했다는 이야기이지, 현실적으로는 풍흉에 따라 수취량에 조정이 있었음을 볼 수 있다. 맨 아래에 적힌 두 글자의 인명이 작인들이다. 이 집안에 속한 노비 관계 자료와 대조하면 작인의 상당부분이 노비로 확인된다. 노비에게 일정한 토지를 병작지로 할당하고, 일정량의 도지를 상납하도록 주인이 명하고 있는 모습이 상상된다.

이러한 토지가 21곳, 합 150두락의 규모에 달하고 있다. 모두 분대리에 인근한 토지들이다. 셋째 면 마지막 부분에서 넷째 면 중간까지는 충청도 정산(定山)에 소재한 이 집안의 토지에 대한 기록이다. 정산의 토지에 대한 기록은 1723년의 추수기에만 나타나고 있다. 여기까지가 1723년의 추수기이다. 그다음은 1724년 추수기의 앞부분으로서 전년도와 같은 형식임을 볼 수 있다.

이 집안에는 1723년 그해에 엄청난 재난을 당하게 된다. 김제의 수령을 마친 뒤 이곳 분대리에 거주하게 된 황하신이 어느날 지나가는 정체불명의 사람이 소지한 임금의 비지(批旨 : 신하가 올린 상소에 대해 왕이 내린 결정)를 보고 그것을 필사하여 인근 양반에게 돌리게 되는데, 그 비지가 조작된 것임이 밝혀짐에 따라 황하신이 조작 혐의를 쓰게 된 것이다. 결국 황하신은 서울로 불려올리가 문초를 받는 도중 옥중에서 사망하게 된다. 이와 같은 아버지의 억울한 누명을 벗기고 명예를 회복하고자 그 아들 황상로는 백방으로 노력하여 결국 수년 뒤에는 소원을 이루게 되는데, 이러한 가문의 애절한 사연을 자초지종 적은 것이 『계묘일기(癸卯日記)』(한국정신문화연구원, 『고문서집성』 9, 684~722쪽)이다. 아마도 후손들에게 전하여 가문의 명예를 지키기 위함이었을 것이다.

바로 그러한 시기에 작성되기 시작한 것이 위의 '의최고' 추수기이다. 현재까지 알려진 조선시대의 추수기는 대부분 궁방이나 아문의 것이고, 사가(私家)에 의해 작성된 것은 불과 몇 종에 불과하다. 그것도 대부분 19세기나 개항 이후의 것들이다. 분대리의 황씨 양반가가 그렇게 오래된 추수기를 소중히 보관해왔던 것은 바로 위와 같은 가문의 비극을 배경으로 하고 있었기 때문이다. 그 덕에 우리는 18세기 전반 농촌사회의 경제적 실상을 매우 구체적으로 접할 수 있게 되었다. 이러한 자료의 내력을 알고보면, 지금 우리가 보고 있는 고문서 하나하나에도 무언가 심상찮은 사연이 담겨 있을 것만 같은 느낌이 드는 것이다.

(이영훈, 성균관대 경제학과 교수)

서울 상업

시전과 금난전권

　조선시기 서울의 유통경제는 시전(市廛)을 정점으로 한 상품유통 체계였다. 정부의 수요품은 물론, 서울 주민의 수요품도 대부분 시전을 통해 공급되었다. 1394년(태조 3) 개성에서 서울로 도읍을 옮긴 후 도성, 궁궐, 관아와 함께 시전의 행랑(行廊)도 착공되었다. 시전 행랑은 1412년(태종 12)부터 3년에 걸쳐 종루(鍾樓, 현 보신각 자리)를 중심으로 동대문에 이르는 지역에 2천 칸이 넘는 규모로 건설되었다. 따라서 이 시전 거리를 종루 또는 운종가(雲從街)라 불렀다. 19세기 후반 종루 지역의 시전 배치를 보면 대략 〈도판 1〉과 같다.
　시전은 육의전(六矣廛)과 일반 시전으로 구분되었다. 육의전은 육주비전(六注比廛)이라고도 불렀다. 주비는 으뜸 또는 우두머리라는 뜻으로, 육주비전이란 시전 중 규모가 큰 여섯 시전을 가리킨다. 육의전은 시기에 따라 차이가 있었으며, 정부의 필요에 따라 칠의전, 팔의전으로도 되었다. 1791년(정조 15) 신해통공(辛亥通共) 당시 육의전은 입전(立廛, 縇廛), 면포전(綿布廛, 白木廛), 면주전(綿紬廛), 포전(布廛), 저전(紵廛, 苧布廛), 지전(紙廛)이었다. 그러나 1808년(순조 8)의 『만기요람(萬機要覽)』에는 선전(線廛, 국역 : 10푼역), 면포전(9푼역), 면주전(8푼역), 내·외어물전(내 5푼, 외 4푼역), 지전(7푼역), 저포전(6푼역)과 포전(5푼역)을 육의전이라 했다.

〈도판 1〉 종루 주변의 시전

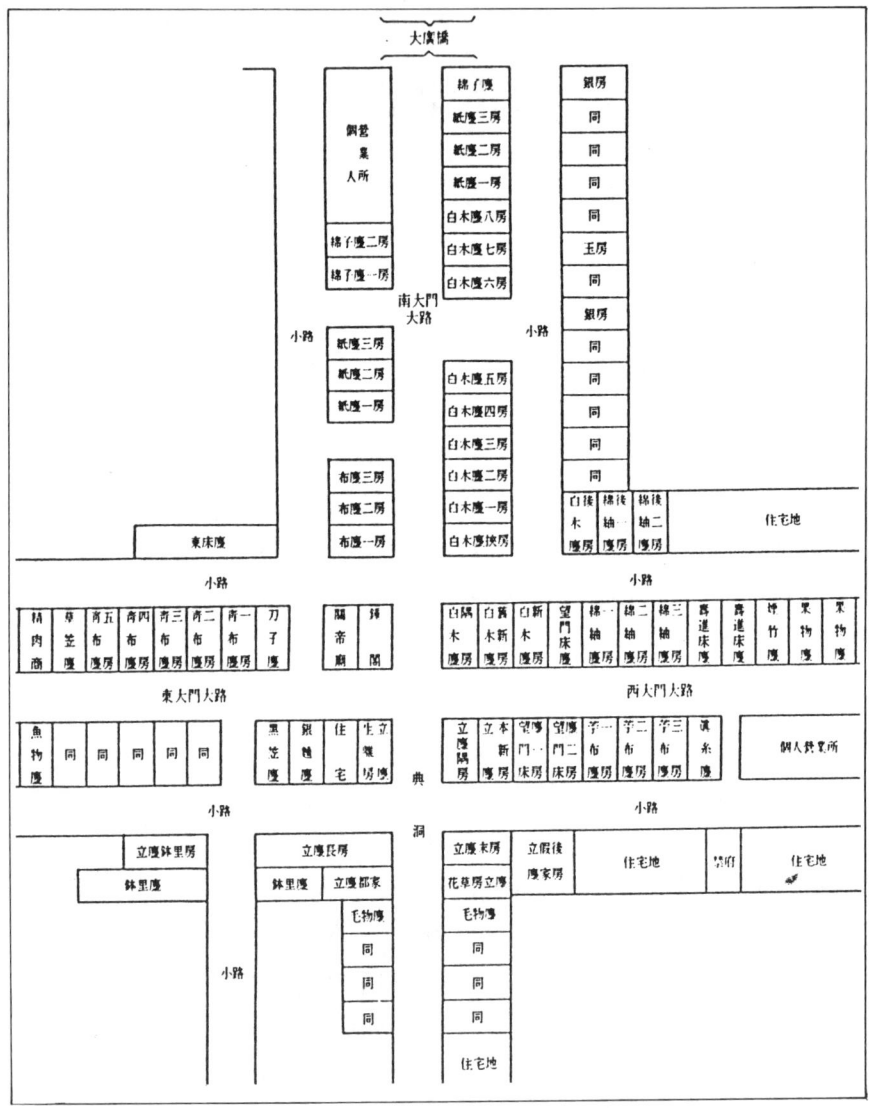

* 정승모, 『시장의 사회사』, 웅진출판, 1992, 140쪽

　육의전 중에는 입전이 으뜸이었다. 〈도판 1〉에서 보듯이 시전은 종루를 중심으로 일반 시전이 육의전을 둘러싼 것처럼 광교(廣橋, 廣通

橋) 부근까지 퍼져 있었다. 시전은 조합사무소인 도가(都家)를 중심으로 도중(都中)이란 조직을 구성하고 있었다. 19세기 후반의 『입전완의문서(立廛完議文書)』에는 입전의 조직과 내규가 상세히 기재되어 있다. 조합원인 도원(都員)은 상·하 공원(公員)의 이원체계였다. 상공원은 대행수(大行首)를 비롯하여 도영위(都領位), 수(首)영위, 부(副)영위, 차지(次知)영위, 별임(別任)영위, 하공원은 실임(實任), 의임(矣任), 서기, 서사(書寫) 등으로 나뉘어 있었다. 이 문서에는 도중 임원의 직책·선출규정·임무, 도원의 가입·상벌규정 등이 상세히 명시되어 있다. 따라서 도중의 운영은 매우 엄격했음을 알 수 있다. 조합원과 비조합원 사이에는 도중 가입금에 상당한 차이가 있었다. 입전은 원칙적으로 도원의 아들·사위·손자·외손을 중심으로 이루어진 혈연성이 강한 조직이었다. 그러나 비혈연자를 완전히 배제하는 것은 아니었다.

　육의전 등 시전은 재신제(財神祭), 시전진수제(鎭守祭), 산신제 등의 제사를 지냈다. 재신제는 매년 10월 남대문 밖 남묘(南廟, 關羽廟)에서 지냈는데, 이를 남묘치성(致誠)이라 한다. 관우를 숭앙하는 관왕(關王)신앙은 임진왜란 이후 정착되었다. 특히 무임(武任)들은 용맹의 상징인 관우를 수호신으로 추앙했다. 관우는 군신이면서 또한 재신이었다. 따라서 시전상인·공인 등 상인들은 관우를 재신으로 숭상하여 제사지냈다.

　시전은 주로 궁궐·관아의 수요품, 양반의 사치품·생활품, 도성 주민의 생활품 등을 판매했다. 육의전의 경우 입전은 주로 중국산 비단·생사(生絲), 면포전은 무명과 은, 면주전은 국산 비단, 지전은 종이, 저포전·포전은 모시나 삼베, 내·외어물전은 건어물과 생선을 판매했다. 일반 시전은 수공품·식료품 등 거의 모든 생활품을 판매했다. 시전은 판매물품이 정해져 있었다. 한 시전이 한 종류의 물건만을 독점판매하는 일물일전(一物一廛)의 원칙이 적용되고 있었다. 시전은 이 원칙에 따라 판매물품을 따서 시전의 명칭으로 사용했다.

육의전과 일반 시전 사이에는 판매물품에 있어 상·하의 구분이 존재했다. 최대의 상품인 쌀을 파는 미전은 육의전이 아니었다. 육의전의 상품은 화폐가치가 높은 것만이 아니었다. 중국에서 수입된 것, 물품의 영속성이 강한 것 등 상품의 상징적 위신적 가치가 높은 것이었다.

 시전을 관리·감독하는 주무 관청은 평시서(平市署)와 한성부(漢城府)였다. 시전의 판매물품은 평시서에서 만든 전안(廛案)에 올라 있었다. 전안은 시전의 명칭·판매물품 등을 기재한 매매허가 대장과 같은 것이었다. 전안은 시안(市案)이라고도 했다. 전안에 등록된 물품을 해당 시전 외의 사람이 마음대로 판매할 때는 난전(亂廛)으로 처벌받았다. 신설 시전이 생기거나 판매물품이 추가되면 전안은 개정되었다. 전안 개정과정에서 비슷한 물품을 취급하는 시전 사이에 판매독점권을 둘러싸고 경쟁이 치열했다.

 시전은 정부에 대해 국역(國役)을 부담했다. 전세(廛稅) 납부, 물품 조달은 물론 대궐이나 관청의 수리·도배 등의 요역도 부담했다.

 〈도판 2〉는 평시서 색리(色吏)가 족두리전(簇頭里廛)에 대한 전세를 징수할 때 차던 수세패이다. 족두리전은 족두리 등을 파는 무푼각전(無分各廛)에 속하는 작은 규모의 시전이다. 족두리전이라는 시전의 명칭이 새겨져 있는 것으로 보아, 다른 시전에 대해서도 비슷한 수세패가 있었던 것 같다. 시전은 정례적인 국역 부담을 지는 유푼각전(有分各廛)과 부담이 없는 무푼각전으로 구분되었다. 유푼각전에는 1푼~10푼전의 등급이 있었다. 등급 기준은 분명치 않으나 경제적 규모에 따라 정해진 것 같다. 육의전은 유푼각전 중 부담이 가장 큰 여섯 시전을 가리킨다.

 시전의 판매독점권, 즉 난전을 금하는 금난전권은 원래 국역 부담의 대가로 주어졌다. 금난전권이 언제부터 주어졌는지는 알 수 없으나, 대동법이 시행되던 인조(仁祖) 연간으로 추정된다. 금난전권은 서울 내에서만 적용되었으며, 처음에는 육의전에만 주어졌다가 일반

〈도판 2〉 평시서 수세패(收稅牌)

* 국립중앙박물관 소장.『한국의 상거래』, 국립민속박물관, 1994, 23쪽

시전에게로 점차 확대되었다.

　17세기 이후 사회적 생산력의 발전에 따라 시전 중심의 유통구조에도 변화가 일어났다. 그 대표적인 현상은 난전의 성행이다. 17세기 중·후반에 나타난 난전의 주체는 소생산자, 군문의 병사, 궁방·아문·관료·세가의 노복이나 차인(差人), 영세 상인, 시전 상인, 선상, 여객주인 등 매우 다양했다. 시전은 정부의 조세·공물과 지주의 지대에서 파생되는 잉여물, 즉 국가적 지주적 상품경제에 기초한 유통체계였다.

　이에 비해 난전은 서울·근기지역 등의 소상품생산에 기초한 상업활동이었다. 초기의 난전은 호위청을 비롯한 군문의 군졸이나 궁방·아문·관료·세가의 노복·차인·겸인(傔人)들에 의해 주로 이루어졌다. 난전은 시전의 금난전권에 대항할 수 있는 힘이 필요했다. 따라서 군문의 군졸, 아문의 노복들의 난전을 통한 이윤은 상당부분 군문·아문의 고위관료에게 돌아갔다.

통공정책의 시행과 독점상인의 성장

17세기 후반 이후 난전은 더욱 발전된 양상을 보였다. 난전은 소규모적이고 임시적인 것이 아니라 시전의 금난전권에 대항하여 새로운 시전을 창설하는 방향으로 나아갔다. 신전(新廛) 창설에는 대개 권력층, 특히 전안을 담당하는 평시서 관리와의 결탁이 전제되었다. 평시서는 신전을 설립하면 세를 받을 수 있었으므로 묵인·방조했다. 새로운 시전은 대부분 도성 밖에 설치되었다. 도성 밖 특히 경강(京江)변에 시전이 신설·증설되자, 시전은 내·외전으로 분화되는 양상을 보였다. 미전만 해도 상미전, 하미전, 문외(門外)미전, 서강(西江)미전, 마포(麻浦)미전의 다섯 군데가 있었다. 신설 시전의 위치가 대부분 도성 밖이라는 사실은 서울이 사대문을 경계로 한 성곽 중심의 도시 성격을 점차 벗어나는 것이었다.

일물일전의 원칙이 무너지고 같은 물품을 파는 시전이 늘어나면서, 시전 사이에는 영업구역을 확보하기 위한 분쟁이 치열하게 일어났다. 시전 관할 영업구역을 자내(字內), 기지(基址), 전기(廛基)라고 한다. 자내는 곧 특정 구역에서 특정 품목을 판매하는 영업독점권을 의미했다. 시전은 대개 금난전권을 가지고 있으므로, 모든 시전이 자내를 가진 것은 아니었을 것이다. 자내는 특히 같은 물품을 파는 시전이 2개 이상일 경우 또는 경강변에 신설된 시전을 중심으로 설정된 것 같다. 난전 활동이 활발해지면서 난전을 금지하기보다는 분세(分稅)를 받고 판매를 허용하는 시전이 생겨났다. 자내를 가진 시전을 본전(本廛), 본전에 분세를 내는 난전을 부용전(附庸廛)이라 했다. 자내의 수세권은 시전의 중요한 경제기반이므로, 자내 확보를 둘러싸고 시전 사이에는 대립이 치열했다.

신설 시전의 판매독점은 소상인·소생산자의 상업을 억제하고 물가를 등귀시키는 중요한 요인이 되었다. 시전이 금난전권을 행사하는

데 따르는 폐단이 심해지자, 정부는 금난전권을 제한·폐기하는 정책으로 전환하지 않을 수 없었다. 이것이 통공(通共)정책이다. 통공정책은 대체로 18세기부터 일어났다. 1727년(영조 3)에는 시전이 직접 난전을 체포하여 관에 고발하는 권한이 철폐되었고, 1741년에는 한성좌윤 이보혁(李普赫)에 의해 영세 시전의 금난전권을 철폐하고, 서울의 금표(禁標) 밖에서는 금난전권을 사용치 못하게 하는 주장이 제기되었다. 1768년에는 좌의정 한익모(韓翼暮)의 주장에 의해, 육의전 이외의 시전의 금난전권이 일시 폐지되기도 했다. 통공정책에 의해 시전 중심의 상업체계가 무너지고, 점차 사상(私商) 중심의 상업체계가 자리잡게 되었다. 이러한 상업 변동의 법적 추인은 육의전 외 시전의 금난전권을 폐지한 1791년(정조 15)의 신해통공으로 이어졌다.

신해통공은 좌의정 채제공(蔡濟恭)의 주장에 의해 실시되었다. 채제공은 금난전권의 폐단으로 인해 소상인·소생산자의 상행위가 자유롭지 못하여 유통구조가 원활하지 못하고 물가가 등귀하는 폐단을 없애기 위해, 육의전 이외 시전의 금난전권을 없앨 것을 주장했다. 신해통공은 금난전권의 철폐뿐만 아니라 사상도고의 독점도 금지했다. 그러나 금난전권 철폐로 시전의 영향력이 크게 약화되면서, 독점 금지에도 불구하고 사상도고가 더욱 발달하는 계기가 되었다.

17세기 후반 이후 서울의 인구가 늘어나면서 상권은 도성 밖으로 확대되었다. 종루 시전을 중심으로 한 상권이 이현(梨峴 : 지금의 동대문 밖)·칠패(七牌 : 남대문 밖)의 난전시장으로 확대되었다. 이곳에서는 주로 새벽에 거래되고 서민들이 많이 이용했다. 이현은 동대문 밖 왕십리 등지에서 재배된 미나리, 무우, 배추 등 채소가 주로 매매되었다. 남대문 밖 칠패는 『한양가』에 "칠패의 생선전에 각색 생선 다 있구나. 민어, 석어, 석수어, 도미…"라고 한 것처럼, 어물 유통의 중심지였다. 시전 중심의 상업체계가 붕괴되면서 이현과 칠패는 서울의 가장 중요한 상업 중심지로 발전해갔다.

난전상인 중 일부는 금난전권이 적용되지 않는 광주(廣州)의 송파

(松坡), 양주의 누원점(樓院店), 포천의 송우점(松隅店) 등 서울 주변의 상업 중심지나 교통요지로 상권을 확대하여 활동거점으로 삼았다. 누원점은 서울과 가깝고 함경도 등지에서 오는 어물·포물이 서울로 들어오는 길목이었다. 송파도 동북·삼남지방의 상품이 서울로 들어오는 요지여서 일찍부터 장시가 발달했다. 난전상인이나 부민들은 송파·누원 등 외곽 장시를 근거지로 하여, 서울로 들어오는 상품을 매점하여 도고상업을 했다. 이들은 원산·강진 등 상품 생산지·집산지를 중심으로 도고상업을 하기도 했다.

경강 지역의 상업 발달

18세기 이후 서울이 상업도시로 발달하는 데는 경강의 비중이 매우 컸다. 경강은 세곡 조운의 집결지, 삼남과 연결되는 교통의 요충지, 어물의 생산·유통지로서 상업이 발달했다. 난전상인 중에는 시전의 하부에서 상품유통에 참여하고 있던 중도아(中都兒)나 여객주인도 포함되어 있었다. 원래 중도아는 시전에 세를 바치고, 거래상품을 시전에서 매입해야 하는 등 시전에 종속된 상인이었다. 그러나 상품경제가 발전하고 난전 활동이 활발해짐에 따라 중도아는 난전과 결탁하기도 했다. 사상도고도 중도아와 결탁하여 상업을 할 뿐 아니라, 자본을 축적한 난전의 일부가 중도아로 변신하여 도고상업을 하기도 했다.

경강변에는 선상(船商)의 숙식을 제공하거나 상품을 위탁판매하는 여객주인이 일찍부터 존재했다. 여객주인은 처음에는 선상과 자유로운 관계였다. 그러나 선상과 여객주인의 관계가 점차 고정되어, 선상은 반드시 정해진 여객주인하고만 거래하게 되었다. 이처럼 선상이 주인을 설정하게 된 것은 궁방·아문·시전·세가 등의 침탈에 대한 대응, 선박구입 자금의 차용, 부채 변상, 세곡결손의 보충 등의 이유 때문이었다. 궁방·세가의 침탈이나 경제적 의존은 주인권 발생의 중요한 계기가 되었다. 주인이 일정한 대가를 지불하면서 선상을 여객으로 사는 이유는 구문(口文)수입 때문이었다. 구문은 대개 판매값의 10분의 1에서 5분의 1 정도였다. 여객주인에는 대개 한량(閑良)이나 군관과 같은 몰락양반이나 경제력이 있는 양인들이 많았다. 여객주인도 처음에는 시전에 종속되어 상품유통에 참여했으나, 점차 시전체계가 붕괴되고 또한 선상에 대한 권리가 강화되면서, 여객주인은 중도아와 결탁하여 시전을 배제하고 도고상업을 했다. 18세기 말~19세기 초 여객주인권의 성장에 따라 여객주인은 시전체계에 대항하여 직접 난전, 도고활동을 하는 주도세력으로 부상했다.

　선운업자인 경강 선인(船人)들도 17세기 후반 관선(官船) 조운체제가 쇠퇴하면서 세곡운송의 주도권을 장악하여 많은 부를 축적했다. 경강 선인의 세곡운송 주도권은 1789년(정조 13) 주교사(舟橋司) 설치로 더욱 강화되었다. 주교사 설치는 세곡운송에서의 경강상인의 우수성을 인정하여 그들로 하여금 세곡을 안전하게 서울로 운반하게끔 하는 한편, 운송과정에서의 부정을 최소화하여 국가재정을 보충하려는 의도를 가지고 있었다. 경강에 기반한 상인들 중에는 상품의 지역적 가격차를 이용하여 많은 이익을 남긴 경강 선상들도 있었다. 경강 선상의 주된 상업활동은 미곡·어물·소금·목재·땔감 등의 유통이었다. 이 중 무곡(貿穀) 선상이 중심이었다. 무곡 선상은 대개 세곡운송을 담당하는 경강선인을 겸하는 경우가 많았다. 이처럼 경강변을 근거로 발달했던 상인들을 경강상인이라 한다.

　경강상인은 가장 대표적인 도고상인이었다. 1770년(영조 46) 지평(持平) 이원(李遠)의 상소에서 "강원도 원주 감영 근처에 경강 거부의 좋은 토지와 호화저택이 있는데, 값이 수천 냥이나 된다"고 한 것처럼, 경강상인들은 도고상업을 통해 축적한 상업자본을 부동산에 투자하여 전국 각지에 화려한 가옥과 많은 토지를 가지고 있었다.

　18세기 중엽 이후 경강의 상품유통은 대부분 경강 여객주인인 강상대고(江上大賈)들이 장악했다. 여객주인은 선운업과 선상을 겸하거나 다른 지역의 주인권을 매입하여 경강의 상업권을 독점했다. 이러한 대표적인 예로 경강상인 김세만(金世萬)을 들 수 있다. 그는 서강(西江)에 거주하는 무곡상인으로, 1719년(숙종 45) 100여 석의 미곡을 구입해오다 황해도 용매진(龍媒鎭)에서 배가 침몰되었으나 지역주민에 의해 구제되었다. 마침 그 지역이 흉년으로 식량이 궁핍한 것을 보고 100여 석을 희사하여 절충장군직을 받았다. 그는 1736~1740년 충청도 태안(泰安), 1739년 충청도 결성(結城)·홍주(洪州)·보령(保寧) 경강주인권, 1754년 황해도 신천(信川) 경우궁(景祐宮)의 도장권(導掌權)을 매입했다. 그는 또 1738년에는 경주인(京主人)도 겸하고 있었다. 김세만은 1731년에는 용산·서강 일대의 명화적(明火賊)으로부터 습격을 받았다. 그가 습격받은 것은 경강주인권·도장권을 구입하기 전의 일이다. 미곡 독점을 통해 미가를 조종할 뿐 아니라, 각종 주인권의 집적을 통해 도고활동을 한 것이 명화적의 습격대상이 되었던 것으로 보인다.

여객주인권이 강화되면서 경강주인권은 개별 상인에 대한 주인에서 점차 한 면이나 군현의 전체 상인을 대상으로 하는 지역주인권으로 발전해갔다. 지역주인권은 주로 권력의 개입을 통해 가능했다. 따라서 경강주인권은 궁방·아문·양반관료·부민의 수중으로 병합·집중되어갔다. 경강주인권의 집중으로 상품유통의 독점지배가 이루어지면서 경강주인이 낳는 폐해도 커졌다. 경강부상들의 도고활동에 대한 도시 하층민의 반발은 반도고운동으로 표출되었다. 경강부상의 미곡독점은 도시 하층민에게 심각한 경제적 타격을 주었다. 이에 대한 반발로 미전과 경강변에 곡물을 쌓아둔 집 열다섯 채를 불지르는 이른바 쌀폭동사건이 1833년 일어났다. 당시 미곡을 독점하고 가격 등귀를 조종한 우두머리로 여객주인 김재순(金在純)이 지목된 것은 경강주인의 성장을 단적으로 말해준다. 이 사건은 도고상업에 반대하는 도시 하층민의 대표적인 저항운동이었다.

공인과 공인권

 시전상인과 함께 조세·공물 등 국가적 상품경제에 기반한 대표적인 어용상인으로 공인(貢人)을 들 수 있다. 공인은 국가로부터 공가(貢價)를 받고 왕실·궁궐·관청 등에 필요한 물품을 조달하는 특권상인이었다. 조선전기에 공물을 현물로 내던 공물 상납제(上納制)는 대동법 실시 후 공인이 조달하는 공물 무납제(貿納制)로 바뀌었다. 공인은 대동법 실시 전의 불법적인 방납(防納)상인과 달리 합법적인 공납 청부업자였다. 공인으로 선정된 자는 관청의 사주인(私主人), 시전상인, 기인(其人), 경주인, 공장(工匠), 서리(胥吏), 상인, 일반민 등 다양했다.
 공인이 조달하는 공물은 크게 원공(元貢)과 별무(別貿)로 구분된다. 원공은 선혜청·호조 등 각 관청의 공안(貢案)에 명시된 공물이다. 원공의 공가는 선혜청에서 지급되며, 공물 납부 전에 미리 지급되었다. 공가는 처음에는 시가보다 4~5배에서 10배 정도 많았다. 이처럼 공가를 많이 주고 또 미리 주는 것은 공물을 차질없이 조달하기 위해서였다. 별무는 원공이 부족하거나 새로운 물품이 필요한 경우 별도로 납품하는 것이다. 별무에는 원공 부족을 보충하기 위한 유원공(有元貢) 별무와 원공에 없는 물품을 조달하는 무원공(無元貢) 별무가 있다. 별무의 공가는 호조에서 지급되었다. 유원공 별무는 납품한 후에 후불로 지급되었다. 무원공 별무는 1750년(영조 26) 별무지급 규정이 마련되기 전에는 미리 지급된 적도 있었으나, 대체로 후불이었다. 별무공가는 원공공가의 2분의 1에서 3분의 2 또는 4분의 1에서 3분의 1 정도였다.
 공인은 공물의 원활한 조달을 위해 독점권, 시가보다 많은 공가, 공가의 선불, 자금 대출, 유재탕감(遺在蕩減) 등 많은 혜택을 받았다. 그러나 관청에 대한 예속이 강하여 공가를 적게 주거나[低給], 지급하지 않거나[不給, 白地進排], 외상으로 구입하거나[外上强買·勒買], 규정 외의 공물 수탈, 관청 관속의 침탈 등 많은 폐해도 받았다. 전제(田制)의 폐단으로 인한 대동세 감소, 공가지출의 비효율성, 공가의 과다지출 등 여러 요인으로 재원이 부족하게 되자, 국가는 원공→별무→사무(私貿)의 방향으로 공가를 줄이는 정책을 실시했다. 사무는 시가(時價)로 공물을 구입하는 것이다. 공가를 시가보다 많이 주지 않는 절감정책을 할 수 있게 된 것은 시가로 공물을 구입하는 것이 가능했던 유통구조의 발달이 있었기 때문이다.

18세기부터 사상의 신전·계(新廛·契)의 창설과 함께 새로운 공물을 창설하려는 움직임도 나타났다. 이러한 현상은 공인층에 사상이 참여하여 공인층을 변동시키는 계기가 되었다. 신공물 창설을 주도한 사람들은 생계를 위한 호구지책이 아니라, 공인권이 보장하는 배타적 특권을 얻어 상업활동에서 우위를 확보하려 했다. 독점권으로서의 공인권의 가치가 커지면서 공인권은 비싼 값으로 매매되었다. 공인권의 매매문서가 바로 예 1)과 같은 공인 문기이다.

예 1) 1787년 강종(姜宗)의 공인권 매매 문기

> 乾隆五十二年丁未十月初五日金時福前明文
> 右明文事段 宣惠廳公事紙契壹牌壹衿貢物 趙明胤處買得 無弊對答是如可 切有用處 同人前價折錢文壹千兩 依數交易捧上爲遣 本文記肆度幷以 永永放賣爲去乎 日後良中 若有同生子孫族屬中雜談是去等 將此文記 告官卞正事
>   財主 姜 宗 手決
>   證人 宋文翼 手決
>   筆 李命奎 手決

이 문기는 강종이 조명윤에게서 공인권을 구입한 후 별탈 없이 공인역을 수행해왔으나, 급한 용도가 생겨 선혜청 공사지계 1패, 소속 공물 1깃을 1787년(정조 11) 10월 5일 1,000냥에 김시복에게 팔면서 관련 문서 4통을 인도하여 영원히 매매하니, 뒷날 자손·친척이 이의를 제기하면 이 문기로 증빙자료로 삼으면 된다는 내용이다. 본문 중

〈표 1〉 선혜청 공사지계 공인권의 매매

매매 시기	판매자	구매자	공물량	가 격
1760. 2. 4	公事紙契 大房	田時闢	1衿	錢文 500兩
1777. 1. 20	田時闢	安益受	1衿	錢文 370兩
1782. 3. 29	安益受	趙明胤	1衿	錢文1,000兩
1786. 7. 24	趙明胤	康宗	1衿	錢文1,000兩
1787.10. 9	康宗	金時福	1衿	錢文1,000兩
1793. 8. 9	金時福	李思恭	1衿	錢文1,150兩
1795. 4. 17	李思恭	(千世翊)	1衿	錢文1,200兩
1801. 12.	千世翊	劉光淵	1衿	錢文1,300兩
1810. 7. 3	劉光淵	(安東潤)	1衿	錢文1,354兩 54錢
1829. 5. 6	安東潤		1衿	錢文1,354兩 54錢

* 田川孝三, 「貢人關係文書について」, 『榎博士還曆記念東洋史論叢』, 1975, 307쪽

'壹衿貢物'의 '깃(衿)'은 '명자(名字)'라고도 한다. 출자한 금액에 대한 배당 몫의 뜻으로, 오늘날 주식과도 비슷하다. 선혜청 공사지계는 장지(壯紙)·후백지(厚白紙)·상백지(常白紙) 등 종이를 조달하는 공인이다. 이 공인권의 전후 매매 실태를 정리한 것이 〈표 1〉이다.

〈표 1〉에서 보면 전시벽은 1760년(영조 36) 공사지계 도중(대방)으로부터 공물 1깃을 500냥에 사서 공인역을 수행하다가, 1777년(정조 1) 안익수에게 370냥에 팔았다. 안익수는 1782년(정조 6) 조명윤에게 1,000냥에, 조명윤은 다시 1786년(정조 10) 강종에게 1,000냥에 팔았다. 그러므로 예 1)의 문기에서 '조명윤에게서 구입했다(趙明胤處買得)'고 했던 것이다. '본 문기 4장도 아울러(本文記肆度幷以)'라고 한 것은 공사지계→전시벽→안익수→조명윤→강종으로 소유권이 넘어오면서 본 문기에 딸린 문서를 가리킨다. 김시복은 공인권을 구입한 지 약 6년 후인 1793년(정조 17) 8월 이사공에게 1,150냥을 받고 팔았다. 이 공인문기는 김시복→이사공→천세익→유광연→안동윤에게로 전매되었음을 볼 수 있다.

공인권의 경제적 가치가 높아지자, 여러 개의 공인권을 소유하는

〈표 2〉 공인권 등 주인권 집중 사례

	재산내용	매득년도	구입가격
공인권	戶曹 大同·田稅·巫稅·火稅·匠稅	1766~1777	銀 482兩, 錢 110兩
	濟用監 芝草契	1778~1784	銀 688兩 1錢
	奉常寺(三南·兩西·京江 中脯 및 雜物種)	1782	銀 700兩
	瓦署(湖西·京畿 吐木)	1780~1781	銀 1,113兩 8錢 7分
	席子契	1762~1786	錢 1,750兩
	內需司 六鎭房(咸鏡道 奴婢)	1768~1786	錢 3,779兩 5錢
	豊儲倉 田稅契(忠淸·全羅)	1771~1776	錢 1,590兩
	司宰監 大口契	1775~1780	錢 900兩
	尙衣院 毛衣房	1775~1786	錢 3,000兩
	貰馬運負契	1781~1784	錢 463兩 5錢
	京主人	1780	錢 2,000兩
	합계 : 銀 2,983兩 9錢 7分, 錢 13,593兩		
도장권	於義宮	1774~1779	錢 800兩
	毓祥宮	1781	錢 130兩
	和寧翁主房	1769~1784	錢 2,590兩
	和吉翁主房	1771~1786	錢 2,185兩
	淸衍君主房	1771~1783	錢 3,085兩
	합계 : 錢 8,790兩		
전답	洪忠道 鴻山·扶餘, 京畿道 陽川	1780~1783	錢2,200兩
	총합계 : 銀 2,983兩 9錢 7分+錢 24,583兩 ≒ 錢 32,397兩		

* 규장각 고문서 178134 ; 오미일, 「18·19세기 공물정책의 변화와 공인층의 변동」, 『한국사론』 14. 1986. 148쪽

공인권 집중이 일어났다. 그러다가 도장권·여객주인권·창주인권 (倉主人權)·경주인권 등 다른 주인권까지 겸병하는 형태로 발전했다. 공인권 등 주인권의 집중은 〈표 2〉의 소유재산 목록에서 잘 볼 수 있다.

〈표 2〉는 1762~1786년 동안 공인권·도장권을 집적한 '소유재산 목록'을 정리한 것이다. 총재산 중 공인권과 도장권이 93%인데 비해 전답은 7% 정도이다. 이러한 양상은 토지보다 주인권이 처분하기 쉽고, 높은 수익을 보장하기 때문인 것으로 보인다. 이러한 양상이 어느 정도 보편화되었는지 알 수 없으나, 토지보다 주인권에 투자하는 경향이 높아졌다는 것은 상품화폐경제의 발전을 반영하고 있다는 점

에서 주목된다.

　공인권이 소수인에게 집중되면서, 공인권 내에는 소유와 경영이 분리되는 양상이 나타났다. 공인권 소유자인 원주인(原主人)은 타인에게 공인역을 대행시키고 대신 '분(分)'이라는 세를 받았다. 원공인(원주인)에게 분미(分米)를 바치는 대행자를 분주인(分主人)이라 했다. 분주인은 공인권뿐 아니라 도장권・여객주인권・창주인권・경주인권 등 각종 주인권에서도 나타났다.

　〈표 2〉의 재산 중 약 17% 정도는 한성원(韓聖源)이라는 사람에게서 산 것이다. 그는 1775년(영조 51) 상의원 공인권을 1,000냥에 팔았다. 1780년(정조 4) 9월 6일에는 사재감대구계 공인권(500냥), 경성(鏡城) 경주인권(2,000냥), 홍산・부여 전답(2,000냥)을 합계 4,500냥에 매도했다. 그는 경성 경주인권을 1784년 12월에 다시 재구입했다. 하루에 4,500냥의 재산을 판 것으로 보아, 한성원은 상당한 재력가로 보인다. 그는 단순한 주인권 소유자가 아니라 경주인인 아들 한재욱(韓載郁)과 함께 함경도에서 직접 도고활동을 한 것이 주목된다. 그는 함흥의 영주인(營主人)과 결탁하여 세포(細布)・초피(貂皮)・인삼 등 상품가치가 높은 물품들을 독점했다. 함경도의 재화가 모두 그들 수중에 집중되고, 그 권세가 감사・수령을 능가한다고 할 정도였다. 한성원은 경제력과 공인권・경주인권 등 특권을 바탕으로 공물・진상이나 상업활동에서 유리한 위치를 차지하면서 도고활동을 했던 것이다.

　한성원은 경성 경주인권을 1780년 〈표 2〉의 주인공에게 2,000냥에 매도했다. 그런데 경주인권 매매에 대해 정약용(丁若鏞)은 『경세유표(經世遺表)』에서 경주인 매매값은 5,000냥이며, 값이 전보다 100배나 올랐다고 했다. 그러면 정약용의 이러한 지적은 어느 정도 진실한 것일까. 그 해답은 경주인권 매매문서를 분석하지 않고서는 불가능하다. 경주인의 역할이 이권화하면서 경주인권도 다른 주인권과 마찬가지로 고가로 매매되었다.

〈표 3〉, 〈표 4〉는 경기도 장단, 전라도 장흥의 경주인권 매매값을 시기별로 간략하게 정리한 것이다.

〈표 3〉의 장단 경주인권은 값이 오르내리면서, 1762년 최하 600냥에서 1808년 최고 2,000냥으로 화폐가치를 고려하지 않으면 약 50년 동안 3배 남짓 올랐다. 〈표 4〉의 장흥 경주인권은 1759년 최하 400냥에서 1868년 최고 4,500냥으로 화폐가치를 고려하지 않으면 110년 동안 약 11배 정도 올랐다. 1760~1810년대의 두 지역의 매매값은 비슷하다. 두 지역에 한정해보면 『경세유표』가 만들어진 1810년대에는 대략 2,000냥 내외였다. 따라서 정약용이 값이 5,000냥, 특히 값이 전보다 100배나 올랐다고 한 것은 다소 과장된 표현이라 하겠다.

〈표 3〉 경기도 장단 경주인권 매매 (단위 : 兩)

연도	1762	1771	1774	1778	1780	1784	1804	1808	1811	1811
가격	600	800	750	1,000	900	1,000	1,700	2,000	1,700	1,700

* 최승희, 『한국고문서연구』, 한국정신문화연구원, 1981, 12쪽, 367~372쪽

〈표 4〉 전라도 장흥 벽사역 경주인권 매매 (단위 : 兩)

연도	1759	1761	1761	1773	1778	1786	1790	1792	1796	1797	1797
가격	400	700	800	1,400	1,300	1,250	1,400	1,400	1,550	1,550	1,600
연도	1801	1810	1826	1831	1852	1860	1861	1868	1870	1871	1872
가격	2,000	2,000	1,500	1,900	3,000	3,500	3,500	4,500	3,500	3,500	3,500

* 김동철, 『조선후기 공인연구』, 한국연구원, 1993, 217쪽

공인권이나 기타 주인권의 집중으로 상인자본이 소수인에 의해 장악되면서, 공인권에 투자된 자본은 상업자본의 일부로서 기능했다. 이러한 예는 한성원이 함경도에서 도고활동을 한 사례에서 잘 볼 수 있다. 한성원과 같은 국내상업의 경우뿐 아니라 대외무역에 투자하는 사람도 있었다. 이러한 사례는 다음 사공담(司空曋)의 경우에서 잘 볼 수 있다.

〈표 5〉 사공담의 공인권 집적

구입 시기	공물내용	매도자	구입 가격	출 전
①1749. 4. 26	司宰監貢物	崔百仞 妻 金氏	丁銀子 170兩	古文書 2102.5-86
②1749. 7. 2	司宰監貢物	崔百仞 妻 金氏	丁銀子 38兩 5錢	古文書 2102.5-87
③1750. 9. 13	司宰監貢物	崔百仞 妻 金氏	丁銀子 126兩 5錢	古文書 2102.5-88
④1750. 9. 13	司宰監貢物	崔百仞 妻 金氏	丁銀子 101兩 5錢	古文書 2102.5-89
⑤1750.12. 26	司宰監貢物	崔泰完 妻 李氏	丁銀子 60兩	古文書 2102.5-91

*『고문서해제』Ⅱ, 국립중앙도서관, 1973, 149~173쪽, 「공물문서(貢物文書)」에서 정리

이 공인 문기는 사공담이 전라도 부안(扶安)·나주(羅州)·무장(茂長)과 경상도 함양(咸陽)의 사재감 공물을 1781년(정조 5) 12월 20일 김태수(金泰壽)에게 정은(丁銀) 258냥 8전 2푼에 판 매매문서이다. 사공담은 그 이전부터 여러 차례 사재감 공인권을 집적했다. 그것을 정리해보면 〈표 5〉와 같다.

사공담이 1749~1750년에 최백인의 처 김씨와 최태완의 처 이씨로부터 사재감 공인권을 집중적으로 집적한 것을 볼 수 있다. 그는 이 중 일부 공인권(①·③·⑤)을 〈도판 3〉의 문기에서 보듯이 1781년 김태수에게 매도했다.

그런데 사공담은 1757년(영조 33) 1월 일본에 인삼을 밀무역하다가 적발되었다. 그는 당시 주전감관(鑄錢監官)의 직책에 있었다. 그는 서울에 거주하면서 동래왜관(東萊倭館)의 역관(譯官) 정수함(鄭守諴)과 정사흠(鄭思欽 : 정수함과 異名同人인지 분명하지 않음), 대구의 잠상 와주(潛商窩主) 홍우정(洪禹鼎), 동래 주민 정세장(鄭世章) 등과 연계되어 훈련도감의 은(銀) 구입용 인삼 9근을 맡아둔 것을 기화로 자기 소유 미삼(尾蔘) 17근을 포함시켜 밀무역을 하다가 적발된 것이다.

17~18세기 대일무역은 인삼과 중국산 생사(백사)·견직물의 수출과 은·구리의 수입이 주종을 이루었다. 수입된 구리는 대부분 화폐

〈도판 3〉 사공담의 공인권 매매문기

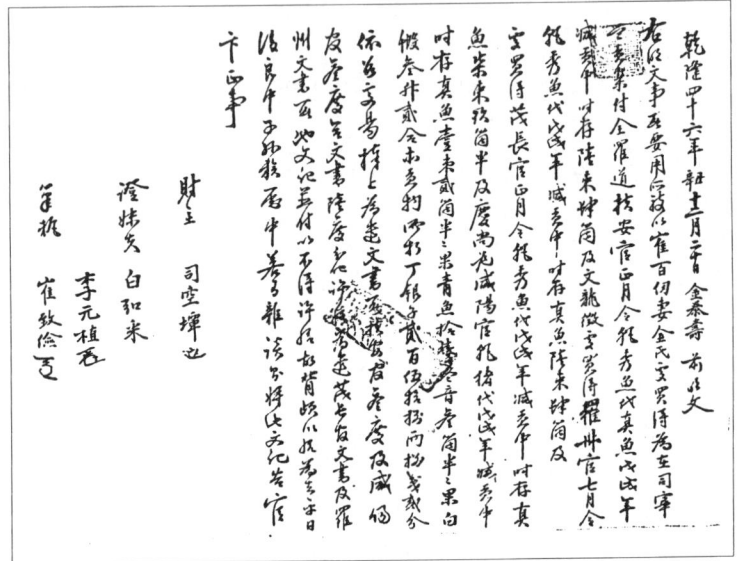

* 국립중앙도서관 고문서 2102.5-168 ; 『朝鮮時代古文書』, 국립전주박물관, 1993, 130쪽

의 원료로 사용되었다. 화폐주조의 실질적 책임을 맡고 있던 사공담은 자금을 상인에게 대여하는 등 상인들과 결탁하여 대외무역을 하기에 누구보다도 유리한 위치에 있었다. 따라서 그는 인삼 밀무역을 주도한 잠상와주로 지목되었던 것이다.

사공담은 1757년뿐만 아니라 그 이전에도 밀무역을 하다 적발되어 귀향간 적이 있었다. 그는 1749~1750년 사재감 공인권을 산 후, 1781년에 그 일부를 김태수에게 팔았다. 따라서 그는 밀무역을 하던 1757년 당시에는 사재감 공인역을 맡고 있었다. 그는 공인권 등을 통해 획득한 자본으로 대일무역에 투자했을 뿐만 아니라, 대일무역을 통해 획득한 자본을 다시 공인권 등 주인권 구입에 재투자했을 것으로 보인다. 사공담의 경우는 연대기 자료와 고문서의 비교를 통해 국내상업과 대외무역과의 상호 관련성을 파악할 수 있는 좋은 사례라고 할 수 있다.

18세기 서울의 상업구조는 시전 세력 대 사상(난전) 세력이 중심이었다. 이러한 대립관계는 19세기에 들어 도고상인 대 소상인(소생산자)의 구도로 바뀌어갔다. 시전을 정점으로 하는 상품유통 체계가 무너지고 새로운 도고상인을 중심으로 하는 상품유통 체계가 성립되어갔다. 그러나 이 새로운 유통체계는 권력기관·권세가나 시전 등의 침탈에 의해 무너질 수 있는 불완전한 것이었다. 따라서 19세기 상업구조는 궁방·아문 등 권력기관이나 양반관료 등 봉건권력과 밀착된 도고상업 체계로 발전해갔다.

〈김동철, 부산대 사학과 교수〉

지방 상업

장시와 보부상

조선후기 지방상업은 장시(場市)와 포구(浦口)를 통하여 이루어졌다. 장시란 일정한 날짜와 장소에서 상인들과 부근의 농민들이 모여 서로 교역하는 정기 시(定期 市)를 말하며, 포구는 배가 닿는 부두로서 장사배의 왕래에 수반하여 교역이 이루어졌다.

고려시대에 주현(州縣)의 관아(官衙) 부근에 존재하던 정기 시가 조선시대로 접어들면서 소멸했는데, 1470년경부터 전라도 무안(務安) 등지에서 장시가 발생했다. 조선시대의 장시는 고려의 정기 시와는 달리 주현 관아에서뿐만 아니라 촌락과 산골짜기에도 개설되었고, 농민에 의해 교역이 주도되었으며, 국가의 금압(禁壓) 조치를 견뎌낼 정도로 강고한 기반을 가지고 있었다.

16세기 이래 장시가 빠른 속도로 확산되어, 18세기 중엽에는 1,000여 곳에 개설되기에 이르렀다. 이 단계에는 북부 산악지방을 제외하고는 농민들 대부분이 하루 내에 장을 볼 수 있게 되었다. 초기에는 한달에 두세 번 열리는 장이 많았는데, 18세기 중엽에는 거의가 5일 간격으로 열렸다. 장시 사이의 분화가 진전된 결과, 일반 장시에서 원격지로 이출할 물자를 집하(集荷)하고 외부로부터 이입되는 물자를 배급해줄 중심적인 장시가 발생했다. 일반 장시는 중심적인 장시와 장날을 달리하여 연계되었다.

장시의 기본 기능은 주변의 농민들이 잉여물자를 처분하여 부족분을 구입하는 교역의 터전이었다. 전근대의 농가는 자급적인 성향이 강했지만, 기술적 자연적 제약으로 인해 교역에 종사하지 않을 수 없었다. 처음에 장시 개설이 농민수를 감소시키고 도적을 성행시킨다는 등의 이유로 반대하던 정부가 입장을 바꾼 것도 결국 그것이 농가경영 유지에 긴요하다고 판단했기 때문이다. 장시의 성장에 따른 농가 잉여 처분 기회의 확대는 농가의 상품생산을 촉진하고 농가경영을 향상시키는 면이 있었다.

장시는 농가에게 경제적인 면에서만 긴요한 것은 아니었다. 촌락이라는 좁은 테두리보다 넓은 세상을 일상적으로 접촉하게 되는 공간이 장시였다. 사방으로 수십 리 이내의 지역에서 오는 주민들간에 혼인 등의 사회관계가 이루어지는 계기가 마련되고, 이들간에 각 마을의 실정(實情)이 서로 전달되었다. 멀리서 온 행상들로부터는 외지 정보가 유입되고 이들을 통해 이 지방의 소식이 외지로 전달되었다. 남정네는 친구나 사돈과 만나 술 한 잔을 걸칠 수 있었고, 부인네는 집안을 벗어난 넓은 세상의 공기를 호흡하며 스트레스를 풀 수 있었다. 팔월 한가위 등에 열리는 난장판은 주민에게 가장 큰 볼거리를 제공했다.

장시는 관의 경제운용의 중요한 수단이 되었다. 지방관은 장시를 통하여 농가경영과 지역경제의 원활한 수급(需給)을 도모했다. 곡물을 안정적으로 공급하고 곡물가격을 적정하게 유지하기 위해 관의 곡물을 시장에 방출하기도 했고, 부자가 곡물을 숨겨두는 것을 막아 그것을 장시에 방출토록 유도했고, 지방관이 직접 그것을 저렴하게 구입하여 방출하기도 했다. 곡물이 군현 밖으로 방출되는 것을 막는 방곡(防穀)을 시행하기도 했고, 곡가가 적정 수준으로 유지되도록 감독하기도 했다. 대동법 시행 후 장시는 공인(貢人)이나 지방관이 물자를 조달하는 터전이 되었다. 이처럼 장시가 관의 경제운용에서 중요한 역할을 하게 됨에 따라, 관은 상거래를 보호하기 위한 노력을 기울이기도 했다. 나아가 정부는 수원에서처럼 지역경제의 번영책으로서 장시의 개설을 추진하기도 했다.

  조선시대에는 지방에 상설 점포가 거의 존재하지 않아서 장이 파한 후에 행상과 주민이 흩어지면 장시는 빈터가 되었으므로 허시(墟市)라고도 했다. 장시에 존재하는 설비는 비와 햇빛을 막아 노점을 펼 수 있는 가가(假家) 정도였다. 상설 점포가 발달하지 않았던 조선시대에는 행상이 상품유통의 주된 담당자였다. 장시가 없던 조선 초기에는 행상이 촌락을 돌아다니며 매매했고, 장시가 발생한 이래에는 점막(店幕)에서 잠을 자고 장날에 맞추어 장시를 순회하면서 매매했다. 객주(客主)가 발생한 이래에는 객주를 주인으로 삼고 긴밀한 유대관계를 유지했다. 조선후기에 대장(大場)에서는 행상 등의 위탁거래를 담당해주는 객주가 존재하기도 했는데, 객주에 대해서는 앞으로 언급하기로 한다.

  행상 중에는 국지 내의 장시 3~5곳을 장날에 따라 순회하면서 소매하는 자와 원격지를 돌아다니면서 도매거래를 하는 자가 있었다. 전자는 거의 소자본이었지만, 후자 중에는 대규모의 자금으로 물자를 수집하는 부유한 상인이 존재했다. 특히 개성상인은 상단(商團)을 조직하여 전국적 상업망을 형성하고 나아가 외국무역을 독점적으로 장악했.

  행상은 어물, 소금, 미역, 생수철(生水鐵), 토기(土器), 목물(木物) 등과 같이 무게나 부피가 크고 값이 비교적 헐한 상품을 지게에 짊어지고 다니는 등짐장사(負商), 그리고 의료, 장신구, 종이 등과 같이 부피가 작고 가벼우며 비교적 값비싼 상품을 보자기(褓)에 싸서 들고다니거나 질빵에 걸머지고 다니는 봇짐장사(褓商)으로 나뉜다. 행상은 부유한 상인에 의해서 조직되기도 하였지만 또는 영세한 행상들의 자구적인 노력에 의해서 단체를 이루어 행상활동을 조직적으로 영위하기도 했다. 전자의 대표적인 예로서 개성의 부유한 상인이 차인(差人)들을 전국에 파견하여 송방(松房)을 설치하고 행상을 시킨 것을 들 수 있다. 후자의 보부상단(褓負商團)은 19세기 전반부터 사료에 등장한다. 그 조직을 보면 일반적으로 수개의 군현을 관할범위로 하여, 관할지역의 각 장시에 있는 임소(任所)마다 본방(本房) 1명을 선출하여 임소의 사무를 맡기고 본방 중에서 접장(接長)을 선출하여 상단의 사무를 관장하고 상단을 대표하게 했다.

보부상단은 대내적으로는 질병이나 사망의 경우에 상호 부조하고 상도의(商道義), 단원간의 예의와 신의성실 등에 관한 엄격한 규율을 실행했다. 대외적으로는 관의 공인을 얻어 관리의 수탈과 토호(土豪)나 객주의 횡포에 대응하고 나아가 행상활동을 독점적으로 수행하여 특정 물종에 대한 독점권을 획득하고자 시도했다. 특히 부상단은 어물, 소금, 수철, 목물, 토기라는 5종 물종의 독점권을 추구하는 데 진력했다.

장시에서 일상적으로 이루어지는 농민간의 교역과 행상의 상업활동이 고문서에 오르는 일은 드물다. 장시에서 분쟁이 발생했을 때 소송을 제기한 문서나 사건이 일어났을 때 그것을 조사한 관의 문서는 간혹 있다. 『쇄미록』처럼 사대부층이 일상생활의 한 부분으로서 장시의 출입과 거래를 기록해둔 일기류는 간혹 남아 있다. 행상으로서 상업장부를 남긴 사례는 전혀 확인되지 않고, 행상들은 거의가 장부를 작성하지 않았을 것으로 보인다.

그런데 영세한 행상 단체인 보부상단에서 풍부한 자료를 남겨 보존해 온 사실이 주목된다. 상업이 천시되던 시대에 영세한 행상 단체가 자료를 보존해왔다는 것은 조직의 강고성, 조직에 대한 관의 공인, 그에 수반한 구성원들의 자긍심에 기인할 것이다. 보부상단의 자료가 잘 보존되어 있는 지역은 임천(林川)·한산(韓山)·부여(扶餘)·홍산(鴻山)·비인(庇仁)·남포(藍浦)·서천(舒川)·정산(定山) 관내, 홍주(洪州)·결성(結城)·보령(保寧)·청양(靑陽)·대흥(大興) 관내, 예산(禮山)·덕산(德山)·면천(沔川)·당진(唐津) 관내, 창녕(昌寧)·영산(靈山)·현풍(玄風) 관내, 고령(高靈) 관내 등이다.

보부상단은 관의 공인을 얻은 공식 조직으로 성립하면서부터 기록을 남기고 있다. 후대 보부상단의 전승(傳承)에 의하면, 조선건국에 세운 공로로 보부상단이 국가의 공인을 얻었다고 하는데, 지금까지 관찬사료에서 보부상단의 존재가 처음 확인된 것은 19세기 초의 일이다. 행상활동 과정에서 도적과 맹수로부터의 방어와 상호부조를 위해 자연스럽게 발생된 조직이 일정한 기반을 갖추게 되면서 관의 공인을 요청했던 것으로 보인다.

관의 공인을 받기 전부터 위계가 정연한 조직을 가지고 있던 저산읍(苧産邑)의 보상단(褓商團)은 1845년 6월 부여·홍산·비인·한산·서천·남포의 지방관에게 각 조직의 공인을 요구하는 소지(所志)를 동시에 올려, 한산과 서천을 제외한 지방관의 공인을 얻어 접장(接長)·상공원(上公員)·유사(有司)·집사(執事)의 차첩(差帖)을 얻었다. 그 여세를 몰아 같은해 7월에 한산과 서천의 지방관에게 다시 소지를 올려 공인을 얻기에 이르렀다. 임천 군수로부터는 소지도 올리지 않고 차첩을 얻었다. 그리하여 저산읍의 보상단은 지방관의 공인을 받게 되었다.

이 중 홍산관에 올린 소지가 전해지는데, 이 소지에서는 행상들의 나쁜 습속을 시정하고 나아가 상거래의 질서를 확립하기 위해서는 두목을 임명하여 조직적으로 징계할 필요가 있다는 명목을 내세우고, 술주정을 하거나 노소(老少)의 윤리를 모르거나 잡기로 재산을 훔치거나 강매(强賣)하는 무리에 대한 벌칙을 밝히고 있다. 이것은 상단이 관의 공인을 받기 전에 이미 내부규율을 갖추고 있었음을 말해준다.

저산읍의 보상단은 지상(紙商)들이 부여 은산시(恩山市)의 도고(都賈)의 폐해에 대해 1839년부터 1850년까지 지방관과 암행어사에게 소지를 올려 제사(題辭 : 판결)를 받은 문서도 보존하고 있는데, 이것은 보상단이 관의 공인을 받기 전부터 관이 비호한 도고가 행상활동에 지장을 주는 것에 대응했음을 암시해준다.

〈도판 1〉은 「예산임방입의절목(禮山任房立儀節目)」으로, 1851년 예산·덕산·면천·당진 관내의 보상단이 성립되는 과정과 그 내부 규정을 담고 있다. 이 절목에 의하면, 예산 관내의 행상 수십 명이 입의를 만들고 충청도 감영(監營), 여러 관청, 한성부에 소지를 올려 1851년 7월 한성부완문(漢城府完文)을 받았다. 이 절목에서는 내부 규율을 위해

〈도판 1〉 예산임방입의절목(禮山任房立儀節目)

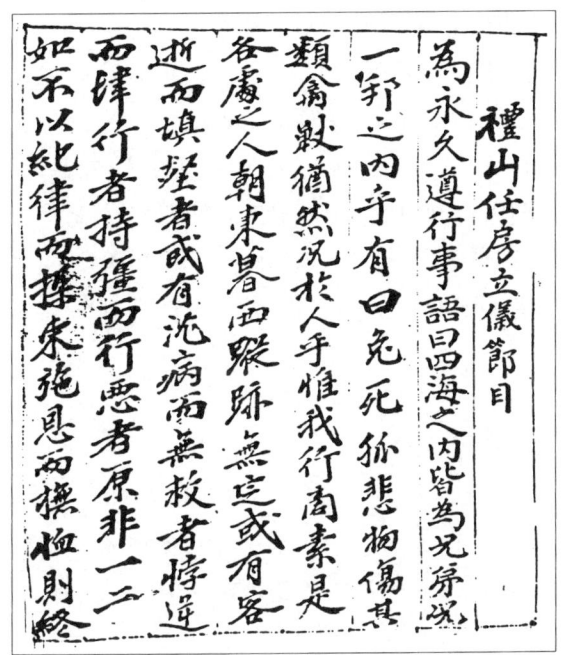

* 民俗苑,『보부상 자료집』天, 1986

선생에 대한 기만, 동료에 대한 완패(頑悖), 예의불손, 상호부조 의무의 소홀, 연회의 불참과 공회(共會) 때의 소란에 대한 벌칙을 규정했으며, 외부 규율을 위해 불효부제(不悌), 연장자 능멸, 술주정과 잡기, 강매에 대한 벌목을 명시했다. 외부 규율로는 상인으로서 지켜야 할 강매의 금지뿐만 아니라, 유교사회의 인간관계에서 요구되는 덕목까지 요구했다. 또한 초상(初喪) 때 마련할 부의 등도 규정하고 있다.

보부상단 간부들의 명단을 수록한 것을『청금록(靑衿錄)』이라 했는데, 예를 들면, 홍주·결성·보령·청양·대흥 관내의 보상단이 만든『청금록』이 전해진다. 이 책의 첫머리에 의하면 "1851년 4월 조가(朝家)의 영칙(令飭)을 받들어 대흥의 임인손(林仁孫)이 한성부공문으로써 홍주·결성·보령·청양·대흥 5읍의 임방(任房)을 창설"했다 한다. 이 지역의 보상단의 창립 이래부터 우두머리인 접장 이하 각종

공원의 명단이 수록되어 있다.

장시를 중심으로 활동해왔던 보부상단은 장시의 실태를 보여주는 자료를 남기기도 했다. 1889년 보령의 군수가 대천장(大川場)의 보상 두목에게 내린 완문(完文)으로 추정되는 문서의 내용은 다음과 같다. 대천 장에서 각 전(廛)의 무명수세(無名收稅)가 이전보다 두 배로 증가하여 비인·남포의 상인이 그에 대항하여 남포현의 북정지(北亭地)에 시장을 창설했다. 그런데 두 장시가 인접하여 서로 타격을 입게 되자, 북정지의 시장을 철폐하면서 동시에 각 전의 무명 수세도 금지했다는 것이다.

포구상업의 발달과 객주

16세기 이래 장시가 확산되고 도시상업이 성장하여 선박을 이용한 상품이동량이 증가함에 따라, 포구상업이 성장했다. 일반 장시가 행상과 주변의 농민이 참여하는 국지 내 유통의 중심지라면, 포구는 대량의 물자를 원격지로 이동할 수 있는 선박이 출입하는 원격지 유통의 결절점이었다. 포구에는 선박으로 상업활동에 종사하는 상인, 곧 선상(船商)이 출입했고, 이들의 거래를 주선하는 객주가 거주했다. 당시에 물자운송 능력은 배, 수레, 말의 순이어서 선상의 이익은 상당히 컸다. 객주의 주된 업무는 수륙으로 다니는 행상, 곧 객상(客商)이 위탁하는 상품매매를 주선하여 구문(口文)이란 수수료를 취득하는 것이다. 구문은 보통 거래액의 10분의 1 정도였는데, 거래규모가 확대되면서 19세기 말에는 구문의 비율이 축소되어갔다.

객주는 숙박업 및 화물의 보관·운반업도 부수적으로 담당했다. 또한 객상에게 위탁한 화물을 담보로 대부하기도 하고 곡물 등의 매입자금을 대부하기도 했으며, 어음 할인, 환업무 등을 맡기도 했다. 은행이 없었던 조선후기에 객주의 금융업무는 중요한 의의를 가진다.

객주의 출현과 성장은 포구상업의 발전을 반영했지만, 객주는 위탁

매매를 중심으로 하는 다양한 업무에 종사했다는 점에서, 상업기능의 분화가 진전되지 못하고 상설 도매상업(常設都賣商業)이 발달하지 못한 단계에서 존립할 수 있었다. 시전(市廛)은 도시민에게 소매하거나 관부의 물자를 조달해주고 지방의 소매상업은 장시에서 이루어졌는데, 객주는 행상이 수송해온 물자를 시전상인이나 다른 행상에게 중개해주는 역할을 맡았다. 그런 점에서 객주에게 의뢰되는 거래는 규모가 컸고 도매의 성격을 가졌다. 조선후기에는 대량의 화물을 자기자본으로 도매하는 정주상인이 발달하지 않았고 그러한 거래가 성사되기 힘들었기 때문에, 다른 지방의 실정에 어두운 객상은 객주에 의뢰하고 오랜 기간을 숙박하며 기다려야만 했던 것이다. 객주는 대표적인 상인집단으로 성장했고, 다액의 자금으로 매점매석을 추진하기도 했다.

객주와 객상의 관계는 초기에는 구속이 없었다. 그런데 객상이 특정 객주로부터 일정한 대가를 지급받고 자신의 거래 위탁을 전담할 권리, 곧 주인권(主人權)을 인정하기에 이르렀다. 주인권은 매매·상속·양도가 가능한 권리였는데, 서울 남쪽의 한강(京江이라고 함)에서는 17세기 후반부터 이러한 주인권이 형성되어왔다. 객주 측에서는 객상의 지배를 통한 유통의 독점을 도모하기 위하여 주인권이 필요했고, 객상 측에서는 궁방(宮房)과 권세가의 침탈이나 시전의 금난전권(禁亂廛權)에 의거한 침탈로부터 자신을 보호받기 위해 제삼자에게 의탁할 필요가 있었던 것이다. 객상은 선박구입 자금이나 세곡상납(稅穀上納)의 부족분 등을 보충하기 위해 자신을 주인에게 방매하는 경우도 있었다. 다음의 예 1)은 부평의 선상이 박순태(朴順泰)라는 객주로부터 80냥을 받고 자신을 여객(旅客)으로서 방매하는 사례이다.

예 1) 1661년 박순태의 여객방매 문기

順治拾捌歲丁丑(1661) 二月 初八日 朴順泰前明文
右明文事段 矣身京畿富平地浦諸面諸人等 京江往來時 本無屬處主人 故依前規 旅客主人處 捧價錢文捌拾兩放賣爲乎矣 日後若有雜人等是拒端是去等

> 將此文記 告官卞正宜當事
>   各浦舡人等 李京童 李江床 金者斤同 金破回 尹土同 金正伊 金江伊 李春
> 上 金同言 馬僉存 金好上
>   (규장각 소장 고문서 86896)

특정 상인 또는 특정 지역의 상인, 특정 물종을 담당하는 상인의 위탁매매를 전담할 수 있는 주인권은 매매·양도될 수 있는 권리였다. 경강포구의 주인권 매매문기는 17세기 중엽부터 추적된다.

포구 개설과 주인권의 성립은 한편에서는 포구의 상품유통의 성장을 반영하지만, 다른 한편에서는 지방관청이나 촌락의 경비를 조달하기 위한 방편과도 관련이 있다. 〈도판 2〉는 순천부(順川府) 용두면(龍頭面) 신성촌(新成村)의 주인권이 지방관의 강력한 개입에 의해 성립되었음을 보여준다. 신성촌에서 포구가 신설되자, 다수의 주인이 생겨나고 있었다. 이들이 "상선(商舡)이 하나 나면 서로 선주인(舡主人)이 되려고 하여 힘써 앞을 다투"게 되면서 주인권이 난립되는 양상을 보였다. 이에 지방관이 개입하여 18명의 주인들에게 각각 전관지역(專管地域)을 정해주었으며, 각 주인은 자기 전관지역에서 출발한 상선에 한해서 주인권을 행사할 수 있게 되었다.

신성포의 객주들은 연간 구문수입 200냥 4푼 중에서 80냥 5푼을 선주인세(船主人稅)로 순천부에 납부했다. 선주인세는 순천부 작청(作廳)의 비용으로 쓰이다가 이후 민고(民庫)와 관노청(官奴廳)의 비용으로 충당되고 있었다. 객주로서는 객상이나 지방민으로부터 빈번히 제기되는 주인권에 대한 도전이나 지방관의 침탈로부터 주인권을 보호받기 위해 권력기관의 보증이 필요했다.

포구상업과 객주업의 성장에 수반하여, 18세기 말~19세기 초를 전후하여 주인권은 크게 성장했다. 주인권의 물종별 지역별 분화가 진전되었는데, "각 물종마다 각자 주인을 낸다"는 상태로까지 발전했다. 주인권은 처음에는 개별 객상에 대한 것이었지만, 특정 지역 전

〈도판 2〉 순천부 신성촌 주인권의 지역별 분화

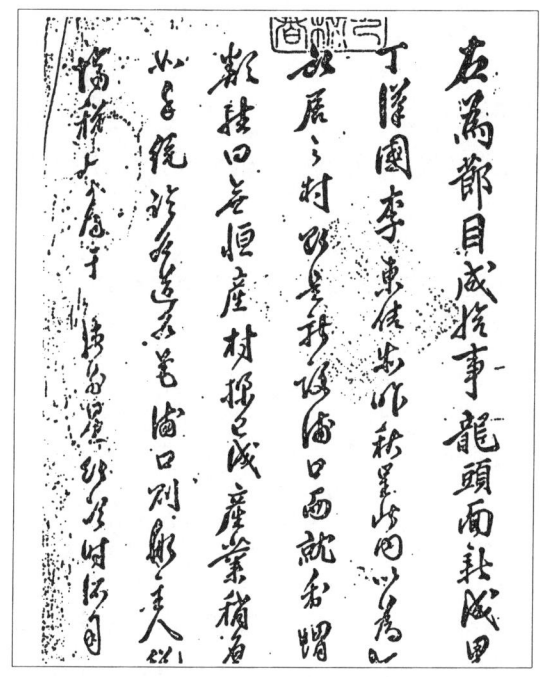

* 『용두면 신성촌 민창완의 절목』(經古 362-4-Y8)

체에 대한 권리로 확대되고 지역간의 관할구역이 분화된 전관지역 주인권(專管地域 主人權)으로 발전한다. 포구의 상품유통량이 증가하고 객상에 대한 주인의 지배력이 강화됨에 따라, 객주의 구문 수입이 증가하고 주인권의 가격이 상승했다. 17세기 후반과 18세기 전반 수십 냥하던 주인권의 가격이 19세기로 들어오면 수천 냥으로 올라 있었다. 18세기 전반까지는 특권층이 아닌 소자본 소유자라 해도 쉽사리 객주가 될 수 있었지만, 18세기 말~19세기 초 이래 주인권의 강화와 가격상승에 수반하여, 주인권이 일부에 집중되고 궁방 등의 특권층이 주인권을 획득해가는 추세가 나타나고 있었다.

앞서 언급한 바와 같이, 장시가 국지 내의 주민 교역이 이루어지는 중심지라면, 포구는 원격지간에 도매적 성격의 거래가 이루어지는 결절점이었다. 이 두가지 성격의 유통이 결합된 전형적인 유통경로를 행상→산지 객주→원격지 행상(주로 선상)→소비지 객주→행상→소비자라고 상정해볼 수 있다. 물론 품목, 유통거리, 유통수단 등에 따라 다양한 편차가 있었을 것이다. 원격지 행상이 객주를 통하여 국지적 행상과 만나는 곳이 포구이거나 중심적인 장시였다. 포구에서도 배가 닿을 때마다 부정기적으로 소매상업이 이루어지는 곳도 있었는데, 그것을 갯벌장이라고 한다.

예 2) 1804년 12월 성호포(星湖浦)의 객주 윤창순(尹昌順)이 동임(洞任)에게 올린 소지(所志)

> 右謹陳切迫冤痛情由段 矣身至貧無依之中 洞內設立場市時 所入錢三十兩 所謂船主人徵納之意 洞內嚴分付敎是乎故 不敢拒逆 依分付艱辛施行是白加尼 不意今者 場市奪取於邑中是白遣 他無別爲所念之中 橫徵三十兩 至冤之痛 冒萬死仰訴爲去乎 參商分干事 千萬望良只爲 行下白敎 是行

출전:『충청남도 결성군 소재 장토 이충식(李忠植) 제출도서 문적류』(규장각도서 19300-19책).

예 2)는 1804년 12월 결성읍(結城邑)으로부터 3km여 떨어진 성호포(星湖浦)의 객주 윤차순(尹昌順)이 동임(洞任)에게 올린 소지인데, 포구의 번성을 위해 촌민과 객주가 장시 설립을 시도한 예를 보여준다. 동에서 장시 설립을 주도한 것은 장시가 동의 번영에 긴요하다고 판단했기 때문일 것이고, 객주가 장시 설립에 자금을 대고 그것이 좌절되자 소지를 올린 것은 장시가 포구의 유통을 활성화시킬 수 있다는 전망이 섰기 때문일 것이다. 그런데 성호포에서 개설하려던 장시를 성남리(城南里)로 탈취했던 것 같다. 성호포의 상품유통이 활발하지 않았기 때문에 장시를 쉽게 탈취당한 것이라고 볼 수도 있다.

그런데 상품유통이 활발한 포구에서는 갯벌장이 정기적인 장시로 전환되어갔다. 장시를 개설한 포구가 많아지는 것도 포구상업의 발전을 반영했다. 포구에 설치된 장시 중에는 번창한 곳이 많았다. 조선 후기 전국 굴지의 장시인 강경, 원산, 마산은 포구였던 것이다.

(이헌창, 고려대 경제학과 교수)

참고 문헌

고문서 관련 자료

朝鮮總督府, 1912 『朝鮮寺刹史料』(上·下)
————, 1918 『朝鮮古籍圖譜』
————, 1936 『朝鮮史料集眞』
金一根 編, 1957 『李朝御筆簡札集』, 景仁文化社
全海宗, 1966 『韓國近世對外關係文獻備要』, 서울대 東亞文化研究所
文化財管理局, 1967, 1971 『文化財大觀』(國寶篇, 寶物篇)
金東旭 編, 1972 『古文書集眞』, 延世大 人文科學研究所
서울大 圖書館, 1972 『古文書集眞』,
————, 1986~1992 『古文書』, 1-8
서울大 奎章閣, 1993~1996 『古文書』, 9-12
許興植, 1976 『韓國中世社會史資料集』, 亞細亞文化社
亞細亞文化社 編, 1975 『吏讀資料集成』, 아세아문화사
李樹健 編著, 1981 『慶北地方古文書集成』, 嶺南大出版部
權大雄 外編, 1981 『慶北地方鄕約關係資料集成』, 嶺南大出版部
韓國精神文化研究院, 1982 『古文書集成 1』, 光山金氏烏川古文書
————, 1983 『古文書集成 2』, 扶安金氏愚磻古文書
————, 1987 『古文書集成 3』, 海南尹氏 篇
————, 1989 『古文書集成 4』, 坡平尹氏 篇

─────────, 1990『古文書集成 5·6·7』, 義城金氏 篇
─────────, 1990『古文書集成 8』, 慶州金氏·光州安氏篇
─────────, 1990『古文書集成 9』, 昌原黃氏 篇
─────────, 1994『古文書集成 10~14』, 藏書閣 篇
─────────, 1994『古文書集成 15~19』, 河回 豊山柳氏 篇
─────────, 1994『古文書集成 20』, 屛山書院 篇
─────────, 1995『古文書集成 21-22』, 靈巖南平文氏 編
─────────, 1995『古文書集成 23』, 居昌草溪鄭氏 編
─────────, 1995『古文書集成 24』, 藍溪書院 編
─────────, 1995『古文書集成 25』, 德川書院 編
─────────, 1995『古文書集成 26』, 居昌鄕校 編
全南大博物館 古文書調査報告 1, 1983『古文書 1』, 全南大博物館
───────────── 2, 1984『古文書 2』, 全南大博物館
───────────── 3, 1985『古文書 3』, 全南大博物館
釜山産業大 附設 鄕土文化硏究所, 1986『釜山慶南鄕校記文』
李基白 編著, 1987『韓國上代古文書資料集成』, 一志社
李勛相 編, 1987『慶北地方鄕史關係古文書資料集成 Ⅰ』, 安東鄕孫事蹟通錄
        의 刊行者 權永翕 家門과 그들의 文書『考古歷史學志』
全羅南道, 1987『全南의 鄕校』
秦弘燮, 1987『韓國美術史資料集成』, 一志社
國立民俗博物館 編, 1988『求禮雲鳥樓』
全羅南道 木浦大學博物館, 1988『全南의 書院祠宇』Ⅰ
─────────────, 1989『全南의 書院祠宇』Ⅱ
全北大 博物館, 1986『全羅道 茂長의 咸陽吳氏와 그들의 文書』Ⅰ
──────, 1988『全羅道 茂長의 咸陽吳氏와 그들의 文書』Ⅱ
──────, 1990『朝鮮時代 南原屯德坊의 全州李氏와 그들의 文書』Ⅰ
方東仁·李揆大 編, 1989『嶺東地方鄕土史硏究資料叢書』1(鄕約·契·其
        他) 嶺東文化硏究資料叢書 3
嶺南大 民族文化硏究所, 1990『朝鮮後期鄕吏關係資料集成』

忠南鄕土硏究會 編, 『鄕土硏究』, 1-6
한우근, 『韓國經濟關係文獻集成』, 서울대 東亞問題硏究所
京畿道鄕土史料室 編, 『京畿鄕土史料集』 I-Ⅳ

제1부 가정 생활

이능화, 1927 『朝鮮女俗考』, (1968, 신한서림 ; 김상억 역, 1990, 동문선).
조선총독부, 1936 『李朝の財産相續法』
김일미, 1967 「朝鮮前期의 男女均分相續制에 대하여」, 『梨大史苑』 8
김일미, 1969 「朝鮮의 婚俗變遷과 그 社會的 性格-朝鮮前期를 중심으로」, 『梨花史學硏究』 4
김두헌, 1969 『韓國家族制度硏究』, 서울대 출판부
최재석, 1972 「朝鮮時代의 相續制에 관한 硏究-分財記의 分析에 의한 접근」, 『역사학보』 53·54
이화여자대학교 한국여성사 편찬위원회 편, 1972 『韓國女性史』 I·II·III 이화여대 출판부
박병호, 1974 『韓國法制史攷』, 법문사
이광규, 1976 「朝鮮王朝時代의 財産相續」, 『한국학보』 3
박용옥, 1976 「朝鮮太宗朝 妻妾分辨考」, 『한국사연구』 14
한우근, 1976 「朝鮮王朝 初期에 있어서의 儒敎理念의 實現과 信仰·宗敎」, 『한국사론』 3
이광규, 1976 「朝鮮王朝時代의 財産相續」, 『韓國學報』 3
이광규, 1977 『韓國家族의 史的 硏究』, 일지사
박혜인, 1979 「壻留婦家婚俗의 變遷과 그 性格-朝鮮時代 家族制度를 중심으로」, 『민족문화연구』 14
최재석, 1980 「朝鮮時代 養子制와 親族組織」, 『역사학보』 86
이태진, 1982 「15~16세기의 新儒學 정착의 社會經濟的 배경」, 『규장각』 5
한용득, 1982 『冠婚喪祭』 홍신문화사
김용만, 1983 「朝鮮時代 均分相續制에 관한 一 硏究-그 變化要因의 歷史的

性格을 中心으로」, 『大丘史學』 23
최재석, 1984 『韓國家族制度史研究』, 일지사
이순구, 1986 「조선 초기 주자학의 보급과 여성의 사회적 지위」, 『청계사학』 3
송준호, 1987 『朝鮮社會史研究』 일조각
노명호, 1988 『高麗社會의 兩側的 親屬組織 研究』, 서울대 박사학위논문
김용숙, 1989 『韓國女俗史』, 민음사
지두환, 1989 『朝鮮初期 國家儀禮 研究』, 서울대 박사학위논문
이수건, 1990 「퇴계 이황 가문의 재산유래와 그 소유형태」, 『역사교육논집』 13·14 합집
배재홍, 1991 「朝鮮前期 妻妾分揀과 庶孼」, 『대구사학』 41
이수건, 1992 「朝鮮前期의 社會變動과 相續制度」, 『韓國親族制度研究』
이해준·김인걸 외, 1993 『조선시기 사회사연구법』, 한국정신문화연구원
장병인, 1993 『朝鮮初期 婚姻制度 研究』, 서울대 박사학위논문
이영화, 1993 「朝鮮初期 佛敎儀禮의 性格」, 정신문화연구원 석사학위논문
문숙자, 1994 「朝鮮前期 無子女亡妻財産의 相續을 둘러싼 訴訟事例」, 『古文書研究』 5
이영춘, 1994 『朝鮮後期 王位繼承의 正統性論爭 研究』, 정신문화연구원 박사학위논문
문숙자, 1996 「義子女와 本族간의 財産相續分爭 – 1584년 鶴峯 金誠一의 羅州牧判例 분석」, 『古文書研究』 8

제2부 공동체 생활

농상공부수산국 편, 1908~1911 『韓國水産誌』(全四輯), 일한인쇄 주식회사
이능화, 1927 『朝鮮巫俗考』
조선총독부, 1934 『朝鮮の年中行事』
조선총독부, 1935 『朝鮮の類似宗敎』

善生永助, 1935 『朝鮮の聚落』
村山智順, 1937 『部落祭』, 朝鮮總督府.
민속학연구실, 1964 『조선의 민속놀이』
수산청 편, 1968 『한국수산사』, 광명인쇄공사
박구병, 1966 『한국수산업사』, 태화출판사
고승제, 1977 『한국촌락사회사연구』, 일지사
차문섭, 1978 「균역법의 실시」, 『한국사』 13
김택규, 1979 『씨족 부락의 구조 연구』 일조각
이수건, 1981 「嶺南士林派의 在地的 基盤-朝鮮前期 安東地方을 中心으로」, 『新羅加耶文化』 12
박광순, 1981 『한국어업경제사연구』, 유풍출판사
이해준, 1982 「17세기 초 진주지방의 里坊編制와 士族」, 『규장각』 6
최재석, 1983 『韓國家族制度史研究』, 一志社
이수건, 1984 『한국중세사회사연구』, 일조각
김선경, 1984 「조선후기 조세수취와 면리운영」, 연세대 석사학위논문
이태진, 1986 『한국사회사 연구』, 지식산업사
이수건, 1987 「古文書를 통해 본 朝鮮朝社會史의 一研究-慶北地方 在地士族을 中心으로」, 『韓國史學』 9
최재석, 1988 『한국농촌사회변동연구』, 일조각
김인걸, 1990 「'民狀'을 통해 본 19세기 전반 향촌사회 문제」, 『韓國史論』 23
향촌사회사연구회, 1990 『조선후기 향약 연구』, 民音社
김필동, 1992 『한국사회조직사연구』, 일조각
이해준, 1992 「村落의 組織과 運營關係 古文書資料」, 『古文書研究』 2
이해준, 1993 『조선후기 『門中書院』 연구-전남지역 사례를 중심으로』, 국민대 박사학위논문
정진영, 1993 「조선시기 촌락연구와 자료」, 『조선시기 사회사 연구법』, 한국정신문화연구원
정진영, 1993 『조선후기 재지사족의 촌락지배와 그 해체과정』, 영남대 박사

학위논문
이종길, 1995「조선시대 어촌의 소유권 형성과정 소고」,『사법연구』3, 청림출판사
이해준, 1996『조선시기 촌락사회사』, 민족문화사

제3부 신분별 생활상

김석형, 1957『조선봉건시대 농민의 계급구성』, (신서원 편집부 편, 1993『조선시대 농민의 계급구성』,)
송준호, 1976「조선시대의 과거와 양반 및 양인 (1)-문과와 생원진사시를 중심으로 하여」,『역사학보』69
한영국, 1977·1978「조선중엽의 노비결혼 양태」,『역사학보』75·76·77
김태영, 1983『조선전기 토지제도사 연구』, 지식산업사
정석종, 1983「朝鮮後期 奴婢賣買文記 分析」,『金哲俊博士華甲紀念史學論叢』, 知識産業社
최영호, 1984「幼學·學生·校生考」,『歷史學報』101
최승희, 1985「朝鮮後期 身分變動의 事例研究-龍宮縣 大邱白氏家 古文書의 分析」,『邊太燮博士華甲紀念 史學論叢』, 三英社
김양수 1986『朝鮮後期의 譯官身分에 관한 研究』, 연세대 박사학위논문
이훈상, 1986「朝鮮後期 尙州의 戶長吏房 名單과 蕭荷의 圖像」,『釜山史學』11
이호철, 1986『조선전기 농업경제사』, 한길사
유승원, 1987『조선초기 신분제 연구』, 을유문화사
김현영, 1987「朝鮮後期 中人의 家系와 經歷-譯官 川寧玄氏家 古文書의 分析」,『韓國文化』8
이영훈, 1987「朝鮮時代 率居·外居奴婢區分再考」,『韓國近代史의 研究-秋堰權丙卓博士 華甲紀念論叢 Ⅱ』
이영훈, 1987「古文書를 통해 본 朝鮮 前期 奴婢의 經濟的 性格」,『韓國史學』9

최승희, 1988 「朝鮮後期 兩班의 仕宦과 家勢變動-善山 武班家 盧尙樞의 事例를 中心으로」, 『韓國史論』 19, 서울대 국사학과
이영훈, 1988 『조선후기 사회경제사』, 한길사
전형택, 1989 『조선후기 노비신분 연구』, 일조각
이수건, 1989 「고문서를 통해 본 조선조 사회사의 일 연구」, 『한국사학』 9
정구복, 1989 「古文書를 통해 본 朝鮮朝 兩班意識」, 『韓國史學』 10
최승희, 1989 「朝鮮後期 「幼學」·「學生」의 身分史的 意味」, 『國史館論叢』 1
이훈상, 1990 「朝鮮後期 吏胥集團과 武任集團의 組織運營과 그 特性」, 『韓國學論集』 17
이훈상, 1990 『朝鮮後期의 鄕吏』, 一潮閣
김용만, 1990 『조선중기 사노비 연구』, 영남대 박사학위논문
김용섭, 1991 『증보판 조선후기 농업사 연구 Ⅱ』, 일조각
김용만, 1992 「조선시대 17~18세기 민중의 동향」, 『국사관논총』 37
정구복, 1993 「1406년 曺恰의 辭令狀에 대하여」, 『學藝誌』 3, 육군박물관
이훈상, 1994 「朝鮮後期의 鄕吏와 近代 이후 이들의 進出」, 『歷史學報』 141
유승원, 1994 「양인」, 『한국사』 25 국사편찬위원회
이수건, 1995 『영남학파의 형성과 전개』, 일조각
이훈상, 1995 「朝鮮後期 邑治의 構造와 祭儀: 鄕吏集團의 正體性 혼란과 邑治 祭儀의 遊戱化」, 『歷史學報』 147
안승준, 1996 「朝鮮時代 私奴婢 推刷와 그 實際-榮州 仁同張氏所藏 古文書를 中心으로」, 『古文書研究』 8
김경숙, 1996 「18세기 후반 奴婢爭訟의 事例分析-豊山柳氏 古文書를 중심으로」, 『古文書研究』 8
김양수, 1996 「중간신분층의 향상과 분화」, 『한국사』 34, 국사편찬위원회

제4부 제도와 생활

박병호, 1972 『傳統的 法體系와 法意識』, 서울대 출판부
박병호, 1974 『韓國法制史攷』, 법문사

최홍기, 1975 『韓國戶籍制度史硏究』, 서울대 출판부
四方博, 1976 『朝鮮社會經濟史硏究』 上・中・下, 圖書刊行會
이해준, 1980 「朝鮮後期 湖西地方 한 兩班家의 奴婢所有實態-公州 中湖・慶州 李家所傳 戶口單子 分析」, 『湖西史學』 8・9
이성무, 1980 『조선초기 양반 연구』, 일조각
김현영, 1982 「「豊山慶老耆老所品官座目」 해제」, 『古文書硏究』 2
정석종, 1983 『조선후기 사회변동 연구』, 일조각
최승희, 1983 「戶口單子 准戶口에 대하여」, 『奎章閣』 7
최영호, 1984 「幼學・學生・校生考」, 『歷史學報』 101
김석희, 1984 「18~19세기 戶口의 形態와 身分變動」, 『人文論叢』 26
전경목, 1987 「朝鮮後期 校生의 身分에 관한 再檢討-『頉校生所志』를 中心으로」, 『宋俊浩敎授停年紀念論叢』
최승희, 1989 『增補版韓國古文書硏究』, 지식산업사
이수환, 1990 『조선시대 書院의 인적 구성과 경제적 기반』, 영남대 박사학위논문
윤희면, 1990 『조선후기 향교연구』, 일조각
이종일, 1990 「朝鮮前期의 戶口 家族 相續制 硏究」, 『國史館論叢』 14
이영훈, 1990 「光武量案에 있어서 〈時主〉 파악의 실상-충남 연기군 광무양안의 사례분석」, 『대한제국기의 토지제도』, 민음사
박노욱, 1990 「朝鮮時代 古文書上의 用語檢討-土地・奴婢文記를 中心으로」, 『東方學志』 68
박용운, 1990 「高麗時代의 紅牌에 관한 考察」, 『碧史李佑成敎授停年退職紀念論叢-民族史의 展開와 그 文化』
심희기, 1991 『조선후기 토지소유에 관한 연구-국가지주설과 공동체소유설 비판』, 서울대 박사학위논문
김현영, 1991 「17세기 안동지방의 惡籍 「人吏諸官屬記過」에 대하여」, 『古文書硏究』 1
전경목, 1992 「19세기 말에 작성된 南原 屯德坊의 戶籍中草와 그 성격」, 『古文書硏究』 3

박병호, 1992「日帝時代의 戶籍制度」,『古文書研究』3
전경목, 1992「屯德坊戶籍 해제」,『古文書研究』3
김현영, 1993『조선후기 남원지방 사족의 향촌지배에 관한 연구』, 서울대 박사학위논문
이준구, 1993『조선후기 신분직역변동 연구』, 일조각
이성무, 1994『개정증보 한국의 과거제도』, 집문당
전경목, 1994「朝鮮後期 所志類에 나타나는 '化民'에 대하여」,『古文書研究』6
안승준, 1994「安東鄕校 學規類 해제」,『古文書研究』6
이성무, 1995『조선양반사회연구』, 일조각
정긍식, 1996『조선초기 祭祀承繼法制의 성립에 관한 연구』, 서울대 박사학위논문

제5부 경제 생활

이능화, 1938「李朝時代京城市制」,『稻葉博士還曆記念滿鮮史論叢』
박원선, 1965『負褓商』, 韓國研究院
김용섭, 1970 『朝鮮後期農業史研究 Ⅰ』, 一潮閣
강만길, 1973『朝鮮後期 商業資本의 發達』, 고려대 출판부
田川孝三, 1975「貢人關係文書について」,『榎博士還曆記念東洋史論叢』, 山川出版社
이영훈, 1980「朝鮮後期 八結作夫制에 대한 研究」,『韓國史研究』29
한상권, 1981「18세기 말~19세기 초의 場市發達에 대한 基礎 研究-경상도지방을 중심으로」,『韓國史論』7, 서울대 국사학과
이병천, 1983「朝鮮後期 商品流通과 旅客主人」,『經濟史學』6
김태영, 1983『朝鮮前期土地制度史研究』, 知識產業社
김용섭, 1984『增補版 韓國近代農業史研究』上·下, 일조각
이영호, 1984「18·19세기 지대형태의 변화와 농업경영의 변동」,『한국사론』11

이세영, 1985 「18・19세기 양반토호의 지주경영」, 『한국문화』 6
오미일, 1986 「18・19세기 貢物政策의 변화와 貢人層의 변동」, 『韓國史論』 14
오미일, 1987 「18・19세기 새로운 貢人權・廛契 창설운동과 亂廛活動」, 『奎章閣』 10
德成外志子, 1987 「朝鮮後期의 貢物貿納制」, 『歷史學報』 제113집
이영훈, 1988 『朝鮮後期社會經濟史』, 한길사
허종호, 1989 『조선봉건말기소작제연구』, 한마당
최완기, 1989 『朝鮮後期船運業史硏究』, 일조각
오 성, 1989 『朝鮮後期 商人硏究』, 일조각
고동환, 1991 「浦口商業의 발달」, 『韓國史市民講座 9』, 一潮閣
이호철, 1992 『농업경제사연구』, 경북대 출판부
정승모, 1992 『시장의 사회사』, 웅진출판
吉田光男, 1992 「漢城の都市空間」, 『朝鮮史研究會論文集』 30
이헌창, 1992 「朝鮮末期 褓負商과 褓負商團」, 『國史館論叢』 38
고동환, 1993 『18・19세기 서울 京江地域의 商業發達』, 서울대 박사학위논문
김동철, 1993 『朝鮮後期 貢人 硏究』, 한국연구원
이헌창, 1994 「朝鮮後期 忠淸道地方의 場市網과 그 變動」, 『經濟史學』 18
변광석, 1994 「18세기 市廛商人과 商權」, 『國史館論叢』 59
이 욱, 1994 「18세기말 서울 商業界의 변화와 政府의 對策」, 『歷史學報』 142
須川英德, 1994 『李朝商業政策史研究』, 東京大出版會
이영훈, 1995 「16世紀 末~17世紀 初 慶尙道・平安道의 行審冊 二例」, 『古文書研究』 7

조선시대 생활사 1

1판 1쇄 발행 1996년 9월 30일
1판 13쇄 발행 2011년 9월 15일

지은이 · 한국고문서학회
펴낸이 · 김백일
펴낸곳 · 역사비평사

출판등록 · 제300—2007—139호 (2007. 9. 20)
주소 · 서울시 종로구 가회동 173번지 3층
전화 · 741—6123~5 팩스 741—6126
홈페이지 · www.yukbi.com 전자우편 · yukbi@chol.com
ISBN · 89—7696—506—X 03910

ⓒ 한국고문서학회, 1996

책값은 표지 뒷면에 표시되어 있습니다.
잘못 만들어진 책은 구입하신 서점에서 바꾸어 드립니다.